일본 고대어 연구

저자 김대성

Publishing Company

▌ 머리말 ▌

학문에 뜻을 두고 이 길을 걸은 지도 오래되었지만, 처음의 뜻을 지키지 못한 아쉬움이 너무 크다. 뜻하지 않은 아픔으로 인해 몸이 마음과 함께 하지 못해 결국 아쉬움이 많은 채로 이 책을 내게 되었다. 언젠가 몸과 마음이 하나가 되어 아픔들 없이 말처럼 앞만 보고 질주하는 날이 오기를 간절히 바라고 바랄 뿐이다.

이 책은 십 수 년간 여러 곳에 발표한 논문들을 한 군데로 모은 것이다. 발표한 시기도 다르고 학회마다 논문 규정도 서로 다르고 하여 통일된 모습으로 다시 편집을 하고자 하였으나, 가능하면 원문 그대로가 좋을 듯하여 일부분의 수정만 가하고 통일하는 데 그쳤다. 한국한자음의 자료는 박병채(1986)교수님에 의존한 바가 크다는 점을 밝혀둔다.

제1부는 고대일본어의 음운체계 중 모음 /a/와 /u/ 그리고 을류의 모음 /ï, ë, ö/의 음가 추정과, 자음 중 /k, g, t, d/의 음가 추정을 다루고 있다. 앞으로 고대일본어의 모든 음운체계를 밝히는 것이 숙제로 남아 있다.

제2부는 『萬葉集』에 쓰인 설음 음차 표기자를 중심으로 ノ갑류와 ヌ의 이중형 문제를 전반적으로 살펴보고 그 원인을 중국의 중고음과 연관 지어서 검토를 시도해 보았다. 또한 山上憶良의 음차 표기

자를 통해서 고대국어 차자 표기법의 방법론에 대하여 대안을 모색해 보았다. 앞으로 고대국어나 고대일본어의 차자 표기법 연구는 상호 밀접한 관계에 있다는 점을 더욱더 밝혀야 할 것이다.

제3부는 중국의 중고음과 중고음 이전 시기의 음을 한국과 일본 자료, 그리고 간접적인 자료인 베트남과 티베트한자음을 중심으로 밝히면서, 그 결과를 일본자료나 한국한자음 자료에 적용해봄으로써 동아시아 연구의 중요성을 확인해 본 것이다. 후지이 시게토시(藤井茂利)교수님께서 늘 추구하신 것처럼 앞으로 고대 한일중 언어의 연구는 동아시아의 관점에서 이루어져야 한다고 필자 또한 굳게 믿고 있다.

이 책의 출판에 수고해주신 제이앤씨의 윤석현 대표와 관계자 여러분들에게 깊이 감사의 인사를 드린다. 끝으로 레니를 뛰어 넘으려 지금도 바이크로 전국을 말처럼 질주하는 아름다운 분에게 늘 즐거움이 가득하길 바란다.

2014년 2월
저자 씀

▌목 차▌

제1부

고대일본어의 음운

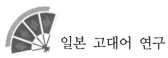 일본 고대어 연구

/ 제1장 /
상대 일본어의
홀소리 '아(ア)'의 소릿값 연구

⬛1 들어가는 말

상대 일본어의 모음체계 중 '아(ア)' 소리의 소릿값(음가)은 어떠했을까에 대해서는 크게 뒤홀소리(후설모음)와 앞홀소리(전설모음 또는 전설적이라고도 함)설로 나눌 수 있는데, 전자에 대해서는 이미 아리사카히데요[1](일본어 카나 우리말 적기는 '나의 일본어 카나 우리말 적기'에 따른다. 이에 대해서는 지면 관계상 생략하기로 한다. 나중에 이에 대한 체계적인 설명을 따로 발표할 계획이다)에 의해 이루어지고 있는데, 그 부분을 인용하면 다음과 같다.

次に、後に述ぶべき音節結合の法則(いはゆる母音諧調の法則の名殘と見らるべきもの)に於て、[a]は[u o]等の後舌母音と一類になり、中舌母音の[ö]に對立してゐる。これによれば[a]は本來は後舌母音であったらしく思われるのであるが、それが奈良朝時代にはどう變わってゐたか分からない。それ故、大體に於て寧ろ後舌的であったといふ可能性の方が多いではあらうけれど、確實な所は

---

1) 有坂秀世(1955),『上代音韻攷』三省堂 東京 p.383

判明しないのである。

즉, 확정적인 표현을 쓰고는 있지 않지만, 조심스럽게 뒤홀소리(후설모음)의 [ɑ]로 추정하고 있음을 볼 수 있다. 이에 대하여, 모리야마 타카시(森山隆)는 '상대「아」계열의 뒤홀소리성에 대하여'[2]에서

> しかしながら、この希な機會にたまたま使用されたかに見える加麻兩字が、外ならぬ上代カマ音節表記の主要字母であったところに問題が存するのである。......この外國史料に見えるささやかな事例がどの程度の意義を持つものであるか、はさておき、上代のア列表記の推古期頃の特色は認めてよからうと思はれる。すなはち歌韻系所屬字母による表記が可能な場合にすら、實際に使用されたのは後舌的でない麻韻系あるいは支韻系の字母であった、と。これは歌(戈)韻系字母の使用が優位を占める音節において、その優位さが單に歌戈韻系の字母しか使用できない條件にあったことと比較してまったく性格を異にする特徴であるといへる。つまり、上代ア列はほぼ推古朝以降少なくとも一部の音節において明確な後舌母音性をすでに失ひつつあったと見ることができると思はれる。

마운(麻韻) 2등인 가(加), 마(麻)자가 '카(カ)' '마(マ)'음절 표기의 주요 모음이었다는 점에 착안하여 상대 일본어 홀소리 '아(ア)'는 일부 소리마디(음절)에서 앞홀소리였을 가능성이 크다고 보고 있다.

이와 같은 설에는 주로 상고음과 중고음의 중국자료와 상대 일본자료를 근거로 사용하고 있으며, 더러 한국자료를 사용하고 있음을 볼 수

---

2) 森山隆(1971),「上代ア列の後母音性について」『上代国語音韻の研究』桜風社 東京 pp.169-188

있다. 그런데, 일본 상대 표기법에 커다란 영향을 준 것으로 알려져 있는 한국자료를 과연 이와 같이 가볍게 다루어도 될 것인가 하는 의구심을 지울 수 없다. 그러나 보다 더 중요한 것은 한국자료의 면밀한 분석을 통한 체계적인 연구가 상대 일본어 연구에서 갖는 중요성 내지 필요성을 우리 스스로가 진지하게 제기하고 있는지에 대해서는 반성을 해보아야 할 시점이 아닌가 생각된다. 다시 말하면, 지금까지 중고음을 우리가 재구하는 데 소홀히 하고, 그저 중국학자나 일본학자가 추정해 놓은 자료를 가지고 우리자료를 분석하는 데 급급했던 자세에서 벗어나야 할 때인 것이다.

이 논문에서는 이와 같은 태도를 견지하면서, 상대일본어 모음 '아(ア)'의 소릿값을 추정해 보기로 하겠다.

2 과(果)섭과 가(假)섭의 만요우가나자(萬葉假名字)와 나의 낮은홀소리(저모음)의 분류

상대 일본어 홀소리'아(ア)'를 나타내는 만요우가나자 중에서 가장 많이 차지하는 것은 과섭(果攝)과 가섭(假攝)에 속한 운들로서 가(歌)1등 개구운과 과(戈)1등・3등 합구운, 마(麻)2등・4등 개구운이 있다. 이 두 섭에 속한 예가 가장 많은 이유는 역시 운미음이 없다는 점이 가장 큰 매력이었을 것은 말할 필요도 없다.

가(歌)운 1등에 속한 만요우가나자는 다음과 같다.

ア：阿婀　カ：珂河訶歌軻柯可哿舸賀箇　ガ：何河蛾峨俄鵝我賀餓

サ：娑左瑳佐 タ：多他駄陁柂哆 ダ：驒陁娜 ナ：那儺娜奈 ラ：羅
囉邏

이 자들의 분포를 보면, '아·카·가·사·타·다·나·라(ア·カ·
ガ·サ·タ·ダ·ナ·ラ)'로서 '자·하·바·마·야·와(ザ·ハ·
バ·マ·ヤ·ワ)'에 속하는 예가 없는데, '야(ヤ)'는 1등운이므로 예자
가 있을 수 없으며, '와(ワ)'는 합구음에 속하므로 개구운인 가(歌)운에
예자가 쓰일 것이라는 예상은 할 수 없는 것은 당연하다. 그러나 '하·
바·마(ハ·バ·マ)'의 경우는 당연히 쓰일 법한데 예가 하나도 없는
이유는 가(歌)운 순음에 속하는 자가 중고음에 본래 없기 때문이다. 따
라서 합구음인 과(戈)운 1등 순음자가 쓰인 것은 자연스러운 것이다.
과(戈)운 1등과 3등자의 예는 다음과 같다.

サ：磋 ザ：座 ハ：波婆皤回簸播破 バ：婆魔麼磨 マ：摩魔麼磨
ワ：和倭涴

カ：迦伽

여기서 한 가지 지적할 것은 과(戈)운 3등에 아음자가 쓰이고 있는데
두 자에 불과하다는 점이다. 두 자 중에서 '카(伽)'는 니혼쇼키(日本書
紀)에만 보이며, '카(迦)'는 니혼쇼키를 포함해서 금석문, 코지키(古事
記), 만요우슈우(萬葉集) 등에 보이는데, 개음 [-i-]가 있으므로 해서 핵
모음 [ɑ]만으로 이루어진 가(歌)·과(戈)운에 비하여 어떤 이질감이 있
었던 것으로 보인다. 다만, 개음 [-i-]가 있는 것으로 인해 반드시 이질
감이 있었다고는 할 수 없다.

마(麻)운 2등과 4등의 예는 다음과 같다(『원징(韻鏡)』을 보면, 마(麻)
운 치음에는 2, 3, 4등이 모두 배치되어 있지만, 실제로는 치상음인 2등
과 정치 4등음이 있을 뿐이다)

　　カ：加嘉架 サ：差沙紗 ハ：巴 マ：麻馬
　　エ：亞 ケ：價家 ゲ：牙下雅夏 ヘ：霸 メ：馬
　　サ：者舍 ザ：邪奢社射謝 ヤ：耶椰琊揶野也夜

　과(果)섭과 가(假)섭의 재구음에 대해서는 대부분의 학자가 가(歌)1[ɑ],
과(戈)1[uɑ], 가(歌)3[iɑ], 과(戈)3[iuɑ], 마(麻)2[a], 마(麻)2[ua], 마(麻)4[ia]
로 추정하고 있으며, 나의 재구음 또한 이들과 같다. 그러나 한 가지
나와 다른 것은 대부분의 학자들이 마(麻)운의 핵모음을 앞 안 둥근
낮은홀소리(전설 비원순 저모음)이거나 앞 안 둥근 낮은홀소리(전설
비원순 저모음)와 거의 같은 음으로 재구하고 있는데 반해, 나는 가운
데 안 둥근 낮은홀소리(중설 비원순 저모음)로 추정하고 있다는 점이
다. 즉, 나는 안 둥근 낮은홀소리(비원순 저모음)을 각각 앞(전설)[A],
가운데(중설)[a], 뒤(후설)[ɑ](I.P.A.에 의하면 [A]는 [a]이며, 가운데홀소
리는 없다. 아래의 설명은 나의 분류에 의한 것임에 유의)로 추정하고
있는 데 반해, 대부분의 학자들은 가운데홀소리를 인정하고 있지 않다
는 것이다. 이 점에 대해서는 여러 가지 다른 견해가 있을 수 있으나,
그것에 대해서는 언급하지 않기로 하고, 나의 생각만을 밝혀 두고자
한다.
　앞홀소리 [A]는 기본적으로 소리의 음색이 [æ]와 [a]를 모두 지니고
있기 때문에, 나는 뒤홀소리의 [ɑ]에 대하여 같은 음색만을 지닌 가운데
홀소리의 [a]를 따로 설정한 것인데, 저모음의 세 가지 종류에 의한 분

석은 중고음을 이해하고 또한 설명하는데 상당히 중요한 의미를 지닌
다. 이에 대한 설명을 위해, 산(山)섭 산(産)운과 함(咸)섭 함(咸)운을
살펴보기로 하자.

   2등 중운인 산(産)섭 산(山)운 개구음과 합구음의 한국한자음은 다
음과 같다.

   [見k]間、澗、簡、襉간/慳(간)한 [疑ŋ]眼안
   [曉h]瞎할 [匣ɦ]閑한/轄할/癇간/莧현
   [澄ɖ]綻탄
   [莊ʈʂ]盞잔 [初ʈʂʰ]鏟산/刹찰 [疏ʂ]山、疝、産、驍산
   [竝b]瓣판

   [見k]鰥환

즉, 산(山)운 개구는 대부분 /안/으로 반영되었으며, 1예에 불과하지만
산(山)운 합구음도 /완/으로 반영되어 핵모음이 /아/로 반영된 것을 볼
수가 있으며, 함(咸)운의 경우는 합구음 없이 개구음뿐인데,

   [見k]鰜겸/袷협 [溪kʰ]㪉겹
   [匣ɦ]鹹、陷함
   [知ʈ]站참/劄잡 [澄ɖ]賺(담)잠
   [清tsʰ]煠、腌잡 [莊ʈʂ]蘸잠 [初ʈʂʰ]挿、鍤삽 [牀dʐ]饞참 [疏ʂ]歃、箑삽

와 같이, 아음만 /염/으로 반영되었을 뿐, 나머지는 모두 /암/으로 반영
되어 주요 반영음은 /암/이었음을 알 수가 있다. 그런데, 이들 운에 대

한 만요우가나자가 1예도 없다는 점은 무엇을 시사하고 있는 것일까? 결론부터 말하면, 상대 일본어의 '아(ア)' 홀소리의 소릿값은 결코 앞홀소리의 [ʌ]음이 아니었다는 것을 말해준다고 하겠다. 고대 한국어의 /아/음의 소릿값은 [ɑ]임에도 불구하고 가운데홀소리의 [a]와 앞홀소리의 [ʌ]를 대부분 /아/로 나타내고 있음에 비해, 상대 일본어의 '아(ア)'는 가운데홀소리의 [a]와 뒤홀소리의 [ɑ]는 나타내고 있으나, 앞홀소리의 [ʌ]와는 무관하다는 것이다. 그런데, 앞에서 마(麻)운 4등 개구음을 나는 [ia]로 보았는데, 그렇다면, 개음[i]에 의해 핵모음[a]가 [ʌ]로 이동하여 실제음이 [iʌ]가 되므로 마(麻)운 4등에는 만요우가나자가 있어서는 안 되는데도 불구하고, '사(サ)·자(ザ)·야(ヤ)'를 나타내는데 무려 14자나 쓰이고 있는 점을 어떻게 해석해야 하는가? 이에 대해 나는 다음과 같이 생각한다 : [ia]의 실제음은 [iʌ]에 가까운 소리가 되지만, 그 음색은 [a]를 그대로 또는 비슷하게 유지하고 있을 뿐이지, '에(エ) 갑류'에 가까운 소리와 '아(ア)'를 함께 가지고 있는 것이 아니라는 사실에 주의를 기울일 필요가 있다. 이것은 순수하게 [ʌ]만을 지니고 있음으로 해서, 음색이 '에(エ) 갑류'에 가까운 [æ]와 [a]를 함께 지니고 있는 것과는 다르다는 것이다.

3 강(江)섭 강(江)운의 만요우가나 '카쿠(覺)' 존재의 의미

강(江)섭 강(江)운 2등에 쓰인 만요우가나자에는 '카쿠(覺)'가 있는데, '카쿠(覺)'는 니혼쇼키에만 보인다. 그 예를 보면,

* 冬十月、至上総国、従海路渡淡水門。是時、聞覚賀鳥之声。欲見
  其鳥形、尋而出海中。仍得白蛤。(巻7, 成務紀)
* 且習内教於高麗僧慧慈、学外典於博士覚哿。並悉達矣。(巻22, 推
  古紀)
* 四年夏五月辛亥朔壬戌、発遣大唐大使小山上吉士長丹、副使小乙
  上吉士駒、‖駒、更｜名糸。‖学問僧道厳・道通・道光・恵
  施・覚勝・弁正・恵照・僧忍・知聡・道昭・定恵 (巻25, 孝徳)
* ‖伊吉博得言、学問僧恵妙、於唐死。知聡、於海死。智国、於海
  死。智宗、｜以庚寅年、付新羅船帰。覚勝、於唐死。義通、於
  海死。......‖ (巻25, 孝徳)
* 九月己亥朔癸卯、百済遣達率‖闕｜名。‖沙弥覚従等、来奏曰、
  (巻26, 斉明紀)

와 같다. 모리 히로미치[3]의 'α군가요 원음의거설(당대 북방음)'(아리사
카 히데요 이래로 큰 진전을 보지 못 한 니혼쇼키 만요우가나자의 편재
현상에 대해 보다 진전된 하나의 획을 그은 연구라고 나는 생각한다.
다만, 모리 히로미치의 분석은 어디까지나 니혼쇼키의 가요와 새김잡
이(훈주)만을 중심으로 분석한 결과라는 점에 유의해야 할 필요가 있
다. 그의 분석은 가요와 새김잡이(훈주)만을 놓고 보면 그다지 문제가
없다는 것을 인정할 수 있지만, 니혼쇼키 전체를 놓고 보면, 맞지 않는
부분도 있는 것 또한 사실이며, 모리 히로미치 자신은 중고음을 재구하
지 않고 주로 히라야마 히사오(平山久雄)에 따르고 있는 점이 맹점이
기도 하다. 모리 히로미치에 의하면, α군은 권14～19와 권24～27에 속
하며, β군은 권1～13과 권22～23에 속하므로 '카쿠(覺)'가 권25・26에

---

3) 森博達(1991),『古代の音韻と日本書紀の成立』大修館書店 東京

즉,α군의 권에 나타나는 것은 이례(異例)에 속하게 되므로, 모리 히로미치의 설은 맞지 않게 된다. 그러나 이 예는 사람이름으로 쓰인 것이며, 고유어의 이름이 아니라 한자어 이름에 쓰인 것이기 때문에 만요우가나자라기보다는 한자어의 뜻과 소리를 살린, 어느 의미에서 보면 한자어라고 볼 수 있기 때문에 문제가 되지 않으며, 특히 'α군가요 원음 의거설'은 가요와 새김잡이(훈주)만을 대상으로 한 것이지 본문도 포함한 것이 아니기 때문에 문제가 되지 않는다고 생각한다. 따라서 권7에 나오는 새우는 소리를 새의 이름으로 삼은 즉, 의성어를 그대로 옮긴 만요우가나자인 예는 β군에 속하기 때문에 모리 히로미치의 설의 타당성은 인정할 수 있다.

다만, 나는 모리 히로미치가 히라야마 히사오의 재구음을 조금 수정한 채 그대로 따르고 있는 데에 대해서는 동의하지 않는다. 히라야마 히사오의 강(江)운의 재구음은 [auŋ]([uŋ]은 운미음임에 주의)이므로, 입성운에 속한 '카쿠(覺)'는 [auk]이 되는데, 그렇게 되면 핵모음를 앞홀소리로 보게 되는데 이 핵모음[a]는 또한 히라야마 히사오의 재구음에 따르면, 가(假)섭 2등 마(麻)운자의 핵모음과 같으므로 만요우가나자로서 1예밖에 보이지 않는다는 점은 납득이 가지 않기 때문이다. 물론, 운미음이 있으므로 운미음이 없는 자에 비하면 상대일본어의 '아(ア)'를 나타내는 데는 덜 적합하더라도 적어도 1예 이상의 예가 존재해야 하거나, 아니면 1예도 존재하지 않아야 하는 소리인 것이다. 이해를 돕기 위해서 중고음의 한국한자음의 반영례를 보기로 하자. 먼저, 반영례를 보기 전에 한 가지 언급해 두면, 강(江)운은 원래 동(東)부에 속해 있던 운으로서 이후 같은 동(東)부에 속해 있던 동(冬)부와 같은 변화를 보여 왔다가, 절운시대에 동(冬)부에서 1·3등은 동(冬)부로 2등은 강(江)부로 나뉘어졌다[4]고 하므로, 핵모음은 통(通)섭자와 상당히 인접한 소리였음을 알 수 있다. 이것은 『꾸앙원(廣韻)』의 운목 배열 순서나, 『윈징(韻鏡)』에서 통(通)섭이 제1·제2 운도에 배치되어 있는 데에 이어서 바로 제3도에 강(江)섭이 배치되어 있는 것을 보아도 핵모음의 인접성 내지 유사성은 의심할 바가 아님을 알 수 있다. 이 말은 바로 뒤홀소리에 속한 통(通)섭자와 같은 뒤홀소리 계열임을 시사하는 것으로서 앞홀소리와는 다르다는 것을 알 수 있다. 만일 강(江)섭자가 앞홀소리 계열이었다고 한다면, 아마도 탕(宕)섭과 인접해서 배치되었을 것이기 때문이다.

그러면, 한국한자음의 예를 보자.

> [見k]江、豇、扛、矼、講、**洚**、絳강/角、桷、覺(교)각/港항 [溪k']腔강/硞각
> [疑ŋ]樂(락)嶽악
> [影·]幄악 [曉h]肛、**摃**항 [匣ɦ]缸、項、巷항/**學**(흑)、**鸄**흑
> [端t]樁장 [知t]椓、卓탁 [澄d]幢당/濁탁
> [初tʂ]窓창 [牀dʐ]鋜착 [疏ʂ]瀧상/朔、槊삭/**雙**(상)쌍
> [幫p]邦방 [滂p']胖팡 [竝b]蚌、棒방/骲、雹박

강(江)운의 한국한자음의 반영례는 '椿쟝·雙(샹)쌍'과 같이 합구음의 예는 근세 중국음의 반영으로 생각되므로 제외하면, /윽/으로 반영된 '學鸄흑' 두 자 이외에는 모두 /앙/, /윽/으로 반영되었다. 이것은 무엇을 의미하는가? 나의 박사학위논문[5]에서 이미 언급한 것처럼, 예외자

---

4) 王力(1985), 『汉语语音史』 中国社会科学出版社 北京 pp.17-227
5) キム·デソン(2000), 『中古漢字音の再構成 －韓日資料による韻母音を中心に－』 福岡大学

가 극히 적다는 것은 핵모음이 가운데홀소리인 [a]이거나 뒤홀소리인
[ɑ]라는 것을 의미한다[6]. 그런데, 통(通)섭자가 뒤홀소리이므로 뒤홀소
리의 [ɑ]로 보는 것이 타당하다고 할 수 있다. 그러나 여기에는 다음과
같은 문제점이 있다. 바로 탕(宕)섭 1등 개구인 당(唐)운과 소리가 같아
진다는 것이다. 만일 같은 소리라면, 비록 절운시대 이전의 음이 동일
했거나 유사했기 때문에 그러한 사실을 보여 주기 위해서 고의로『꾸
앙윈(廣韻)』이나『윈징(韻鏡)』에서 통(通)섭 바로 뒤에 배치했다는 억
지 해석을 할 수도 있겠지만, 적어도 당(唐)운과 소리가 같았다면, 만요
우가나자가 1예 이상 존재했을 것이라는 점을 부정할 수 없다는 점과
또 하나 결정적이라고 할 수 있는 강(江)섭자에는 예외인 '學鷽흑'과
같은 /옥/의 반영례가 있는데 반해, 당(唐)운에는 1자의 예외도 없이
/앙/, /악/으로 반영되어 있다는 사실을 어떻게 설명해야 하는가 하는
점을 들 수가 있다. 그런데, 비록 현대음이기 때문에 인용하기에는 조
심스러운 점이 적지 않으나, 나는 이 문제에 대해 강(江)섭자의 베트남
한자음의 반영례가 어느 정도 이 문제를 푸는 열쇠를 쥐고 있다고 생각
한다. 베트남한자음의 강(江)섭자의 예는 다음과 같다[7].

  ang[ɑŋ] : 邦bang 尨mang 撞chàng 搦nạc 江giang 釭cang 矼xang 降
       hàng 巷hạng 등 77자
  ông[oŋm] : 棒bông3 控không 爆bộc 등 13자
  ong[ɔŋm] : 雙song 捉tróc 學học 등 13자

---

6) 나는 앞홀소리[ʌ], 가운데홀소리[a], 뒤홀소리[ɑ]로 분리하여 음성기호로 나타내
  고 있다.
7) 三根谷徹(1993),『中古漢語と越南漢字音』汲古書院　東京　pp.441-443

기타 : ung[uŋm](椿thung) 등 2자, u'o'ng[ʉʉəŋ](朕u'o'ng) 등 4자, oang
[ɔɑŋ] (腔xoang、soang) 등 2자, '杠xan[san]' 1 자, ao[ɑɔ](雹bāo)
등 3자, ôi[oi](催thôi) 1자

총 116자가 있는데 이중에서 ang[ɑŋ]으로 반영된 자가 77자이므로 약
66%를 차지하고 있는 것을 알 수 있다. 이것은 탕(宕)섭 당(唐)운 1등
개구자 237자 중에서 86.9%에 이르는 206자가 ang[ɑŋ]으로 반영되어
있는 것과 비교해 보면, 확연히 차이가 있음을 알 수가 있다. 이 점은
또한 과(果)섭 가(歌)운 1등 개구가 a[ɑ]로 반영된 것이 95%이며, 가
(假)섭 마(麻)운 2등 개구의 96%가 a[ɑ]로 반영된 것과도 비교해 보면,
분명히 핵모음에 어떤 차이가 있었음을 짐작케 해 준다. 그렇다면, 이
차이는 과연 무엇이었을까? 그 해답은 바로 66% 이외에 속하는 자의
반영음에 있다고 보아야 할 것이다. 위의 예에서 볼 수 있듯이 다양하
게 반영된 13자를 제외한 26자가 각각 ông[oŋm]과 ong[ɔŋm]으로 13자
씩 반분하면서 11%씩 차지하고 있는 점에 주목해야 한다. 이들 반영자
는 비록 현대음이기는 하나 핵모음이 뒤 둥근홀소리(후설 원순모음)로
반영되어 있는 데 반해, 탕(宕)섭 당(唐)운은 주류음 ang[ɑŋ] 다음으로
10.1% 즉, 24자가 ủông[ʉʉəŋ] 즉, 가운데홀소리로 반영되어 있다. 이 차
이는 바로 강(江)운은 당(唐)운과 분명히 다른 음이었음을 짐작케 한다.
그렇다면, 강(江)운의 중고음은 어떠했을까? 이에 대해서는 이미 나의
박사학위논문(pp.29-30)에서 밝혔으나, 다시 나의 재구음을 설명하기
로 한다.

나는 강(江)섭 강(江)운 2등 개구음을 [ɔŋ]으로 본다

이렇게 재구한 근거는 만요우가나와 앞서 말한 베트남한자음의 반영례에 의한 것이다. 강(江)운이 만요우가나자로서는 '카쿠(覺)' 1예밖에 없으며, 그 반영례는 '카(カ)' 즉, '아(ア)'였다는 사실과 또한 강(江)운이 '오(ォ) 갑류'로 반영된 만요우가나자가 1예도 없다는 사실은 [ɑŋ]이나 [oŋ]이 아니었다는 것을 보여 주며, [ɑŋ]과 [oŋ]이 아니었다면, 뒤홀소리로는 [ɔŋ]이나 [ʌŋ]으로 볼 수밖에 없는데, 만일 [ʌŋ]이었다면, 해(蟹)섭 해(咍)운 1등과 핵모음이 같게 되므로, 만요우가나자로서는 '오(ォ) 을류'나 '에(エ) 을류'로 반영되었을 것이며, 해(咍)운의 반영자의 종류가 18자에 이르므로 강(江)운의 반영자 또한 1자 이상이 존재했을 것이다. 또한 한국한자음은 /ㆁ/이 더 많겠지만 /앙/으로 반영된 자 또한 상당히 많았을 터이지만, 강(江)운은 두 자를 제외한 거의 대부분의 자가 /앙/으로 반영되어 있으므로 [ʌŋ]이었을 가능성은 배제되는 것이다. 따라서 남은 것은 [ɔŋ]이 되는데, 이 재구음은 이미 앞서도 지적한 바 있듯이 『꾸앙윈(廣韻)』의 운목 배열 순서와 『윈징(韻鏡)』의 운도 배치 순서와도 일치한다.

그런데, 이 [ɔŋ]에는 한 가지 중요한 문제점이 있다. 왜냐하면, 강(江)의 한국한자음의 반영례는 /앙/이라는 사실이다. 만일 강(江)운이 [ɔŋ]이었다면, 한국한자음에서는 /앙/ 이외에 /ㆁ/으로 반영된 예가 상당히 많았을 것이라는 점이다. [ɔ]의 음색은 뒤 둥근 낮은홀소리[ɒ]와 유사하기 때문에 /앙/과 /ㆁ/으로 반영되기 마련인데, 실제로는 /ㆁ/의 반영례는 두 자에 불과하다는 사실이다. 이것은 무엇을 말하는 것일까? 이에 대해 나는 앞선 나의 재구음[ɔŋ]을 다음과 같이 수정한다.

강(江)섭 강(江)운 : [ɔŋ]과 [ɑŋ] 사이의 음으로서 음색의 관점에서 말하면, [ɔŋ] 보다는 [ɑŋ]에 가까운 소리였다.

따라서 한국한자음에서는 주로 /앙/으로 반영된 것이며, 특히 강(江)운이 후세에 양(陽)운과 같은 운목에 속하게 되는 근거가 되는 것이다. 이것은 또한, 상대일본어의 홀소리 '아(ア)'가 앞홀소리가 아니라, 뒤홀소리이었음을 말해 주기도 한다.

4 탕(宕)섭·산(山)섭·함(咸)섭과 그 밖의 예

탕(宕)섭에는 당(唐)운 1등 개구음·합구음과 양(陽)운 3등 개구음·합구음, 그리고 양(陽)운 4등 개구음이 있는데, 이 중에서 만요우가나 '아(ア)'로 반영된 것은 개구음뿐으로 합구음에는 예가 하나도 없다. 이들 개구음의 한국한자음은 각각 당(唐)운 1등은 1예의 예외도 없이 /앙/으로, 양(陽)운 3등 개구는 '상(孀)'이 '상'과 '쌍'으로 반영되어 합구음으로 반영된 것을 제외하면, 모두 /앙/으로 반영되었는데, 합구개음을 뺀 핵모음은 /아/이므로 '상(孀)'자 또한 예외로 보지 않아도 되므로, 100% /앙/으로 반영되었다고 할 수 있다. 4등 개구 양(陽)운은 강한 개음이 반영되므로, /양/으로 반영되었는데, '韁장' 한 자만이 개음이 반영되지 않았을 뿐이다. 따라서 한국한자음은

당(唐)운 1등 : /앙/   양(陽)운 3등 : /앙/   양(陽)운 4등 : /양/

으로 정리할 수 있다. 만요우가나의 경우에는 당(唐)운 1등은

各カク 作サ・サカ・サク 藏奘ザ 黨タ 當タギ 嚢ダ 諾ナキ 薄
泊ハ/博ハカ 莽マ/莫幕マク 浪ラ/落ラク

와 같이 반영되었고, 양(陽)운 3등과 양(陽)운 4등은 각각

鞅ア 香カ・カグ 裝ザ 芳方房防ハ 方ホ 望マガ・マグ 望忘モ
良ラ

相サガ・サグ 楊陽や

로 반영되었는데, 이들 반영례의 분포를 보면, 당(唐)1등은 '카・사・
자・타・다・나・하・마・라(か・さ・ざ・た・だ・な・は・ま・
ら)', 양(陽)운 3등은 '아・카・자・하・마・라(あ・か・ざ・は・
ま・ら)', 양(陽)운 4등은 '사・야(さ・や)'로 나타나, '가・바・와(が・
ば・わ)'만이 예가 없을 뿐 골고루 반영되어 있음을 알 수가 있다. 이
세 운에 대한 나의 재구음은

唐1[ɑŋ] 陽3[iaŋ] 陽4[iaŋ]

로, 앞서 과(果)섭・가(假)섭의 핵모음의 재구음과 똑같다. 따라서 [a]
는 가운데홀소리라는 사실에 유의하여야 한다.
  산(山)섭 한(寒)운 1등 개구음과 환(桓)운 1등 합구음의 만요우가나자
는 다음과 같다.

安ア 干漢カニ/葛カツ 彖サノ/散サ・サニ/讚サ・サヌ/薩サチ・サ

ツ 丹タ・タニ/旦タニ/但タニ・タヂ 彈ダニ 難ナ・ナニ

伴牛絆泮ハ 末滿マ 丸ワ・ワニ

惋ヲ(중고음 이전의 예로 추정됨)

개구음에는 운미음이 반영된 것이 주인데 반해, 합구음은 '와(ワ)'만이 합구개음이 반영되었으며, 순음의 경우 운미음이 반영이 안 된 것이 눈에 띤다. 한국한자음은 개구운에는 1자의 예외 없이 /안/으로 반영되었고, 합구운은 설음, 치음과 순음은 주로 /안/으로 반영되어 합구개음이 반영이 되지 않은 것이 특징이다. 원(元)운 3등 개구음의 경우 만요우가나의 예는 없으나, 합구음은 다음과 같이 반영되었다.

蕃番ホ 煩ボ 袁遠怨曰ヲ/越ヲ・ヲチ

幡ハ 伐バ 万マ 返反ヘ(중고음 이전의 예로 추정됨)

즉, 중고음의 만요우가나는 '오(オ) 을류'로 반영되었음을 알 수 있다. 그리고 산(刪)운 2등 합구음에 1예가 있는데,

八ハ

와 같다. 이들 운에 대한 나의 재구음은 다음과 같다.

寒1[ɑn] 桓1[uɑn] 刪2[uan] 元3[ïuɐn]

이 중에서 원(元)운 3등 합구음[ïuɐn]이 '오(オ) 을류'로 반영될 수 있었

던 이유는, [ïuɐn]는 개음이 [ï벼]로 바뀜과 동시에 개음에 의해 [ɐ]가 [ɜ]
로 이동함으로 해서 실제음이 [ï벼ɜn]되는데, 순음은 개음이 간접적으로
반영된다는 특징에 의해 운모는 [ɜn]만이 남으며, 또한, 만요우가나에
서 운미음의 반영은 임의적이므로 운미음이 탈락할 경우 핵모음 [ɜ]만
이 남게 되므로 '오(オ) 을류'로 반영된 것이다.

함(咸)섭 중운(重韻) 담(覃)운 1등과 담(談)운 1등의 만요우가나는
다음과 같다.

匝サ・サヒ　雜サハ・サヒ　颯サフ　曇ヅミ　南ナ・ナミ

甘敢カ・カム　三サム　蹔ザミ　塔タフ　藍覽濫ラム　臘ラフ

이에 대한 한국한자음은 담(覃)운은 치두음에만 /음/으로 나타날 뿐 나
머지는 모두/암/이며, 담(談)운은 운미음이 /ㄴ/으로 반영된 '담(坍)'을
빼면, 치두음도 포함하여 모두 /암/으로 반영되었다. 이들 운에 대한
나의 재구음은,

覃 1 [am]　談 1 [ɑm]

와 같다.

여기서는 한 가지 특징만을 지적하기로 한다. 그것은 바로 2장에서
잠시 언급했던 3등개음에 대한 것이다. 3등 개음을 지니고 있는 陽운
3등에는 9자나 되는 예가 있는데, 그것은 1등인 한(寒)・환(桓)운, 담
(覃)・담(談)운의 예에 못지않은 수의 예로 이것은 아마도 다음과 같이
볼 수 있을 것 같다. 확실히 운에 따라서는 1등 보다는 개음을 지니고

있는 3등이 일본어의 소리를 나타내는 데 적합하지 않은 것은 분명하다. 그러나 양(陽)운 3등의 경우는 운미음[ŋ]에 의해서 [iaŋ]의 개음[i]가 예를 들어 가(歌)운 3등[ia]의 개음 보다 약해지기 마련이다. 따라서 [i]가 상대적으로 약하게 즉, [iaŋ]처럼 들리게 되며, 또한 [ŋ]에 의해서 핵모음 [a]도 [ʌ]로 이동하지 못 하고 거의 같은 위치에서 머무르게 되므로 핵모음은 [a]가 되므로 일본어의 '아(ア)'를 나타내는 데 적합해진다. 만일 운미음이 없었더라면, [ia]의 경우 '아(ア)'는 나타낼 수는 있어도 그 예가 적었을 것이다.

그 밖에 '아(ア)'를 나타내고 있는 만요우가나자에는 태(泰)운의 '太大タ・太大ダ'와 중고음 이전의 예로 보이는

英ア(庚)　甲カ・カヒ(狎)　介カ(怪)　奇宜ガ(支)　尺積サ・サカ(昔)
柴サ(佳)　草サ(皓)　侈タ(紙)　冉ナミ(琰)　乃ナ(海)　寧ナ(青)　幡ハ
(元)　法ハフ(乏)　伐バ(月)　麼バ(支)　万マ(願)　移ヤ(支)　益ヤ(昔)
(괄호 안은 해당 운임)

등이 있다.

5 상대 일본어 '아(ア)'의 소릿값

그러면, 상대 일본어 '아(ア)'의 소릿값에 대해 살펴보자. 이미 앞에서 살펴 본 것처럼 한국한자음의 경우 고대 한국어의 /아/음을 나타내는 데 쓰인 중고음의 운자들의 음은 앞[ʌ] 가운데[a] 뒤[ɑ]로서 안 둥근 낮은홀소리 계열은 모두 /아/로 나타내고 있는데 반해, 만요우가나의

경우 '아(ア)'는 [a]와 [ɑ]를 나타내는데 쓰이고 있음을 볼 때, 상대 일본어의 '아(ア)'는 가운데[a]이었거나 뒤[ɑ]이었을 것으로 추정된다. 그러면, [a]와 [ɑ] 중 어느 것이었을까. 이에 대해 나는 다음 두 가지에 의해 [ɑ]이었을 것으로 추정한다.

첫째, 이미 앞에서 지적한 바 있듯이 강(江)운 '카쿠(覺)'의 예는 존재하지만, [A]음의 예는 존재하지 않기 때문에 [A]가 배제되는 것은 분명하다. 그런데, 만일 [a]였다면, 소리자리갈(음위학, 왕리 : "音位学的发明，解决了语音史上许多问题。......又如东韵字上海读[uŋ]，苏州读[oŋ]我们应该把苏州的[oŋ]认为是[uŋ]的变体，因为苏州不另有[uŋ]和它对立")[8]의 관점에서 보면, 음색이 비슷한 [ɑ]와 [a]의 위치에는 '아(ア)'만이 존재하여 [ɑ]와 [a]는 서로 대립하는 관계에 있지 않게 되므로 상대 일본어의 '아(ア)'를 [a]로 볼 수가 있게 된다. 그러나 문제는 '카쿠(覺)'의 존재를 설명할 수가 없다. 왜냐하면, 가운데 홀소리[a]이기 때문에 뒤홀소리[ɑ]는 나타낼 수 있어도 [ɔ]와 [ɑ] 사이의 소리는 나타낼 수 없기 때문이다. 이것은 마치, [A]가 배제되는 것과 마찬가지인 것이다. 그렇지만, '아(ア)'를 [ɑ]로 보면, 소리자리갈의 관점에서 [a]를 나타낼 수 있는 것은 당연한 것이고, 음색이 다른 강(江)운의 예도 적어도 한 예 정도는 나태낼 수 있는 가능성이 있는 것이고, 그 가능성이 바로 중고음을 가장 잘 보여주고 있는 니혼쇼키에만 나타나 있는 것만 보아도 간접적으로 '아(ア)'는 [ɑ]이었을 가능성을 입증해 준다 하겠다.

둘째, 이미 모리 히로미치[9]의 설명이 있는 것처럼, 단(端)·지(知)·정(精)·장(莊)계와 래(來)모에는 1등 가(歌)운과 2등 마(麻)운은 서로

---

8) 王力(1985), 『汉语语音史』 中国社会科学出版社　北京 p.14
9) 森博達(1991), 『古代の音韻と日本書紀の成立』 大修館書店 東京 pp.58-59

상보적 분포 관계에 있기 때문에 '아(ア)'가 [a]와 [ɑ] 중 어느 쪽이었는 가에 대해서는 도움이 되지 않지만, '아·카·가·하·바·마(ア· カ·ガ·ハ·バ·マ)'를 나타내는 만요우가나자는 '마(マ)'만이 마(麻) 운을 사용했을 뿐, 나머지는 모두 가(歌)운의 만요우가나자만이 존재 한다는 사실은 바로 '아(ア)'가 뒤홀소리였음을 보여 준다고 하겠다.

이 두 번째에 대해 내가 보충한다면, 다음과 같은 관점에서도 '아(ア)' 가 뒤홀소리였음을 증명할 수 있다. 중고음 이전의 반영으로 보이는 '英甲介奇宜尺積柴草侈冉乃寧幡法伐麼万移益' 등을 제외한, 만요우 가나자의 '아·카·가·하·바·마(ア·カ·ガ·ハ·バ·マ)'의 각 운의 분포를 보면 다음과 같다(밑줄이 그어진 것은 니혼쇼키에만 나타 나는 예임. " / "의 앞숫자는 금석문, 코지키, 니혼쇼키, 만요우슈우 등 에 나타난 예이며, 뒷숫자는 니혼쇼키에만 나타난 자를 제외한 예임).

	ア	カ	ガ	ハ	バ	マ	운별잣수
歌1 α	阿婀2/1	柯歌舸軻箇哿珂可賀河訶11/7	餓峨鵝俄我蛾何賀河9/5				22/13
戈1 α				簸波播婆破皤囘7/6	麼魔磨婆4/1	麼魔摩磨4/2	15/9
戈3 α		伽迦2/1					2/1
麻2 a		加嘉架3/3		巴1/0		麻馬2/2	6/5
寒1 α	安1/1	干葛漢3/3					4/4
桓1 α				絆泮半伴4/2		末滿2/2	6/4
刪2 a				八1/1			1/1
唐1 α		各1/1		泊薄博3/3		莽莫幕3/2	7/6
陽3 a	鞅1/0	香1/1		芳方防房4/4		望1/1	7/6

江2 ɔ		覺(1/0)					(1/0)
談1 α		甘敢2/2					2/2
카나잣수	4/2	23(24)/17	9/5	20/16	4/1	12/9	72(73)/51

이 도표에서 볼 수 있는 것처럼, 총 72예 중에서 [ɑ]계열의 예는 58자이며 [a]는 14자로, [ɑ] : [a]의 비율은 80.6% : 19.4%의 비율을 보이고 있으므로, 만일 [a]였다고 하면, 굳이 [a]를 나타낼 수 있는 각 운의 예자들이 있음에도 불구하고 [ɑ]를 4배나 더 많이 써야 할 이유가 없기 때문에 역시 [a]로 볼 수가 없는 것이다. 더군다나, 니혼쇼키에만 쓰인 예를 제외한다고 하더라도 총 51예 중에서 [ɑ]계열이 39자이며, [a]계열은 12자로서 둘의 비율이 76.5% : 23.5%로 니혼쇼키에만 쓰인 예도 포함한 80.6% : 19.4%의 비율과 그다지 차이가 없음을 보아도 역시 '아(ア)'가 뒤홀소리였다는 것은 분명한 것이다.

6 나오는 말

이 논문에서는 상대 일본어의 홀소리 체계(모음체계)의 소릿값(음가)을 추정하는 작업의 일환으로서 먼저 '아(ア)'의 소릿값에 대하여 알아보았다. 그 결과, '아(ア)'의 소릿값은 역시 [ɑ]이었다는 결론을 내릴 수 있었다. 그 근거는

1) 강(江)운 '카쿠(覺)'의 예가 존재한다는 사실
2) '아·카·가·하·바·마(ア·カ·ガ·ハ·バ·マ)'의 각운의 분포에서 [ɑ] : [a]의 비율이 니혼쇼키에만 쓰인 것도 포함할 경우, 58자

(80.6%) : 14자(19.4%)이며 니혼쇼키에만 쓰인 것은 포함하지 않을
경우에도 39자(76.5%) : 12자(23.5%)로서 거의 차이가 없다는 사실

에 의한 것인데, 여기서 한 가지 빼놓을 수 없는 점을 다시 말해 두면,
안 둥근 낮은홀소리(비원순 저모음) 계열을 앞[a](=[ʌ])과 뒤[ɑ]로 보지
않고, 앞[ʌ], 가운데[a], 그리고 뒤[ɑ]로 추정하고 있다는 것이다. 이와
같이 볼 수 있는 것은 역시 한국자료를 일본과 중국자료와 동등하게
분석의 대상으로 삼았기 때문에 가능했던 것이다. 따라서 분석의 대상
으로서 적어도 한·중·일 세 나라의 자료만은 똑 같은 비중으로 다루
어야 할 것이다.

/ 제2장 /
중고 한음의 합구개음과
상대 일본어 우(ウ)의 음가 연구

▌1 들어가는 말

만요우가나[1]는 기본적으로 중국의 모든 운(韻)을 사용하는데, 이 때 음위학(소리자리갈, 音位學)적 관점에서 비슷하다고 들리는 모든 소리는 하나의 음(/ア/, /ウ/ 등)으로 처리했으나, 시대가 흘러감에 따라 비슷한 소리 중에서 가장 가깝거나 같은 소리만을 만요우가나자로 쓰고 나머지는 쓰지 않게 되는데, 이것이 바로 『니혼쇼키(日本書紀)』가요 알파군의 표기라고 생각한다. 따라서 적어도 『니혼쇼키』가요 알파군 이전의 표기에 의하여 일본어의 음운체계를 추정할 때, 비슷하다고 들리는 모든 소리의 운자(韻字)들을 가지고 일본어를 표기한 것을 하나하나 설명하기 위해 일본어의 (모음)체계까지 그것에 맞추려고 하는 노력은 지양되어야 한다. 여기서 말하는 지양이란 의미는 첫째, 『니혼쇼키』알파군 자료와 달리 비슷하거나 어느 정도 비슷한 음이라면 가능한 한 많은 운의 중국음을 가지고 표기하려고 했던 자료를, 즉 균일하지 않은 자료를 가지고 무리하게 해석하려는 시도를 말한다. 둘째,

---

1) 일본어 우리말 적기는 '한별 일본어 우리말 적기'에 따른다.

중국 중고음 내지 그 이전의 음을 추정한 기존의 재구음을 가지고 상대 일본어의 음운체계를 추정하기에 앞서 먼저 추정하려고 하는 학자는 다음 두 가지 점에 유의해야 한다는 것을 말한다. 첫 번째는 자신이 직접 중고음 등을 재구해서 그것을 가지고 상대 일본어의 음운체계를 추정해야 한다는 점이다. 두 번째는 첫 번째가 여의치 않은 경우에는 최소한 한국자료에 대한 치밀한 분석을 중고음 등의 재구에 충분히 활용하고 있는가 하는 점을 반드시 검토해 보아야 한다는 점이다. 왜냐하면, 비록 일본자료에는 어느 정도 부합하는 중고 재구음이라 하더라도 한국자료를 충분히 활용하지 못한 재구음인 경우, 한국자료에 적용시켜 보면 맞지 않는 부분이 너무나도 많기 때문이다. 특히 이 점은 반드시 일본 학자들이 유의해야 할 것으로 생각한다.

일반적으로 우(ウ)의 음가는 후설 원순 고모음인 [u]로 추정하고 있는 가운데, 모리야마 타카시(森山隆)[2]는 오오노 스스무(大野晋)가 『니혼쇼키(日本書紀)』 가요에 模운1등 설두음자(舌頭音字)만이 쓰인 이유를 3등의 경우 성모가 설면전음(dorso-prepalatals, [ȶ, ȶʻ, ȡ, ɲ])이기 때문에 부득이 模운1등자를 썼다는 주장에 대해 『니혼쇼키』 이외의 예를 들어 이의를 제기하면서, '烏'자가 /オ/가 아니라 /ウ/로 쓰이고 있는 사실과 魂・文韻字가 /ウ/로 나타나는 예를 근거로 /ウ/가 [u] 혹은 [ɯ]이었을 것으로 추정하였다.

이에 이와 같은 점을 고려하면서 상대 일본어 우(ウ)의 음가를 추정하려고 한다. 그러기 위해서는 밀접한 관계에 있는 중국어의 중고음 중에서 합구개음의 음가를 먼저 추정해보기로 하자.

---

2) 森山隆(1971) 『上代国語音韻の研究』, 桜楓社. p.244

2 중고 한음의 합구개음에 대한 여러 학자들의 재구음 검토

합구개음에 대하여 크게 [w]와 [u]로 보는 설로 대립하고 있는데, 각각의 설에 대하여 구체적으로 살펴보도록 하자.

먼저 칼그렌(Bernhard Karlgren)[3]은 臻攝 3等 개구운(開口韻, N)과 합구운(合口韻, O)이 각각 欣운과 文운으로 운목(韻目)이 서로 다르게 되어 있는데(different rimes), 文운의 뻬이징음(Mandarine)에서는 '均 kün, 春ch'un, 旬sün(諄운); 橘kü, 出ch'u, 律lü(術운); 君kün, 云yün(文운); 屈kü, 弗fu, 勿wu(物운)' 와 같이 합구개음에 의해 핵모음이 탈락하여(swallowed up) [u]나 [ü](=[y])로 나타나며, 이와 같은 현상은 또한 한국 한자음(Kor), 일본 한음(Kan-on)과 중국의 남방 방언(various Southern dalects)에서도 볼 수 있다는 것을 근거로

> This point being established : »medial u» in ho k'ou, when there are different rimes in k'ai k'ou and ho k'ou, and »medial w» in ho k'ou, when there are the same rimes in k'ai k'ou and ho k'ou,....(p.245)

와 같이 합구개음이 강한 모음성 개음 'u'(a strong, vocalic medial 'u')로 추정하였으며, 개구운과 합구운의 운목이 같은 경우에는(identical rimes) 약한 부수적인 자음성 개음 'w'(a weaker, subordinated consonantic medical 'w')로 추정하였다.

한편, 칼그렌은 A(寒)-B(山), E(咍)-F(灰)의 1등과 N(痕眞欣)-O(魂諄

---

3) Bernhard Karlgren(1963), 『Compendium of Phonetics in Ancient and Archaic Chinese』, Museum of Far Eastern Antiquities. pp.244-248

文)의 1, 3등에 개구운과 합구운에 서로 다른 운목이 있는 『꾸앙윈(廣韻)』과 달리 『치에윈(切韻)』에는 운목이 같은 이유에 대하여 두 가지로 언급하고 있다. 첫째, 예를 들어 'kân 干'과 'kuân 官'에서 개음이 없는 â와, 개음 u 다음에 이어지는 â 사이의 미묘한 음색의 차이를 『치에윈』시대에는 무시했으나 『꾸앙윈』시대에는 인정함으로 해서 차이가 생긴 것 같다. 둘째, 『치에윈』시대에 합구음(合口音)이 약한 자음성의 w이었기 때문에 예를 들어 'kân 干'과 'kuân 官'을 寒운에 넣었으나 당나라가 멸망한 후에 w가 u로 바뀜으로 해서 寒과 桓이 다른 운목이 된 것 같다고 추측하면서 칼그렌 자신은 첫 번째 이유가 타당한 것으로 보고 있다.

이상의 칼그렌설에 대해서는 다음 장에서 구체적으로 검토하도록 하겠다.

루 즈웨이(陸志韋)[4]는 이러한 칼그렌의 [w][u]설에 대하여 부정적인 입장을 보이고 있다. 그 근거로는 첫째, 『치에윈』은 『꾸앙윈』처럼 개구운과 합구운을 서로 다른 운으로 나누지 않고 같은 운으로 처리했다 (《切韻》幷不分眞諄。) 는 사실과, 둘째, 뤼 징(呂靜)의 『윈지(韻集)』에서 상성(上聲)의 隱운·吻운이 같다는 기록은 평성(平聲)의 欣운·文운이 분운되지 않았다(呂靜 《韻集》 "隱与吻同", 想來欣跟文也幷不分韻。)는 사실을 들고 있다. 한편, 합구개음에 대하여 루 즈웨이는 다음과 같이 말하고 있다.

> u跟w旣然沒有音素的分別, 又不能确切的表出歷史上眞實的語音,
> 二者之中不免要刪去一个。我主張一槪作　w, 因爲在二三四等韻斷

---

4) 陸志韋(1985) 『陸志韋語言学著作集(一)』, 中華書局. pp.20-22

不能用 u。高氏的上古音表也是把合口的音符一概寫作 w。(p.21)

즉, [u]와 [w]는 음소적으로 구별이 되지 않으며, 중국 음운학사의 음성적 사실을 제대로 나타낼 수 없기 때문에 [u]와 [w] 중 하나는 반드시 버려야 하며, 2, 3, 4등운에서는 결코 [u]를 쓸 수 없고, 칼그렌의 상고음표(上古音表)에서도 합구의 음성기호로는 모두 [w]를 쓰고 있다는 사실에 의해 루 즈웨이는 [w]설을 취하고 있는 것이다. 그러나 이러한 설명에는 충분한 근거가 제시되어 있지 않다는 점에 아쉬움이 남는다. 만일, 루 즈웨이가 말한 것처럼 합구개음이 [w]이었다고 한다면, 예를 들어 만요우가나자5) 중에서 臻섭 文운 합구3등자의 경우 차탁음([m])일 때는 '文聞問勿mo 物mo,moti'와 같이 반영되었지만, 그 밖의 경우는 '雲u,una 鬱utu 群ku 君訓ku,kuni 群gu,guri 粉funi'와 같이 쓰였는데, 루 즈웨이의 재구음 [ɪwən]에 의하면 후자의 반영례는 도저히 설명할 수 없는 것이다. 그의 재구음에 의하면 후자의 반영례도 전자와 같이 모두 [o] 혹은 [ö]로만 반영되었을 것이며, 한국 전승 한자음6)의 경우 /언/으로 반영된 예가 최소한 1예 이상은 있어야 하나

[見k]7)君若軍皸군 [羣g]群裙郡군 [影・]鬱蔚熨울/縕搵醖온 [曉h]勳訓薫纁훈 [喩j(于ɥ)]雲秄暈皟운 [明m]物믈 [非p(f)]分粉坌饙糞幨분/扮반 [敷p'(f)]拂(불)블 [奉b(v)]焚潰蕡墳枌鼢분/佛불 [微m(ɱ)]文紋蚊聞璺問문/吻믄/勿믈

<hr>

5) 『時代別国語大辞典－上代編－』에 실려 있는 「主要万葉仮名一覧表(pp.890-903)」에 의한다.
6) 『훈몽자회』, 『신증유합』, 『천자문』 등에 보이는 한국 전승 한자음을 말한다. 이하 '한국 한자음'으로 줄이기로 한다.
7) 성모 재구음은 토우도우 아키야스(藤堂明保(1980)『中国語音韻論』, 光生館)에 의함.

와 같이 주로 /운/으로 반영되었으며 소수의 예로 /온/과 /은/, 그리고 유일하게 '扮반'이 /안/으로 반영되었을 뿐 /언/으로 반영된 예는 전무하다는 사실을 어떻게 설명할 수 있을지 의문이다.

왕 리(王力)[8]는 상고개음(上古介音)을 '1등: [없음][u] 2등: [e][o] 3등: [i][iu] 4등: [i][iu]'로 보고 있으나, 근거 제시는 없으며, 또한 중고 합구개음을 [u]로 보고 있는데 마찬가지로 근거 제시는 없다. 중고음의 합구개음을 [u]로 보고 있는 것은 상고개음을 [u]로 보고 있는 것을 그대로 인정하고 있는 것 같다.

한편, 똥 통후아(董同龢)[9]는 합구개음에 대하여 다음과 같이 말하고 있다.

> 標爲中古合口韻母的介音, 一向都依高本漢氏, 一等韻爲-u-, 二三四等韻爲-w-。現在我們覺得那麼凝訂在理論上和實際應用上都有困難, 以後我們一律寫作-u-, 以求與現代音的標寫一致。(p.158)(중고 합구운모의 개음을 나타내는 데 지금까지 모두 칼그렌의 1등운 [u], 2, 3, 4등운 [w]를 따르고 있다. 지금 우리는 그러한 추정음은 이론상 그리고 실제로 응용할 때 곤란함이 있다고 느끼므로, 앞으로 우리는 일률적으로 [u]로 나타내기로 한다. 이것은 현대음의 표기와 일치한다.)

이 주장은 현대 표준음을 염두에 두고 설명하고 있는 것 같다.

그런데, 합구개음을 [u]로 볼 것인지 [w]로 볼 것인지는 상당히 중요한 문제이다. 현대 한국어의 관점에서 볼 때 꾸앙똥어(广东语)의 '瓜gwa¹[kwa], 夸kwa¹[kʰwa]' 등과 뻬이징 표준어(普通话)의 '瓜guā[kuɑ],

---

8) 王力(1991)『汉语音韵』, 中华书局. p.50
9) 董同龢(1993)『漢語音韻學』, 文史哲出版社. pp.157-159

夸kuā[kʰuɑ]'나, 상하이어(上海語)의 '光guàn[guaŋ], 困kuēn[kʰuəŋ]' 등
의 한글 표기는 앞은 '꽈, 콰'로, 뒤는 '꾸아, 쿠아; 꾸앙, 쿠엉'으로 표기
되기 때문에 분명히 [w]와 [u]의 차이를 이중모음(diphthongs)과 연모
음(連母音, two distinct vowels in adjacent syllables)으로 구별해서 표
기하고 있음을 알 수가 있다. 다만, [w]와 [u]를 구별하지 못 하는 언어
에서는 [w]나 [u] 중에서 한 가지로만 일률적으로 표기하겠지만, 적어도
구분이 되는 언어에서는 당연히 외국어를 받아들일 때 구별해서 표기
할 것이기 때문에 이러한 관점에서 한국 한자음과 만요우가나자에 의
한 방증이 필요한 것이다.

엔 쉬에췬(严学宭)[10]도 왕 리, 똥 통후아와 마찬가지로 합구개음을
[u]로 보고 있는데, 해당 부분을 인용하면 다음과 같다.

> 高本汉把独立的合口韵拟作-u-介音，而把开合口同韵的合口韵拟作
> -w-介音，这可能是徒劳的。因为中古的合口介音的来源还不清楚，各
> 家所构拟的周秦古音，合口介音出现不多，亡友罗季光教授认为中古
> 的合口介音在周秦时代可以取消，而代之以圆唇元音，这个问题还值
> 得深究。(p.105)(칼그렌은 단독으로 쓰인 합구운을 [u]개음으로, 개구
> 운과 합구운이 같은 운으로 배열된 합구운을 [w]개음으로 추정하였는
> 데, 이것은 공연한 헛수고인 것 같다. 왜냐하면 중고 합구개음의 기원
> 은 분명치 않으며, 각 학자들이 추정한 주(周)·진(秦)의 옛소리에는
> 합구개음이 거의 나타나지 않기 때문에, 작고한 친구인 루어 지꾸앙
> (罗季光)교수는 중고 합구개음은 주진시대에는 존재하지 않았을 것으
> 로 보아 원순모음으로 대신하였는데, 이 문제에 대해서는 앞으로 연구
> 해 보아야 할 가치가 있다.)

---

10) 严学宭(1990) 『广韵导读』, 巴蜀书社. pp.104-106

이 주장에는 적어도 중고음을 둘러싼 차용 외국어에 대한 치밀한 분석이 결여되어 있다는 점에서 커다란 오류를 지니고 있다고 생각한다.

이상과 같이 중국학자들의 설은 [w]와 [u] 중의 하나만을 취하고 있음을 볼 수 있다. 그렇다면, 일본 학자들의 주장은 어떠한가 살펴보도록 하자.

아리사카 히데요(有坂秀世)[11]는 합구개음에 대하여 칼그렌을 그대로 따르기로 하면서, 다만 止섭의 모든 운만은 합구적 요소가 분명한 후설적인 혀의 위치를 지니고 있는 [u]로 보고 있다. 그 근거는, 첫째, 현대 중국 방언음에서 止섭에 속한 운들은 순음성모자의 경우에도 개구음과 합구음이 분명히 구별되고 있으며, 둘째, 일본의 고대 한자 카나 사용법에서 止섭 합구운을 나타낼 때 'ア行·カ行'은 'ヰ·クヰ', 그 밖은 'スイ·ツイ·ルイ'처럼 합구적인 요소를 그대로 나타내고 있다는 사실을 들고 있다. 다만, 두 번째 근거에 대해서는 합구적 요소가 그 당시 중국어에 있었는지, 일본에 전래되어 생긴 것인지에 대해서는 알 수 없다는 입장을 취하고 있다. 아리사카 히데요의 주장은 한국 한자음에 대한 인식 부족과 止섭 이외의 합구운에 대한 만요우가나자의 반영례에 대한 보다 치밀하고 세심한 연구의 결여를 보여 주고 있다고 할 수 있다.

토우도우 아키야스(藤堂明保)[12]는 특별한 설명이나 근거 제시 없이 합구개음을 [u]로 보고 있으며, 코우노 로쿠로우(河野六郎)[13]는 元, 嚴, 廢운만을 [w]에서 [u]로 바꾸었을 뿐 나머지는 모두 칼그렌을 따라 [w]([ʷ])와 [u]([u])로 보고 있다. 그 근거는 첫째, 한국 한자음에서 元운은

11) 有坂秀世(1955)『上代音韻攷』, 三省堂. pp.269-276
12) 藤堂明保(1980)『中国語音韻論』, 光生館.
13) 河野六郎(1993)『河野六郎著作集 第2卷』, 平凡社. pp.122-123

/원/으로 반영되었다. 둘째, 일본 한자음에서 /ヲン/(遠ヲン煩ボン)과 /ワン/(願グワン万マン)으로 나타난다. 셋째, 만요우가나에서는 /ヲ/(袁遠怨), /ホ/(番蕃煩), /ボ/(煩)와 /ハ/(幡潘番), /マ/(萬万)로 나타난다. 넷째, 중국 남부 방언인 후쩌우(福州)에서는 [uoŋ, uəŋ]이 보인다는 것을 제시하여, [w]보다는 [u]이었음을 주장하였다. 그런데, 만일 그렇다면 똑같은 근거로 예를 들면 止섭 脂운3등 합구의 경우 한국 한자음에서

[見k]龜귀/귤구 [溪kʰ]攜궤 [羣g]蕢궤/逵규 [喩j(于ɰ)]位위 [來l]藥壘淚류 [疏ʂ]榱최

와 같이 '榱최'의 /오/ 한 자를 제외한 모든 자에 /우/의 요소가 반영되어 있다는 사실과 만요우가나에서 '位wi 追tu 葵nu 類ru'와 같이 이미 합구개음을 반영한 '位'를 제외한 세 자가 모두 /ウ/로 쓰이고 있다는 점, 그리고, 후쩌우(福州) 방언[14](괄호 안은 뻬이징음임)에서 예를 들면 '壘[luei]([lei3]), 類[luei]([lei4]), 淚[luei]([lei4]), 醉[tsuei]([tsuei4]), 翠[tsʰuei]([tsʰuei4]), 雖[tsʰuei]([ʂuei1])' 등으로 [u]의 요소가 존재하고 있다는 점을 확인할 수 있는데도 불구하고 脂운 합구를 [ïwi](=[ʯʷi])로 추정하여 합구개음을 [ʷ]로 보고 있는 것은 과연 타당한 것인가?!

마지막으로 박 병채[15]는 합구 개념을 설명하는 과정에서 주(注)에서

현대 언어학에서 볼 때 개합의 개념은 원순성 여부와 비슷한 개념으로

---

14) 北京大学中国语言文学系语言学教研室编(1989) 『汉语方音字汇』, 文字改革出版社. pp.159-162
15) 박병채(1986) 『고대국어의 연구 -음운편-』, 고려대학교출판부. p.109

볼 수 있다. B. Karlgren교수는 이 합구적 요소로서 -u-와 -w- 둘을 세우고, 전자는 강모음(forte)으로 주로 1등운에, 후자는 약모음(faible)으로 주로 2등운에 사용하고 있다(Etudes Sur La Phonologie Chinoise, p.616 및 中譯版 p.465참조). 그러나 이들은 상보적 분포에 있어서 그 환경에 지배되므로 합구적 요소로서는 하나의 -w-로 보아도 좋을 것이다.

와 같이 합구개음에 대한 자신의 생각의 일단을 밝히고 있는데, 그는 합구개음을 [w]로 봄으로 해서 결국 칼그렌의 1, 2등 중운(重韻, double rimes) 핵모음의 장단음설을 인정하여 나의 학위논문16)에서

一方、バグビョンチェ(박병채)は、「wậ/wăは韓国漢字音で[오]に、wa/wâは[와]に反映された」と言っているが、これは間違いである。カールグレンの再構音をそのまま認めて、短母音に反映された「wậ/wă」をバグビョンチェ(박병채)によって調べてみると、「灰wậi、皆wăi、山wăn、耕wăng」があるが、これらの韻は[외、웨、완、욍/욱]のようにすべて合口介音を反映しているのである。

와 같이 지적한 것과 같은 오류를 범하고 있는 것이다.

이상과 같이 합구개음에 대한 여러 학자들의 설을 간단히 살펴보았는데, 그렇다면 나는 어떻게 보고 있으며 그 근거는 무엇인가 다음 장에서 검토해 나가기로 하겠다. 물론 이 검토 과정에서 앞에서 제시한 학자들의 재구음과 근거에 대하여 비판이나 검토를 하지 않은 것과 간단한 언급으로만 끝난 것이 있는데, 다음 장에서 나의 견해를 밝힘으로해서 대신하도록 하겠다.

---

16) キム・デソン(2000)「中古漢字音の再構成 —韓日資料による韻母音を中心に—」福岡大學. p.181

3 중고 한음 합구개음의 음가 재구

칼그렌은 咍灰(EF)운, 痕眞魂諄(NO)운·欣文(NO)운, 寒桓(AB)운 등은 개구나 합구가 서로 운이 다르기 때문에 합구개음이 [w]가 아니라 [u]이다라는 설을 제시한 것은 앞장에서 이미 설명한 바와 같다. 이들 운 중 합구운의 한국 한자음의 반영을 보면, 灰[uʌi]17)/외/·魂[uən]/온/·諄[ɨuwn]18)[iuwn]/윤/·文[ɨuən]/운/·桓[uɑn]/완/과 같이 桓운을 제외한 나머지 운들은 핵모음이 반영되지 못한 것을 알 수가 있다. 따라서 칼그렌의 주장대로 강한 합구개음[u]에 의해 핵모음이 탈락되고 대신에 [u]가 반영되었는데, /외/·/온/·/완/과 같이 /오/로 반영된 이유는, [uʌi]는 강한 개음에 의해 같은 후설 모음인 [ʌ]가 탈락한 것이고, [uən] 또한 강한 합구성에 의해 [ə]가 탈락되었고, [uɑn]은 그대로 반영되었는데 이 때의 [u]는 바로 고대 한국어의 모음체계에서는 후설 원순 모음의 [u]~[o]를 나타내는 음소로는 /오/가 그 역할을 했기 때문이다. 이에 반해 /윤/·/운/의 경우에는 개음 [ɨ][i]와 중설 핵모음 [w][ə]에 의해 합구개음 [u]가 중설로 이동하여 [ʉ]가 되는데, [ʉ]와 [u]는 각각 /우/와 /오/로 변별되었기 때문에 /우/로 반영되었다는 사실을 알 수가 있다. 그러므로 적어도 AB·EF·NO운의 칼그렌 설은 타당하다는 사실을 알 수가 있다. 이러한 사실은 또한 만요우가나의 경우에도 '灰1: 陪背珮 杯fë 陪每bë 梅每昧妹më 陪fo 梅mo/個隈廻we; 魂1: 存鐏zö 本fo 門

---

17) 이하의 재구음은 나의 재구음을 뜻한다. キム·デソン(2000, pp.275-279. 다만, 3등개음 중에서 [ï]는 [ɨ]로 수정한다) 참고.
18) [w]는 [u]가 중설화한 [ʉ]의 비원순 모음인데, 실제로는 대문자 'M'을 [ɯ]와 같이 뒤집어서 중설화를 나타내는 [−]를 붙인 표기이어야 하지만, 폰트가 없어서 부득이 [w]로 나타낸 것이다.

悶mo 突tu ; 諄4: 駿suru ; 文3: 雲u,una 鬱utu 群ku 君訓ku,kuni 群
gu,guri 粉funi 文聞問勿mo 物mo,moti; 桓1: 悺wo(중고음 이전) 伴半
絆泮fa 滿末ma 丸wa,wani'와 같이 순음의 경우에는 합구성이 제대로
반영이 되지 못했지만, 그 밖의 성모인 경우에는 [u]와 [o]([ö]도 보인다)
로 반영된 것을 보면, 역시 강한 합구성이 작용했다는 사실을 부정할
수 없는 것이다.

그런데, 문제는 개구운과 합구운의 운목이 서로 같은 경우(identical
rimes)에 칼그렌은 [w]로 추정하고 있는데, [w]라고 한다면 합구성이
현저히 약한데 과연 한일 자료의 반영례에 의해 칼그렌설의 타당성이
여기서도 입증될 수 있는가 하는 것이다. 다음은 합구운의 한국 한자음
(한국 한자음은 편의상 대표음만 제시한다)과 만요우가나자의 반영례
를 모두 제시한 것이다.

(x: 만요우가나의 예가 없음을 나타냄)
3〈止攝〉: 支3/웨/爲萎委wi 支4/유/(부분적으로 /웨/)劑se ; 脂3/위·
/웨/·/유/位wi 追tu 葵nu 類ru 脂4/유/ ; 微3/위/(아음·후
음)韋威偉謂wi 歸貴kï, /이/(순음)
5〈蟹攝〉: 灰1/외/陪背珮杯fë 陪每bë 梅每昧妹më 陪fo 梅mo/individ限廻we ;
泰1/외/x ; 齊4/예/·/유/惠慧we ; 皆2/웨/拜fë ; 佳2/애/x ;
夬2/애/·/와/x ; 祭3/위/衛we ; 祭4/예/叡jë ; 廢3/웨/(脣音/
예/)·/예/穢we
6〈臻攝〉: 魂1/온/(/운/)存鐏zö 本fo 門悶mo 突tu ; 諄3/윤/x ; 諄4/윤/駿
suru ; 文3/운/雲u,una 鬱utu 群ku 君訓ku,kuni 群gu,guri 粉
funi 文聞問勿mo 物mo,moti
7〈山攝〉: 桓1/완/(아음·후음)·/안/(설음·치음·순음)悺wo(중고음
이전) 伴半絆泮fa 滿末ma 丸wa,wani ; 刪2/완/(설음·순음

의 예는 없음) 八fa ; 山2/완/ ; 元3/원/幡fa 伐ba 万ma 返fe

反fe(중고음 이전) 蕃番fö 煩bö 袁遠怨曰wo 越wo,woti ; **先**

4/연/× ; 仙3/원/伝de ; **仙4/연/**川tu

9〈果攝〉 : 戈1/와/磋sa 座za 波婆嶓回簸播破fa 磨婆魔麼ba 摩魔麼磨ma 和

倭涴wa ; 戈3/와/迦伽ka

10〈仮攝〉 : 麻2/와/×

11〈宕攝〉 : 唐1/왕/× ; 陽3/왕/×

12〈梗攝〉 : 耕2/욍/ · /욱/×(耕2개구음: ×) ; 庚2/욍/× ; **庚3/영/×** ; **清**

4/영/×(清3개구음: ×) ; **青4/영/×**

15〈咸攝〉 : **凡/엄/(순음뿐임)**芝si 法fafu 凡fo,fomu 法fofu

16〈曾攝〉 : 登1/웅/ · /욱/ · /욍/弘wo ; **蒸3/역/×**

여기에서 개구운과 합구운의 운목이 같은 경우를 간단히 살펴보도록
하자. 먼저 한국 한자음의 경우 다음과 같은 사실을 지적할 수 있다.

첫째, 개구운과 합구운의 운목이 같으면서 한국 한자음에서 합구운
에 합구음이 반영이 안 된 운(위에 제시한 반영례에 진하게 표시되어
있음)은 입성운의 예만 있는 蒸3등/역/과 佳2등/애/, 仮 4 등인 先·青
운, 重紐 4 등인 祭·仙운, 그리고, 清운과 純3등인 庚운뿐이다. 물론,
凡운의 경우 /엄/으로 나타나 합구개음이 반영되지 않은 것으로 보기
쉬운데, 凡운으로 쓰인 한국 한자음의 예들은 모두 순음뿐이라는 특수
한 사실19)로 인한 현상이기 때문에 논외로 한다. 그렇다면 왜 이들 운
에 합구개음이 반영이 안 된 것일까? 蒸3등[iuəŋ]은 본래 입성자(후음
청음 [h]과 차청음 [ʧ]뿐임)만이 있기 때문에 [iuək]이 되는데, 이 때 입

---

19) 합구운의 순음 성모자들이 합구성이 반영되지 않은 예들이 일반적인데, 이것은
한국 한자음만이 아니라, 만요우가나, 베트남 한자음 그리고 티베트 한자음에도
공통적으로 보이는 현상이다. 이 점에 대해서는 중고 한음의 성모 재구 시에 자세
히 다루기로 하고 여기서는 양해를 구하기로 한다.

성 운미음 [k]에 의해 합구개음이 명확히 들리지 않은 데 원인이 있는 것 같다. 그리고 佳2등운 [uɒi]은 원순 핵모음인 [ɒ]에 의해 합구개음의 원순성이 약화된 것으로 보인다. 나머지 운자에 대해서는 나의 학위논문(p.181)에서 이미 다루었으므로 그대로 인용하기로 한다.

> そこで、これらの韻は核母音が[e][ɛ][æ]系列の音である共通点によって合口介音が脱落したようである。つまり、前舌母音であり、<u>韓国語の母音体系では存在していなかった[e][ɛ][æ]系列の核母音ではない限り、合口介音が脱落しなかったこと</u>は合口介音が[w]ではなく[u]であったことを暗示していると考えられる....なぜならば、合口介音が[w]であったら、核母音が[ɪ][ɪ]と推定される支3・4等と脂3・4等は合口介音が脱落した/에/・/예/などの例もあったはずであるが、実際にはすべて合口介音はしっかりと保っているためである。したがって、韓国漢字音で合口介音がほとんど反映されている限り、合口介音は[w]ではなく[u]であることは確かである。

둘째, 첫 번째에 지적한 운 이외의 모든 운은 개구운과 합구운의 운목이 다른 경우와 마찬가지로 모두 합구개음이 반영되었다는 사실이다. 이 사실은 두 가지로 해석할 수 있다고 본다.

첫째, 한국 한자음에서 [w]라는 합구개음을 일률적으로 반영했다고 보는 해석이다. 한국어의 모음체계에서 '오'와 '우'가 결합하여 이중모음 이상이 되는 경우는 '오·우'와 '어·아·이·여'등과의 결합이다('와 외워위위' 등). 이 이외의 즉, '오·우'와 '으·우·오'의 결합이나, '오'와 '어', 그리고 '우'와 '아'의 결합인 '외' '위'등의 예는 존재하지 않는데, 이 돈주[20]와 박 병채[21]에 의하면 '오·우'가 결합하여 실제로 쓰인 음을

---

20) 이돈주(1995)『한자음운학의 이해』, 탑출판사. p.302

보면, '요유와워외위위왜' 등이 있으며, 여기에 '웨'를 추가할 수 있다 (支운4등에 부분적으로 보임). 그런데 합구개음을 [w]로 본다고 하면, '와워위왜웨'의 경우 합구개음을 나타내기 위해서라면 '오'와 '우' 어느 것이든 상관없기 때문에 각각'위외외왜왜'로도 나타날 수 있지만, '외'는 예가 없으며, '위외왜왜'는 한국어의 모음체계에는 존재하지 않아서 서로 대응하는 예가 없기 때문에, '와·워·위·왜·웨'는 합구개음을 추정하는데 도움이 되지 않으므로 제외하면, '요·유·외·위'가 남는다. 이 네 자로 반영된 운을 보면, '支4/유/, 脂3/위/·/유/, 脂4/유/, 微3/위/, 灰1/외/, 泰1/외/, 齊4/유/, 祭3/위/, 諄3,4/윤/, 耕2/욍/, 庚2/욍/(그리고, 개구운에 肴2/요/, 宵3,4/요/, 蕭4/요/가 있다)' 등이 있음을 볼 수 있는데, 단지 합구운임을 나타내기 위해서라면, 이들 운에는 예를 들어 支4/유/에는 /요/로, 微3/위/에는 /외/로, 灰1/외/에는 /위/로 반영된 자들이 상당수 포함되어도 문제가 될 소지가 전혀 없음에도 불구하고 支4와 微3에는 단 1예도 없으며, 灰1에 '桅위' 1예만이 있을 뿐이다. 이러한 사실은 적어도 우리에게 합구개음이 [w]가 아니라는 사실을 암시한다고 할 수 있다. 즉, 단순히 합구개음 [w]를 일률적으로 나타내기 위해 '오'와 '우'를 반영시켰다고 볼 수 없는 것이다.

둘째, 합구개음이 [w]가 아니라 [u]이었다는 것을 보여 준다고 하는 해석이다. 이것은 첫 번째 해석과 맞물려 있는데, 만일 [w]이었다면, 이미 지적한 바와 같이 '오'와 '우'가 구별이 되지 않고 상당수가 혼용되어 반영되었을 것이지만, 실제로는 혼용의 예는 극히 소수에 불과한 대신에 어떤 규칙을 지니고 반영되어 있다는 것을 확인할 수 있다는 점이다. 여기서는 일일이 모든 운에 대해 설명하기보다는 두 개의 운만

---

21) 박병채(1986)『고대국어의 연구 -음운편-』, 고려대학교출판부. pp.318-319

을 살펴보도록 하자. 개구운과 합구운의 운목이 같은 '支운3등[ɨuᵗi]'과 '唐운1등[uaŋ]'의 예를 보면,

支: [見k]攰鮯궤/庋기 [羣g]跪궤 [影·]萎委위 [喻y(于ɥ)]爲위 [曉h]爕毇훼

唐: [見k]光胱纊광/郭槨곽 [溪k']壙광/鞹籗곽 [影·]汪(앙)왕/膔蠖확 [曉h]詤황/瘴확/彉곽 [匣ɦ]皇篁蝗凰隍惶蟥黄潢황/鑊穫확

와 같이 支운은 주로 /웨/로, 唐운은 /왕/으로 반영된 것을 볼 수 있다. 支운에서 /웨/로 반영된 것은 [ɨuᵗi]에서 전설 핵모음인 [ᵗ]와 전설 운미음인 [i]에 의해 개음 [ɨu]는 실제로는 [ʉ]가 되면서 3등음이기 때문에 개구 개음은 직접적으로 반영이 되지 못하여 [ʉ]가 /우/가 되고, [ᵗ]는 /어/로 운미음[i]는 /이/가 되어 /웨/[22]로, 또한 핵모음이 약한 [ᵗ]이기 때문에 잘 들리지 않은 경우에는 반영되지 못하여 /위/로 나타난 것을 알 수 있으며, 唐운 [uaŋ]은 [u]가 /오/로 운(韻) [aŋ]은 /앙/으로 반영되어 /왕/이 된 것을 알 수 있다. 여기에서 각각 [ʉ]는 /우/로 [u]는 /오/로 반영되었다는 사실은 고대 한국어의 모음체계와 일치한다는 사실을 알 수 있으며, 이것은 합구개음이 [w]가 아니라 [u]이었기 때문에 규칙적으로 [ʉ]일 경우에는 /우/로, [u]일 경우에는 /오/로 나타났다는 사실을 설명할 수 있는 것이다. 따라서 중고 합구개음은 [w]가 아니라, [u]이었다는 사실을 알 수 있는 것이다. 한편, 합구개음과 관련하여 몇 가지 사실을 덧붙이면, 한국 한자음에서 합구개음 [u]가 /오/와 /우/로 규칙적으로 구별되어 반영되어 있는데, 이와 똑 같은 현상이 간접적인 자료[23]인 베트남 한자음의 예에서도 볼 수 있어 흥미롭다. 베트남 한자음

---

22) [ᵗ]가 /여/가 아니라 /어/로 반영된 것은 한국어의 모음체계에 /웨/가 존재하지 않기 때문에 부득이 /웨/로 나타난 것으로 볼 수 있다.

은 한국 한자음에서 합구개음이 /오/로 반영된 경우에는 주로 [o]와 [ɔ]로, /우/인 경우에는 주로 [u]로 규칙적으로 반영되었다는 사실이다. 그리고 티베트 한자음의 경우, 止섭 합구운의 반영례를 보면 모두 [u](微운3등의 경우만 순음에서 합구개음이 반영되지 않았을 뿐이다)로 반영된 것을 보면, 나의 재구음에서 止섭 합구운의 경우 모두 핵모음이 약한 것으로 추정한 것이 타당하다는 사실을 알 수 있다. 즉, 합구개음에 의해 전설 모음의 핵모음(微운은 [i]임)이 탈락하였다는 사실은 곧 합구개음이 [w]가 아니라 [u]이었을 가능성을 암시한다고 할 수 있다. 한편, 티베트 한자음의 臻섭의 경우 [un](魂운만 [on][un]으로 나타남)으로 반영되었는데, 현대 티베트어에는 [i,y,e,œ,ɛ,a,o,u]와 같은 모음체계를 지니고 있는데 여기에서 [a]는 중설 저모음이기는 하나 장모음으로 나타날 때는 [a]와 [ɑ]에 가깝지만, 단모음일 경우에는 [ɐ]에 가깝다는 점을 제외하면, 중설모음이 없기 때문에 臻섭의 중고 핵모음 [ə,ɯ,ə]가 반영되지 못하고 합구개음 [u]만이 반영된 것을 볼 수가 있다. 그러면, 만요우가나의 경우는 어떠한가? 이미 앞장에서 지적한 것처럼, 서로 다른 운목으로 배치되어 있는 魂諄文운의 경우

魂1: 突tu ; 諄4: 駿suru ; 文3: 雲u,una 鬱utu 群ku 君訓ku,kuni 群gu,guri 粉funi

와 같이 /ウ/로 반영된 것을 보면, 칼그렌의 [u]설은 타당하다는 것을 알 수 있는데, 같은 운목으로 되어 있는 脂3등운(追tu 薮nu 類ru)과

---

23) 여기서 '간접적'이란 뜻은 나는 아직 고대 베트남어의 음운체계를 알지 못하기 때문에 현대어의 체계로 설명할 수밖에 없다는 것을 의미한다. 이것은 티베트 한자음에서도 마찬가지이다.

仙운4등(川tu)과 같은 예가 존재한다는 사실은 역시 같은 운목인 경우에도 합구개음이 [u]이었다는 것을 말해준다고 할 수 있다. 따라서 나는 중고음의 합구개음을 [u]로 본다.[24]

4 상대 일본어 우(ウ)의 음가 추정

그러면, 먼저 /ウ/의 음가에 대하여 일본학자들은 어떤 음으로 추정하고 있으며, 그 근거는 무엇인가 살펴보도록 하겠다.

아리사카 히데요(pp.383-386)는 /ウ/에 쓰인 만요우가나자가 모두 중국음의 [u(w)]를 지닌 운자(韻字)를 사용하고 있다는 점을 근거로 [u]로 추정하고 있는데, 다만 'た こ むら(古)↔た く むら(俱)・ま そ み かがみ(十見)↔ます み かがみ(墨)・と が(刀)↔ つ が(都)・わか の けのふたまたのみこ(野)↔わか ぬ けのふたまたのみこ(沼)・あ よ ひ(庸)↔あ ゆ ひ(由)・し ろ く(路)↔し る く(流)'와 같이 같은 단어가 /オ甲/과 /ウ/로 나타나고 있는 것을 근거로 /ウ/와 /オ甲/은 서로 가까운 음이었을 것으로 추정하고 있다. 그러나 서로 가까웠다고 했을 경우 /ウ/가 [u]에 가까운 [u]이었는지, [o]에 가까운 [o]이었는지에 대해서는 언급이 없다. 모리야마 타카시는 이미 앞에서 언급한 바와 같이 '烏'가 /ウ/로 쓰인 사실과 魂운・文운의 만요우가나자가 /ウ/로 나타나는 것을 근거로 [u] 또는 [ɯ]이었을 것으로 추정하였으며, 모리 히로미치(森博達)[25]는 『니

---

24) 지금까지의 합구개음에 대한 재구에는 한국자료의 치밀한 분석과 만요우가나의 전반적인 분석 없이 이루어졌다는 점은 반성해야 할 것이다. 특히 중국학자들은 중국자료의 분석에만 매달린 점은 앞으로 반드시 재고해야 할 것이다.

25) 森博達(1991)『古代の音韻と日本書紀の成立』大修館書店 東京 pp.89-93

혼쇼키』가요 알파군에서 /ウ/를 나타내는 데 虞운 이외의 운에 속한 자가 쓰이고 있는 점에 대하여 그 이유를 설명하고, 그밖에는 虞운이 집중적으로 쓰이고 있는 점을 근거로 원순 후설 협모음의 [u]로 추정하고 있다. 물론 이 경우의 虞운의 음가는 히라야마 히사오(平山久雄)의 [yu][Yu]설의 [u]에 의한 것이다. 오키모리 타쿠야(沖森卓也)[26]는 성조언어와 곡조음절(曲調音節)이라는 관점에서 나라시대(奈良時代)의 모음체계를 [i e ə a o u]의 6모음체계로 보면서 /ウ/를 [u]로 추정하고 있다. 다만, 아리사카 히데요가 언급한 /ォ甲/과 /ウ/의 혼용에 대해서는 문헌시대 이전에는 모음의 장단에 의한 변별이 있었으나 그러한 변별이 없어지면서 본래 단모음(短母音)이었던 음들이 이완음이 되었는데, [u]의 경우 [u]가 되어 /ォ甲/에 합류한 것에 의한 것으로 보고 있다. 그밖에 오오노 스스무(大野晋)[27]를 비롯하여 핫토리 시로우(服部四郎)[28], 마츠모토 카츠미(松本克己)[29] 등도 모두 [u]로 보고 있으나, 구체적으로 그 근거는 제시하고 있지 않다. 이상과 같이 /ウ/의 음가에 대한 주요 근거는 중국음에 의한 것임을 알 수 있다. 그런데, 일본학자들이 자료로 사용하고 있는 중국 재구음에는 이미 서론에서 언급한 것처럼 문제점이 있기 때문에, 한국 한자음과 베트남 한자음, 티베트 한자음도 자료로서 사용한 나의 학위논문의 재구음을 토대로 한 중고음을 가지고 /ウ/의 음가를 추정하기로 하겠다.

상대 일본어에서 /ウ/로 쓰인 만요우가나자를 모두 제시하면 다음과 같다.

---

26) 沖森卓也(1983) 「古日本語の母音体系」『国文白百合』 14
27) 大野晋(1982) 『仮名遣と上代語』 岩波書店, p.163
28) 服部四郎(1976) 「上代日本語の母音体系と母音調和」『言語』 5 月号
29) 松本克己(1976) 「日本語の母音組織」『言語』 5 月号

〈遇攝〉

模:烏u 都菟途屠徒図tu 都菟図笯du 奴nu 无模mu 蘆盧ru 姥:苦ku 覩tu 弩
du 怒努nu 暮:汚u 素su 布步bu

虞:于u 絎句俱區ku 隅虞娛愚gu 須珠輸殊蒭su 殊儒zu 數符fu 夫扶bu 無
mu 踰瑜臾ju 婁ru 麌:宇羽禹u 矩婁ku 主數su 聚zu 甫府輔fu 父bu 武儛鵡
mu 庾愈ju 遇:句屨絢ku 具遇gu 孺zu 逗du 賦赴fu 鷲bu 務霧mu 喩ju 屨ru

〈流攝〉

侯:句ku 頭tu 頭du 樓ru 厚:口ku 部bu 候:勾ku 豆逗tu 豆逗du 茂mu 漏ru
尤:丘鳩ku 求gu 周洲州su 不浮fu 矛bu 牟謀mu 由遊油ju 留流瑠琉ru 有:
有u 久玖九ku 酒su 受zu 負fu 宥:秀su 宿suka,suku 授zu 富fu 留ru

〈通攝〉

東:通tu 送3:夢mu 屋:菊kuku 宿suka,suku 筑竺tuku,tuki 竹tuku 福
fu,fuku 服buki 目muku

冬:農nu

鍾:濃nu 燭:足suku

〈山攝〉

仙:川tu

〈臻攝〉

文:雲u,una 群ku 君ku,kuni 群gu,guri 吻:粉funi 問:訓ku,kuni 物:鬱utu
(魂)沒:突tu

諄:駿suru

〈止攝〉

脂:追tu 葵nu 旨:否fu 至:類ru

〈咸攝〉

覃:曇dumi

『니혼쇼키(日本書紀)』[30] 가요 중에서 알파군은 진하게, 베타군은 밑

---

30) 坂本太郎・家永三郎・井上光貞・大野晋(1965~1967), 『日本書紀(日本古典文学
大系)』岩波書店.

줄, 알파군과 베타군 둘 다 쓰인 경우에는 진하게와 밑줄로 표시했음)

상대 일본어의 우(ウ)의 음가는 [ɯ]로 추정된다. 근거는 다음과 같다

첫째, [o]의 예가 존재한다는 사실을 들 수가 있다. 이것은『니혼쇼키』

가요 알파군에서도 존재하는데, 구체적으로 살펴보도록 하자.

먼저 模운[o]에는 다음과 같은 자가 쓰이고 있다.

  模: 烏u**都**菟途屠徒図tu**都**菟図笯du**奴**nu 无模mu 蘆盧ru 姥: 苦ku **覩**tu

  弩du怒努nu 暮: 汚u素su布步bu

이 자들 중에서 알파군에만 보이는 자로는 '都du 覩tu'가 있는데, 이것

은 권설음인 설상음자(舌上音字, 虞운)를 피해 1등의 설두음자를 선택

한 것이 명백하다. 그러나 베타군의 경우에는 'ウ・ス・ヌ・ブ・ル'에

도 模운자가 쓰인 것을 보면, 模운의 재구음 [o]에도 그 원인이 있음을

추측케 한다.[31] 模운은

---

[31]『니혼쇼키』가요 알파군뿐만 아니라 베타군에도 虞운 설상음자가 쓰이지 못 한
이유는 권설음인 설상음자를 피해 부득이 1등인 模운자를 쓴 것이라는 사실을
부정하지는 않지만, 다음과 같이 볼 수도 있을 것이다.
模운이 [o]이었음을 보여 주는 또 하나의 근거로 설상음에 /チ/가 쓰이고 있다는
사실을 들 수가 있다. 즉, 설상음은 권설음이기 때문에 일본어의 /タ/・/ダ/・/ナ/
를 나타내는 데는 적합하지 않은데도 불구하고『니혼쇼키』가요 알파군에는 '智
知致撤(知모); 遲(澄모)'와 같이 설상음자가 /チ/로 쓰이고 있는데, 물론 여기에는
[i]계열을 나타내는 데는 止섭밖에 없기 때문에 부득이 쓸 수밖에 없었다는 제약
이 있다. 止섭에는 1, 2등은 없으며 3, 4등만 있기 때문에 부득이 3등인 설상음자
를 쓸 수밖에 없었던 것이다. 그런데, /ウ/의 경우 虞운 설음 즉, 설상음자가 /ツ
/・/ヅ/・/ヌ/를 나타내는 데 쓰이지 못 한 것은 /ウ/로 쓰일 수 있는 운으로 虞운
밖에 없었다면 아마도 虞운의 설상음자가 부득이 쓰였을 것이지만, 운모가 [o]가
아니라 [o]이었기 때문에 이완음인 [ɯ] 즉, /ウ/로도 쓰일 수가 있는 模운이 있었기
때문이라고 생각한다.

姑コ孤コ枯コ胡ゴ吳ゴ吾ゴ蘇ソ都卜図卜屠卜塗卜徒卜<u>奴ド</u>ノ菩ホ謨
モ模モ盧ロ乎ヲ烏ヲ呼ヲ嗚ヲ / 烏ウ都ツ菟ツ途ツ屠ツ徒ツ<u>図ツ</u>ヅ
笯ヅ奴ヌ无ム模ム蘆ル盧ル；古コ祜コ祖ソ<u>土卜</u>ド覩卜杜卜<u>怒ド</u>ノ努
ノ弩ノ魯ロ塢ヲ / 苦ク覩ツ弩ツ怒ヌ努ヌ；故コ庫コ固コ顧コ誤ゴ
悟ゴ娛ゴ素ソ泝ソ<u>度卜</u>ド妬卜<u>渡卜</u>ド暮モ慕モ墓モ路ロ露ロ / 汚ウ
素ス布フ步ブ

와 같이 58자가 쓰이고 있는데, 이 중에는 두 가지의 자음으로 쓰인
자가 2자, 청음과 탁음 모두에 쓰인 자가 4자, /オ甲/과 /ウ/ 두 모음으
로 쓰인 자가 13자, 그리고 /ウ/만으로 쓰인 자가 9자이기 때문에 /オ
甲/과 /ウ/만으로 쓰인 비율은 '/オ甲/(36자, 80%) : /ウ/(9자, 20%)'로
압도적으로 /オ甲/으로 쓰인 것을 보면, /オ甲/에 가장 적합한 운이었
음을 짐작케 한다. 그런데도 불구하고 /ウ/로 쓰인 자가 있다는 사실은
첫째, /ウ/의 음가가 고모음인 [u]가 아니라 이완음인 [ʊ]이었음을 시사
한다고 할 수 있으며, 둘째, 고대 한국에서의 표기법의 영향으로 인하
여 /ウ/가 나타난 것으로 볼 수 있다. 뒤의 경우 좀 더 구체적으로 말하
면, 고대 한국어의 /오/는 [u]~[o]를 포괄하는 소리로 [o]에 가까운 소
리인 模운은 모두 /오/로 반영되었는데, 이 때의 [ʊ]나 [u]도 나타내는
/오/가 만요우가나에서는 /ウ/로 반영된 것으로 해석할 수 있는 것이
다.[32]

한편, [ʊ]의 음가를 지닌 운에는 模운 이외에 侯1등[əʊ]·尤3, 4등[i
ɜʊ][iɜʊ]·東3등[ʊŋ]이 있는데, 『니혼쇼키』 가요 알파군에 쓰인 자로는
'樓ru豆逗tu,du(侯운); 牟mu留流ru(尤운); 夢mu(東운)'가 있다. 이러한
운의 자들이 쓰일 수 있었던 것은 역시 /ウ/의 음가가 [ʊ]이었음을 보여

---

32) キム・デソン(1998)과 キム・デソン(1999) 참고.

준다고 할 수 있다. 한편, 冬운[oŋ]인 '農'이 'ノ'가 아닌 'ヌ'로 쓰인 것은 '宗'이 'ソ'로 쓰인 것으로 비추어 볼 때 이례(異例)라고 할만하다. 다만, 冬운으로 만요우가나로 쓰인 자는 이 두 자에 불과하며, 특히 '農'의 경우는 이미 관용화된 표기법의 영향이 상당히 남아 있었던 것으로 추정되며 또한 운미음 [ŋ]에 의해 핵모음 [o]가 [ɵ]와 같은 음색으로도 들리는 측면이 반영된 것으로 생각된다.

둘째, [ɯ][ɰ]계열의 운([ɯ]: [u]의 중설모음, [ɰ]: [ɯ]의 이완 중설모음임)은 /ウ/에 쓰이지 않았다.

/ウ/의 음가로 추정할 수 있는 음에는 [u][ʉ][ʊ][ʊ̈][ɯ][ɯ][w][ɰ]([ɵ]는 模운이 주로 /オ甲/으로 반영된 사실에 비추어 볼 때 제외된다) 등을 생각해 볼 수가 있는데, 이 중 중고음에서 비원순 모음인 [ɯ][ɯ][ɰ]를 지닌 운은 없고, [ɰ]를 지닌 운에는 臻섭 眞운 3, 4등 [ɨwn][iwn]과 합구의 諄운 3, 4등 [ɨuwn][iuwn]이 있다. 이들 운의 한국 한자음의 반영례를 보면, 眞운3등은

[見k]巾건 [疑ŋ]銀은 [影・]㿈을 [曉h]釁흔 [初tʂ]櫬(친)츤/齓친 [幇p]筆필 [奉b(v)]貧빈 [明m]敏민 [微m(ɱ)]旻민

과 같이 순음이 /인/으로 반영된 사실을 제외하면 주로 /은/으로, 4등은

[見k]吉길 [影・]印因茵姻인/一壹일 [喩j(于ɥ)]引蚓인/溢일 [知t]珍珎딘 [澄ɖ]陳塵딘/帙姪딜 [來l]鄰隣(닌)鱗麟悋린/栗(늒)篥률 [精ts]津進진 [淸tsʰ]親친/七榛칠 [從dz]盡螓燼(신)진/疾질 [心s]辛新薪信訊신/蟋悉/膝슬 [照tɕ]賑진/礩櫍질/畛딘/蛭銍桎딜 [神dʑ]神신 [審ʃ]伸紳娠身哂신/

室실 [禪ʒ]臣辰(진)宸晨腎신/蜄蒪 [日ȵ]人(인)仁(인)刃訒신/日(일)실
[幫p]殯빈/必觱필/賓(빈)鬢(빈)빙 [滂pʰ]匹필 [明m]民泯민/密밀 [奉
b(v)]蘋(빙)擯櫇빈/嬪牝빙

과 같이 /인/으로 규칙적으로 반영되어 /우/나 /오/와 관계가 없고, 諄
운3등은

[見k]麏균 [羣g]菌困균 [喩j(于ɥ)]筠균 [疏ʂ]蜶솔

과 같이 /윤/으로, 4등 또한

[見k]橘귤 [喩j(于ɥ)]鷸(암)矞홀 [徹tʰ]椿츈/黜(츌)튤/楯슌 [澄ɖ]莯튤 [來l]
淪輪륜/葎률 [精ts]儁쥰 [淸tsʰ]皴쥰 [心s]筍슌/鈗슐/隼쥰/恤휼/誸튤 [邪
z]旬슌 [照ʧ]準俊稕쥰/朏둔 [穿ʧʰ]春츈/蠢쥰 [神dʑ]脣盾슌/術슐/稢튤
[審ʃ]蕣슌/瞬(슌)순 [禪ʒ]蓴(쑨)醇鶉슌 [日ȵ]閏(윤)슌

과 같이 /윤/으로 규칙적으로 반영되었는데, 이것은 개구개음과 합구
개음과 운미음의 반영이기 때문에 핵모음 [ɯ]와는 무관하다. 다만, 諄
운 3, 4등이 똑같이 /윤/으로 나타난 것은 일반적으로 3등개음은 간접
적으로, 4등개음은 직접적으로 반영되는 사실과 배치되는 듯 보이는데,
이것은 어디까지나 3등의 경우 핵모음 [ɯ]의 영향에 의한 것으로 추정
된다. 즉, [ɨuɯn]에서 중설개음 [ɨ]와 중설핵모음 [ɯ]에 의해 합구개음
[u]가 [ʉ]로 이동하여 /우/가 된 상태에서 핵모음 [ɯ]에 의해 중설개음
[ɨ]가 탈락하지 않고 반영된 것으로 보인다. 4등의 경우는 강한 [i]와 합
구개음 [u]에 의해 핵모음이 탈락하여 [iʉn]이 반영된 것이다. 문제는

/ウ/의 음가를 알기 위해서는 만요우가나의 반영례를 보아야 하는데,
眞3등은

因印i,ina 陳ti 珍ti,tinu 仁人日ni 敏minu 隣ri

로, 眞4등은

壹i,iti 吉ki 新si,sina 盡zi 賓嬪必fi 民mi

로, 중고음 이전의 예로 보이는 '乙o,oto' 1예 이외에 3, 4등 구별없이
/イ甲/으로 반영되었을 뿐 /ウ/로 반영된 예가 단 하나도 없기 때문에,
또한 諄운 3, 4등의 경우에도 예가 없기 때문에 역시 [ɰ]는 배제될 수
밖에 없다. 물론, 眞3등의 경우 개음 [ɨ]가 있기 때문에 [ɰ]가 /ウ/를
나타내기 어려웠을 가능성도 생각해 볼 수 있으나, 그 가능성은 전혀
없다고 본다[33]. 한편, 諄3등의 만요우가나 예는 없고, 4등에 '駿suru'
1예가 있기 때문에 이것이 바로 [ɰ]의 가능성을 보여 주는 예로 생각할
수도 있지만, 이것은 이미 앞에서 지적한 바와 같이 [iuɰn]의 합구개음
[u]의 반영일 뿐, 핵모음 [ɰ]와는 관계가 없다. 따라서 만요우가나에 의
하면 /ウ/는 [ɰ]와 관련이 없기 때문에, /ウ/의 음가로 추정할 수 있는
음에는 [u][ʙ][ʊ][ʙ]가 남는다.

　셋째, 虞운이 집중적으로 쓰였다는 점을 들 수 있다.
　『니혼쇼키』 가요에서 알파군의 경우 설음(ツ・ヅ・ヌ)을 제외한 나
머지 /う/계열에는 虞운자가 압도적 다수를 차지하여 대표운으로 쓰이

---

33) 자세한 것은 キム・デソン(2000, pp.129-136) 참고.

고 있고, 상대문헌에 쓰인 虞운 55자 중에서 '虞'자만이

> 耶麻鵝播爾 烏志賦梅都威底 陁**虞**毗預倶 陁**虞**陛屡伊慕乎 多例柯威
> 爾鶏武(山川に 鴛鴦二つ居て 偶よく 偶へる妹を 誰か率にけむ 『日本書紀』
> 권25 孝德紀)

처럼 /ウ/로 쓰인 예 이외에

> 空蟬之 命乎惜美 浪爾所湿 伊良**虞**能嶋之 玉藻苅食(うつせみの 命を惜
> しみ 波に濡れ 伊良虞の島の 玉藻刈り食む 『万葉集』 권1 24번)

처럼 /オ甲/으로도 쓰인 것을 제외하면 모든 자가 /ウ/로만 쓰였다는 점은 /ウ/의 소리에 虞운자가 가장 가까웠다는 사실을 말해주고 있다. 虞운은 3, 4등이 각각 [iu](또는 [ɪu])·[iu](또는 [ɪu])로 재구되는데, 3등 개음이 있는데도 불구하고 /ウ/를 나타내는 대표운으로 쓰인 이유는 1등운에 [u]나 [ʊ]를 핵모음으로 지닌 운이 없었기 때문이다. 따라서 [i] 개음이 있더라도 3등운인 虞운을 쓸 수밖에 없었던 것이다(그러므로, 虞운자가 대표운이라고 하더라도 /ウ/의 음가가 [iu]와 같은 이중모음 이었다고는 할 수 없는 것이다).

　이상과 같은 세 가지 근거를 종합하여 보면, /ウ/의 음가는 [ʊ]이었다 는 결론에 이르게 된다. 다만, 음위학적 관점에서 볼 때 [ʊ]는 [u][ʙ][ʊ][ㅂ] 등 도 포괄하는 음으로 추정된다. [u]의 예는 魂운의 입성운인 沒운[uət]의 반영례를, [ʙ]는 虞운[iu(ɪu)]·文운[ɨuən]·諄운[ɨuˠn] 등의 실제음을, [ʊ]는 [o]로 추정되는 模운[o]·東운[oŋ] 등의 음을, 그리고 [ㅂ]는 尤운 [iзo]의 실제음을 각각 반영한 것으로 볼 수 있다.

이상과 같이 본고에서는 상대 일본어의 /ウ/의 음가를 [u]로 추정한다.

5 나오는 말

합구개음을 어떻게 보느냐([w]냐 [u]냐)에 따라 한국 한자음의 해석에 의한 고대 한국어 모음체계의 설명은 본론에서 자연스럽게 이루어졌지만, 특히 상대 일본어의 /ウ/의 음가와의 관련성에 대해 간단히 말하면, 만일 중고 합구개음을 [w]로 본다면, 만요우가나자로는 합구운의 자는 'ワ行(ワ・ヰ・エ・ヲ)'에 한정해서만 쓰였을 뿐 그 밖의 /ウ/를 나타내는 데는 쓰이지 못 하고 [u]계열을 나타내는 개구운자만이 쓰였을 것이다. 그러나 실제로는 개구운 이외에도 합구운에 속한 자가 만요우가나자로 쓰였다는 사실은 바로 중고 합구개음이 [u]이었다는 사실을 말해줌과 동시에 [u]이므로 해서 상대 일본어 /ウ/의 음가를 나타내는 자로도 쓰일 수 있었다는 것을 보여준다. 따라서 중고 합구개음과 /ウ/의 음가와의 밀접성을 알 수 있는 것이다.

한편, /ウ/가 [u]이었기 때문에 [ʮ]를 지닌 중고음의 운자가 사용될 수 있었다는 사실을 알 수 있으며, 모리야마 타카시는 魂・文韻字가 /ウ/로 나타나는 예를 근거로 [ɯ]이었을 가능성도 제기하고 있으나, 필자의 재구음(魂윤[uən], 文윤[ɨuən])에 의하면 강한 합구개음에 의해 핵모음이 탈락하고 합구개음이 반영된 것이기 때문에 [ɯ]이었을 가능성은 없다고 할 수 있다.

이로써 상대 일본어의 모음체계에 대하여 일단락을 짓고자 한다. 다만, /イ甲/・/エ甲/・/オ甲/에 대하여는 따로 추정하지는 않았으나,

필자 또한 한국 한자음과 만요우가나자의 반영례와 중고음의 재구 등
에 의해 거의 기존 학자들의 주장에 동의하고 있기 때문에 본고에서는
언급하지 않기로 한다. 다음이 필자가 생각하고 있는 상대 일본어의
모음체계의 추정음이다.

/ア/　：[ɑ]([a]～[ɑ])

/イ甲/：[i]

/イ乙/：[ïɨ](단, [ïi=ɨi]설도 배제하지 않는다)

/エ甲/：[e]

/エ乙/：[ɜɪ](단, [ɜɪ]를 [ɜɪ]와 [ɜe]양쪽으로 해석해도 무방하다. [ɪ]는
　　　　　[e]에 가까운 음색이다)

/オ甲/：[o]

/オ乙/：[ə]

/ウ/　：[u]

그러면, 앞으로 상대 일본어 음운체계의 마지막 작업으로 자음체계에
대하여 연구해 나가도록 하겠다.

참고문헌

박병채(1986)『고대국어의 연구 -음운편-』, 고려대학교출판부. p.109, pp.318-319

이돈주(1995)『한자음운학의 이해』, 탑출판사. p.302

有坂秀世(1955)『上代音韻攷』, 三省堂. pp.269-276, pp.383-386

キム・デソン(1998)「万葉仮名模韻字のオ列甲類とウ列との両用について」『福岡大学
　　　　　日本語日本文学』第8号

キム・デソン(1999)「「中古漢語の模韻の音価再構について」『福岡大学大学院論集』第30巻2号

キム・デソン(2000)「中古漢字音の再構成 －韓日資料による韻母音を中心に－」福岡大学.

河野六郎(1993)『河野六郎著作集　第2巻』, 平凡社. pp.122-123

上代語辞典編集委員会(1983)『時代別国語大辞典－上代編－』, 三省堂. pp.890-903

藤堂明保(1980)『中国語音韻論』, 光生館.

森博達(1991)『古代の音韻と日本書紀の成立』, 大修館書店. pp.89-93

森山隆(1971)『上代国語音韻の研究』, 桜楓社. pp.232-246

北京大学中国语言文学系语言学教研室编(1989)『汉语方音字汇』, 文字改革出版社. pp.159-162

董同龢(1993)『漢語音韻學』, 文史哲出版社. pp.157-159

陸志韋(1985)『陸志韋語言學著作集(一)』, 中華書局. pp.20-22

王力(1991)『汉语音韵』, 中华书局. p.50

严学宭(1990)『广韵导读』, 巴蜀书社. pp.104-106

Bernhard Karlgren(1963), 『Compendium of Phonetics in Ancient and Archaic Chinese』, Museum of Far Eastern Antiquities. pp.244-248

 일본 고대어 연구

제3장

상대 일본어 이(イ) 을류의
소릿값 연구

1 들어가는 말

상대 일본어의 문헌들을 검토해 가다 보면, 곳곳에 아직 해결되지 못 한 부분이나, 해결된 것으로 즉, 정설로 굳어진 것들은 시각을 달리 하면 올바른 결론이라 할 수 없는 것을 종종 만나게 된다. 더군다나, 소리에 대한 설명, 즉, 음운에 의한 설명에는 동의할 수 없는 부분이 상당히 있는 것으로 나는 보고 있다. 그 주된 이유는 중국의 중고음을 추정한 여러 학자들의 설을 보면, 공통된 특징 중의 하나가 한국 한자 음을 너무 안이하게 이용하고 있다는 점이라고 할 것이다. 그 결과, 기 존의 재구음에 의하면, 예를 들어 중국의 중고음과 상대 일본어의 자료 를 설명할 수 있으나, 한국 자료는 설명할 수 없다든지, 반대로 한국과 중국 자료는 설명할 수 있으나, 일본 자료는 설명할 수 없다든지 하는 경우가 상당히 많다는 것을 알 수가 있다[1]. 이것은 또한 상대 일본어의 음운체계에도 마찬가지라는 사실을 이미 확인하였다[2]. 이 논문은 바로

---

1) 이에 대해서는 학위논문에 자세히 설명되어 있다. キムデソン(金大星 2000),『中古 漢字音の再構成 －韓日資料による韻母音を中心に－ 』福岡大学博士学位論文
2) 김대성(2002)「상대 일본어의 홀소리 '아(ア)'의 소릿값 연구」『일본연구』제17

기존의 상대 일본어의 음운체계에 대한 재검토 차원에서 이루어지고 있는 네 번째에 해당한다.

이 논문에서는 상대 일본어 이(イ) 을류의 소릿값, 즉 음가에 대하여 추정하고자 하는데, 여기서 말하는 상대는 나라시대(奈良時代)를 의미하므로 나라시대의 이(イ) 을류의 소릿값에 대한 연구이다.

2 이(イ) 을류에 대한 여러 학자들의 설과 만요우가나[3]

2.1. 여러 학자들의 이(イ) 을류 추정음

지금까지 이(イ) 을류의 소릿값, 즉 음가에 대해서는 여러 학자들이 여러 가지 근거로 제각기 추정음을 제시하고 있는데, 그 중 주요한 설에 대하여 간단히 살펴보면, 아리사카 히데요(有坂秀世)는 [ïi]([ï]=[b])[ɯ][4])[5]로 추정하고 있는데, 특히 그의 추정음 [ɯ]는 코우노 로쿠로우(河野六郎)에 그대로 이어진다. 오구라 하지메(小倉肇)는 6, 7세기는 [üi](=[ʉi])로, 8세기는 [ïi](=[ɯi])[6]로 보아 합구성이 점차 약해져 간 것으로 추정하였으며, 마츠모토 카츠미(松本克己)는 '前者は口蓋音(拗音)の/kji/(つまり現代の普通のキ)、それに対して˚ko-i、˚ku-iに由来するki₂

집. 김대성(2002) 「상대 일본어 오(オ)을류의 소릿값 연구」『일본학보』제53집. キム・デソン(2003) 「上代日本語の「エ乙類」の音価推定」『東アジア日本語教育・日本文化研究』제5집. 2003년 3월 게제 예정.
3) 일본어 우리말 적기는 '한별 일본어 우리말 적기'에 따른다.
4) 가능하면 본론에서는 [i]의 중설음은 [ï]로, [ɯ]의 중설음은 [ɯ]로 표기한다. 따라서 [ï]는 [ɯ]가 될 것이다.
5) 有坂秀世(1955), 『上代音韻攷』三省堂 東京 pp.402-416
6) 小倉肇(1970), 「上代イ列母音の音的性格について」『国学院雑誌』

は非口蓋的の/ki/(音声学的にはkuiのような音)である。'7)라고 하여 모음
이 다른 것이 아니라, 앞에 오는 자음에 따른 조음 특징에 의해 갑류와
을류를 구별하고 있다. 즉, 모음은 갑을류가 같다고 보고 있다. 핫토리
시로우(服部四郎)는 '口蓋化されたkgpbm(イ甲, [kj-i]) : 非口蓋化され
たkgpbm(イ乙, [k-i])'8)로 보아, 모음은 같을 뿐 갑류와 을류의 차이는
구개화된 자음과 비구개화 자음의 차이에 의한 것으로 보고 있는데,
이 설은 마츠모토 카츠미의 설과 같다. 그러나 이 설은 실제로는 갑류
는 [kj-i], 을류는 [k-i]가 되므로 갑류와 을류는 모음이 다르며 또한 자음
도 다르다. 오오노 스스무(大野晋)는 'イ列甲類は張唇前舌狭母音i。イ
列乙類は張唇中舌狭母音ïでやや長い母音であった時期があるだろう'9)라
고 주장하고 있으며, 오키모리 타쿠야(沖森卓也)는 마츠모토 카츠미,
핫토리 시로우와 같은 견해를 나타내고 있다.10) 마지막으로 모리 히로
미치(森博達)는 [ɪ]11)로 추정하였는데 갑류[i]는 전설인 것에 대하여, 을
류는 비전설이라고 말하고 있다. 즉, [i]의 이완음(lax)으로 보고 있다.
   이상과 같이, 상대 일본어의 이(イ) 을류의 음가에 대하여 크게 이중
모음으로 보는 설과 단모음으로 보는 설이 있음을 알 수 있다.

2.2. 상대 일본어에서 /イ乙/로 쓰인 만요우가나자

상대 일본어에서 /イ乙/로 쓰인 만요우가나자는 다음과 같다.

---

7) 松本克己(1976),「日本語の母音組織」『言語』5月号
8) 服部四郎(1976),「上代日本語の母音体系と母音調和」『言語』5月号
9) 大野晋(1982),『仮名遣と上代語』岩波書店 東京 p.163
10) 沖森卓也(1983),「古日本語の母音体系」『国文白百合』14
11) 森博達(1991),『古代の音韻と日本書紀の成立』大修館書店 東京 pp.67-77

支운 3등 개구 : 奇騎綺寄kï 宜gï <u>*被彼*</u>fï <u>*麼*</u>bï

支운 4등 개구 : 義gï

脂운 3등 개구 : <u>**悲秘**</u>fï <u>*眉備媚*</u>bï

之운 3등 개구 : <u>**基己*紀***</u>記kï <u>*疑擬*</u>gï

微운 3등 개구 : <u>*幾機旣*氣</u>kï

微운 3등 합구 : 歸貴kï <u>*斐肥*飛妃費</u>非fï 肥bï <u>*微未*味尾</u>mï

(상대 일본어의 만요우가나자 중에서 『니혼쇼키(日本書紀)』 가요에 쓰인 알파군 즉, 나라시대의 일본어의 음운체계를 가장 잘 알 수 있는 알파군은 밑줄과 진하게 표시, 베타군 즉, 나라시대 이전의 음운체계도 함께 섞여 있는 베타군은 밑줄과 이탤릭체로 표시, 알파군 베타군 동시 사용은 밑줄 이탤릭 진하게 표시, 『니혼쇼키』 전체에 보이는 자는 밑줄로만 표시함)

『니혼쇼키』 가요의 만요우가나자를 보면, 'キ・ギ'에는 之운이 微운과 함께, 'ヒ'에는 支운과 脂운이, 'ビ'에는 脂운이, 'ミ'에는 微운이 각각 쓰이고 있음을 볼 수 있다.

   그런데, 상대 일본어 이(イ) 을류의 소릿값을 추정할 때, 가장 중요한 것은 중국 중고음의 개음을 즉, 영어로는 'medial'이라고 하고, 중국어로는 '지에인(介音)'이라고 하는 개음을 어떻게 보느냐에 따라, 나라시대 /イ乙/의 음가도 달라지기 때문에, 중고음의 개음을 먼저 재구해 보아야 한다.

이 문제에 대해서는 이미 학위논문(pp.54-61)에서 밝힌 적이 있는데, 그 내용을 중심으로 검토해 보도록 하겠다.

3 3, 4등 개음(介音, medial)에 대하여

3.1. 여러 학자들의 개음 분석

버나드 칼그렌(Bernhard Karlgren)[12]은 3등 개음은 'consonantic i' 즉, 반자음 [i]로, 4등 개음은 'vocalic i' 즉, 모음적인 [i]로 보고 있는데, 止섭 개음에 대한 다음 인용문을 보면,

	U		V	
Div. III	124(脂)	*(j)i*	128(脂)	*(j)wi*
	125(之)	*(j)i*		
	126(支)	*(j)ie*	129(支)	*(j)wie*
	127(微)	*(j)ei*	130(微)	*(j)wei*

But in our present category U-V we find, contrary to the general rule, yodized initials even before vocalic *i.* 124 a and 125 a Anc. *kji* (here, then, it is necessary to express the *j. kji*, as indicated by the yodized series of fan-ts'ie spellers; the typographical simplification is not applicable here).   (p.264)

---

12) Bernhard Karlgren(1954,1963). *Compendium of Phonetics in Ancient and Archaic Chinese.* Museum of Far Eastern Antiquities Göteborg pp.263-266

라고 하여 止섭의 경우, 4등 개음은 다른 섭의 4등 개음과는 다르므로 표기를 달리해야 한다고 말하고 있다. 이것은 무슨 말인가 하면, 止섭 이외의 4등 개음 즉, 성모가 순음, 아음, 후음인 경우

　　　[ki-、 kʼi-、 gi-、 ŋi-][ʼi-、 hi-、 ɦi-、 ji-][pi-、 pʼi-、 bi-、 mi-]
　　　(성모의 재구음은 토우도우 아키야스(藤堂明保)에 의함)

와 같이 성모가 구개화하지 않는다고 보고 있는데, 그렇게 되면, 순음, 아음, 후음은 구개화되지 않기 때문에 자연히 개음 [i]는 전설이 아니라 중설이 되기 때문에 보다 더 정확히 표기하면,

　　　[ki-、 kʼi-、 gi-、 ŋi-][ʼi-、 hi-、 ɦi-、 ji-][pi-、 pʼi-、 bi-、 mi-]

처럼 된다. 따라서 止섭 이외의 4등 개음은 중설이고, 止섭의 경우만은 4등 개음이 전설이다라는 것이다. 그런데, 이것은 문제가 있다. 예를 들면, 만요우가나의 경우, 일반적으로 중뉴운의 경우 3등은 을류로, 4등은 갑류로 쓰이는데, 3등 을류는 중설개음이, 4등 개음은 전설개음이 개입함으로 해서 갑을류의 구별이 이루어지고 있다. 그러나 칼그렌의 止섭에 한정해서 보면, 칼그렌의 3등은 반자음 [i̯], 4등은 전설모음 [i]인데, 3등의 경우 전설의 반자음 [i̯]에 의하면, 만요우가나에서 / ɪ 乙/로 반영된 사실을 설명할 수 없다는 문제를 지니고 있다. 또한, 칼그렌은 3등운에 순3등운과 3, 4등 중뉴의 3등운이 포함되어 있다는 사실을 무시하고 있는데, 그의 3등 개음[i̯]에 의하면 한국한자음의 止섭 3등운의 경우 중뉴3등인 支운, 脂운과 순3등운인 微운이 모두 /의/로 반영된

사실을 설명할 수 없다. 한국한자음에서 3등개음이 /으/로 반영되었다는 사실은 개음에 어떤 중설적인 요소가 있었다는 것을 암시하기 때문이다. 4등개음의 경우, 칼그렌은 止섭만을 [i]로 보고 그 이외는 [i̯]로 보고 있는데 구개화 개음이 아닌 [i̯]에 의하면, 한국한자음의 경우 예를 들면 東운, 鍾운과 魚운 4등은 각각 /융/, /용/, /여/로 반영되었는데, 만일 비구개화 개음 [i̯]이었다면, 각각 /웅/, /옹/, /어/와 같이 반영된 예도 상당수 포함되어 있었을 것이지만, 그러한 예는 산발적으로만 보일 뿐 거의 없다(나머지 4등운도 모두 마찬가지이다)는 사실을 설명할 수 없는 맹점을 가지고 있다.

칼그렌을 포함한 그 밖의 학자들의 3등 개음의 재구음을 정리하면,

버나드 칼그렌(Bernhard Karlgren) : [i̯]. 구별하지 않음.

루 즈웨이(陸志韋) : [i̯](중뉴운의 갑류/A류 · 그 외 3등) [ɪ](중뉴운의 을류/B류 · 순3등)

왕 리(王力)   : [ǐ]. 구별하지 않음.
똥 통후아(董同龢) : [j](=[i̯]). 구별하지 않음.
옌 쉬에췬(严学窘) : [j](=[i̯]). 구별하지 않음.

토우도우 아키야스(藤堂明保) : [ǐ](=[i̯] : 설상, 치상, 순3등음) [ɪ](그 밖의 모든 3등음. 따라서 3, 4등 중뉴의 3등음(을류)도 같은 [ɪ]임)
코우노 로쿠로우(河野六郎) : [i̯](갑류) [ï̯]([ï̯=바트삐], 을류)

아리사카 히데요나 코우노 로쿠로우처럼 개구음을 [ï̯]([ï̯]=[삐])로 보면,

한국 한자음의 /의/의 /으/를 [ɯ]로 본다는 것인데, 그렇다면 臻섭 痕1
등운과 曾섭 登1등운의 핵모음을 [ɯ](=[ɯ])로 보아야 한다. 그러나 고대
한국어의 /으/는 [ɯ=i]가 아니다.[13] 따라서, [ɯ]로 보는 개음은 타당하
지 못 하다.

3.2. 3, 4등 개음에 대하여

그러면, 나는 3, 4등 개음을 어떻게 보고 있는가 살펴보도록 하자.
먼저, 결론부터 말하면

⟨3, 4등 개음의 재구음⟩

❶ 순3등·중뉴3등의 개음 : [ɨ]

❷ 3, 4등 단운의 3등·戈운3등·尤운 3등의 개음 : [i]

❸ 모든 운의 4등 개음 : [i]

---

13) 고대 한국어 /으/의 음가 문제는 앞으로 좀 더 면밀하게 검토해야 할 필요가 있다.
다만, /으/가 [ɯ]가 아닌 사실에 대한 근거만을 제시하면 다음과 같다. /으/로
반영된 운을 살펴보면, '痕1/은/ 臻3/은/ 眞3/은/ 欣3/은/ 侵3/음/ 登1/응/ 蒸3/응/
蒸4/응·잉/과 같은 운이 있는데, 이 운들의 재구음은 '痕1[ne] 臻3[?](아직 정확
한 음추정을 하지 못 했다) 眞3[ĭwn] 欣3[ĭen] 侵3[ĭem] 登1[əɲ] 蒸3[ĭəɲ] 蒸4[iəɲ]'으
로 眞운을 제외한 모든 운의 핵모음이 [ə]계열임을 알 수 있다. 즉, [ɯ]와는 무관하
다는 사실이다. 다만, 핵모음이 [w]로 반영된 眞운의 경우는 개음에 의해 중설모
음인 [w]가 고모음으로 조금 이동하지만, 음 자체는 전설모음의 /이/([i])와 구별
되며, 또한 중설모음 /우/([ɯ])와는 원순과 비원순에 의해 변별되므로 부득이 /으/
(현재 /으/를 [ə]로 보고 있으나, 앞으로 보다 명확한 입장을 밝히도록 하겠다)로
반영할 수밖에 없었던 것으로 추정된다. 한편, 만요우가나의 반영례를 보면 '眞3/
イ甲/ 欣3/オ乙/ 侵3/オ乙/ 登1/オ乙/ 蒸3/オ乙·イ甲/ 蒸4/イ甲/(痕1과 臻3은 예가
없다)'와 같이 주로 /オ乙/로 반영되었으며, /イ甲/으로 반영된 운도 있지만, 결코
/ウ/로 반영된 예는 하나도 없다는 사실 또한 /으/가 [ɯ]가 아니었다는 사실을
간접적으로 증명해준다고 할 수 있다.

로 보고 있다. 그러면, 이렇게 보고 있는 근거에 대하여 각각 살펴보도
록 하자.

첫째, 순3등 · 중뉴3등의 개음을 [ɨ]로 보고 있는 근거는

支3/의/·/イ乙/　　脂3/의/·/イ乙/　　微3/의/·/イ乙/

과 같이 한국 한자음과 만요우가나에 의한 것인데, 한국 한자음의 경우
는 개음이 중설의 /으/로, 만요우가나의 경우는 중설의 /イ乙/로 반영
되어 있으므로 중뉴 3등과 순3등 개음은 중설적인 요소를 지니고 있었
다는 것을 알 수 있다.

둘째, 3, 4등 단운의 3등 · 戈운3등 · 尤운 3등의 개음을 [i]로 보고
있는 근거는 다음 두 학자의 설을 비판함으로써 대신하고자 한다.

토우도우 아키야스(藤堂明保)는 설상음, 치상음, 순3등을 제외한 모
든 3등운의 개음(따라서, 3 · 4등 중뉴의 3등 을류음도 포함됨)을 '介音I
三等拗音の弱い介音で、ʃやʃなどのワタリ音を表す'[14]라고 하여, [i]と[ɨ](＝
[ï]) 사이의 음으로 보고 있고, 양 지엔치아오(杨剑桥, Yáng Jiànqiáo)[15]는
중뉴현상이 엄연히 존재하고 있다는 11가지 근거[16]를 들어 다음과 같

---

14) 藤堂明保 · 小林博(1971), 『音注韻鏡校本』　木耳社　東京　p.22
15) 杨剑桥(1996), 『汉语现代音韵学』夏旦大学出版社 上海 pp.115-132
16) 一、唐代日本沙门空海的《篆隷万象名义》所存的原本《玉篇)反切中存在着重
　　纽。二、原本《玉篇》残卷的反切中存在着重纽。三、唐初玄应和尚的《一切经
　　音义》的音切中存在着重纽(参周法高《玄应反切考》,1948)。四、颜师古《〈汉
　　书〉注》音切中存在着重纽(参拙文《颜师古音切研究》,待刊)。五、在《切韵》
　　以后, 重纽A类和B类有不同的演变。六、在陆德明的音切中存在着重纽。七、
　　颜之推《颜氏家训》一书也指出了重纽的区别。八、在日语吴音中存在着重
　　纽。九、高丽译音中存在着重纽。十、安南译音中也存在着重纽。十一、在现代

은 [ɪ]설을 제시하고 있다.

> 我们认为中古重纽A类具有i介音，B类具有ɪ介音，i是一个舌位较
> 前，开口较小，音色较亮的强介音，ɪ是一个舌位较后，开口较大，
> 音色较暗的弱介音，到现代方言中，强介音i总是吞没原来的主元音
> 或者u介音，弱介音ɪ则不能吞没原来的主元音或者u介音。[17](중고음
> 의 중뉴 A류는 개음이 [i]이며, B류는 [ɪ]이다. [i]는 비교적 혀의 위치가
> 앞이며, 개구도는 작아 음색이 맑은 강한 개음이며, [ɪ]는 비교적 혀의
> 위치가 뒤이며, 개구도는 커서 음색이 어두운 약한 개음이다. 현대 중
> 국 방언에서 [i]는 항상 본래의 핵모음이나 [u] 개음을 흡수해 버렸으나,
> [ɪ]는 흡수하지 못 했다.)

그런데, 이들 두 학자의 재구음은 다음과 같은 세 가지의 관점에서
타당하지 못 하다는 것을 알 수 있다.

첫째, 3등 개음을 [ɪ]로 보면, 한국한자음에서 예를 들어 東운 1등은
/옹/으로 반영되었으나 東운 3등은 /웅/으로 반영된 사실을 설명할 수
없다. 東운 3등이 /웅/으로 반영된 이유는 구개화 개음 [i]가 있음으로
해서 후설 핵모음 /오/가 중설로 이동하여 /우/가 될 수 있었던 것이지,
만일 개음이 [ɪ]이었다면 東운 3등은 東운 1등과 마찬가지로 /옹/으로
반영되었을 것이기 때문이다.

둘째, 만요우가나의 경우, 중고음이 [iɔ]로 추정되는 遇섭 魚운이 /オ
乙/로 반영된 것은 구개화 개음 [i]에 의해 후설 핵모음 [ɔ]가 중설로
이동하여 [ə]가 되기 때문에 가능했던 것인데, 만일 [ɪ]로 보면 구개화가

方言汕头话、厦门话和福州话中也存在着重纽的对立。
17) 杨剑桥(1996),『汉语现代音韵学』夏旦大学出版社 上海 p.128

약화되기 때문에 [ɔ]가 중설까지 가지 못 하여 아마도 江운처럼 /ア/로 반영되었거나 설령 중설화가 이루어진다 해도 魚운에는 /オ乙/만이 아니라, /ア/로도 반영된 예가 있었을 것이나, 실제로는 모두 /オ乙/로만 반영된 사실을 설명할 수 없다. 또한, 한국한자음에서 魚운 3등 개음을 구개화가 약한 [ɪ]라고 하면, [ɪɔ]는 핵모음이 [ə]가 되지 않고 그대로 [ɔ]가 되어, /어/가 아니라 /아/나 /으/로도 반영되었을 것이다.

셋째, 止섭 3, 4등 중뉴운 3등의 경우 한국한자음에서는 주로 /의/로, 만요우가나에서는 /イ乙/로 반영되었는데, 토우도우 아키야스에 의하면, 예를 들어 [kɪi]의 경우 [kʲɪi]가 되는데, 이 음은 한국한자음에서는 /긔/가 아니라 /기/로, 만요우가나에서는 /キ乙/이 아니라 /キ甲/으로 반영되었을 것이다.

셋째, 4등 개음의 경우, 중뉴 4등이나 3, 4등 단운의 4등이나 어느 것에도 속하지 않는 4등이나 모두 같은 [i]라고 보는데, 그 근거는 한국한자음의 경우, 설명을 돕기 위해 편의상 합구음을 제외한 개구음만을 보면, 4등 개구는 원칙적으로

果攝/야/ 效攝/요/ 蟹攝/예/ 咸攝/염/ 山攝/연/ 宕攝/양/ 梗攝/영/ 流攝/유/ 止攝/이/ 深攝/임/ 臻攝/인/ 曾攝/잉/ 遇攝/여/·/유/ 通攝/융/ /·/용/

로 반영되어, 현대 한국어의 관점에서 보면, 개음이 이중모음으로 반영되었거나, 개음에 의해 핵모음이 탈락하여 /이/로 즉, /이·임·인·잉/ 으로 반영된 것을 볼 수 있고, 3등 개구음은

效攝/요/ 蟹攝/애/ 咸攝/엄/ 山攝/언/ 宕攝/앙/ 梗攝/영/ 流攝/우/ 止
攝/의/ 深攝/음/ 臻攝/은/ 曾攝/응/ 遇攝/어·/우/ 通攝/웅/·/옹/

으로 반영되어 3등 개음이 간접적으로 반영되어 주로 단모음으로 나타
난 것을 볼 수 있다(效섭이 /요/로 반영된 것은 핵모음과 운미음의 반
영이며, 梗섭이 /영/으로 반영된 것은 3, 4등 중뉴의 3등 祭仙塩운의
핵모음이 /어/로 반영된 것과 구별하기 위해서이기 때문에 개음과는
직접적인 관계가 없다). 이와 같이 4등과 3등은 확실하게 달리 반영된
것을 보면, 4등 개음은 강한 개음 [i]이었다는 것을 알 수 있다. 한편,
칼그렌이 말한 순음, 아음, 후음의 경우, 한국 한자음에서는 모든 섭이
공통적으로 4등과 3등이 똑같이 반영되어 있는 것을 보면, 止섭 4등
개음만을 달리 볼 근거가 없는 것이다.

▌4 상대 일본어 이(イ) 을류 소릿값

4.1. 止섭에 대한 나의 재구음

止섭에 대한 나의 재구음[18]은 다음과 같다(자세한 것은 학위논문을
참고하기 바람. pp.31-69)

---

18) 만요우가나자에는 支운이 脂운 보다 더 많이 쓰였다. 특히, 支운은 /イ乙/과 /イ甲/
이 중심인데 반해, 脂운은 '순음:갑을 혼용, 아음:/イ甲/, 후음:예 없음'과 같이 여러
형태가 보이기 때문에 역시 支운 보다 脂운이 고모음이었음을 보여주고 있고,
그렇기 때문에 /イ乙/에 덜 적합했다는 것을 알 수 있다.

개구음 : 支3[ɪ̯ei] 支4[iei] 脂3[ɪ̯ei] 脂4[iei] 微3[ɪ̯i] 之3[i̯ei]
之4[i̯ei]

합구음 : 支3[ɪ̯uei] 支4[iuei] 脂3[ɪ̯uei] 脂4[iuei] 微3[ɪ̯ui]

4.2. 상대 일본어 이(イ) 을류 소릿값과 근거

그러면, 이상과 같은 나의 개음과 재구음을 토대로 상대 일본어 이
(イ) 을류 소릿값을 추정해 보기로 하겠다.

첫째, 止섭 재구음에 의하면, '支3[ɪ̯ei] 支3[ɪ̯uei] 支4[iei] 支4[iuei] 脂3[ɪ̯
ei] 脂3[ɪ̯uei] 脂4[iei] 脂4[iuei] 微3[ɪ̯i] 微3[ɪ̯ui] 之3[i̯ei] 之4[i̯ei]'와 같이 운
미음 [i]만을 지니고 있는 운을 사용하고 있기 때문에 /イ乙/은 이중모
음이었을 가능성이 크다. 만일 단모음(홑홀소리)이었다면, 적어도 운미
음 [i] 이외에 [-m/n/ŋ/p/t/k]등의 운미음을 지닌 운의 예가 1자 이상은
있었을 것이다. 운미음 [i] 이외에 [-m/n/ŋ/p/t/k]등의 운미음을 지닌 운
의 예를 『니혼쇼키』가요에서 알파군의 예만을 들어 보면,

[a]多多企阿藏播梨たたきあざはり・作基泥曾母野さきでそもや・以
矩美娜開余囊開いくみだけよだけ・乃樂能婆娑摩儞ならのはさま
に・芥紀佐倶まきさく

[i]枳謂屢箇皚必謎きゐるかげひめ

[u]農播梔磨能ぬばたまの・阿波夢登茹於謀賦あはむとぞおもふ

[e](베타군의 예뿐임)志邏伽之餓延塢しらかしが江を・伽綿蘆淤朋瀰
枳かめるおほみき

[o]阿須用利簸あすよりは・阿庸比梔豆矩梨あよひたづくり (倭我於
朋枳美能わがおほきみの・能朋梨陁致のぼりたち・阿餓倭柯枳古
弘あがわかきこを)

[ö]野麼等能やまとの・之之符須登ししふすと・賊據鳴枳舸斯題そ
こをきかして

와 같이, [a·i·u·e·o·ö]에는 예가 있으나, /イ乙/과 /エ乙/에는 그
러한 예가 없다. 이 사실은 /イ乙/(/エ乙/도 포함)이 단모음이 아니라
이중모음이었음을 암시한다고 할 수 있다.

　둘째, 이것은 첫 번째 근거와도 관계가 있는데, /イ乙/(/エ乙/도 포
함)로 쓰인 만요우가나에는 '니고우가나(二合仮名)'의 예가 1예도 없다
는 사실이다. 만요우가나에서 운미음 [i] 이외의 니고우가나의 예를 보
면, [a·i·u·e·o·ö]에는

- [a]香山之かぐやまの・覺賀鳥かくがのとり・素戔鳴尊すさのを
  のみこと・相狭丸あふさわに
- [i]色妙乃しきたへの・今悔拭いまぞくやしき・鍾礼乃雨丹しぐれ
  のあめに
- [u]鬱瞻乃うつせみの・筑紫乃綿者つくしのわたは
- [e]玉藻苅兼たまもかりけむ・著点等鴨きせてむとかも・佐伯山
  さへきやま・鬱瞻乃うつせみの
- [o](忍坂部乙麻呂おさかべのおとまろ・越乞爾をちこちに)
- [ö]興台産靈此云許語等武須毗こごとむすひ・烏德自物をとこじ
  もの・他田日奉直得大理をさだのひまつりのあたひとこたり・
  越乞爾をちこちに

와 같이 니고우가나의 예가 있지만, /エ乙/과 더불어 /イ乙/만이 니고
우가나의 예가 없다는 사실에 의해 /イ乙/은 이중모음이었다는 것을
알 수가 있다.[19]

셋째, 蟹섭자는 /イ乙/에 쓰이지 않았다는 사실이다. 蟹섭 재구음은

哈1[ʌi]灰1[uʌi] 泰1[ɑi]泰1[uɑi] 齊4[ei]齊4[uei] 皆2[ɐi]皆2[uɐi]
佳2[ɒi]佳2[uɒi] 夬2[？]20)夬2[？] 祭3[ɨɜi]祭3[ɨuɜi] 祭4[iɜi]祭4[iuɜi]
廢3[ɨæi]廢3[ɨuæi]

와 같은데, 운미음이 같은 [i]를 지니고 있는데도 불구하고 /イ乙/에는
蟹섭자가 쓰이지 않고 있다. /イ乙/에 쓰인 만요우가나자에는,

①핵모음이 중설인 皆운 [ɐi]의 예도 없으며, 또한 ②핵모음이 [ə/ə/ɜ]계
열21)인 소리의 예도 없다. 물론, [ə/ə/ɜ]계열의 소리에는 之운 [ɨəi/iəi]
이외에는 운미음이 [i]를 지닌 운이 없기 때문에 /イ乙/로 쓰일 수가
없었다. 다시 말하면, /イ乙/은 이중모음이었기 때문에 운미음 [i]를 지
니고 있지 않은 즉, [i] 이외의 운미음을 지니고 있는 [ə/ə/ɜ]계열의 운을
쓸 수가 없었다. 그리고 ③강한 핵모음인 [ɛ/æ]가 쓰이지 않았다. 즉,
[ɨɜi]나 [ɨæi]는 같은 3등 을류에 속하는데도 약한 핵모음인 [ɨəi/ɨəi](=ɨ
ɜi/ɨɜi)는 /イ乙/로 쓰였지만, 강한 핵모음은 쓰이지 않고 있다. 다만,
之운 [ɨəi]만이 [i]인데도 /イ乙/로 쓰인 것은 약한 핵모음(짧은 소리이
다. 소리가 짧기 때문에 강한 핵모음에 비해 상대적으로 세기도 약하
다)이 있기 때문에 가능했던 것이다. 만일 之운이 [ɨəi]와 같이 강한
핵모음인 [ə]이었다면, 만요우가나에서는 /オ乙/로 쓰일 수는 있지만,
/イ乙/로는 쓰일 수 없었을 것이다.

---

19) 자세한 것은 다음 논문을 참고하기 바람. キム・デソン(2003) 「上代日本語の「エ乙
類」の音価推定」『東アジア日本語教育・日本文化研究』제5집. 2003년 3월 게제
예정.
20) 물음표로 되어 있는 것은 정확한 음의 추정이 불가능하기 때문에 문제로 남겨
둔 것이다.
21) 여기에서 계열이란 음색이 비슷하지만, 개구도에 차이가 있는 것을 의미한다. 예
를 들면, [e/ɛ/æ], [ə/ə/ɜ] 등을 말한다.

즉, 이 세 가지에서 [ɜ/ɐ]는 /ㅗ乙/과 관련이 있고, [ə/ɘ]는 /ㅓ乙/과 관련이 있고, [ɛ/æ]는 /ㅗ甲/과 관련이 있기 때문에 /ㅓ乙/의 음가는 결코 이들 세 가지 계열의 소리와는 변별되는 어떤 소리였음을 알 수가 있다. 다시 말하면 /ㅓ乙/은 약한 핵모음인 [e/ɛ/ɘ], 그리고, 중설적인 개음과 관련이 있음을 알 수 있다. /ㅓ甲/에는 물론 之운 [iei]와 같이 똑같은 약한 핵모음이 개입되어 있다는 것을 알 수 있으나, 강한 개음 [i]가 있다는 사실이 /ㅓ乙/과는 다른 점이다. 之운 [iei]는 강한 개음 [i]와 강한 운미음 [i]에 의해 약한 핵모음이 거의 들리지 않기 때문에 실제로는 [ii]와 같은 소리가 되어 /ㅓ甲/으로 나타난 것이다.

그러면, 이상과 같은 세 가지 근거로 이중모음이면서, 중설적인 음을 모두 지니고 있는 소리에는 어떤 것이 있는가? 여기에는 [ɯi], [ɨi], [ʉi] 세 가지를 생각할 수 있다(물론 [iɯ]도 생각해 볼 수 있으나, 이것은 한일 자료와 중고음에 비추어 가능성이 전혀 없다).

만일 /ㅓ乙/이 [ɯi]이었다면, 당연히 /キ・ヒ・ミ/는 모두 합구음만을 써야 했을 것이다. 중고음이 어떠하든 간에 /ㅓ乙/을 [ɯi]로 본다면(止운을 쓴 이유는 적당한 다른 운이 없었기 때문에 부득이 썼다고 보고 설명을 하면), 당연히 /キ・ヒ・ミ/ 모두가 개구음이 아니라 합구음만을 써야 한다. 그 이유는 개구음을 쓰면, 개음 [ɨ]('[ɨ]=[ɯi]'설은 고대 한국어의 /으/가 [ɯi]가 아니기 때문에 배제된다)는, [ɯi]와 같은 즉, [ɯ]의 비원순 중설모음과는 전혀 가까이 쓰일 수 없는 소리이기 때문이다. 합구음인 경우는 [ɨu-] 개음이 되어 [ɨ]는 [u]에 흡수되어 버리고, 흡수된 [u]는 원순 후설모음(물론 원순 후설과 중설 사이의 음으로 이동하지만)이기는 하나, [ɨ]에 의해 [u]가 이완(lax)되므로 마치 [u]와 [ɯ] 중간 정도로 원순성이 조금 약화되므로 결국 [ɯi]를 나타낼 수 있는 조건을 지니게 되는 것이다. 따라서 만일 아리사카 히데요, 코우노 로쿠로우, 오구라 하지메 등과 같이 [ïi](=[ɯ̈i])로 본다면, 당연히 합구음만이 쓰일 수밖에 없는 것이다. 그러나 합구음만이 쓰일 수 있는 [ɯ̈i]설에 의하면, 개구음이며 핵모음이 [ㅔ]인 之운 [iᵉ]를 쓸 수 없는데도, 실제로는 [kïi]와 [gïi]를 나타내는 데 6자나 쓰이고 있으며, 또한『니혼쇼키』가요에는 /ミ/ 이외에는 모두 개구음으로만 쓰이고 있다는 사실을 설명할 수 없다. 특히, 니혼쇼키 가요에서 微운 합구음이 'ミ'자 이외에는 쓰이지 않고 있다는 사실은 /イ乙/이 합구성이 없었다는 것을 보여 준다. 한편, /ゐ/에 影모와 于모 합구 3등자(을류에 속하는 자)만 쓰인 이유는 개음이 3등은 [ɨu] 4등은 [iu]인데, 4등으로 발음하면 [이우+(핵모음)+i(운미음 i는 항상 포함됨)] 즉, [iu+(핵모음)+i]로서 실제로 [u+(핵모음)+i]만으로 /ゐ/를 나타내야 하는데, 개음[i]가 있으므로 [wi]를 나타내는 데 [이우(핵모음)i]가 되어 적합하지 않게 된다. 따라서 부득이 중설개음이면서 약개음인 [ɨ]를 쓰면 [ɨ]는 후설개음 [u]에 의해 약화되어 거의 들리지 않게 되므로 [ɨu+(핵모음)+i]가 실제로는 [u+(핵모음)+i]로 들리게 되므로 /ゐ/를 나타내는데 4등보다 3등이 더 적합했기 때문이지, /ゐ/가 을류였기 때문에 3등을 쓴 것은 아니다. 더군다나, 支3[ɨuᵉi] 支4[iuᵉi] 脂[ɨuᵉi] 脂4[iuᵉi] 微3[ɨui]에서 /ゐ/의 모음은 [u] 이하 즉, [ᵉi] [ᵉi] [i]등의 모음에 의해 좌우되는 것이지, 개음 [ɨ/i]에 의해 좌우되는 것은 아니다. /ゐ/의 모음 음가는 핵모음과 운미음에 의해 결정될 뿐이다. 즉, 여기서 개음은 갑류와 을류를 구분하는 데 아무런 역할을 하지 못 한다. 따라서 아리사카 히데요와 모리 히로미치의 주장대로 개음 [i]에 의해 개음 [u]의 합구성이 약화되는 것은 사실이지만, 합구성이 약화되어서만 3등을 쓴 것이라고 하기 보다는 나는 그들의 주장에 더

해서 /ゐ/를 나타내는 데, 4등의 경우 개음 [i]는 불필요한 요소이며, [i]에 의해 /ゐ/를 나타내는 데 부적합했기 때문이지, 단지 합구성의 약화 때문만은 아니라고 생각한다.

이상과 같이, 특히 [ɯi]일 수 없다는 사실에 의해 [ɯi]설은 배제되며, 남는 것은 [ɨi](경우에 따라서는 [ii]설도 포함된다)와 [ii] 두 설밖에 없다. 그렇다면, 이 두 설을 검토해 보자.

남은 두 설을 살펴보면, /イ甲/과 /イ乙/이 나라시대에는 분명히 구별되어 있었기 때문에, 즉, 갑류와 을류의 혼용예가 극히 적었기 때문에, 갑류와 을류의 소리의 차이가 컸다는 것을 알 수 있다. 그런데, 을류를 [ɨi]로 보면, 갑류와 을류의 차이가 크지 않기 때문에 혼용예가 많았을 것이고, 더군다나 갑류로 합류하는 시기도 /エ乙・オ乙/보다 훨씬 많이 빨랐을 것이다. 그러나 그렇지 않다는 사실은 /イ乙/이 [ɨi]이었을 가능성이 적다는 것을 보여준다고 할 수 있다. 또한 기존의 /イ甲/([ii])・/イ乙/([ïi=ɨi])설에 의하면, 자칫 성모의 구개화와 비구개화로 보는 설이 타당해질 수 있는 근거가 되어 버릴 가능성이 크다. 즉, 갑류와 을류는 모음이 같다는 설명에 가까운 재구음이 되어 버리고 만다. 그러므로 [ɨi]설은 배제될 가능성이 크다.

따라서, 나는 /イ乙/을 [ii]로 보는데, /イ甲/([ii])・/イ乙/([ïi])설에 의하면, '갑류 [kj-i] : 을류 /kj-ïi/'가 되어 을류의 [kj-i]까지는 갑류 전체와 같으나, 을류의 [i]에 의해 즉, 갑류 [i], 을류 [ï]에 의해 명확히 소리가 구별되므로 서로 다른 음소라는 사실을 증명할 수 있다. 결론적으로 말하면, 기존의 [ïi=ɨi]설을 전면 부인하지는 않지만, 나는 [ii]설을 제안한다. 따라서 /イ乙/의 음가는 [ii](단, [ïi=ɨi]설도 배제하지 않음)이다.

그렇다면, /イ乙/을 [ii]로 볼 때, 止섭을 이용한 이유는 무엇이었을까? 나는 다음과 같이 생각한다. 첫째, /イ乙/ 이중모음이므로 이중모음을 지닌 운이어야 한다, 둘째, 이중모음의 두 모음이 모두 [i]계열의 음색을 지닌 운이어야 한다는 두 가지 조건을 만족시킬 수 있는 운은 止섭에 속한 운밖에 없었기 때문이라고 생각한다. 중고음의 止섭 3등의 경우 [i̯+핵모음+i]으로 구성되어 개음은 [i̯]이고 운미음이 [i]인데, /イ乙/의 음가는 그 반대인 [i̯i]이지만, 중고음에서 [i̯i]를 나타낼 수 있는 운은 止섭에 있는 운밖에 없다. 따라서 부득이 개음과 운미음이 반대인 운을 취할 수밖에 없었다고 생각한다.

한편, 之운이 을류의 경우 支脂운 보다 많이 쓰인 이유는 支운과 脂운의 핵모음은 각각 [e][e]이기 때문에 /イ乙/ 즉, [i̯i]의 음에 적합하지 못 했기 때문이다. 之운 [i̯ə]는 비록 [i̯i]에 가깝지는 않지만, 전설인 [e][e]를 지닌 운 보다는 중설적인 요소가 있으므로 해서 더 많이 쓰일 수 있었다고 생각한다[22].

█ 5 나오는 말

상대 일본어의 모음체계 중 음가 추정이 가장 어려운 것 중의 하나가 바로 이(イ) 을류라고 생각한다. 언뜻 보기에 이(イ) 갑류와의 합류와

---

22) /イ甲乙/에 蟹섭(각각 咍1[ʌi]灰1[uʌi] 泰1[ɑi]泰1[uɑi] 齊4[ei]齊4[uei] 皆2[ɐi]皆2[uɐi] 佳2[ɒi]佳2[uɒi]夬2[?]夬2[?] 祭3[i̯ɛi]祭3[i̯uɛi] 祭4[i̯ɛi]祭4[i̯uɑi] 廢3[i̯æi]廢3[i̯uæi]로 추정됨)에 속하는 운의 자를 하나도 쓰지 않고 있다는 사실은 무엇을 말해주는가? 이것에 의해서도 나의 재구음의 타당성을 알 수 있다. 즉, /エ甲乙/은 핵모음이 강모음([e/ɛ])이고, /イ甲乙/은 약모음([e/e])이므로 해서 서로 변별된다. 다만, 微운 [i̯i]는 운미음이 없는데 핵모음 [i]만 있었거나 개음이 [i]이었다면 /イ甲/으로 반영되었겠지만, 비록 /イ乙/의 [i̯i]와는 개음과 핵모음이 반대로 되어 있기는 해도 개음 [i̯]를 지니고 있었기 때문에 /イ乙/로 반영될 수 있었다는 것을 알 수 있다.

정 등을 생각하면, 모음은 같고 자음의 구개화와 비구개화의 차이에 의한 갑을류의 구분이라는 추정이 설득력이 있는 것처럼 보이기도 한다. 그러나 중국 중고음과의 관계에서 비추어 보면, 일반 언어학적 관점에 의한 자음의 구개화와 비구개화에 따른 갑을류의 구분은 너무도 일반 언어학적 관점에 치우쳤다는 점을 부인할 수가 없다. 이 점은 분명히 반성을 해 보아야 할 것으로 생각한다.

이 논문에서는 상대 일본어의 이(イ) 을류의 소릿값 추정은 개음을 어떻게 보느냐에 따라 달라지기 때문에 먼저 중국 중고음의 개음을 재검토하였다. 그리고 개음 재구에 이어 이(イ) 을류가 쓰인 止섭의 모든 운에 대하여 나의 재구음을 제시하였으며, 그 음을 토대로 이(イ) 을류는 단모음이 아니라, 이중모음이라는 사실을 다음과 같은 근거로 제시하였다.

첫째, 이(イ) 을류의 만요우가나자에는 운미음 [i] 이외에 [-m/n/ŋ/p/t/k] 등의 운미음을 지닌 운의 예가 없이 오로지 운미음 [i]만을 지니고 있는 운을 사용하고 있다.

둘째, 이(イ) 을류의 만요우가나자에는 '니고우가나(二合仮名)'의 예가 1예도 없다.

따라서 나는 단모음설을 배제하는 입장을 취하고 있는 것이다. 또한, 이(イ) 을류에는 蟹섭자가 쓰이지 않았다는 사실에 의해 [ɜ/ɐ], [ɘ/ə], [ɛ/æ] 등의 음은 이(イ) 을류와는 관계가 없으며, 약한 핵모음인 [ɛ/e/ə]와 중설적인 개음과 관련이 있으며, 나라시대에 갑을류의 혼용예가 극히 적었기 때문에 이 둘 사이의 소리의 차이가 컸다는 것을 토대로 [ii]설을 제시하였다(다만, 기존의 [ïi]설을 부인하지는 않는다).

앞으로는 나라시대 이전 어느 시기까지 이(イ) 을류가 [ï]이었으나, 나라시대쯤에 개음 [i]가 개입함으로 해서 나라시대에는 [ïi]이었다가 전설개음에 이끌려 [ï]가 전설화함으로써 개음 [i]가 탈락하여 결국 이 (イ) 갑류로 합류한 것으로 볼 수 있는 것인지([ï]>[ïi]>[i]) 검토해 보아야 할 것이다. 즉, 이(イ) 을류가 원래 단모음 [ï]이었는가 하는 문제이다.

 일본 고대어 연구

제4장

上代日本語の「エ乙類」の音価推定

1 はじめに

　私は今のところ上代日本語(ここでいう上代日本語とは厳密に言えば、奈良時代の日本語を指している)の母音体系を検討している。既に「ア」と「オ乙類」についてそれぞれ[ɑ]と[ə](I.P.A.によれば[ɵ])と推定した。その一続きとして、本論では「エ乙類」の音価について検討してみることにする。

　「エ乙類」の音価について今までの主な説を列挙してみると、

　　*有坂秀世[1]：[əe]又は[əi̯]
　　*大野晋[2]：[ɜ]
　　*松本克己[3]：エ甲：/kje/　エ乙：/ke/
　　*服部四郎[4]：口蓋化されたkgpbm(エ甲)：非口蓋化されたkgpbm(エ乙)
　　*森博達[5]：[əĕ]

1) 有坂秀世(1955),『上代音韻攷』三省堂　東京　p.446
2) 大野晋(1982),『仮名遣と上代語』岩波書店　東京　p.163
3) 松本克己(1976),「日本語の母音組織」『言語』5月号
4) 服部四郎(1976),「上代日本語の母音体系と母音調和」『言語』5月号
5) 森博達(1981),「唐代北方音と上代日本語の母音音価」同志社外国文学研究　第二十八号
　　森博達(1991),『古代の音韻と日本書紀の成立』大修館書店　東京　pp.61-67, 94

のようである。特に、松本克己はエ甲乙は母音ではなく、子音に口蓋化と非口蓋化の差によるという。つまり、エ甲類は例えば/kje/(私はエ乙類との子音の差を明白にするために/kj-e/と表記した方がいいと思われる)、エ乙類は/ke/という解釈をしている。このことは、服部四郎がイエ段の甲乙の区別を口蓋化されたkgpbmと非口蓋化されたkgpbmとの差と見て、母音は同じであるという説明と同じ考え方である。ところで、ここでは以上のような諸説についての批判や検討はさておき、本論に入りたいと思う。

▌2 /エ乙/の万葉仮名

/エ乙/に使われた万葉仮名をみると、

遇摂：魚韻3 等「居挙kë」2 例
止摂：支韻3・4等(以下「等」省略)「宜gë(3)義gë(4)」2 例
　　　脂韻4「穖kë」1 例
　　　微韻3「希気既　　kë」3 例

蟹摂：哈韻開口1「該閡　愷凱慨kë、皚曼碍gë、倍fë、倍bë」10例
　　　灰韻合口1「陪杯背珮fë、陪毎bë、梅毎昧妹më」10例

　　　皆韻2「階戒kë、俳拝fë」4 例
　　　斉韻4「閉fë、謎bë、迷米më」4 例
　　　泰韻1「沛fë」1 例

蟹摂：祭韻4「叡曳jë」

効摂：宵韻４「*遥要jĕ*」

山摂：仙韻４「*延jĕ*」

(「『日本書紀』歌謡」の中、α群(αβ群両用は濃く、下線で)は濃く、β群
だけに用いられたものには下線で表す。)

のように特に濃くなっている咍韻と灰韻に集中しているのが分かる。ということ
で、咍韻と灰韻の音価が分かれば、/エ乙/の音価を推定する手がかりに
なるだろうと思う(ただし、本論では中古音以前の例と見られるのはこれから
の課題としておく)。

　そこで、「咍韻」と「灰韻」の中古音の音価はどうであったのかが問題にな
るが、私は既にこれについて私の学位論文でその音価を推定したので、本
論では特に重要な部分を中心に簡単に次の章で説明することにしよう。詳し
いことは私の学位論文「キム・デソン(2000)、『中古漢字音の再構成 ー韓
日資料による韻母音を中心にー 』福岡大学 pp.88-113」を参考されたい。

■3 咍・灰韻の音価推定

　咍韻１等開口は、韓国漢字音では主に/익/(該희開키哀익海희咳히
棘릭載딕態틱代딕怠틱宰직菜치載직塞싁/식)に反映され、/익/以外に
は/애/(槩개鎧개埃애耐내賽새/식)が多いが、これはおそらく/익/と/아/と
が類似している隣接音であった可能性を示唆していると考えられる。ベトナ
ム漢字音では、総125字の中で96%の120字が「台thai 来lai 哉tai 該cai
哀ai」のように「ai[ɑi]」に反映されている。そして、チベット漢字音では、千
字文は「ai[ai](殆da'i 綵ts'a'i 載dza'i 宰dza'i)」、千字文以外は「e[e](怠de

在tsʻe　海ke)」と「ei[ei](乃ʻneʻi　在dzeʻi)」になっているし、万葉仮名の場合
は、「該開愷凱慨kë、皚導碍gë；倍fë；倍bë　苔台tö、廼耐dö；乃
廼nö；倍fo　哀埃愛e；代耐de；乃na」のように中古音以前の例として推
定される「乃ナ」を除けば、主に中舌母音の/エ乙/と/オ乙/に反映されてい
る。したがって、中古音は中舌母音と関係があると予測される(『日本書紀』
歌謡α群ではすべて/エ乙/の咍灰韻だけである。α群では/オ乙/には苔台
tö、廼耐dö；乃廼nö；倍foなどは使われず、魚韻と登韻だけが使われ
ている6))。

　合口音の灰韻１等の場合、韓国漢字音では主に/외/(塊괴根외灰회
廻회鎚퇴退퇴頹퇴餒뇌雷뢰罪죄)に反映されているが、唇音だけはほぼ
規則的に/익/(杯빅背빅梅믹坏빅每믹)になっている。ベトナム漢字音は、
総140字の中で80%の112字が「ôi[oi](盃bôi　胚phôi　媒môi　推thôi　雷lôi
崔thôi　魁khôi　灰hôi　隈ôi)」に反映された。そして、チベット漢字音では、
千字文の場合、唇音では「aʻi[ai](杯paʻi　陪baʻi　背baʻi)」、その他の声母
では合口介音が反映され「waʻi[wai](対twaʻi　退ʻwaʻi　廻hwaʻi)」になってい
る。千字文以外には１例ずつ(每ʻbe　大乗中宗見解；退ʻwa　阿弥陀
経；罪dzweʻi　金剛経)で合口介音が反映されている。このことは韓国漢
字音とベトナム漢字音では核母音が脱落するのが一般的であるが、チベッ
ト漢字音では唇音を除いては合口介音と核母音とを反映しているのである。
万葉仮名の場合は、「陪杯背珮fë陪每bë梅每昧妹më；個隈廻we；陪
fo；梅mo」のように主に/エ(乙)/(唇音「ヘベメ」と「ゑ」)に反映されている。

　以上のような反映例についてカールグレンを初め、日本と中国の学者達

---

6) 김대성(2002),「상대 일본어 오(オ)을류의 소릿값 연구」『일본학보』제53집

の再構音とその根拠を簡単に述べることにしよう。

カールグレンは1・2等重韻について

> Here the Korean loans give us valuable aid. In Table E this ancient
> source distinguishes in Div.I between rime 45 and rime 46. The
> former is written -ai(long a), the latter -ăi(short ă) — both are now
> pronounced -ä, but the conservative writing keeps them well
> apart...Sino-Korean being contemporary with Ts'ie yün we must
> conclude that:
>> Div. I, rime 45 was long: -âi, rime 46 was short: -ậi
>> Div. II, rime 47 was long: -ai, rime 48 was short: -ăi.

のように言っている[7]。つまり、韓国漢字音で/애/と/ᄋᆡ/に反映されているこ
とを根拠に/아/を長い音の「a」(long a)に、/ᄋ/を短い音の「ă」(short ă)に
解釈して「咍韻[ậi]　灰韻[uậi]」のように推定した。

中国の学者の場合、陸志韋は南北朝の民歌で之韻と咍韻が合韻され
ているのを根拠に「咍韻[ɒi]　灰韻[wəi]」のように再構したし、王力は「咍海
泰代曷[ɑi, ɑt]　灰賄泰隊末[uɑi, uɑt]」のように推定したが、その根拠は
『経典釈文』の反切と唐詩の用韻によっている。そして、董同龢は「咍[-Ai]
灰[-uAi]」のように再構しているが、その根拠は現代方言音によっている。特
に董同龢は特に1・2等重韻について

> ...,我們曾說高本漢氏以元音的長短來分別咍皆與泰佳夫爲不可靠,竝
> 且又曾依據一些方言的現象,說他們的分別應當仍是元音的音色,現在

---

7) Bernhard Karlgren(1954,1963), 『Compendium of Phonetics in Ancient and
Archaic Chinese』 Museum of Far Eastern Antiquities Göteborg p.242

> 從他們的來源看,哈皆佳在上古與ə、e等元音關係深,泰夬則與a、ɑ等
> 關係深,...

と言っているが、その内容は、カールグレンの核母音の長い音と短い音による区別を否定し、現代方言音によって１・２等重韻は母音の差である、哈皆佳韻は上古音で「ə・e」音と深い関係にあり、泰夬韻は「a・ɑ」音と関係が密接である、また、韻図で哈皆韻が同じ図に、佳韻は別の図に配置されていることを再構の根拠として提示している。また、厳学宭は董同龢と同じく現代方言音によって「哈韻[ɑi]　灰韻[uɑi]」に推定した。

　日本の学者の場合、藤堂明保は、①呉音でオ段に訳されている、②万葉仮名で/オ乙/に表れている、③特に/エ乙/に表れている例もあることを根拠に「哈韻/əj/[əi]　灰韻/wəj/[uəi]」と推定し、河野六郎はカールグレンの再構音をそのまま受け入れ、『孔雀明王呪経』によって「-âi(哈)　-uâi(哈)」に再構した。

　以上のような諸学者の説について、いろいろな面から批判することができるが、ここではカールグレンの長短音説だけについて簡単に批判を加えることにしよう。

　カールグレンは１・２等重韻を韓国漢字音で核母音が/아/と/ᄋᆞ/になっていることを音の長さと解釈して、/아/は長音に、/ᄋᆞ/は短音に再構したが、これは正しくないと考えられる。なぜならば、/아/と/ᄋᆞ/は古代韓国語では(もちろん、中世韓国語でも)、後舌低母音(low)と後舌中母音(mid)の差によって弁別されるだけであるためである。もしカールグレンの説が正しくなるためには、韓国資料で音の長短による弁別性の証明できる資料がなけれ

ばならないが、『フンミンゾンウムヘレ(訓民正音解例)』と『フンミンゾンウムオンヘ(訓民正音諺解)』によれば、

・. 如吞字中声

・一ㅗㅜㅛㅠ 附書初声之下.

・舌縮而声深 天開於子也. 形之円 象乎天也.

ㅗ与・同而口蹙

ㅏ与・同而口張

・之貫於八声者 猶陽之統陰而周流万物也.

猶・一丨三字為八声之首 而・又為三字之冠也.

・天五生土之位也.

如吞字中声是・ ・居ㅌㄴ之間而為튼.

ㅗ与ㅏ同出於・ 故合而為ㅘ.

中声則円者横者在初声之下 ・一ㅗㅛㅜㅠ是也.

如吞字・在ㅌ下

・一起丨声 於国語無用. 児童之言 邊野之語 或有之

当合二字而用 如긱긴之類. 其先縦後横 与他不同.

中声 ・ 如・톡為頤 ・팟為小豆 ᄃ리為橋 ᄆ래為楸.

・・ᄂ 吞튼ㄷ字・쭝 가・온・딧소・리 ・ᄆ・틔니・라.(訓民正音諺解)

のような記録があるが、この記録には/ᄋ/が短い音である内容は全然ないし、/ᄋ/以外のどんな音についても短い音と長い音という説明はない。ただ、二重母音の場合、/丨/が「ㅛ与ㅗ同而起於丨. ㅑ与ㅏ同而起於丨. ㅠ与ㅜ同而起於丨. ㅕ与ㅓ同而起於丨.」のような記録によって、短い音としても使われていると推定されるだけである。そこで、私はカーグレンの長短音説を否定しているのである。

それでは、私は哈灰韻についてどう考えているのか。私はそれぞれの再構音を'哈韻[ʌi]　灰韻[uʌi]」と推定している。このことについては当該部分をそのまま引用することによって、説明に代えることにする。

　　哈韻を[ʌi]に再構した根拠は、韓国漢字音で/ᄋ丨/に反映されていることによる。また、万葉仮名で主に/エ乙/と/オ乙/になっていることから、'中舌的なある要素」が働いていると考えられるからである。ところで、中舌的なある要素とは何だろうか。私は蟹摂韻の再構に「音色」という概念を中舌的なある要素として導入する。後舌半低母音[ʌ]の音色は、中舌半低母音[ɜ]や、[a]と[ɜ](アメリカ英語の[ʌ]に似ている)との間の音である[ɐ](イギリス英語の[ʌ]に似ている)に似ている。ただ中舌と後舌と言う差があるだけで、音色と言う観点からはとても類似しているのである。したがって、中舌的なある要素とは音色を意味するのである。万葉仮名で哈韻が主に中舌母音に反映されている理由は[ʌ]なので、/ア/と区別されるし、また、/オ甲/とも区別されるし、そして、音色としては[ɜ][ɐ]と類似しているので、たとえ[ʌ]が後舌であっても、音色と言う観点から中舌に、つまり、/エ乙/・/オ乙/に反映されることができたと私は考えている。8)

4 上代日本語/エ乙/の音価

　それでは、上代日本語/エ乙/の音価について推定してみよう。

　まず、私の再構音「哈韻[ʌi]・灰韻[uʌi]」によれば、一つ、非円唇中舌母音であった可能性が考えられる。特に[ʌ]は後ろ舌の音であるにもかか

---

8) キム・デソン(2000),『中古漢字音の再構成　－韓日資料による韻母音を中心に－ 』
　福岡大学 pp.111-112

わらず、その例が一番多い理由は、韻尾音[i]によって[ʌ]が中舌に移動することによって、その実際の音が中舌母音になるので、/エ乙/を表すことが出来たと考えられる。二つ、二重母音であった可能性も考えられる。

　ところで、[ʌ]や[ɐ]を持つ韻の中ではどういう介音や韻尾音を持っているのだろうか、或いは[ʌ]や[ɐ]が核母音だけで使われた韻はあるのかを調べてみると、[ʌ]には「咍韻」と「灰韻」しかないのである。つまり、この両韻は/エ乙/の代表韻である。次に、[ɐ]には次のような例がある。

皆2[uɐi] 皆韻2「<u>階戒</u>kë、俳拝fë」4例

元3[ïɐn]例なし　　　　元3[nɑu]例なし

庚2[ɐŋ]例なし　　　　庚2[uɐŋ]例なし

庚3[ïɐŋ]例なし　　　　庚3[ïuɐŋ]例なし

厳３[ïɐm]例なし　　　　凡３[ïuɐm]例なし

しかし、皆韻以外はその万葉仮名の例は一例もないのである。そこで、以上をまとめてみると、/エ乙/に使われた韻には必ず韻尾音[i]を持っているのが分かる。ということによって、私は/エ乙/を二重母音だろうと思っているのであるが、その根拠について<u>述</u>べることにしよう。

　根拠その１は、「元/庚/厳」韻に/エ乙/の例がないことである。[ʌi][ɐi]のように韻尾音[i]だけを持っている韻を使っているのをみれば、/エ乙/は二重母音であったのは確かである。もし単母音であったら、少なくとも韻尾音[i]以外に[-m/n/ŋ/p/t/k]等の韻尾音を持つ韻の例が１例以上はあるはずである。韻尾音[i]の外に[-m/n/ŋ/p/t/k]等の韻尾音を持つ韻の例の中、『日本書紀』歌謡のα群だけの例を少しずつ挙げれば、例えば、

[a]多多企阿蔵播梨たたきあざはり・作基泥曾母野さきでそもや・以矩美娜開余嚢開いくみだけよだけ・乃楽能婆娑摩儷ならのはさまに・莽紀佐倶まきさく

[i]枳謂屢箇皚必謎きゐるかげひめ

[u]農播梅磨能ぬばたまの・阿波夢登茹於謀賦あはむとぞおもふ

[o]阿須用利簸あすよりは・阿庸比梅豆矩梨あよひたづくり　（倭我於朋枳美能わがおほきみの・能朋梨陁致のぼりたち・阿餓倭柯枳古弘あがわかきこを）

[ö]野麼等能やまとの・之之符須登ししふすと・賊拠嗚枳舸斯題そこをきかして

のようである。ただし、[e]甲類はβ群の例しかないが、

志邏伽之餓延塢しらかしが江を・伽綿蘆淤朋瀰枳かめるおほきみ

などがある。しかし、/エ乙/には[-m/n/ŋ/p/t/k]等の韻尾音を持つ韻の例がない。

　根拠その2は、根拠1とも関係があるが、万葉仮名における韻尾音[i]以外の二合仮名の例をみれば、例えば、

[a]香山之かぐやまの・覚賀鳥かくがのとり・素戔嗚尊すさのをのみこと・相狭丸あふさわに

[i]色妙乃きたへの・今悔拭いまぞくやしき・鍾礼乃雨丹しぐれのあめに

[u]欝瞻乃うつせみの・筑紫乃綿者つくしのわたは

[e]玉藻苅兼たまもかりけむ・著点等鴨きせてむとかも・佐伯山さへきやま・欝瞻乃うつせみの

[o](忍坂部乙麻呂おさかべの<u>おとまろ</u>・越乞爾を<u>こ</u>ちに)

[ö]興台産霊此云<u>許語</u>等武須毗<u>こご</u>とむすひ・烏徳自物を<u>とこ</u>じもの・他
田日奉直得大理をさだのひまつりのあたひ<u>とこ</u>たり・越乞爾を<u>こ</u>ちに

などがあるが、/エ乙/には「二合仮名」の例が一例もないことである。これは
韻尾音が二重母音の後ろの音の役割をするので、[-m/n/ŋ/p/t/k]などの
韻尾音が使われることが出来なかったことを物語っている。逆に言えば、二
重母音であったので、ある意味では、すでに二合仮名的な働きをしていたの
である。二合仮名とは中国語の一文字に日本語の二文字(二音節)を当て
ることであるが、/エ乙/の場合、中国語一文字に母音はすでに二文字を表
している二合仮名的な要素を担っているのである。そこで、多分/イ乙/も二
合仮名の例がないので、二重母音であった可能性が高いと考えられる。

　根拠その3は、『日本書紀』歌謡の中、α群において/オ乙/と/エ乙/とは
混用される韻がないことである。というのは、単母音と二重母音との差による
ことを示唆しているのである。/エ乙/も同じ単母音であったら、多分単母音
の/オ乙/と混用される韻の例があったはずであるが、その例が一例もないこ
とは、/エ乙/が二重母音であったためであろう。

　そして、間接的な根拠として、「ヤ・ワ行」が挙げられる。もちろん、「ヤ・
ワ行」の場合、半子音と見るべきか、半母音と見るべきかの問題はある
が、いちおう、半母音とみた場合、母音連続は避けたが、二重母音は避
けなかったことがいえる。もし二重母音も母音連続のように取り扱ったなら
ば、たぶん[ia・ua]からなっている「ヤ・ワ行」は存在しなかったはずであ
る。つまり、それぞれ/イア/と/ウア/になるので、[ia]は/エ甲/に、[ua]はその
中の一つの母音が脱落したはずである。しかし、二重母音は母音連続とは

別のものとして認識していたので、二重母音であった/エ乙/は存在することが出来たのである。

　次に、もし大野晋のように/エ乙/が[ɜ]であったら、 /エ乙/には[ɜ]([ə]系列9))の例があるはずである。 大野晋は/オ乙/を[ɵ]と見ているが、その説によれば、/オ乙/と/エ乙/は円唇と非円唇によって弁別されるので、/エ乙/には私の再構音の[ɜ]や[ə]系列の例があるはずである。ところで、/エ乙/には

　　　　　　　　3〈止摂〉
開口　支3[ïɛi] 1　支4[iɛi] 1　脂4[iei] 1　微3[ïi] 3
　　　　　　　　4〈遇摂〉
開口　魚3[iɔ] 2
　　　　　　　　5〈蟹摂〉
開口　咍1[ʌi] 10　泰1[ɑi] 1　斉4[ei] 4　皆2[ɐi] 4　祭4[iɛi] 1
合口　灰1[uʌi] 10　祭4[iuɛi] 1

のように、/エ乙/に使われているすべての万葉仮名の中、その核母音が[e/e、ɛ/ɛ]や、[i]、[ɔ]、[ʌ/ɑ/ɐ]である韻には万葉仮名の例があるが、[ɜ][ə]系列には万葉仮名の例が一例もない。私の再構音によれば、[ɜ][ə]系列には「之3[iəi]之4[iəi]；痕1[nən]魂1[nuən]；欣3[ïən]文3[ïuən]；侯1[əʊ]；尤3[iɜʊ]尤4[iɜʊ]；幽4[iəʊ](?)；侵 3 [ïəm]侵 4 [iəm]；登 1 [əŋ]登 1 [uəŋ]；蒸 3 [ïəŋ]蒸 3 [ïuəŋ]蒸 4 [iəŋ]」の韻があるが、[ɜ][ə]系列の音を持っている韻には基本的にその韻尾音が[i]ではない(韻尾音[i]を持つ之韻3・4等は/イ乙/に用いられている)。つまり、単母音としては使われるが、二重母

---

9) ここで系列とは音色が似ているが、開口度に差があることをいう。例えば、[e/ɛ/æ]、[ə/ə/ɜ]などをいう。

音としては使われない条件にあるのであるので、/エ乙/は単母音ではなく、二重母音であったのが類推出来るのである。

　さて、韻尾音[i]を選んだ理由は何だろうか。これについては二つのことが考えられるが。一番目に仮に/エ乙/を[ɐe]だったとすれば、[ɐe]を表すことの出来る中国の音には韻尾音[i]を持つ韻以外に他に方法がなかったからであり、/エ乙/は単母音ではなく、二重母音であることを表すために、やむを得ず[i]韻尾音を持つ韻しか使うことが出来なかったと考えられる。二番目に、反切による説明も可能である。反切によれば、[ɐe]を表すためには、①<u>C</u>V+②C<u>V</u>の①のCと②のVとの結合法にならって、①CV([ə]系列)+②V([e]系列)にしなければならない。つまり、[ɐe]を表すために中国語音での反切のように二文字をもって表記するしかないが、反切法による万葉仮名の例は上代文献において一般的でないのは周知のことである(「紀伊国」の「紀伊」など)。二文字で一音節を表すためには①CV+②CVからなっていることから、反切法によれば①C+②Vになるが、[ɐe]を表すためには①CV([ə]系列)+②V([e]系列)にしなければならない、とんでもないことになってしまうし、しかも②の場合、無声母(zero-initial、零声母)でなければならない厳しい制約もあるので、もともと不可能だったのである。したがって、やむを得ず[ɐi]系列の音、即ち中国語音からは韻尾音が[i]である韻を選ぶしかなかったのである。

　ただし、中古音の韻尾音[i]は、有坂秀世の説明のような[e]に近い[ɪ]や、[e]のような音ではないと思う。その理由は韓国漢字音ではいつも韻尾音[i]を/이/で表しているためである。中古音では[i]に近い[ɪ]ではあっても、決して[e]に近い[ɪ]ではないと考えられる(私は、本論では[ɪ]を[e]に近い、即

ち、広東語の[ɪ]とか英語の「sick」等にみられる母音として使っている)。

　それでは、/エ乙/の音価はどういう音であったのかを考えてみよう。

　まず、/エ乙/は確かに[e]系列ではない。[e]系列であったら、/エ甲/に使われた韻の例が/エ乙/にも使われたはずであるが、その例がほとんどないので(特に『日本書紀』歌謡のα群では1例もない)、明らかに[e]系列ではない。そして、/オ乙/系列でもない。其の例がほとんどないからである(魚韻3等「居挙kë」2例だけ。『日本書紀』歌謡のα群では1例もない)。したがって、/エ乙/は中古音の[ɜ-ɐ-ʌ]系列の音が用いられてはいるが、[ə-ɵ]系列の音は使われていないことから、[ɜe]とか[ɜi]であった可能性が高いと考えられる。そして、[ɐ]([ɜ]と[ɑ/a]とを兼ね持つ音色、an [ɐ] partaking of [ɑ] and [a])系列の音は、その例が[ʌi]より少ないことから、/エ乙/は[ɑ/a]より[ɜ]に一番近いようである(ただし、例えば[ɜ]を持っている韻には流摂尤韻開口3等[iɜʊ]と尤韻開口4等[iɜʊ]があるが、「謀mo富fo」以外はすべて/ウ/になっている。これは韻尾音が強い合口性を持っている[ʊ]があるので、/エ乙/には用いられなかったことが分かる)。

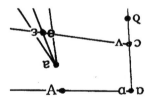

以上を考え併せれば、/エ乙/の音価は、二重母音なので、[ɜe]や[ɜɪ]又は[ɜi]の中の一つに求めることが出来ると考えられる。

　もし[ɜi]であったら、主母音が[ɜ]なので、/エ甲/と/エ乙/との混用が不可能であり、後世に/エ甲/への合流も出来なかったと考えられる。そこで、[ɜi]は排除される。それで、残っているのは[ɜe]と[ɜɪ]になるのであるが、私は/エ乙/の音価を[ɜɪ]と考えている。この[ɜɪ]([ɜɪ] 〉[ɪ] 〉[e]に合流：[ɜ]が弱まっていくにつれ、[ɪ]が[e]になっていく原因にもなるだろう)

によれば、 主母音[ɪ]によって[з]が後に脱落できるし、 脱落した後、 [ɪ]は[e]と
とても似ているので、 /エ乙/が/エ甲/に合流できたと考えられる。 そして、 [з
ɪ]によれば、 合流する前に/エ甲/と/エ乙/とが混用している例も説明できると
考えられる。

　結論的にいえば、 私は/エ乙/を[зɪ]と考えているが、 ただし[зɪ]を[зɪ]と[зe]
両方に解釈してもいいという立場をとっている。 しかし、 決して[з]が主母音で
ある[зɪ]や[зe]ではないし、 また決して従母音は[з]ではあっても[ɐ]ではないこと
を指摘しておく。

▋5　おわりに

　本論では上代日本語の「エ乙類」の音価推定を試みた。

　/エ乙/に用いられている万葉仮名の中、 『日本書紀』歌謡の分析によっ
て/エ乙/の音価を推定できる韻には哈・灰両韻であることから、 既に再構
を試みたこの両韻の中古音をもってまず/エ乙/は二重母音であったことを次の
ような根拠によって証明した。

1) /エ乙/には韻尾音[i]以外に[-m/n/ŋ/p/t/k]等の韻尾音を持つ韻の例が
1例もない。
2) 1)とも関係があるが、 /エ乙/には「二合仮名」の例が一例もない。
3) 『日本書紀』歌謡の中、 α群において/オ乙/と/エ乙/とは混用される韻が
ないのは単母音と二重母音との差による。

　そして、 『日本書紀』歌謡のα群には混用する例が皆無であることによっ

て、/エ乙/は[e]系列でも/オ乙/系列でもないこと、/エ乙/は中古音の[ʌ-ɐ-ɛ]系列の音が用いられてはいるが、[ə-ɵ]系列の音は使われていないこと、[ɐ]系列の音は、その例が[ʌi]より少ないことから、/エ乙/は[ɑ/a]より[ɛ]に一番近かったことによって/エ乙/は[ɛ]とは関係があるが、決して[ə]とは関係がないことを述べ、/エ乙/の音価は[ɝɪ]であった結論に至ったのである。ただし、私は[ɝɪ]には[ɝe]も許容できる態度をとっているのである。

/ 제5장 /
상대 일본어 오(才)을류의
소릿값 연구

1 들어가는 말

상대 일본어(여기서는 나라(奈良)시대를 의미한다)의 오(才)을류의
소릿값(음가, sound value)은 어떠했을까? 이에 대해서는 아리사카 히
데요(有坂秀世), 오오노 스스무(大野晋), 모리야마 타카시(森山隆), 마
츠모토 카츠미(松本克己), 핫토리 시로우(服部四郎), 모리 히로미치
(森博達) 등의 설이 있는데, 이들 설을 간단히 살펴보면,

- 아리사카 히데요(有坂秀世) : [ö][1]
- 오오노 스스무(大野晋) : [ə](독일어의 [ö]나 프랑스어의 [ø] 〈bleu〉
  에 가까운 소리)[2]
- 마츠모토 카츠미(松本克己) : 갑을의 구분 없음. 단지 변이음(바뀜
  소리, allophones)으로 보고 있음. [ɔ](원순성이 별로 없는 현대 토우
  쿄우 방언 등의 /才/로 [ɔ]에 가까운 소리)[3]
- 핫토리 시로우(服部四郎) : [ö=ə](단 [o]의 중설모음이 아니라, [ə] 위

---

1) 有坂秀世(1955), 『上代音韻攷』三省堂 東京 p.390
2) 大野晋(1974,1995), 『日本語をさかのぼる』岩波書店 東京 p.106
　　大野晋(1953,1972), 『上代仮名遣の研究』岩波書店 東京 p.190
3) 松本克己(1976), 「日本語の母音組織」『言語』4月号

치의 원순 중설모음임)[4]

• 모리 히로미치(森博達) : [ə][5]

와 같다. 오(オ)을류 음가에 대한 이들 학자들의 설에는 문제점이 있는
데, 이에 대해서는 본론에서 다루기로 하고 먼저 오(オ)을류에 쓰인 만
요우가나자들을 모두 제시해 보면, 다음과 같다.

魚3, 4등 : 居虛渠許巨去擧莒據kö ; 語御馭gö ; 諸所sö ; 茹鋤敍序茹
茹zö ; 杼dö ; 余与予預譽jö ; 呂侶慮廬rö ; (於淤飫o) 33예

登1등 : 曾僧層增贈則賊sö ; 賊zö ; 登騰縢藤等tö・德töko得tö,tök
o ; 騰縢藤特dö ; 能nö ; 稜rö ; (朋fo) 22예

哈1등 : 苔台tö ; 酒耐dö ; 酒乃nö ; (倍fo) 7예

魂1등 : 存zö鐏zö 2예

欣3등 : 近köno乞köti(隱o破ono) 2예

侵3등 : 金kömu今kömu(品fo,fomu邑ofi,ofo) 2예

蒸3등 : 興kö,kögo ; 凝gö 2예

厚1등 : 母mo/mö(코지키(古事記)에만 나타남) 1예

이 논문에서는 상대 일본어 오(オ)을류의 소릿값을 추정해 보기로
하겠다.

이 소릿값 추정을 위해 사용하고 있는 자료로는 『훈몽자회』(1527
년), 『천자문』(1575년), 『신증유합』(1576년) 등의 전승 한국 한자음과
상대 일본어의 만요우가나자, 그리고 베트남 한자음[6]과 티베트 한자

---

4) 服部四郎(1976), 「上代日本語の母音体系と母音調和」『言語』 5 月号
5) 森博達(1991), 『古代の音韻と日本書紀の成立』 大修館書店 東京 pp.84-85
6) 三根谷徹(1992), 『中古漢音と越南漢字音』 汲古書院 東京 pp.393-495에 의함.

음7) 등이다.

1.1. 소수의 예를 지닌 之, 侵, 魂, 欣운 등의 분석

오(オ)을류로 쓰이고 있는 만요우가나(万葉仮名)자들의 꾸앙원(『廣韻』)에서의 각 운(rime)을 살펴보면, 止섭(rime group) 之운(之운에는 평성에 之, 상성에 止, 거성에 志가 있다. 앞으로는 관례에 따라 평성운을 대표자로 설명하기로 한다)의 만요우가나자로는 '意オ, 3등 ; 己忌コ, 3등 ; 其期碁ゴ, 3등 ; 思ソ, 4등 ; 止ト, 3등 ; 已キ, 4등 ; 里口, 3등'이 있다. 일반적으로 之운은 '事si ; 士仕耳珥餌zi, 笞恥ti ; 治di, 而耳珥ni, 釐理里ri(3등) : 怡以異已i, 之思司茲詩時詞辭子始志寺試嗣偲伺si ; 慈時寺zi(4등)'과 같이 이(イ)갑류로 쓰이며, 3등 아음의 경우 '基紀己記kï ; 疑擬gï'와 같이 이(イ)을류로 쓰이고 있지만, 오(オ)을류로 쓰인 예는

大和国天皇、斯帰斯麻宮治天下名阿米久尓意斯波羅岐比**里**尓波弥**己**等世奉仕巷宜名伊那米大臣時、百済国正明王上啓云。(元興寺露盤銘 596推古4)
故天皇之女佐久羅韋等由良宮治天下名等**己**弥居加斯支夜比弥乃弥己等世、(元興寺露盤銘 596推古4)
己乃美阿**止**乎 麻婆利麻都祁婆 阿**止**奴志乃 多麻乃与曾保比 於母保由留可母 美留**期止**毛阿留可(仏足石歌碑)

와 같이 금석문 등의 옛표기에 쓰이고 있는 것으로 보아 상대 일본어의

---

7) 羅常培(1933), 『唐五代西北方音』國立中央研究院歷史語言研究所 上海

오(オ)을류 모음을 나타내고 있는 것으로 보기 어렵다. 이 자들에 대해 여러 학자들의 설이 있지만, 나는 나의 설을 아직 가지고 있지 않다. 앞으로의 과제로 남겨 두고 있는데, 그 이유는 우선 상대 일본어 모음 체계의 추정과 상대 일본어가 속한 중고음과의 관계 그리고, 이들의 한국 자료와의 관계를 우선 명확히 밝힌 후에 거꾸로 거슬러 올라가는 과정에서 상고음의 재구와 상고음과 중고음 사이의 음의 재구를 끝낸 후에야 가능하기 때문이다. 따라서 그 결과를 가지고 중고음 이전음의 반영으로 추정되는 만요우가나 한 자 한 자에 대한 검토를 해 나갈 예정이다. 그러므로 여기서는 여러 학자들의 설을 소개할 필요가 없으므로 양해를 바라며 그들의 설을 참고해주기 바란다.

다음으로 深섭 侵운 3등에 속하는 '金今'이 'コム'의 표기로 쓰이고 있다. 물론 여기에는 '品ホ・ホム ; 邑オヒ・オホ'가 포함되어 있으며, 4등으로는 '甚ジミ ; 揖イヒ・イフ'의 예가 있기는 하지만, 그 수가 적은 것은 아마도 운미음(韻尾音, ending) [m]이 있기 때문에 널리 쓰이지 않은 것으로 보인다. 만일 운미음이 없었더라면, 3등의 경우 오(オ)을류로 쓰인 예가 많았을 가능성이 있다.

侵운 3, 4등에 대한 여러 학자들의 중고음은

버나드 칼그렌(Bernhard Karlgren) : 3등 iəm iəp

루 즈웨이(陸志韋) : 3등 ɪĕm ɪĕp 4등 iĕm iĕp

왕 리(王力) : 3, 4등 im ip

똥 통후아(董同龢) : 3등 jem(또는 jĕm?) jep(또는 jĕp?)

옌 쉬에췬(严学窘) : 3등 1류 jəm jəp 2류 jem jep

토우도우 아키야스(藤堂明保) : 3등 ɪəm ɪəp 4등 iəm iəp

코우노 로쿠로우(河野六郎) : 3등 ï̆im 4등 ïim

와 같다. 여기에는 3등만이 있는 것으로 보는 학자가 있고, 옌쉬에췬과 같이 3등 안에 두 가지가 있다고 보는 설도 있지만, 侵운은 3, 4등 복운 (複韻, doublet) 즉 3, 4등 중뉴운(重紐韻)이다. 이 중에는 핵모음(核母音, 元音, vowel)을 [e][ê]로 보고 있는 것이 있는데, 이것은 한국 한자음의 경우 3등은 /음/(今금給급/衾금泣읍/琴금 吟음/陰음邑읍/歆흠吸흡/譖춤戴즙/蔘슴/品품)으로 4등은 /임/(砧팀/蟄팁/賃님/林림立립/寢침 緝즙/蕈심集집/心심/習습/戡(침)짐/瀋심/甚심/甚심十십/任임稔님)으로 주로 반영된 것을 보면, 앞홀소리(전설모음)로 보기는 어렵다([e][ê]였다면, /염/으로 반영되었을 것이다). 이것은 또한 만요우가나자가 3등은 /オ乙/, 4등은 /イ甲/으로 반영된 것을 보더라도 올바른 재구음으로 보기 어렵다는 것을 알 수 있다. 또한, 간접적인 예로 베트남 한자음의 반영례를 보면 3, 4등 구분 없이 주로 'âm[əm]'으로 나타나고 있는 것을 보더라도 전설보다는 중설의 어떤 음을 가지고 있었을 것으로 추정된다. 물론 티베트 한자음의 경우 3, 4등 구분 없이 'im[im]'으로 반영되지만, 이것은 티베트어의 모음체계에는 [i, e, ɛ, ɑ, o, u, œ, y](짧은 [ɑ]의 경우 [ɐ]로 나타나기도 하지만)와 같이 중설모음이 없기 때문에 나타난 현상으로 보이기 때문에, 'im[im]'에 의해 [e]나 [ê]로 추정될 수는 없는 것이다.

侵 3, 4등에 대한 나의 재구음은 3등 [ïəm]과 4등 [iəm]이다. 나의 재구음의 특징은 핵모음이 [ə]가 아니라 약한 [ə]라는 점이다. 이 [ə]는 현대 중국어의 경우, 예를 들면 '遁dùn[tuən⁴], 轮lún[luən²], 春chūn[tʂʻuən¹], 困kùn[kʻuən⁴]과 같은 자에 보이는 소리로서, 이 소리는 또한 베트남어에서도 흔히 볼 수 있는 소리이다. 예를 들면, 'tiếng Việt(베트남어)'의 'iế, iê'는 [iə] 정도의 소리를 가지고 있다. 내가 侵운을 이와 같이 재구한

근거는 한국 한자음과 만요우가나 반영례에 의한 것인데, 만일 핵모음
이 [ㅕ]가 아니라, [ㅓ]이었다고 가정하면, 侵운 4등의 한국 한자음 반영례
는 강한 개음 [i]와 핵모음 [ㅓ]에 의해 /임/이 아니라 /염/으로 반영되었
을 것이며, 만요우가나 '甚揖'는 /イ甲/이 아니라 /オ乙/로도 반영되었
거나, 아니면 적합한 소리가 아닌 것으로 보아 그 반영례가 하나도 없
었을 것이기 때문이다. 물론 3등의 경우는 만요우가나자가 [ïɐ]에 의해
/オ乙/로 반영될 가능성은 충분히 지니고 있지만, 한국 한자음의 경우
는 /음/이 아니라 /엄/으로 반영될 것이기 때문에 이에 대한 설명은
불가능해진다.

또한 오(オ)을류로 쓰인 소수의 예로는 臻섭 魂운 합구 1등자인 '存
鐏ゾ'와 순3등 개구 欣운에 속하는 '近コノ ; 迄コチ'가 있다. 이 이외
에 魂운에는 '門悶モ ; 本ホ ; 突ツ'가 각각 있으나, '門悶'는 합구음이
며, 동시에 순음(bilabial)이므로 순음은 /ウ/로 반영되어야 하는 경우
에도 흔하게 /オ甲/으로 반영되는 다른 운의 예자와 한국 한자음에서
의 반영례와 궤를 같이 한다는 점에서, /モ甲/으로 반영된 이유는 명확
한 것이며, '突'는 합구개음을 반영한 것이고, '本'은 '隱磤'과 함께 차후
의 논문에서 다루기로 하고 여기서는 생략한다. 한편, 이 두 운에 만요
우가나자가 소수인 것은 역시 운미음 [n]이 있다는 점이 하나의 이유일
것이며, 또한 보다 더 큰 이유는 핵모음에 있다고 할 것이다. 나의 재구
음에 의하면, 魂운 1등 [uən], 欣운 3등 [ïən]으로, 상대 일본어 오(オ)을
류를 나타내는 음으로서는 侵운 3등과 마찬가지로 그 예가 소수인 것은
그 무언가가 부족했거나 적합하지 않은 요소가 있었음을 알 수 있다.

오(オ)을류로 쓰인 운 중에서 오(オ)을류 이외의 음으로도 다양하게

쓰인 운이 있는데, 그것은 바로 咍운 개구 1등음이다. 오(オ)을류의 예로는 '笞台ㅏ ; 酒耐ㅏ゙ ; 乃酒ノ'가 있으며, /エ乙/로 '該開愷凱慨ケ ; 皚㝵ゲ ; 倍へ·ベ', /エ/로 '哀埃愛エ ; 代耐デ'가 있으며, '倍ホ'의 예도 보인다. 또한, 중고음 이전의 예로 보이는 '乃ナ(大伴連, 将数千兵, 傲之於路, 戮鮪臣於乃楽山. 一本云, 鮪宿影媛舍, 即夜被戮. 권16, 武烈紀)'가 있다. 이와 같은 반영례를 보면, 咍운이 주로 /エ乙/과 /オ乙/로 반영된 것을 알 수 있는데, 이 점은 또한 중고 핵모음에 어떤 중설적인 요소를 지닌 음이었다는 것을 가정할 수 있다는 것을 암시해준다고 할 수 있다.

咍운에 대한 나의 재구음은 [ʌi]이다. 이렇게 재구한 근거는 주로 한국 한자음과 만요우가나에 의한 것인데, 한국 한자음에서 咍운은 주로 /이/(該희開기哀이海희咳히載딕態티代딕笞딕𩇕딕宰ᄌᆡ菜치才ᄌᆡ塞식/慨개耐乃내)로 반영되어 있다. 그런데, 앞에서 살펴 본 만요우가나에서는 /エ乙/과 /オ乙/로 주로 반영되어 있어 어떤 중설적인 요소가 있었다는 것을 생각할 수 있는데, 그 요소는 음색이라는 개념에 의해 설명될 수 있다고 나는 생각한다. [ʌ]음은 음색이라는 관점에서 보면, 중설 반저모음 [ɜ]나 [ɐ](중설 저모음을 말한다. 나는 저모음을 전설[A] 중설[ɐ] 후설[ɑ]로 각각 표기하고 있다)와 [ɜ]사이의 음인 [ɐ]와 상당히 유사하다. [ʌ]와 [ɜ][ɐ]는 후설과 중설이라는 관점에서 보면, 전혀 다른 음으로 볼 수 있지만, 음색이라는 관점에서는 서로 통할 수 있는 음이며, 이들 음을 변별적 요소로서 지니지 못 하고 있는 언어에서는 같은 음으로 처리될 수밖에 없는 것인데, 바로 이와 같은 음색에 의해 만요우가나에서는 즉, 상대 일본어의 모음체계 내에서는 /ア/(나는 [ɑ]로 본다)와 구별되며, 또한 원순음 /オ甲/과도 구별되는 소리이므로, 결국 /オ乙/이

나 /エ乙/로 반영될 수밖에 없었다고 생각한다. 더군다나, 한국 한자음
에서는 소수의 /애/로 반영된 것을 제외하면, 주로 /어/로 반영된 것을
보아도 후설 저모음과 후설 중모음 사이의 음이었음을 쉽게 추정할 수
있는 것이다. 간접적인 예인 베트남 한자음의 경우 125자 중에서 120자
(96%)가 'ai[ɑi]'로 반영되어 있는 것을 보아도 후설일 가능성이 크며,
또한 티베트 한자음의 경우는 'ai[ɑi]'와 'e[e], ei[ei]'로 반영된 것을 보면,
당시에 중설모음이 있었다고 가정하면, 중설모음이 없어짐으로 해서
후설과 전설로 각각 분화해 나갔을 가능성을 엿보이게 한다.

마지막으로 소수의 예가 보이는 운에는 코지키(『古事記』)에만 보이
는 流섭 侯운 1등 개구음자인 '母'가 있다.

1.2. 魚운과 登운

1.2.1. 魚운[8]

遇섭에 속하는 魚운 3등과 4등에 대한 나의 재구음은 다음과 같다.

魚 3 [iɔ]   魚 4 [iɔ]

이와 같이 재구한 근거는 한국 한자음과 만요우가나에 의한다. 한국
한자음의 魚운 3등은 다음과 같이

---

8) キムデソン(金大星 2000),『中古漢字音の再構成 －韓日資料による韻母音を中心に
－ 』福岡大学博士学位論文 pp.70-87 참고
金大星(2000),「日韓資料による中国の中古漢字音の再構成 － 魚韻の再構音につ
いて －」東アジア日本語教育・日本文化研究学会 第2輯 참고

[見k]擧、車、居、踞、鋸거、筥게 [溪kʻ]去、祛거 [羣g]據、巨、距、炬、渠、藥、
苣거 [疑ŋ]語、圉、魚、漁、御、馭어
[影·]於、飫어[曉h]虛、許어
[初tʂ]礎초 [牀dʐ]鋤서 [疏ʂ]所、梳、疏、蔬소

치에윈(『切韻』)음과 당말(唐末) 사이의 음의 반영으로 보이는 치상음
(supradental sibilants)의 '礎초/所梳疏蔬소'와 '筥게(운미음 /이/를 빼
면 핵모음은 /어/로 같다)' 1예를 제외하고 모두 /어/로 반영되어 있다.
魚운 4등의 경우는 운미음 /이/가 첨가된 /예/의 예가 있는데, 핵모음
이 같은 /여/이므로, /여/ 이외의 반영으로 보이는 예는 '煮蠢쟈'와 같이
소수에 불과하다. 그 예를 보이면 다음과 같다.

[喩j(于ɥ)]蜍、餘、與、鸒、輿、予、蕷여、譽、預、豫예
[徹tʻ]挮、樗、楮뎌 [澄d]苧、儲、杼、筯뎌/芧셔 [娘ŋ]女녀 [來l]呂、侶、閭、
盧、鑢、旅、膂려
[精ts]蛆、沮져 [淸tsʻ]疽져 [心s]絮셔 [邪z]序、嶼셔 [照tʃ]渚져/煮、蠢쟈諸
졔 [穿tʃʻ]處쳐/杵져 [神dʑ]抒셔 [審ʃ]書、鼠、黍、恕暑、셔 [禪ʒ]曙、署、薯、
墅셔 [日ʃ]茹、洳、汝셔

따라서 한국 한자음에서는 3등은 /어/, 4등은 /여/로 반영되는 것이 원
칙임을 알 수 있다. 한편, 만요우가나자의 경우는

...多至波奈等已比乃弥己等、妹名等已弥居加斯支移比弥乃弥己
等...(天寿国曼荼羅繡帳銘 推古30년, 622년?)
...妹公主名止与弥挙奇斯岐移比弥天皇、在桜井等由羅宮紹盛涜邊天
皇之志...(元興寺丈六釈迦仏光背銘 推古17년, 609년)

와 같이 중고음 이전의 예로 추정된 것을 제외하면, 다음과 같이

居コ 虛コ 渠コ 諸ソ 茹ゾ 鋤ゾ 余ヨ 許コ 巨コ 去コ 擧コ 莒コ 語ゴ 所ソ 紵ゾ
序ゾ 茹ゾ 杼ヨ 廬ロ 呂ロ 侶ロ 慮ロ 據コ 御ゴ 馭ゴ 茹ゾ 予ヨ 預ヨ 譽ヨ
(於オ 淤オ 飫オ)

모두 /オ乙/로 반영되었음을 알 수 있다. 즉, 한국 한자음과 만요우가
나의 예를 보면, 적어도 /オ乙/은 후설이나 전설 모음이 아니었다고
일단 가정할 수 있다. 이 점은 또한 간접적인 자료인 베트남 한자음과
티베트 한자음에 의해서도 엿볼 수 있다. 베트남 한자음의 경우는 3등
과 4등이 구별없이 약 90%에 해당하는, 즉 총 246자 중에서 222자가
'滁chu' 閭lu' 且tu' 胥tu' 諸chu' 書thu' 如nhu' 余du' 居cu' 車xu' 魚ngu'
於u'와 같이 'u[ɯ]'로 반영되었으며, 같은 중설모음인 'o[ə]'가 약 7%인
18자(初so'를 차지하고 있다. 그 밖의 소수의 예로는 'u[ʊ]'(絮nhú, 予予
dụ)가 3자, 그리고 'ô[o]'(廬lô), 'a[ɑ]'(呂là)가 각각 1자씩, 마지막으로 중
설 이중모음인 'u'a[ɯə]'(許hu'á) 1자가 있다. 이 반영례들을 보면, 魚운
에는 개음(medial)이 반영되어 있지 않은 것처럼 보이지만, 사실은 개
음이 있음으로 해서 후설모음이 중설화된 것을 알 수 있다. 한편, 티베
트 한자음의 경우는

魚開三 : [ĭo]

〈平〉諸cu 渠gu 於˙u 〈上〉擧ku'u 〈去〉廬lu 御'gu 予yu (千字文)
〈平〉楚c'i 疎çi 車ki 居ki 〈上〉黍çi 鉅gi 〈去〉庶çi 譽yi (千字文)
〈平〉諸cu, 'cu 初c'u 如źu 虛hu 於˙u, ˙i 〈上〉所çu 汝źu 擧gu 語'gu
(大乘中宗見解)

〈平〉如źu 虛hu 〈上〉 与yi 所çu 汝źu 〈去〉 據gi (大乘中宗見解)

〈平〉諸ci 於˙u, ˙i (阿弥陀経)

〈平〉如źi、źu 諸ci 於˙i 〈上〉 所çi, çe, çu 汝źi, źu 女'ji 与yi, yu 〈去〉
　　　處c'i 去k'e (阿弥陀経)

〈平〉諸ci 於˙i (金剛経)

〈平〉如źe 虛he'i 諸ci 於˙i 〈上〉 所çi, çe'i, çu, çu'i, ça 汝źe 女'ji 与yi
　　　〈去〉 去k'i (金剛経)

와 같이 주로 'u[u]'와 'i[i]'로 반영되어 있는데, 이것 또한 3, 4등의 구별
이 없는 것이 특징인데, 魚운의 이러한 반영은 模虞운이 '謨ma[ma]'자
를 제외한 모든 예가 후설모음으로만 반영되어 있는 것과 차이를 보임
으로 해서 역시 중설적인 어떤 음이었음을 짐작하게 해준다. 또한 金剛
経의 경우는 千字文, 大乘中宗見解, 阿弥陀経과 달리 'u[u], i[i]' 이외에
'e[e], a[a]'도 보이기도 한다. 이 점에 대해서는 보다 더 면밀한 연구를
해보아야 할 것으로 생각한다.

　따라서, 나의 재구음 [iɔ], [iɔ]에 의하면, 한국 한자음에서 3등이 /어/
로 반영된 것은 개음 [i]에 의해 [ɔ]음이 실제로는 [ə](국제음성기호로는
[ʌ])로 이동함으로 해서 후설모음의 비원순 /ᄋ/나 원순 /오/로 반영되
지 못 하고, 중설의 /어/로 반영된 것을 설명할 수 있으며, 4등의 경우
는 [iɔ]가 실제로는 [ə]가 되어 강한 개음 [i]가 반영되어 /여/로 나타난
것을 증명할 수 있다. 이 재구음은 또한, 만요우가나가 중설모음인 /オ
乙/만으로 반영된 것을 설명할 수 있는 것이다.

　기존 학자들의 주요한 재구음을 보면, 크게 두 가지로 나눌 수 있는
데, 그 하나가 칼그렌과 중국학자들이고, 또 하나는 일본학자들의 재구
음이다.

1) 버나드 칼그렌(Bernhard Karlgren) : i̯woᵘ[yo] ; 루 즈웨이(陸志韋)
   : [io] 왕 리(王力) : [i̯o] 똥 퉁후아(董同龢) : [jo] 옌 쉬에췬(严学窘)
   : [jo]
2) 토우도우 아키야스(藤堂明保) : [ɪɔ] [iɔ] ; 코우노 로쿠로우(河野六
   郎) : [ï̯ɔ] [i̯ɔ]

앞의 경우는 핵모음을 [o]로 재구하고 있고 뒤의 경우는 나와 같은 [ɔ]로
재구하고 있다. 만일 [i̯o]이었다고 한다면, 한국 한자음에서는 3등은 [i̯
ɵ]가 되어 /오/로 반영되었을 것이고, 4등은 [ie]가 되어 /요/로 반영되
었을 것이며, 만요우가나에서는 /オ甲/은 [o]와 [ɵ] 모두를 나타내고 있
으므로 /オ甲/으로 반영되었을 것이기 때문에 한일 두 자료의 반영례
에 대하여 설명할 수 없으므로 타당한 재구음이라고 할 수 없다. 뒤의
경우, 토우도우 아키야스는 /オ甲/을 [o]로 /オ乙/을 [ɔ]로 보고 있는데,
만일 /オ乙/을 [ɔ]라고 보면, 魚운은 /オ乙/만이 아니라 /ア/로도 반영
된 예가 있어야 하나(3장의 근거 네 번째 참고), 중고음 이전의 예는
/エ乙/의 예만 즉, 중설모음의 예만 있을 뿐 /ア/로 반영된 예가 하나도
없으므로 /オ乙/을 [ɔ]로 볼 수 없는 맹점이 있다. 또한, [iɔ]를 실제음이
[iə]라고 보면, /オ乙/의 음가 추정도 [ɔ]로 보지 않았을 것이다. 그리고
코우노 로쿠로우의 경우는 [ï̯ɔ](=[ɯ̈ɔ]⁹⁾), [i̯ɔ]로 재구한 근거를 한국 한
자음의 /어/를 [ɔ]로 본 것에 의한 것인데, /어/는 결코 후설모음이 아니
었기 때문에 문제가 있다. 물론, 코우노 로쿠로우도 이 점을 인정하여
뒤에 /어/를 [ə]로 보아, 魚운을 [ïö, ïö](=[i̯ə, i̯ə])로 수정하였는데, 이
음에 의하면 한국 한자음은 /오/와 /요/로 반영되었을 것이기 때문에 오

---

9) [ï=ʮ̈=ɯ̈]

히려 [ï], [iɔ]로 본 것 보다 못 한 재구음이 되어 버렸다. 한 마디로 말하면, 일본학자들의 재구음은 나와 같으나, 나는 실제음을 중시하여 재구음을 설명하고 있다는 점에서 차이가 있다는 점을 분명히 밝혀 둔다.

1.2.2. 登운

그러면, 마지막으로 登운을 보기로 하자.

登운은 31자('オ'로 반영된 자 제외)가 반영된 魚운 다음으로 많은 21자('朋ホ'를 제외하면)를 차지하고 있다.

登 1 等 : 曾僧層贈增則賊ソ ; 賊ゾ ; 登等騰縢藤卜得卜・卜コ德卜
コ ; 騰縢藤特ド ; 能ノ ; 稜ロ

登운에 대한 나의 재구음은 [əŋ]인데, 그 근거는 만요우가나와 한국 한자음에 의한다. 만요우가나의 경우 21자 모두가 /オ乙/로 쓰이고 있고, 한국 한자음의 경우 주로 /응/으로 즉, 핵모음이 /으/로 나타나고 있으므로 저모음인 [ɐ]나 중모음인 [ə]가 아니라, 반고모음에 해당하는 [ɘ]이어야만이 /으/로 쓰인 것을 설명할 수 있다. 따라서 주로 [əŋ]으로 재구하고 있는 기존 학자들의 재구음으로는 한국 한자음에서는 /응/으로 나타나고 있는 것을 설명할 수 없다. 그들의 재구음에 의하면, 주로 /엉/으로 나타나야 하나, 실제로 /엉/으로 나타난 예는 입성운의 '德덕/賊적' 두 자에 불과하다.

이밖에 같은 曾섭에 속한 蒸3등 개구음에 '興コ・コゴ ; 凝ゴ ; 応憶オ'와 '色シキ・シコ ; 直チ・チキ'가 있는데, 나의 재구음 [iəŋ]에 의하면, 실제음이 [iəŋ]에 가까워져, 1등의 登 보다 그 예가 현저히 적은 이유는 운미음 [ŋ]이 있는 점에 더해서 개음 [i]마저 있으므로 해서 개음이 없는 [əŋ] 보다는 /オ乙/을 나타내기 어려웠음을 짐작할 수 있다. 여기서 蒸3등 개구음에 /オ乙/과 /イ/ 1류로 반영되어 있는 점에 대하여 간단히 언급하면, /オ乙/로 반영된 예는 입성운이 아니며 /イ/ 1류로 반영된 예는 입성운이라는 차이에 의한 것으로 생각된다. 양성 운미음 [ŋ]는 핵모음이 분명히 들리지만, 입성 운미음 [k]의 경우는 [k]에 의해 핵모음이 어느 정도 흡수되어 잘 들리지 않게 되기 때문에 개음만이 반영되어 /イ/ 1류가 된 것으로 추정된다. 이밖에 登1등 합구음의 예로 '弘 ヲ'가 있다.

	[zö]					[tö]						[dö]					[nö]	
	敍	序	茹	鋤	鐟	等	登	騰	藤	鄧	苔	騰	滕	苔	耐	迺	能	迺
총	1	1	2	1	1	72	15	30	1	4	34	4	2	1	6	6	263	12
β군	1	1	0	1	1	58	2	0	0	4	34	0	0	1	6	6	139	12
α군	0	0	2	0	0	14	13	30	1	0	0	4	2	0	0	0	124	0

	[jö]					[rö]			
	余	与	予	預	譽	呂	慮	廬	稜
총	9	8	29	3	5	22	8	1	1
β군	4	0	29	0	5	22	1	0	0
α군	5	8	0	3	0	0	7	1	1

2 니혼쇼키(『日本書紀』) 가요 속의 오(オ)을류 쓰임새 분석
- 어(魚)운과 등(登)운 어느 운이 대표운인가? -

　지금까지 여러 학자들이 상대 일본어 /オ乙/의 소릿값을 추정해 왔는데, 모리 히로미치(森博達) 이전까지는 상대문헌 속에서 중고음 이전의 소리를 반영하고 있는 만요우가나자를 제외한 모든 자들을 중심으로 소릿값 추정에 임해 왔기 때문에 보다 더 정확한 당시의 소릿값에 접근하는 데 많은 어려움과 또한 잘못된 분석이 있을 수밖에 없었다. 그러나 모리 히로미치의 등장으로 진일보한 분석이 이루어졌다는 것은 커다란 진전이라고 평가할 수 있다. 모리 히로미치의 알파군 원음의거설(α群原音依拠説)은 내가 보기에는 상대 일본어의 모음체계에 가장 접근하고 있다고 생각한다. 다만, 한 가지 아쉬운 점은 중고음을 모리 히로미치 자신이 직접 재구하지 않고 히라야마 히사오(平山久男)의 재구음에 약간의 수정을 가한 것을 사용하고 있다는 것이다. 이 장에서는 당시 일본의 현실음을 가장 잘 반영하고 있는 니혼쇼키(『日本書紀』) 가요에 쓰인 만요우가나자를 분석해 보기로 하겠다.

〈표1〉

	[kö]								[gö]				[sö]					
	許	居	去	虛	擧	莒	據	渠	渠	語	御	馭	所	諸	曾	贈	層	賊
총	16	7	3	34	14	3	6	4	1	3	3	1	1	2	29	3	4	1
β군	16	5	3	34	0	0	3	0	0	3	0	1	0	2	18	2	4	0
α군	0	2	0	0	14	3	3	4	1	0	3	0	1	0	11	1	0	1

〈표2〉

	kö	gö	sö	zö	tö	dö	nö	jö	rö	계
α	5	2	4	1	4	2	1	3	3	25
β	5	2	4	4	4	3	2	3	2	29

　니혼쇼키 가요에 쓰인 만요우가나자를 모리 히로미치의 α군(권 14-21, 24-27, 30)과 β군(권 1-13, 22-23, 28-29)의 분류에 의해 검토해 보면 〈표1〉과 같음을 알 수 있다(진한 표시의 4자는 魚운과 登운이 아니다). 이들 만요우가나자의 자종(字種)의 쓰임(〈표2〉)을 보면, α군이 조금 적음을 알 수 있다. 자종(字種)의 수가 α군에서 적어진 이유는 역시 근사치에서 조금 벗어나더라도 이미 굳어진 표기체계를 그대로 사용하고 있는 β군에 비하여, 일본어 /オ乙/에 가장 가깝고 허용 가능한 범위 내의 당시 중국어음만을 선택함으로 해서 나타난 결과라는 것은 두말할 나위가 없다. 자종은 또한 바로 β군이 5개의 운자를 쓰고 있는데 반해 α군은 세 개의 운자 정확히 말하면, 두 개의 운자(魚・登운)만을 사용하고 있음을 보여 주어 니혼쇼키 이외의 상대문헌에 보이는 다양한 운자의 사용(魚・登운 이외에 咍・魂・欣・侵・蒸・厚운)과 극명한 대비를 보여주고 있다.

　그런데, 〈표1〉을 잘 보면, 이미 오오노 스스무(大野晋)[10]에 의해 밝혀진 것처럼, 魚운과 登운은 절대적이지는 않지만 상보적 분포의 관계에 있음을 알 수 있다. 즉, 魚운은 α군과 β군 모두 'ト・ド・ノ'의 표기에는 쓰이지 못 하고 있다. 그 이유는 魚운 3등 설음은 설상음이므로, 부득이 설두음 즉, 자음을 잘 나타내기 위해 설두음인 登운자를 쓸 수밖에 없었다는 것이다. 나는 이 설에 대해 어느 정도 동의하지만, 오오

---

10) 大野晋(1953,1972), 『上代仮名遣の研究』 岩波書店 東京 pp.199-200

노 스스무가 말하는 설상음의 음가에는 동의하지 않는다. 설상음을 학자에 따라서는 설면전음(dorso-prepalatals, [ȶ, ȶʻ, ȡ, ȵ])으로 보는 설(칼그렌, 루 즈웨이, 똥 통후아, 왕 리 등)과 권설음(혀말이 소리, retroflex, supradental stops, [t, tʻ, d, n])으로 보는 설(리 황꾸웨이(李方桂), 저우 화까오(周法高), 토우도우 아키야스 등)이 있는데, 나는 뒤의 설에 무게를 두고 있다. 그 근거는 설상음은 2등과 3등에만 나타나는데, 설면전음설의 3등의 경우는 이미 개음[i]에 의하여 설상음은 설면전음화가 일어나므로 실제로는 개음[i]의 존재는 잉여자질(redundant feature)에 불과한데, 이 소리들 즉, 예를 들면 [ȶa, ȶʻa, ȡa, ȵa] 등은 일본인의 귀로는 타·다·나행(タ·ダ·ナ, ta, da, na column)의 [t, d, n]과 구별이 거의 되지 않는 소리이기 때문이다. 다시 말하면, 이 소리는 굳이 魚운에 있는 자를 쓰지 못 할 이유가 없는 것이다. 그러나 혀말이 소리(권설음) 즉, 예를 들면 [ta, tʻa, da, na] 등은 그 소리가 설면전음이나 설두음의 소리와는 전혀 달리 들리므로 일본어의 [t, d, n]을 나타내는 데는 무리가 따르게 된다. 현대 티베트어나 힌두어에서는 [t, tʻ, d, n]과 [t, tʻ, d, n]가 잘 구별되어 쓰이는 것을 보아도 알 수 있으며, 현대 일본어의 나(ナ)와 냐(ニャ)의 자음은 음성학적으로는 서로 다른 소리(변이음)이나 비변별적이라는 사실을 보아도 쉽게 알 수 있다.

다시 본론으로 돌아가서, 그렇다면 상대자료의 만요우가나자 중에서 魚운과 登운 중에서 어느 운이 /オ乙/의 음과 가까웠거나 /オ乙/음과 같았을까에 대하여 검토해 보기로 하자. 魚운과 登운을 7음(七音)의 순서에 의해 그 분포를 보이면 〈표3〉과 같다.

魚운(후음 탁음[ɦ] 3·4등은 본래 없음)에는 순음자가 없는데 반해,

쯶운(아음 전탁음[g] 1·2등, 치음 탁음 1·2등, 후음 차청 1·2등, 반치음[r] 1·2·4등은 본래 없음)의 경우에는 차탁음([ŋ])에 해당하는 자가 없으며, 후음 전청([·])과 청음([h])은 입성운에만 해당자가 있을 뿐 평성, 상성, 거성은 공란으로 비어 있다. 이상과 같은 분포에 의해 魚운과 쯶운을 검토해 보면, 설음의 경우 魚운 설상음은 앞에서 말한 것처럼 권설음(혀말이 소리)이기 때문에 부득이 쯶운만이 쓰일 수 있으므로 어느 쪽이 대표운인가 하는 문제에서는 아무런 도움을 주지 못 하므로 설음 이외 즉, 'ㅏ·ㅑ·ㅗ' 이외의 두 운의 반영례를 살펴보아야 한다. 따라서 '魚운 31자 : 쯶운 22자'의 분포가 '魚30 : 쯶10'으로 바뀐다. 그런데, 여기에는 또 제외해야 할 음이 있는데, 그것은 魚운에는 순음자가 없으므로 쯶운의 순음자를 제외해야 한다. 따라서 '魚30 : 쯶10'⇒'魚30 : 쯶9'가 된다. 또한, 쯶운은 1등자이므로 2, 3, 4등자가 없으므로 'ㅋ'와 같은 소리를 반영할 수 없다. 그러므로 魚운 3, 4등에 쓰인 자를 제외하면, '魚30 : 쯶9'⇒'魚25(73.5%) : 쯶9(26.5%)'가 된다. 즉, 치음의 경우 쯶운이 8자인데 반해, 魚운은 5자인데 이것은 쯶운의 성모가 일본어의 사·자(サ·ザ)행을 나타내는 데 더 적합했기 때문이다. 반치음과 후음은 魚운이 1자와 5자인데, 쯶운에는 예가 없다. 반설음([l])의 경우 魚운은 4자, 쯶운은 1자가 쓰이고 있고, 아음의 경우 魚운은 10자인데 반해, 쯶운은 예가 하나도 없는데, 비록 본래부터 해당자가 魚운에 비해 훨씬 적다는 점을 인정한다고 하더라도 전무한 사실을 보면, 魚운이 쯶운에 비해 /才乙/을 나타내는데 적합했다는 사실을 알 수가 있다. 즉, /才乙/의 대표운은 魚운이다.

 그러면, 니혼쇼키만의 분석은 어떠할까? 두 운 이외의 자인 '鐏菩耐酒'를 제외하면, 〈표4〉와 같이 β군의 경우 '魚운 16자 : 쯶운 7자', α군

〈표3〉

(× : 본래 없는 것, △ : 이 운에는 있으나, 만요우가나자로는 쓰이지 않은 것, ○ : 이 운에는 없는 것 ; 성모 재구음은 토우도우 아키야스에 의함 ; 순음과 후음에 나타나는 'ホ・オ'등의 만요우가나자도 포함시켰으며, 유성음과 무성음에 동시에 나타나는 자는 중복해서 계산했음)

	魚운					登운				
순음	p	p'	b	m		p	p'	b	m	
	○	○	○	○		△	△	(朋)	△	
설음	ţ	ţ'	ḍ	ṇ		t	t'	d	n	
	△	△	杼	△		登等德得	△	騰滕藤特/騰滕藤	能	
아음	k	k'	g	ŋ		k	k'	g	ŋ	
	居擧苣據	去	渠巨	語御馭		△	△	×	○	
치음	tʃ	tʃ'	dʑ	ʃ	ʒ	ts	ts'	dz	s	
	諸	△	△	△	△	曾增則	△	層贈賊/賊	僧	
	tʂ	tʂ'	dʐ	ʂ	z	z				
	△	△	鋤	所	敍序	×				
후음	·	h	ɦ	ɥ	j	·	h	ɦ	ɥ	j
	(於淤飫)	虛許	×	△	余与予預譽	△	△	△	×	×
반설	l					l				
	盧呂侶慮					稜				
반치	ř					ř				
	茹					×				

의 경우 '魚14 : 登10'의 분포를 보이나, 이미 앞에서 지적한 바와 같이 [tö, dö, jö]에 쓰인 자를 제외하면, β군의 경우 '魚13 : 登2', α군의 경우 '魚11 : 登4'의 분포를 보이고 있으므로 니혼쇼키에서도 대표운은 魚운 이었음을 알 수 있다.

〈표4〉

	[β군]	[α군]			[β군]	[α군]
	魚운 : 登운	魚운 : 登운			魚운 : 登운	魚운 : 登운
[kö]	許居去虛據 : ×	居擧莒據渠 : ×	[dö]	× : ×	× : 滕騰
[gö]	語馭 : ×	御渠 : ×	[nö]	× : 能	× : 能
[sö]	諸 : 曾贈層	所 : 曾贈賊	[jö]	余予譽 : ×	余与預 : ×
[zö]	敍序鋤 : ×	茹 : ×	[rö]	呂慮 : ×	慮盧 : 稜
[tö]	× : 等登鄧	× : 等登騰藤				

▌3 오(オ)을류의 소릿값은 [ə]이다.

이상과 같이 /オ乙/에 쓰인 운을 살펴 본 결과, 魚운([iɔ])이 가장 /オ
乙/을 나타내는 데 적합한, 즉, /オ乙/과 음이 같거나 유사했음을 알
수 있다. [iɔ]는 실제음은 개음 [i]에 의하여 핵모음이 중설로 이동하므
로 [iə]가 되는데, 이 때의 [ə]가 바로 /オ乙/을 나타내는 가장 적합한
소리였다고 나는 생각한다.

그 근거는 다음과 같다.

1) 만요우가나 오(オ)을류자에 魚운이 대표로 쓰이고 있다는 사실은
오(オ)을류의 소리가 魚운에 가장 가까운 소리였음을 알 수 있다.
나는 魚운을 [iɔ]로 재구하고 있는데, 오(オ)을류자는 魚운 [iɔ]의
[ɔ]가 아니라 실제음 [ə]의 반영이라는 점에 주목해야 한다.

2) 한국 한자음의 반영례를 들 수 있다. 한국 한자음의 魚운 [iɔ], [iɔ]
(즉, [iə], [iə])는 /어/, /여/로 반영되어 핵모음이 /어/로 나타나는
데, 이것은 고대 한국어 모음체계의 /어/와 일치한다. 칼그렌이나
중국학자처럼 핵모음이 [o]였다면, 아리사카 히데요, 오오노 스스

무, 핫토리 시로우 등의 중설모음 [ə]설이 유력할 수 있으나, [i o][io]이었다면 한국한자음에서 /오·요/로 반영되었을 것이지만 실제로는 /어·여/로 반영되었기 때문에 이들의 설은 배제된다.

3) /オ乙/이 [ə]이었다면, [ə]→[o]로 합류하기 위해서는 '①중설→후설화、②비원순→원순화'라는 두 가지 조건이 동시에 일어나야 한다. 그러나 [ə]는 후설화만 되면 마츠모토 카츠미가 말하는 것처럼 변이음(allophones)이 되어 갑류로의 합류가 자연스럽게 이루어질 수 있다.

4) 니혼쇼키(『日本書紀』)와 만요우슈우(『万葉集』)에는 다음과 같은 예를 볼 수 있는데,

*冬十月、至上総国、従海路渡淡水門。是時、聞**覚**賀鳥之声。欲見其鳥形、尋而出海中。仍得白蛤。(巻7,成務紀)

***高**山波 雲根火雄男志等 耳梨与 相諍競伎 神代従 如此爾有良之 古昔母 然爾有許曾 虚蟬毛 嬬乎 相挌良思吉(香具山は 畝傍を愛しと 耳成と 相争ひき 神代より かくにあるらし 古も しかにあれこそ うつせみも 妻を争ふらしき,『만요우슈우』권1 13번 가요)

*使三国公麻呂・**猪名公高見**・三輪君甕穂・紀臣乎麻呂岐太、四人、代執雉興、而進殿前。(권 25 孝徳紀)

*十二月戊午朔辛酉、選諸有功勲者、増加冠位。仍賜小山位以上、各有差。壬申、船一隻賜新羅客。癸未、金押実等罷帰。是月、大**紫葦那公高見**麁。(권 28 天武紀)

*小納言正五位下威奈卿墓誌銘　并序　卿諱大村桧前五百野宮御宇天皇之四世後岡本聖朝紫冠威奈**鏡**公之第三子也(威奈真人大村墓誌銘 707년)

만일 /オ乙/이 [ɔ]이었다고 가정하면, 니혼쇼키에서 江운([ɔŋ]으로 추정됨)에 속하는 '覺賀鳥'의 '覺'자는 [kɔk]으로 추정되며, 만요우슈우의 '高山'의 '高'는 상고음으로서 [kɔg][11]으로 추정되므로(니혼쇼키에서 같은 사람 이름인지에 대하여 의문이 남아 있기는 하지만, '高見(カガミ 혹은 タカミ)'의 예도 추가할 수 있을 것이다), /ア/가 아니라 /オ乙/로 쓰였을 것이나, 실제로는 /ア/로 쓰인 것을 보아도 /オ乙/은 후설 저원순 모음 [ɔ]가 아니었음이 분명하다. 따라서 토우도우 아키야스와 마츠모토 카츠미의 설은 배제된다.

5) 윈징(『韻鏡』)의 운도 배열을 보면, 魚운은 내전 제11 개(內轉第十一開)에, 模운은 내전 제12 개합(內轉第十二開合)에 배치되어 있는데, 魚운과 模운의 변천(演變)은 다음과 같을 것으로 추정된다.

	齊梁陳	中古	唐末~5代	~現代	
模	ɔ>	o>	ʊ>	ʊ>	u>	u
魚	iɔ>	iɔ>	iɔ>	io>	iu>	y

만일 魚운이 [ə]이었다고 하면, 'iɔ(상고음)>iɔ(齊梁陳)>iə(중고음)>...iu>y(현대)'와 같은 변화로 추정할 수 있는데, 이와 같은 변화로는 중설 비원순 중모음인 [ə]가 후대에 전설 원순모음으로 바뀐 이유를 설명할 수 없다는 맹점이 있다. 원순 모음에서 비원순 모음으로 다시 원순 모음으로 변했다는 극히 예외적인 현상으로 설명할 수밖에 없다. 따라서 [ə]로 보고 있는 모리 히로미치의 설이 배제된다.

---

11) 高木市之助・五味智英・大野晋校注(1957~1962), 『万葉集一(日本古典文学大系)』岩波書店 東京 p.327

4 나오는 말

이 논문에서는 상대 일본어의 모음 오(ォ)을류에 대한 표기로 쓰이고 있는 만요우가나자를 대상으로, 그 예가 소수인 之, 侵, 魂, 欣, 哈운에 대하여 분석을 하였으며, 가장 많이 쓰이고 있는 魚운과 登운을 살펴 본 뒤, 이 두 운 중에서 어느 운이 /ォ乙/을 나타내는데 가장 적합했을까, 즉, 어느 운이 /ォ乙/과 같거나 혹은 가장 가까운 소리를 지닌 운이었을까를 /ォ乙/로 쓰인 만요우가나자 전체 분석과 니혼쇼키 가요만의 분석을 통하여 검토해 보았다. 그 결과 魚운(3등 [iɔ], 4등 [io])이 /ォ乙/의 대표운이었다는 사실에 도달하였다. 이에 상대 일본어 /ォ乙/의 소릿값은 다음 다섯 가지 근거를 토대로 [ə](I.P.A.에 의하면 [ɵ])이었을 것으로 추정하였다. 그 근거를 간단히 제시하면 다음과 같다.

1) 오(ォ)을류자에 魚운이 대표로 쓰이고 있다는 사실은 오(ォ)을류의 소리가 魚운에 가장 가까운 소리였음을 보여준다.

2) 한국 한자음의 魚운은 /어/, /여/로 반영되어 핵모음이 /어/로 나타나는데, 이것은 고대 한국어 모음체계의 /어/와 일치한다.

3) /ォ乙/이 [ə]이었다면, [ə]가 [o]로 합류하기 위해서는 중설의 후설화와 비원순의 원순화라는 두 가지 조건이 동시에 일어나야 하나, [ə]는 후설화만 이루어지면 갑류로 자연스럽게 합류가 이루어질 수 있다.

4) 니혼쇼키(『日本書紀』)와 만요우슈우(『万葉集』)에 보이는 '覺賀鳥'의 '覺'([kɔk])과 '高山'의 '高'([kɔg])은 각각 'カク'와 'カグ'의 표기로 즉, /ァ/로 나타나므로 /ォ乙/은 후설 저원순 모음

[ə]가 아니었다.

5) 魚운의 변천(演変)은 'iɔ>iɔ>iɔ<ɔi>io>iu>y'와 같았을 것으로 추정되는데, 만일 중고음의 魚운이 [ə]이었다고 하면, 중설 비원순 중모음인 [ə]가 후대에 전설 원순모음으로 바뀐 이유를 설명할 수 없으며, 원순 모음에서 비원순 모음으로 다시 비원순 모음에서 원순 모음으로 변하는 현상은 중국음운사에서 볼 수 없다.

제6장

중고 한음 아음 성모와 상대 일본어 'カ·ガ'행의 자음 음가에 대하여

▮1 들어가는 말

이 논문에서는 중고 한음(中古漢音, 중고 중국어음을 말한다)의 아음(牙音) 성모(聲母, 우리말의 첫소리 즉 초성에 해당한다)인 '見, 溪, 群, 疑'의 음가 추정과 상대 일본어1)의 'カ · ガ'행의 자음 음가에 대하여 추정해 보기로 하겠다.

이 논문과 관련해서 현대 한국어와 일본어, 중국어 세 개 국어의 상호 표기법을 비교해 보기로 하자. 여기서는 설명의 편의상 의미가 없는 말을 예로 들어 설명하기로 한다. 일본어의 'カカ : ガ'와 한국어의 '카까 : 가'에 대하여 일반적으로 중국인의 경우는 각각 'kāgā[kʰakˀa] : gā[kˀa], kāgā[kʰakˀa] : gā[kˀa]'로 표기하는데, 일본어에는 유성음과 무성음, 한국어에는 유·무기음과 성문폐쇄의 차이가 있지만, 중국어에서는 이와 같은 유무성의 구별은 의미가 없고 오로지 기(氣)의 유무에 의한 변별이 중요한 음성자질이 되는 것을 알 수 있다. 일본인의 경우는 중국어와 한국어의 'kāgā[kʰakˀa] : gā[kˀa], 카까 : 가'를 보통 'カガ

---

1) 여기서 말하는 상대 일본어란 나라시대(奈良, 710-794)를 말한다.

: ガ'와 'カカ : カ'로 표기한다. 따라서 일본어에서는 유기와 무기의 차이는 무시되고 있음을 알 수 있다. 오히려 일본어는 유성음과 무성음의 구별이 중요시되기 때문에, 예를 들어 중국어의 '爸爸bàba[pʼɑbɑ]'나 한국어의 '가개[kaga]'는 각각 'パバ'와 'カガ'로 유성음인 'バ'와 'ガ'를 분명하게 반영하고 있는 것을 볼 수 있다. 한편, 한국어의 경우는 중국어와 일본어의 'kāgā[kʰɑkʼɑ] : gā[kʼɑ], カカ : ガ'를 각각 '카까 : 까'와 '카(또는 '가')까 : 가'로 표기하는데 한국어에서는 유성음과 무성음의 차이는 무시되고, 유기와 성문폐쇄가 중요시되어 각각 거센 소리와 된소리로 반영되고 있음을 알 수 있다.

이와 같이 언어마다 음성자질의 차이가 있기 때문에 서로 다른 언어의 차용시에는 어떤 음성자질을 중요시하느냐가 중요한 관건이라고 할 수 있다. 이러한 관점에서 중고 한음과 상대 일본어, 그리고 고대 한국어의 설근음이 어떻게 서로 투영되고 있는가 하는 점을 토대로 중고 한음 아음 성모와 상대 일본어의 자음 체계 중 설근음의 음가를 검토해 보기로 하겠다.

2 아음 성모에 대한 여러 학자들의 재구음과 근거

상대일본어의 'カ行'과 'ガ行'의 자음의 음가를 측정하기 위해서는 먼저 중고 한음의 아음(牙音) 성모의 음가가 어떠했는지를 살펴보아야 한다. 물론 'カ·ガ行'에는 喉音의 曉母字와 匣母字가 쓰이고 있기 때문에 후음의 음가 추정도 먼저 살펴보아야 하지만, 여기서는 아음자만을 살펴보도록 하겠다.

칼그렌(Bernhard Karlgren)[2]은 아음 성모(initials)를 다음과 같이 재구하였다.

見: k　溪: k'　群: g'　疑: ng(=[ŋ])[3]

그는 見모와 溪모의 경우 뻬이징관화(Mandarin, 北京官話)의 반영례를 근거로 見모는 무성무기음(voiceless unaspirated initial, 不送氣淸音)의 [k]로, 溪모는 무성유기음(voiceless aspirated initial, 送氣淸音)으로 각각 추정하였다. 疑모의 경우도 마찬가지로 뻬이징관화에서 泥모가 [n]으로, 明모가 [m]으로 비음(nasal)으로 반영되었으며, 베트남한자음(Annamese)과 현대 방언음에서도 [ŋ]으로 나타난 것을 근거로 재구한 것이다.

한편, 群모의 경우는 에드킨스(Edkins)의 주장대로 유성파열음(voiced explosives)일 가능성을 일본 오음(ancient Go-on)과 吳방언음(Wu dialects)에 의해 추정할 수 있으나, 현대 뻬이징음(Pekinese)에서 群모가 평성(平聲, even tone)일 때는 무성유기음으로, 측성(仄聲, 즉 상성, 거성, 입성을 말함)일 때는 무성무기음(voiceless tenues)으로 나타난다는 사실은 어떤 유기음적인 성질이 포함된 것을 말해 주는 것으로 보아, 칼그렌은 群모를 유성유기음의 [g]로 추정하면서 다음과 같이 그 이유를 설명하고 있다.

---

2) Bernhard Karlgren(1954,1963). *Compendium of Phonetics in Ancient and Archaic Chinese*, Museum of Far Eastern Antiquities. pp.219-221.
3) 칼그렌의 ' ' 표시는 유기음을 나타내므로 ' '나 ʰ로 나타낼 수 있다. 이하 인용문의 ' '도 마찬가지이다.

Now, it is impossible to suppose an evolution (line 15 d:) Anc. *ban* ⟩ *pan* ⟩ *p'an*, because all the time there existed simultaneously words of type 13 p- (e. g. 般 Pek. pan), and the possibility is excluded that one *pan* (type 13) should have remained *pan* and another *pan* (type 15, derived from *b-*) developed further into *p'an*. On the other hand, a direct evolution *b-* ⟩ *p'-* is phonetically exceedingly improbable. We have therefore to reconstruct Anc. voiced aspirates: 3 *g'-* 7 *d'-* 15 *b'-* 19 *dz'-*

이 장에서는 여러 학자들의 아음 성모의 음가 재구에 대한 소개만 하기로 하고, 다음 장 이하에서 음가추정을 하면서 나의 견해를 밝히겠다.

똥 퉁후아(董同龢)[4]는 칼그렌과 마찬가지로 '見: k, 溪: k', 羣: g', 疑: ŋ)'과 같이 추정하였다. 그 근거는 현대 방언음(現代讀法)에 의한 것이다. 한편, 群母를 칼그렌과 같이 유기음으로 추정한 이유에 대하여

至於送氣與否, 因爲力言中頗不一致, 倒難作有力的推斷, 照理想, 詛送氣消失而變不送氣的音總比說本不送氣而後加送氣好一些, 所以我們擬訂並母的中古音是b'-。 p.142.

와 같이 말하고 있다. 즉, 유기(有氣)냐 무기(無氣)냐는 방언음에 따라 다르기 때문에 추정하기는 어렵지만, 유기가 소실되어 무기가 되었다고 보는 것이 본래 무기가 나중에 유기가 되었다고 보는 것보다 낫다고 보고 있다. 그러나 실제로 근거가 될 만한 언급은 없으며, 오히려 칼그렌의 설명보다 못한 것이 되어 버렸다.

---

4) 董同龢(1993). 『漢語音韻學』, 文史哲出版社. pp.150-152.

왕 리(王力)[5]는 아음자를 각각 'k, k', g, ŋ'로 보고 있는데, 이렇게 추정한 근거는 특별히 제시하고 있지 않다. 다만, 탁음(濁音: 유성음을 말한다) 성모자의 기(氣)의 유무에 대하여, 지앙 용(江永)·칼그렌의 유기설과 리 롱(李荣)·루 즈웨이(陸志韋)의 무기설 논쟁은 의미가 없다고 일축하였다. 그 근거로 현대 방언음에서 탁음 성모자는 성조에 따라 차이를 보이고 있는데, 특히 상하이어(上海语)에서 탁음 성모자는 유기음으로도 무기음으로도 발음하여도 아무런 상관이 없다는 점을 들면서

[b]和[bʰ]是互换音位, [d]和[dʰ]是互换音位, 等等。从音位观点看, 浊音送气不送气在汉语里是互换音位。所以我对浊母一概不加送气符号。([b]와 [bʰ]는 임의 변이음(互换音位)이며, [d]와 [dʰ] 등도 임의 변이음이다. 음위의 관점에서 보면, 중국어에서 탁음의 유기, 무기는 임의 변이음이다. 따라서 나는 탁음성모에 대하여 유기를 나타내는 음성부호를 일률적으로 붙이지 않는다. p.19)

와 같이 말하고 있다.

엔 쉬에친(严学宭)[6]은 현대 중국 방언음을 근거로 각각 'k, k', g'로, 그리고 疑母는 차탁음(次濁音: 콧소리 즉 비음을 말한다)으로 배치되어 있는 것을 근거로 [ŋ]로 재구하였다.

코우노 로쿠로우[7](河野六郎)[8]는 칼그렌의 설을 그대로 따르고 있다. 다만, 『孔雀明王呪經』의 반영례에 의하면, 群母의 기의 유무에 대

---

5) 王力(1985). [汉语语音史], 中国社会科学出版社. p.165.
6) 严学宭(1990). [广韵导读], 巴蜀书社. pp.60-61.
7) 일본어의 우리말 적기는 나의 '한별 일본어 우리말 적기'에 따른다.
8) 河野六郎(1979,1993). [河野六郎著作集 第 2 卷], 平凡社. pp.30-31.

해서는 확실하지 않지만, 'Gardabhaka'와 'Gogardana'를 각각 '竭苦葛反施婆哿', '瞿竭苦割反陀那'로 옮기고 있는 것을 근거로

> 元来当時群母に属する字で単なる-ar、若しくは-atなる韻を持つものがなかつた為に、此の音注を施したものであらうが、僧伽婆羅が苦をg-に宛てたのは、苦(k‘-)とg-とに接近性を認めた為に相異ない。即ち苦葛反又は苦割反はg‘arを表はすものであつたらうと思はれる。

와 같이 유성유기음으로 보고 있다.

토우도우 아키야스(藤堂明保)[9]는

> 見:k 溪:k‘ 群:g 疑:ŋ

로 추정하였다. 見모와 溪모는 뻬이징어(北京語)와 오(吳)방언에 속하는 수쩌우어(蘇州語)에서 각각 무성무기음과 무성유기음으로 나타나는 것을 근거로 하였으며, 群모는 한음과 오음에서는 각각 'カ行'과 'ガ行'으로 반영되었는데, 이 때의 오음의 반영례와 수쩌우어의 예를 근거로 [g]로 추정한 것이다. 疑모 [ŋ]은 수쩌우어를 근거로 하였다. 다만, 群모의 기의 유무에 대해서는 아무런 설명이 없다.

모리 히로미치(森博達)[10]는 히라야마 히사오(平山久雄)의 추정음 ([k, k‘, g, ŋ])을 그대로 따르고 있다. 그는 群모의 기의 유무에 대하여 산스크리트(Sanskrit, 梵語) 자모표(字母表)의 한자음 대역(對譯)을 근거로 설명하고 있다. 그의 설명에 의하면, 쉰엔짱(玄奘)·쉬엔잉(玄應)·이징(義淨)의 대역의 경우 유성무기음(ga[ga] 등)에는 통상적으로

---

9) 藤堂明保(1980). [中国語音韻論], 光生館. pp.186-188.
10) 森博達(1991). [古代の音韻と日本書紀の成立], 大修館書店. pp.102-109.

사용하는 음역(音譯) 한자를 사용한 반면에, 유성유기음(gha[gʰa] 등)
에는 양성운미음자(鍵, 啩, 噉, 但)나 입성운미음자(擇, 達, 薄)를 사용
하거나 편방(偏旁:啩, 裾 등)을 넣거나, 주기(注記: 馱〈徒柯反〉, 膳〈時
柯反〉등)를 하는 등 고심한 흔적이 보이는 것을 근거로 群母는 유성무
기음([g]등)에 가까웠다고 보고 있다. 즉, 만일 群母가 유성유기음이었
다면, 이렇게 고심한 흔적이 유성유기음이 아니라 유성무기음의 대역
음에 나타났을 것이라는 설명이다. 특히, 地婆詞羅의 음역의 경우, 유
성무기음은 'ga: 伽(上聲), ja: 社, ḍa: 茶(上聲), da: 陀(上聲), ba: 婆(上
聲)'으로, 유성유기음은 'gha: 伽, ḍha: 茶, dha: 陀, bha: 婆'으로 되어
있는 것에 대하여

> ところが、有声有気音系列の字母のみは一切この加注がなく、しかもすべ
> て平声字が当てられていた。つまり、この系列の字母は他の系列と異な
> り、長く発音することが期待されているのである。しかし、字母表では子音
> 字母の後続母音aの長さはどの字母の場合も一定のはずである。この措置
> は、おそらく、長く発音することによって気音が耳立つという効果を狙ったもの
> であろう。当時、全濁音の気音が微弱であったからこそ、このような措置が
> 必要とされたのであろう。

와 같이 설명하고 있다. 그는 결론적으로 산스크리트 자모 대역표에
의해 수나라 이전부터 9세기 초까지 표준적인 북방 중국어의 전탁음
(全濁音)은 일관해서 무기음에 가까웠다고 보고 있다.

　　그밖에 박 병채[11]는 'k, kʻ, g, ng[ŋ]'로 보고 있는데, 전탁음의 기의
유무에 대하여 칼그렌의 유기음설은 죠셉 에드킨스(Joseph Edkins)와

---

11) 박병채(1971,1986). [고대국어의 연구 -음운편-], 고려대학교출판부. p.27.

토우도우 아키야스에 의해 무기음설로 보면서, 청음(무성음)에는 유기
('k'등)와 무기('k'등)가 대립 관계에 있으나 탁음(유성음)에는 기음의
동반 여부는 어음의 변별에 크게 관계가 없다는 관점을 취하고 있다.
아리사카 히데요(有坂秀世)12)는 칼그렌설을 그대로 따르고 있으며, 루
즈웨이(陸志韋)13)는 '見:k(kʷ), 溪:k'(kʷ'), 群:g(gʷ), 疑:ŋ(ŋʷ)'로 재구하
였는데, 4등과 개음 [i] 앞에서는 [k] 등으로, 1등과 개음 [ɪ] 앞에서는
[kʷ] 등으로 추정한 것이다. 그리고 전탁음의 기의 유무에 대해서는 불
경(佛經) 번역에 사용된『치에윈(切韻)』의 탁음은 산스크리트의 유성
무기음에 쓰였으나, 산스크리트의 유성 유기음을 옮길 때는 상당히 곤
란함을 겪은 것을 근거로 무기음설을 주장하였다.

　이상과 같이 여러 학자들의 아음에 대한 음가 추정과 그 근거, 그리
고 특히 유성음의 기음 유무에 대한 설 등을 비교적 자세히 장황하게
언급하였는데, 그 이유는 중고음의 성모와 상대 일본어의 자음에 대한
음가 추정을 시도하는 일련의 논문 중에서 첫 번째이기 때문이다. 또
한, 기존 설의 음가 추정 근거와 유성음의 기음 유무에 대한 논란 등을
제시해 두어야만 나의 근거와의 비교를 비교적 명확하게 할 수 있으며,
또한 다음에 이어지는 논문들과의 연속성을 유지할 수 있을 것으로 생
각하기 때문이다. 그러면, 다음 장에서 [k]에 대해 살펴보기로 하자.

---

12) 有坂秀世(1955).『上代音韻攷』, 三省堂. pp.211, 223-227.
13) 陸志韋(1985).『陸志韋語言學著作集(一)』, 中華書局. pp.6-9.

3 [k]를 어떻게 볼 것인가?

앞장에서 見모의 중고 재구음을 보면, 모든 학자들이 한결같이 [k]로 추정하는 데 견해를 같이 하고 있는 것을 알 수가 있다. 그런데, 이 때 [k]의 음가는 과연 현대 중국어의 음가와 같았을까 하는 것이 문제가 된다. 무슨 말인가 하면, 현대 중국어의 [k]의 음가는 예를 들면,

嘎(gā) 歌(gē) 该(gāi) 给(gěi) 高(gāo) 垢(gòu) 干(gàn) 跟(gēn) 刚
(gāng) 更(gēng) 公(gōng) 古(gǔ) 瓜(guā) 国(guó) 怪(guài) 贵(guì)
关(guān) 棍(gùn) 光(guāng)

과 같은 예는 우리말로는 '까, 끄어, 까이, 께이, 까오, 꺼우, 깐, 껀, 깡, 껑, 꽁, 꾸, 꾸아, 꾸어, 꾸아이, 꾸웨이, 꾸안, 꾼, 꾸앙'14)으로 표기할 수가 있다. 즉, 한어병음방안(汉语拼音方案)의 'g[k]'는 우리말로는 된 소리인 [ㄲ]에 가깝다고 할 것이다. 우리말의 된소리를 발음할 때는 성 문 아래에서 공기를 압축했다가 조금만 방출하면서 내는데, 경우에 따 라서는 성문 폐쇄음(glottal stop)과 같이 내는 경우도 있어서 음성 기호 로는 [kʼ] 대신에 [kʔ]를 쓰기도 하는데, 어쨌든 적어도 중국어의 [k]는 우리말로는 [ㄱ]보다는 [ㄲ]으로 들리는 것은 분명한 사실이다. 그런데, 이와 같은 소리에는 또한 강한 성문폐쇄를 지니고 있는 꾸앙똥어(广东 语)를 들 수 있다. 꾸앙똥어의 '加ga¹[ka], 歌go¹[kɔ], 叫giu³[kiu], 嗰個

14) 교육부의 외래어 표기법의 제1장 표기의 기본 원칙의 제4항 파열음 표기에는 된 소리를 쓰지 않는 것을 원칙으로 한다는 조항에 따라, '중국어의 주음부호와 한글 표기법'에서는 'b, d, g [p, t, k]'는 모두 'ㅂ, ㄷ, ㄱ'로 표기하고 있다. 나는 교육부 의 표기법을 따르지 않는다.

go²go³[kɔkɔ]'등은 북경 표준어(普通话)는 성문폐쇄가 약하기 때문에 약음(弱音)이라고 한다면 강음(强音)에 해당하는 소리로 이 또한 우리말 표기로는 [ㄲ]을 사용하게 된다.15) 한편, 일반적으로 중고음을 재구하는데 쓰이는 외국 차용어로 베트남 한자음, 티베트 한자음, 그리고 힌두어(산스크리트어) 등을 들고 있는데, 이들 외국어의 예들을 살펴보면, 베트남어의 경우는

cao[kaɔ](높다) co'm[kəm](밥) còn[kɔn](한편)
kia[kiə](저, 저것) kẽ[kɛ:](틈) quà[kwɑ:](선물)

의 예처럼, 중국어를 기준으로 보면 약음에 해당하나, 우리말로는 [ㄲ]에 해당하며, 티베트어의 경우도

¯kayöö[kajœ:](그릇) ′ko[ko](문) ¯kaapo[kɑ:po](희다)
¯kutön[kutœ̃](용무) ′koomo[ko:mo](화폐단위) ¯kimän[kimɛ̃](아내)

과 같이 약음에 해당한다. 힌두어의 경우는,

kab[kəb](언제)   kya[kjɑ:](무엇)

처럼 강음에 가깝다고 할 수 있다. 이와 같이 한국어와 일본어의 차용 한자음을 제외한 외국어의 경우에는 비록 현대어이기는 하지만 모두 한 결같이 우리말의 [ㄱ]이나 일본어의 유성음 [g]나 무성음 [k]와 달리

---

15) 뻬이징 표준어도 음성표기로는 []보다는 [ʔ]에 가깝다고 할 수 있다.

성문폐쇄를 동반한 소리로 볼 수 있는데, 현대 중국어와 우연의 일치일지는 몰라도 적어도 음성표기를 할 때에는 같은 기호를 써도 각 나라의 화자(speaker)들은 거의 비슷한 소리로 발음을 할 것으로 생각한다. 이러한 현상은 또한 상하이어(上海語)에서도 볼 수 있다. 상하이어에서는 다음과 같은 예들은

格末gêkmek[kəʔməʔ](그러면)   过世gūsi[kusi](돌아가시다)

介gàl[kɑl](그렇게)   讲gān[kɑŋ](말하다)

高gào[kɔ](높다)   过奖gūjian[kuʨiɑŋ](그 정도는 아니다)

경우에 따라서는 강음(介, 讲, 高)으로도 약음(格, 过)으로도 들리지만, 최소한 평음(平音)이 아닌 것은 분명하다. 영어의 경우 주지하다시피 'p, t, k'를 지닌 단어가 통상적으로 유기음 즉, [pʰ, tʰ, kʰ] 또는 [p', t', k'](일반적으로 기음이 강한 것은 [ʰ]로 약한 것은 [']으로 표기한다)로 음성표기가 되는데, [s] 다음에 놓이게 될 경우에는 소리가 달라진다. 예를 들면, 'spy, sky, spill, still, skill' 등의 'p, t, k'는 [pʰ, tʰ, kʰ]와 [b, d, g] 사이의 음으로 나타나, 유성 파열음(voiced stops)처럼 완전히 기음이 없다(completely unaspirated). 마치 우리말의 된소리에 가까이 들리는 소리인 것이다.

　이상과 같은 소리들을 우리는 어떻게 보아야 하는가는 중고음을 재구하는데 커다란 의미를 지니고 있다. 이것은 또한 상대 일본어의 아음을 포함한 청음(무성음)계열의 자음의 음가를 추정하는데 경우에 따라서는 결정적인 열쇠를 지니고 있을지도 모르며, 아울러 우리말의 고대 자음체계와도 밀접한 관계를 지니고 있을 것으로도 추측된다. 예를 들

어, 중고음 성모음의 파열음 계열이 위와 같이 된소리를 지닌 음 즉, 파열과 동시에 성문 폐쇄가 강한 무성 무기음이었다고 한다면, 그리고, 상대 일본어의 'カ'가 현대 일본어와 같은 음이었다(예를 들어 'カ'인 경우는 현대 우리말을 기준으로 보면, 무성음이기는 하나 약한 유기음의 성격을 띠고 있기 때문에 우리말 [카]보다 조금 약하게 발음하는 소리, 다시 말해서 기를 많이 내 보내지 않고 발음하는 소리이다)고 한다면, 또한 'ガ'가 'ŋa'가 아니라 [ga]이었다고 한다면, 아마도 'ガ'를 나타내는 데는 중고음의 [k]를 압도적으로 많이 사용했을 것이다. 그러나 실제로는 그러한 현상이 없기 때문에 중고음 [k]가 [k']에 가까운 소리이어서 그러한 것인지, 아니면 상대 일본어의 [k]가 [kʰ]에 가까운 소리 혹은 [g]에 가까운 소리이어서 그런지 여러 가지 관점에서 검토를 해 보아야 할 것이다.

그런데, 見母에 대한 기존 학자들의 [k]설은 과연 현대 한국어의 [ㄱ]의 [k]와 같은 음가인가? 나는 한국 사람이고 지금 한국어로 논문을 쓰고 있기 때문에 [k]는 현대 한국어의 [ㄱ]으로 보고 나의 논리를 전개하고 있다는 사실을 먼저 밝혀 둔다. 그 이유는 칼그렌을 포함한 중국학자들은 중국어를 중심으로 논을 전개하고 있기 때문에 [k]라고 표기해도 실제로는 [k'] 내지 [kʰ]임을 전제로 표기하고 있다는 사실을 간과해서는 안 되기 때문이다. 이것은 또한 일본학자들의 [k]는 [k']임을 전제로 하고 있는 점도 유의해야 하는 것이다. 따라서 기존의 [k]설은 [k'] 또는 [kʰ]인데, 과연 중고음의 見母는 [k][k'][kʰ] 중 어느 음이었을까를 아음 전체와 상대 일본어 설근자음 추정과 함께 다음 장에서 검토해 보기로 하겠다.

▎4 중고음의 아음과 상대 일본어 설근자음의 음가 추정

상대 일본어의 'カ・ガ'행에 쓰인 만요우가나자를 검토해 보기로 하자.

먼저, 상대문헌 중에서 이미 잘 알려진 것처럼 아리사카 히데요의 倭音說을 심도 있게 검토하여 알파군과 베타군으로 나누어 倭音說은 베타군에 속하며 그 밖의 알파군은 중국의 唐代 북방음의 단일체계(α群歌謠原音依據說)로 표기자 내지 표기의 검토를 맡은 것은 중국(북방)인이라고 추정하고 있는 모리 히로미치(森博達)의 설의 근거가 되고 있는 『니혼쇼키(日本書紀, 720년)』 가요에 나타난 만요우가나자를 검토해 보자.

『니혼쇼키』 가요를 보면,

알파군과 베타군에 모두 쓰인 자
: 〈見〉箇ka枳ki紀kï俱ku鷄ke古故姑固ko居據kö〈溪〉企ki開kë〈群〉伽
　ka岐祇ki〈疑〉餓鵝我ga擬疑gï遇gu礙gë

알파군에 쓰인 자
: 〈見〉哿歌舸柯ka基己kï屨矩ku稽ke該kë學莒kö(枳gi)〈溪〉可ka棄ki啓
　ke愷凱kë〈群〉祁ki渠kö(gö)〈疑〉峨ga蟻gi虞娛gu㝵皚gë吾悟go御gö

베타군에 쓰인 자
: 〈見〉加介ka吉ki機幾kï久玖句勾約ku鷄家計ke戒階稽kë顧ko〈溪〉軻
　ka氣kï區ku氣慨kë去kö虛kö〈群〉耆ki暗gi具gu祁ke〈疑〉芸gi愚gu誤
　吳go語馭gö
（밑줄은 운모의 관점에서 볼 때 중고음 이전의 반영례를 나타낸다）

와 같이 분류할 수 있다. 이 자들을 자세히 살펴보면, '吉'자 이외에는 모두 운미음이 없거나 음성 운미음(陰聲韻尾音)에 속한 자들만이 쓰이고 있음을 볼 수 있다. '吉'의 예는 오우진천황(應神天皇)의 노래로,

> 阿波旎辞摩 異梛敷多那羅弭 阿豆枳辞摩 異梛敷多那羅弭 予呂辞枳
> 辞摩之摩 儾伽多佐例阿羅智之 **吉**備那流伊慕塢 阿比瀰莵流慕能(淡
> 路嶋 いや二並び 小豆嶋 いや二並び 寄ろしき嶋嶋 誰かた去れ放ちし 吉
> 備なる妹を 相見つるもの)

와 같은데, 여기서 쓰인 '吉'은 지명 '키비(吉備)'를 나타내는 데 쓰이고 있으므로 부득이 쓸 수밖에 없었던 이유가 있는 것이다. 더군다나 이 예는 베타군에 속하기 때문에 만일 알파군의 가요이었다면, 다른 자로 표기했을 가능성도 배제할 수 없다. 이와 같이 『니혼쇼키』가요에서는 지명으로 쓰인 1자이면서 단 한 번 쓰인 예를 제외하고는 모두 양성운미음(陽聲韻尾音, [-m, -n, -ŋ])이나 입성운미음(入聲韻尾音, [-p, -t, -k])을 지닌 운의 자는 일체 쓰고 있지 않기 때문에, 상당히 어떤 음운 체계를 의식하고 그 체계에 맞는 혹은 가장 가까운 자들만으로 일본어를 나타내는 표기자로 사용하고 있음을 추측할 수 있다. 즉, 다음과 같은 만요우가나자들은 상대의 다른 문헌에서는 자주 볼 수 있는데, 『만요우슈우(萬葉集)』의 예만을 살펴보면,

> 可久夜歎**敢**(かくや嘆かむ, 5/901) **各**鑿社吾(かくのみこそ我が, 13/3298)
> 干**各**(かにかくに, 7/1298) 香山之(香具山の, 3/259)

와 같이 양성운미음자와 입성운미음자가 쓰이고 있음을 볼 수 있어 『니

혼쇼키』가요와는 차이가 있음을 알 수 있다. 한편, 알파군 가요16)의 쓰임새를 보면, 'カ'행의 경우 見모가 23자, 溪모가 7자, 群모가 5자로 見모가 압도적으로 많이 쓰이고 있음을 알 수 있다. 疑모인 경우에는 단 한 자도 쓰이지 않았는데 이것은 『니혼쇼키』가요 이외의 상대문헌에 쓰인 만요우가나자 모두를 통틀어서도 한 자도 쓰인 예가 없다. 따라서 적어도 'カ'행의 음가에는 疑모자와는 공통적인 어떤 특질 즉, 음질이든 음색이든 공유하고 있는 부분이 전혀 없다는 것을 알 수 있다. 그러므로, 'カ'행에는 비음적인 요소는 없는 것이 분명하다.

그러면, 중고 아음의 음가를 검토해 보기로 하자. 먼저, 중고음의 見모의 음가를 살펴보면, 만일 見모의 음가를 강한 성문 폐쇄를 동반한 설근 파열음 [kʔ]라고 한다면, 『니혼쇼키』가요의 반영례를 어떻게 해석할 수 있을까? 알파군 가요에는 'カ'행을 표기하는데 見모(66%), 溪모(20%), 群모(14%)의 비율로 쓰이고 있음을 볼 수 있는데, 여기에서 'カ'행에는 見모만이 쓰인 것이 아니라, 상당한 비율로 溪모와 群모도 쓰이고 있다는 것은 'カ'가 이 세 성모에 음질 또는 음색상 어떤 공통적인 것을 지니고 있었다는 것을 암시한다고 할 수 있다.

우선 見모의 [kʔ]설에 대해 결론을 도출하기 전에, 溪모의 음가를 살펴보자. 溪모의 음가를 기존 학자들의 설에 따라 [kʰ] 즉, 강한 기음을 동반한 무성유기음으로 본다고 한다면, 알파군 가요에서 'カ'행으로 반영된 예가 20%나 존재한다는 것은 무엇을 말하는가? 'カ'가 [kʰ]의 자도 쓰고 見모([kʔ])도 쓰고 있다는 것은 'カ'의 음가가 [kʰ]와 見모([kʔ])에 공통되는 점을 지니고 있다는 것인데, 적어도 이 때 見모를 [kʔ]로 본다

---

16) 여기에서는 알파군과 베타군에 동시에 쓰인 자도 알파군 가요에 포함해서 계산한다. 알파군과 베타군에 공통적으로 쓰였다는 것은 그 자의 소리가 상대 일본어의 음운체계와 같았거나 가장 가까웠다는 것을 의미하기 때문이다.

면 두 성모 모두 강한 성문 폐쇄음과 강한 기음을 지니고 있는 이상 [kʰ]와 [kʔ]가 양립하여 'カ'를 나타낼 수는 없다고 생각된다. 왜냐하면, 이 두 성모 사이의 음질상의 차이는 너무나 크기 때문에 적어도 'カ'가 [g]가 아닌 이상([g]이었다면 群가 가장 많이 쓰였을 것이지만 세 성모 중에서 가장 적게 쓰였기 때문에 'カ'는 [g]로는 볼 수 없는 것이다), 둘 중에 한 성모와만 가까웠거나 같았을 것이고, 만일 그렇다면 둘 중의 한 성모의 반영례는 없거나 소수에 그쳤을 것이기 때문이다. 그러나 실제 반영 비율은 見모(66%)가 많기는 하지만 溪모도 20%나 차지하기 때문에 이 두 성모가 양립할 수 있는 특질을 'カ'가 지녔거나, 반대로 見모와 溪모가 지니고 있거나 아니면 'カ'와 두 성모가 공통적으로 지니고 있었을 것이다. 그렇다면, 그 특질을 어떻게 보아야 할까? 나는 見모를 약한 성문 폐쇄를 동반한 설근 파열음 [k]으로 추정한다. 그 근거는 알파군 가요에서 見모가 가장 많이 쓰인 점에서 찾고 있다. 만일 見모가 [kʔ]이었다면, 溪모가 [kʰ]가 아니라 [k]라고 하더라도 분명하게 두 성모 사이에는 음질의 차이를 분별할 수 있었을 것이기 때문이다. 따라서 적어도 두 성모의 혼용례가 존재하려고 한다면, 약한 성문 폐쇄의 [k]이어야만이 그 가능성을 설명할 수 있는 것이다. 이것은 또한 溪모가 강한 기음을 동반하는 [kʰ]가 아니었음을 반증한다고도 할 수 있다. 溪모가 [kʰ]인 이상 見모가 [k]라 하더라도 이 두 성모사이의 음색의 차이는 앞서 말한 것과 마찬가지로 분명히 구분할 수 있기 때문이다. 따라서 見모[k], 溪모[k]로 볼 경우에는 이 두 성모사이의 음색의 차이는 구분은 되기는 하지만 명백하게 분명하게 구분되는 단계에까지는 이르지 못 하기 때문에, 혼용례의 비율이 커지게 될 것은 자명한 것이다. 그런데, 그 혼용례의 비율을 보면 '66% : 20%'이기 때문에 'カ'가

溪모보다는 見모의 음가와 더 가까웠다는 것은 분명하다. 따라서 상대일본어의 'カ'는 [k]이었을 가능성이 크다. 이것은 또한 群모와의 관계에 의해서도 설명을 할 수 있다.

기존 학자들은 群모의 기의 유무에 대하여 기를 인정하는 설과 인정하지 않는 설로 분명히 나뉘어 있는데, 나는 기가 있었음을 인정하는 설에 동의한다. 다만, 그 기의 강약을 말한다면, 기존 학자들이 강한 기를 동반하는 [gʰ]설에 대하여, 나는 약한 유기의 [g]를 주장하는 것이다. 그 근거는 群모에 쓰인 알파군 가요에는 5자 14%의 'カ'행의 예가 보이기 때문이다. [g]로 보는 설에 의하면 'カ'행의 예의 존재를 설명하기가 곤란하다. [g]이었다면, 오히려 'ガ'행의 예가 쓰일 가능성은 예측되지만, 'カ'행의 예는 이미 見溪모에 쓰이고 있고, 이 두 성모의 [k][kʰ]는 'カ'가 [k]가 아닌 이상 [g]는 이 두 성모와 혼용될 가능성이 거의 없기 때문이다. 그러나 실제로는 혼용되고 있기 때문에 群모 자체에 혼용될 수 있는 어떤 특질이 존재한다는 것을 의미하고 그것은 바로 [ʰ]이었을 것으로 생각되기 때문이다. 만일, 群모가 [gʰ]이었다면, 群모는 'カ'행으로 쓰일 수는 있어도[17), 'ガ'행으로 쓰일 가능성은 거의 없었을 것이기 때문이다.

실제로 알파군 가요에는 群모자에 속하면서 'ガ'로 반영된 것은

模謄渠等爾 婆那播左該謄模 那爾謄柯母 于都俱之伊母我 磨陁左枳
涅渠農(もとごとに, はなはさけども, なにとかも, うつくしいもが, またさきでこぬ,
권25 114번)

---

17) 만약 그렇다고 해도 소수에 그쳤을 것이다. 그 이유는 앞에서 이미 지적한 것처럼 'カ[kʰ]'와 [gʰ]는(설령 'カ'를 [k]로 본다고 하더라도) 음색의 차이가 크기 때문이다.

와 같이 '渠' 1자에 불과하다. 그런데, 이 '渠'는 위 예의 1예를 포함하여 '古佐屢渠海野俱 渠梅多儞母(こさるこめやく, こめだにも, 권24 107번); 渠騰曾枳挙喩屢(ことそきこゆる, 권24 109번)'과 같이 [kö]로 쓰인 예가 4예인 반면에 [gö]로 쓰인 예는 앞의 114번 가요의 1예에 불과하다. 114번 가요[18]는 알파군 가요이기는 하나 '渠'가 [gö]로 쓰인 것뿐만 아니라 [kö]로도 쓰였고, '騰(27예는 [tö], 4예는 [dö])'이 3예 쓰이고 있는데 이 자 또한 [tö]와 [dö]가 혼용되고 있는 예이므로, 같은 알파군 가요이지만 예외가 심한 경우이다.[19] 따라서, '渠'를 무시한다면, 群모가 'ガ'로 쓰인 예는 없다고 할 수 있다. 그러므로 群모를 [gⁿ]로 볼 수도 있는 것이다. 그러나 알파군 이외의 상대문헌에는 群모자가 '奇祇岐伎嗜具求群其期碁'와 같이 'ガ'로 쓰인 자가 11자 22%(見모는 '枳'의 1자 2%, 疑모는 알파군 포함 상대문헌 전체에 '餓鵝我峨蛾俄芸儀蟻愚隅遇牙雅霓礙擬疑凝吾悟語誤呉娛娛㝵噑御馭宜ga(宜gï宜gë)義gï(義gë)虞gu(虞go)'의 37자 76%)나 쓰였기 때문에 [gⁿ]로 보기는 어렵다. 그렇기 때문에 나는 群모를 [g]으로 보고 있는 것이다. [g]이었기 때문에 [ⁿ]이 더 부각될 때는 'カ'로 반영된 것이고, [g]가 부각될 때는 'ガ'로 반영된 것이다. 일반적으로 [g]는 기음이 먼저 발음되고 이어서 유성음이 들리기 때문에 기음이 더 인상 깊게 들릴 가능성이 크다. 따라서 'カ'의 반영률이 'ガ'보다 높을 수 있는데 실제로 알파군 가요는 '5 : 1'의 예를, 상대문

---

18) 모리 히로미치(p.122)는 "この「渠」字は巻二五・第114番の「模騰渠等爾(もとごとニ)」に用いられている。これは、直前の「騰」字が-ŋ韻尾をもっており、その鼻音的調音の影響を受けたために、〈群〉母字を濁音に用いることができたものと推測される。"와 같이 설명하고 있다.

19) '騰'이 같은 가요 내에서 [tö]와 [dö]로 혼용된 노래로는 110번과 125번 두 예가 있다. 어떤 의미에서는 [tö]와 [dö]의 혼용은 1예를 빼고 같은 노래에서 주로 이루어졌다고도 말할 수 있다.

헌 전체에서는 '15 : 11'의 예를 보이고 있는 현상도 어느 정도 설명이
가능한 것이다.

이상을 정리해 보면 다음과 같다.

見: [kʼ]   溪: [kʻ] 群: [g]

'ヵ'의 자음의 음가는 [kʼ]이다.

(다시 한 번 강조하지만, [ʼ]와 [ʼ], [ʼ]와 [ʻ]는 엄밀하게 구분해야 한다.
같은 언어 내에서는 무의미한 요소가 될 수 있지만, 그러한 요소를 구별
할 수 있는 외국 차용어에서는 결정적인 역할을 할 수도 있기 때문이다)

그러면, 마지막으로 疑모와 'ガ'의 음가에 대하여 살펴보도록 하자.

알파군 가요에는 이미 언급한 '渠'를 빼면, 'ガ'로 쓰인 예외자로는
見모에 속하는 '枳' 1예가 있다. 예를 보이면 다음과 같다.

烏智可椻能 阿婆努能**枳枳始**(をちかたの,あさののきぎし, 권24 110번)

'枳'가 'キ'가 아니라 'ギ'라는 사실은

乎具奇我吉**芸志**(をぐきが雉, 14/3375); 岐**芸**斯波登与牟(きぎしはとよむ, 2
번); **枳蟻**矢播等余武(きぎしはとよむ, 권17 96번)

와 같이 『만요우슈우』,『코지키(古事記)』와 『니혼쇼키』 가요에 의해서
도 알 수 있다. '芸'는 蟹섭 祭운 개구 4등 魚祭切로 疑모이며, '蟻'는
止섭 紙운 개구 4등 魚倚切로 또한 疑모이기 때문에 'ギ'를 나타낸 것이
분명하다. 그밖에는 16자 모두 'ガ'를 나타내고 있다. 이미 疑모는 [ŋ]이

라는 사실은 움직일 수 없는 분명한 사실인 것 같다. 비록 현대 표준 중국어에는 성모 [ŋ]요소가 탈락하여 사라졌지만, 현대 중국 방언음이나 차용 외국어의 표기를 보면 [ŋ]이었다는 것은 분명하다. 이에 대해서는 나는 이의가 없다. 그렇다면 'ガ'의 음가는 어떠했을까? 'ガ'로 쓰인 중고음의 성모는 알파군 가요에는 疑모만이 집중적으로 쓰였다는 사실에 의해 먼저 'ガ≒[ŋa]'를 생각해 볼 수 있다. 그런데, [ŋa]이었다면 상대문헌에 群모가 11자나 'ガ'로 쓰이고 있는 사실을 설명할 수 없다. 따라서 [ŋa]이외에 티베트어와 같은 [ŋgal를 상정할 수 있고 또한 [ŋᵍa], [ŋga], [ga]등을 생각해 볼 수 있다. [ŋga]이었다고 가정하면, 疑모보다 群모자의 예가 많았을 것인데, 알파군 가요에는 '渠' 1예밖에 없다는 사실을 설명할 수 없는 맹점을 지니고 있다. 따라서 [ŋga]는 제외된다고 본다. [ŋga]이었다면, 분명하게 [ŋ]의 소리가 인상 깊게 들렸을 것이고 또한 [g]요소도 분명하게 들렸을 것이다. 더군다나, 유성음인 [ŋ]뒤의 [g]는 모음사이에 끼어 있기 때문에 즉, '[ŋ]+[g]+[a]'로 [g]가 유성음 사이이기 때문에 [g]는 분명하게 유성음으로 발음되었을 것인데, 그렇다면 'ガ'를 나타낼 수 있는 성모로는 疑모와 群모만이 남는다. 따라서 見모나 溪모는 원칙적으로 쓰이지 못한 것이다. 이러한 사실은 역시 溪모에는 알파군 가요를 포함한 상대문헌에 'ガ'로 쓰인 예가 하나도 없다는 사실에 의해 증명이 되며, 見모의 경우는 이미 앞에서 나온 '枳' 1자가 있는데, '枳'자는 『니혼쇼키』 가요에서 알파군 50예, 배타군 41예 총 91예가 'キ'로 쓰였고 'ギ'로 쓰인 예는 단 1예에 불과하며, 그 밖의 상대문헌에는 『만요우슈우』에만 나오는데 『만요우슈우』에는 총 56예 중 훈(訓)으로 쓰인 '枳 蘇原苅除曾気 倉将立 尿遠麻礼 櫛造刀自(**からたちと** 茨刈り除け 倉建てむ 尿遠くまれ 櫛造る刀自, 16/3832' 1예 이외에는 'キ'

가 50예, 'ギ'가 5예로 『니혼쇼키』 가요보다는 혼용된 예가 많지만, 5예를 검토해 보면 4예는

> 阿加等伎乃 加波多例等枳爾 之麻加枳乎 己枳爾之布祢乃 他都枳之
> 良須母(暁の かはたれ時に 島蔭を 漕ぎ去し船の たづき知らずも, 20/4384);
> 以都母等夜奈枳(五本柳, 20/4386); 久留爾久枳作之(柩にくぎさし, 20/4390)

와 같이 모두 사키모리가요(防人歌)[20]로 방언의 요소가 개입되어 있기 때문에 표준 중앙어의 음운과는 차이가 있고, 나머지 한 수는 '古集(許枳将渡等, 漕ぎ渡らむと, 7/1207)'에만 보이므로, 『니혼쇼키』 가요와 같은 경향을 보이고 있다고 할 수 있다. 그러므로 '枳'는 'カ' 전용자라고 볼 수 있기 때문에, 'ガ'로는 群·疑모만이 쓰였다고 할 수 있다. 그런데, 문제는 [ŋga]로 볼 때, 유성음인 [ga]의 요소가 群모의 [g]를 나타내기에는 기음 [ʰ]에 의해 불가능했거나 극소수의 예만이 쓰였을 것인데, 실제로는 상대문헌 전체에서는 무려 11자(22%)나 쓰이고 있는 사실을 설명하기에는 충분하지 못하다는 것이다. 따라서 'ガ'를 [ga]로만 추정하는 것도 [ŋga]의 설명에 의해 자연히 배제된다. 그렇다면, 마지막으로 [ŋɡa]의 경우는 어떻게 볼 수 있을까? [ŋɡa]이었다면, 만요우가나 전체에서 疑모가 76%(37자), 그리고 알파군 가요는 '枳' '渠'를 제외하면 100%(16자) 쓰이고 있다는 사실을 설명할 수 있을 것으로 생각한다. 강한 [ŋ]이 인상 깊었을 것이기 때문에 단일 음계를 사용하고 있는 북방 중국인(또는 단일 음계를 인식하고 있던 일본인 표기자)으로서는 疑모를 집중적으로 쓸 수밖에 없었을 것이며, 좀 덜 유사한 음으로도 표기하려고 했

---

20) 사키모리가요는 대륙으로부터의 침입을 막기 위해 변방을 지키는 각 지역에서 징병된 군사들이 지은 노래로 각 지역 방언이 투영되어 있다.

던 상대문헌 전체의 표기에서는 [ɣa]는 유성음이 [g]보다는 약하게 반영되기 때문에, 기음이 있는 유성음의 [gʰ]가 기음이 없는 [g]보다는 'カ'로 표기될 수 있는 여지가 남아 있는 것이다. 그 반영으로 나타난 것이 11자(<u>奇 衹 岐</u> 伎 群 <u>嗜</u> 具 求 其 期 碁, 밑줄 친 자는 'カ'로도 쓰인 자임)의 예라고 볼 수 있다.[21] 따라서, 나는 'ガ'를 [ŋɣa]로 보고자 한다.

이상을 다시 정리하면,

見[k'] 溪[kʰ] 群[gʰ] 疑[ŋ]
'カ': [k'] 'ガ': [ŋᵝ]

와 같다.

█5 중고 아음과 한국 자료

이상은 일본 자료에 의한 중고 아음 성모의 음가 추정이었는데 한국 한자음[22]을 포함한 한국 자료에 의하면 어떻게 볼 수 있을까?

한국 한자음의 아음의 예는

[見k]: 恭拱공寄羈긔 肌긔机궤 據擧居踞鋸거筥게 矩俱駒구觖규 謹槿 筋斤斬근吃걸 干奸竿肝笴稈幹간葛갈肝한割할 彊礓韁姜襁강脚 각 久鳩九구 今金襟錦금汲級給급

---

21) 'カ'가 [ŋɣa]이었다면, 현대 일본어의 유성 비음(鼻濁音, 일반적으로 'カ'로 표기함) [ŋa]는 [ᵝ]의 탈락으로 볼 수 있으며, 지금은 [ga]가 우세한데 이것은 [ɣa]의 부활로 해석할 수도 있을 것이다.
22) 『훈몽자회』『천자문』『신증유합』 등의 전승 한자음 자료에 의한다.

[溪kʼ]: 曲곡 綺踦긔 器긔 去袪거 區驅軀구 乞걸 看간渴갈 蜣강 丘蚯蓲
糗구 衾금

[羣g]: 笻蛬공局국 奇錡騎徛긔 妓技芰기 跽긔 巨渠蕖距炬苣거 具癯臞
衢戄구 芹近근 碣갈 强강 仇求裘毬梂구 臼舅柩구 禽琴금

[疑ŋ]: 玉獄옥 宜儀蟻義의 劓의 魚漁語圄御馭어 遇愚隅虞우 垠은 岸안
仰앙 牛우 吟음

과 같이 見溪群모는 /ㄱ/으로, 疑모는 /ㅇ/즉, 소리 없는 'ㅇ'임)으로 규
칙적으로 반영되었으며, 예외자를 모두 들면(첫소리가 두 가지로 반영
된 것도 포함),

[見k]: 港항几(궤)을姬희該荄히檜膾儈회痎히廨懈히旰**馯**한/割할鶷알慳
(간)한鰥환許알筧현子혈梟효蝸(와)과矍矱荊형鴿蛤閤합袷협蛺
筴鋏莢頰협

[溪kʼ]: 氣(긔)쓰蚼활槁(고)호泣읍龕합橄합欠歆歔(험)겸/慊협

[羣g]: 揩(지)기

[疑ŋ]: 樂(락)악瞶聵斷(은)흔虤란跰견翱고**瘧**학

와 같이 [ㅇ, ㅎ] 등으로 반영된 것을 볼 수 있다. 이것은 박 병채[23]의
설명처럼, 대부분이 해성자(諧聲字)의 유추형이며, 소수는 두 가지의
성모를 지닌 자에 의한 반영이기 때문에 /ㄱ/으로 반영되었다는 사실
을 부정할 수 있는 근거가 될 수 없다. 疑모의 경우에는 중세 국어에는
물론이고 고대 국어에도 국어의 첫소리(초성)로 쓰이는 자음으로는 존
재하지 않기 때문에 한국 한자음에서는 모두 소리 없는 'ㅇ'으로 반영

---

23) 박병채(1971,1986). [고대국어의 연구 -음운편-], 고려대학교출판부. p.34.

된 것이다. [ŋ] 초성이 국어에 없었다는 사실은 이미 잘 알려진 대로 향가에 나오는 疑모자 '芽 我 岳 岩 仰 語 業 吾 悟 玉 臥 牛 願 月 擬' 등이 훈으로 쓰이거나 한자어로만 쓰였을 뿐 음차(音借)로 쓰인 일이 없었다는 사실과 『삼국사기』 지리지(地理志)에도 疑모자는

> 고구려: 〈玉妓縣〉(一云〈皆次丁〉), 〈馳道縣〉, 本〈高句麗〉〈玉岐縣〉;
> 　　　　〈古斯馬縣〉, 〈玉馬縣〉, 本〈高句麗〉〈古斯馬縣〉
> 백제: 〈阿錯縣〉, 本〈源村〉.
> 신라: 〈義安郡〉, 本〈屈自郡〉; 〈義昌郡〉, 本〈退火郡〉; 〈臨汀縣〉, 本
> 　　　　〈斤烏支縣〉, 〈景德王〉改名, 今〈迎日縣〉.

와 같이 '玉 源 義 迎' 등이 쓰이고 있지만, 음차로 쓰인 흔적이 보이지 않는다는 사실에 의해서도 국어의 초성 자음 [ŋ]은 존재하지 않았다는 것을 알 수 있다.[24]

따라서, 한국어에서 아음을 나타낼 수 있는 것은 /ㄱ/밖에 없기 때문에 한국 한자음에서는 見모도 溪모도 群모도 모두 /ㄱ/으로 밖에 나타낼 수 없었다는 것을 알 수가 있다. 그렇기 때문에 한국 한자음의 자료에 의해서는 중고 성모의 재구와 상대 일본어의 'カ・ガ'행의 음가 추정에는 상당한 제약이 따른다. 중고음의 운모(韻母) 재구에서는 만요우가나보다도 더 중요한 역할을 했던 한국 한자음이 성모 재구에서는 거의 자료로써는 가치가 없다고 할 정도이다. 다만, 향가 자료가 삼국 지명에 의하면, 見모가 압도적으로 쓰인 반면에, 溪모와 群모는 거의 쓰이지 않은 사실에 비추어 볼 때, /ㄱ/은 見모와 가장 가까운 음이었다는

---

24) 박병채, 유창균, 김완진 등 참고.

사실에 의해 溪모와 群모의 기음 [']의 존재가 /ㄱ/과는 상당한 이질감이 있었던 것으로 추측될 뿐이다. 만일, 群모가 기음이 없는 [g]이었다면, 見모에는 미치지 못하겠지만 어느 정도 쓰였을 가능성이 높으며, 더군다나 최소한 溪모보다는 그 예가 많았을 것으로 추측된다. 그러나 실제로는 群모가 가장 /ㄱ/과는 이질적이었다는 사실에 비추어 群모가 [']을 지닌 유성음이었을 것으로 분석된다.

그런데, 이상 일본과 한국자료에 의한 중고음의 해석에는 다음과 같은 문제점이 있다. 즉, 見모의 경우만은 『니혼쇼키』 가요와 상대문헌의 만요우가나자를 근거로 중고음에서는 [k']로 보고 이에 의거해서 다시 상대 일본어의 'カ'행 자음의 음가를 [k']로 보는 것은 논리적으로 맞지 않는다는 사실이다. 여기에는 다음과 같은 나의 한계와 자료의 제약이라는 점이 있기 때문에 부득이 중고음과 일본자료 양쪽을 설명할 수 있는 방안을 찾아보는 수밖에 없는 것이다.

첫째, 산스크리트어나 티베트 한자음, 베트남 한자음 등에 대해서는 현대어음은 알고 있지만, 각 언어의 중고음 시기의 음에 대해서는 나는 아직 연구를 해 보지 않아서 모르기 때문에 자료로서 직접 사용할 수 없었기 때문이다. 이 점은 나의 박사학위논문이나 기타 여러 논문에서 이미 이 자료들은 간접적인 자료로밖에 사용할 수 없다고 수차례 밝혀 두었다. 둘째, 유독 見모만큼은 한국자료(한국 전승한자음, 삼국 지명, 향가 등)에 의해서는 [k][k'][k²] 중 어느 것으로 보아야 하는지 알 수가 없다는 제약이 있다. 따라서 이미 앞에서 설명한 내용과 중복되는 부분이 많기는 하지만 다음과 같이 해석할 수밖에 없는 것이다.

먼저 중고음을 중심으로 보면, 見모는 [k][k'][k²] 중 하나이거나 성문 폐쇄의 강약을 무시한다면 [k]나 [[k']²⁵⁾ 중의 하나가 될 것인데, 첫째,

見모를 [k]로 본다고 한다면, 『니혼쇼키』 및 상대문헌 전체에서 見溪 (群)모가 쓰인 사실을 설명하기 곤란하다. 즉, 溪모는 분명히 강약([kʰ] 와 [k'])의 차이는 있겠지만 유기음이라는 것은 부정할 수 없는 사실이 며, [k]와 [k'(kʰ)]가 'カ'를 나타낸다는 사실은 'カ'에 유기음적 성질이 있 었다는 것을 말해주므로, 'カ'에 기음이 있었다면 見모보다는 溪모가 주로 쓰였을 것이다. 그러나 見모가 더 많이 쓰였기 때문에 [k]로 볼 수는 없다. 둘째, 見모를 [k'/k']로 볼 경우에는 현대 일본어의 'カ'행이 일반적으로 '抱え(かかえ)・柿(かき)・書く(かく)・欠け(かけ)・囲い (かこい)'와 같이 첫음절일 경우는 [k]로 두 번째 이하의 음절일 경우는 [k']로 나타나기 때문에, 유기([ʰ])와 성문폐쇄([ʔ])는 서로 혼용될 가능성 이 있으므로 見溪群모의 혼용을 설명할 수 있을 것으로 생각한다. 다만 見모가 [k']이었다면, 이미 앞에서 지적한 대로 溪모와의 혼용이 쉽지 않았을 것이기 때문에 [k']로 볼 수 없다. 한편, 일본자료를 중심으로 해석한다면 다음과 같다. 'カ'의 자음을 [k]로 본다면, 유기음의 溪모의 예가 거의 없었을 것이다. 그러나 실제로는 『니혼쇼키』 가요만을 보더 라도 溪모가 20%나 쓰이고 있기 때문에 [k]로 볼 수 없다. [k]로 볼 경우 에는 반대로 見모의 예가 거의 없었을 것이나, 見모가 가장 많이 쓰이 고 있기 때문에 [k]도 배제될 수밖에 없다. 그리고 [k']로 보면 溪모와의 음질의 차이가 더 커지기 때문에 [k]로 보았을 때보다도 溪모의 예가 쓰일 가능성이 더 적어지지만, 실제로는 溪모의 예가 20%나 존재하고 있기 때문에 [k']도 제외된다. 마지막으로 남은 [k]의 경우는 약한 유기 ([ʰ])와 약한 성문폐쇄([ʔ])는 이러한 음성자질이 없는 것보다는 있는 것

---

25) 이것은 무성유기음을 [k]로 표기하고 있는 것과 같이 표기상의 일관성을 유지하 기 위해 임의로 쓰고 있을 뿐이다.

이 현대 일본어의 예에서 보는 것처럼 혼용될 수 있는 여지가 있기 때문에 溪모와의 혼용과 群모와의 혼용도 설명할 수가 있으며, 또한 見모가 가장 많이 쓰이고 있는 점도 설명할 수가 있다. 따라서 중고음의 見모는 [k']로, 상대 일본어의 'カ'행 자음도 [k']로 본 것이다.

▌6 나오는 말

이 논문에서는 중고음의 아음 성모의 음가와 상대 일본어의 'カ · ガ'의 초성 자음 음가를 추정하였다. 그 결과는 다음과 같다.

見: [k']   溪: [k']   群: [g]   疑: [ŋ]
'カ': [k']   'ガ': [ŋ၂ᵍ]

베트남 한자음[26]의 아음 반영례를 보면

見: ca歌 kế計 kiến建 cưởng彊 cung共 cư'居 qui歸 câm禁 kinh京
溪: khả可 khê溪 khu'o'ng羌 khủng恐 khu'墟 khí氣 khâm欽 khanh卿
群: kiện鍵 cưởng强 cùng邛 cừ渠 kì祈 cầm琴 kình鯨
疑: ngã我 nghê倪 ngôn言 ngu'ở'ng仰 ngung喁 ngu'魚 nghi沂 ngâm吟
    nghinh迎

와 같이 소수의 예외는 있으나 見모와 群모는 'c, k, qu[k'](일부'gi[z]')'로, 溪모는 'kh[x](일부'x[s]')', 그리고 疑모는 'ng[ŋ](일부'nh[ɲ]')'로 규칙

---

26) 三根谷徹(1993). [中古漢語と越南漢字音], 汲古書院. pp.393-495.

적으로 반영되어 있는 것을 알 수 있다. 현대 베트남어이기 때문에 중고 성모 재구를 위한 직접적인 자료로써는 다룰 수 없지만, 이 자료에서 한 가지 주목할 만한 것은 현대 베트남어에는 [k', x, ɣ, ŋ]와 같은 설근음에 속하는 음 중에서 'g, gh[ɣ]'음이 群모에 쓰이지 않았다는 사실이다. 설근 파열음 [k]에 대하여 설근 마찰음이기는 하지만 유성음인 [ɣ]가 쓰이지 못하고, 대신 [k']가 쓰인 것을 보면 群모가 [g]가 아니라 [gʰ]이었을 가능성을 보여 준다고 할 수 있다. 즉, 유기음적인 요소가 있었기 때문에 부득이 [k']를 택한 것으로 해석할 수 있는 것이다. 다만, 유기음적 요소 때문이었다면 溪모와 같이 [x]로 반영되는 예가 상당히 있을 것으로 예측이 되지만, 전혀 쓰이지 않은 점을 어떻게 보아야 할 것인가 하는 문제가 남아 있기는 하다. 그러나 분명한 것은 유성음인 [ɣ]가 쓰이지 못했다는 것은 적어도 群모에 유기음적인 요소가 있었을 가능성을 말해주고 있다는 것이다.

본론에서 이미 언급한 것처럼 일본 자료에 의하면, 群모가 'カ・ガ' 두 가지로 반영되었는데, 특히 'カ'로 쓰일 수 있었던 것은 群모에 유기음적인 성질이 있었기 때문에 가능했던 것이고, 한국 자료에 의하면 향가와 삼국 지명의 경우 溪모와 群모가 거의 쓰이지 못한 것은 두 성모에 공통적으로 유기음이 존재했기 때문인 것으로 판단된다. 따라서 나는 群모의 유기음설을 제시한 것이다.

이미 1장에서 언급했지만, 'カ・ガ行'에는 몇 예에 불과하지만 아음자 이외에 후음자도 쓰였는데, 그것을 어떻게 해석할 것인가 하는 문제와 더불어 후음 성모, 그리고 그 밖의 성모의 재구와 상대 일본어의 자음 체계에 대한 음가추정을 다음 연구로 미루고 본 논문을 맺기로 한다.

참고문헌

김완진(1980, 1988). 「향가 해독법 연구」, 서울: 서울대학교출판부.

박병채(1971, 1986). 「고대국어의 연구 -음운편-」, 서울: 고려대학교출판부.

박병채(1990, 1993). 「고대국어의 음운비교연구」, 서울: 고려대학교출판부.

유창균(1980). 「한국 고대한자음의 연구 I」, 대구: 계명대학교출판부.

유창균(1983). 「한국 고대한자음의 연구 II」, 대구: 계명대학교출판부.

유창균(1991). 「삼국시대의 한자음」, 서울: 민음사.

이숭녕(1982). 「신라시대의 표기법 체계에 관한 시론」, 서울: 탑출판사.

이돈주(1995). 「한자음운학의 이해」, 서울: 탑출판사.

최영애(1995). 「한자학강의」, 서울: 통나무.

허웅(1958, 1985, 1993). 「국어 음운학」, 서울: 샘문화사.

董同龢(1993). 「漢語音韻學」, 臺北: 文史哲出版社.

陸志韋(1985). 「陸志韋語言學著作集(一)」, 北京: 中華書局.

罗常培(1933). 「唐五代西北方音」, 上海: 国立中央研究院历史语言研究所.

唐作藩(1992, 1994). 「音韻學教程」, 臺北: 五南圖書出版有限公司.

王力(1985). 「汉语语音史」, 北京: 中国社会科学出版社.

严学宭(1990). 「广韵导读」, 成都: 巴蜀书社.

杨剑桥(1996). 「汉语现代音韵学」, 上海: 夏旦大学出版社.

余迺永校註(1993). 「新校互註宋本廣韻」, 香港: 中文大學出版社.

有坂秀世(1955). 「上代音韻攷」, 東京: 三省堂.

大野晋(1953, 1972). 「上代仮名遣の研究」, 東京: 岩波書店.

大野透(1962). 「万葉仮名の研究」, 東京: 明治書院.

河野六郎(1979, 1993). 「河野六郎著作集 第2巻」, 東京: 平凡社.

藤堂明保(1980). 「中国語音韻論」, 東京: 光生館.

藤堂明保・小林博(1971). 「音注韻鏡校本」, 東京: 木耳社.

沼本克明(1986). 「日本漢字音の歴史」, 東京: 東京堂出版.

三根谷徹(1993). 「中古漢語と越南漢字音」, 東京: 汲古書院.

森博達(1991). 「古代の音韻と日本書紀の成立」, 東京: 大修館書店.

森山隆(1971). 「上代国語音韻の研究」, 東京: 桜楓社.

Bernhard Karlgren(1954,1963). *Compendium of Phonetics in Ancient and Archaic Chinese*, Göteborg : Museum of Far Eastern Antiquities.

Bernhard Karlgren(1957,1964). *Grammata Serica Recensa*, Göteborg : Museum of Far Eastern Antiquities.

Geoffrey K. Pullum · William A. Ladusaw(1986,1996). *Phonetic Symbol Guide*, Chicago : The University of Chicago Press.

Mike Davenport · S. J. Hannahs(1998). *Introducing Phonetics and Phonology*, London : Arnold.

Peter Ladefoged(1975,1982,1993), *A Course In Phonetics*, U.S.A. : Harcourt Brace College Publishers.

Peter Ladefoged · Ian Maddieson(1996), *The Sounds of the World's Languages*, Oxford : Blackwell Published Ltd.

제7장

상대일본어 'タ タ ナ'행의 자음 음가 연구
- 중고한음 설음 성모의 음가 재구도 포함하여 -

1 들어가는 말

이미 지난 논문(김대성 2003:1-22 참조)에서 밝힌 바가 있듯이 언어 저마다 음성자질(sound features)의 차이가 존재하고 있는데 이와 같은 음성자질의 차이가 서로 다른 언어의 차용시에는 어떻게 서로 다른 방식으로 투영되고 있는가 하는 점을 근거로 본 논문에서는 중고한음(中古漢音, 중고 중국어음을 말한다)의 성모체계 중에서 설음(舌音)에 속하는 설두음(舌頭音)의 '端・透・定・尼'母와 설상음(舌上音)의 '知・徹・澄・娘'母에 대한 음가추정과 상대일본어[1]의 자음체계 중 'タ・タ・ナ'行의 자음[2] 음가를 추정하기로 한다.

이 논문과 관련해서 현대 한국어와 일본어, 중국어 세 개 국어의 상호 표기법을 표로 제시하여 다시 비교해 보면 다음과 같다.

---

1) 여기서 말하는 상대일본어란 나라시대(奈良, 710-794)를 말한다.
2) 이하 편의상 [チ][タ][ナ]로 표기하기로 한다.

	た　た　：　だ		타　따　：　다	
중국어	tā　dā　：　dā		tā　dā　：　dā	
	유성·무성→유기·무기		유기·성문폐쇄·무성무기→유기·무기	
	⇒유기·무기에 의해 구별			
일본어	tā　tā　(dā)　：　dā		타　따　：　다	
	た　た　(だ)　：　だ		た　た　：　た	
	유기·성문폐쇄(무기)→무성·유성		유기·성문폐쇄·무성무기→무성('다다'[tada]⇒ただ)	
	⇒유성·무성에 의해 구별			
한국어	tādā(ta)：dā	たた：だ	だた：だ	ただ：だ
	타따(타):따(弟弟didi 띠디)	다(타)따:다	다타:다	다(타)다:다
	⇒무기·유기·성문폐쇄	첫음절 또는 단독으로 쓰일 때의 유성·무성의 구별은⇒유성·무성의 구별없이 무성무기의 [다]가 됨		

　　표에서 알 수 있듯이 중국어는 유기음과 무기음이 기준이 되고, 일본어는 유성음과 무성음이 외래어 표기법의 기준이 된다. 이에 대하여 우리말의 경우는 무기음과 유기음, 그리고 성문폐쇄라는 또 하나의 음성자질이 표기법의 중요한 역할을 하고 있음을 볼 수 있는데, 이와 같이 언어마다 음성자질의 차이가 있기 때문에 서로 다른 언어의 차용 시에는 어떤 음성자질을 중요시하느냐에 따라 차자표기에 차이가 나타날 수밖에 없는데, 이러한 차이가 상대일본어와 중고 한음, 그리고 고대 한국어의 자음체계에는 서로 어떻게 반영되고 있는가를 살펴보기로 하겠다.

2 『니혼쇼키(日本書紀)』 가요(歌謠)가 지니는 의미

상대일본어 음운체계를 알기 위해서는 자료의 균일성이 요구되는 것이 가장 중요한 전제조건이다. 그 이유는 상대일본어를 기록한 차자체계는 만요우가나[3](萬葉假名)에 의한 것인데, 만요우가나 표기례는 현존하는 자료에 의하면, 일본인이 아닌 한국에서 건너간 사람들[4]에 의한 표기로 보이는 다음 예가

...奉□(事)典曹人名无□(利)弓。八月中。用大鎇釜幷四尺廷刀。...作
刀者名伊太 □。書者張安也。(江田古墳出土太刀銘)
癸未年八月日十六王年。 男弟王. 在意柴沙加宮時。斯麻...(作)此竟.
(和歌山県隅田八幡神社蔵人物画像鏡銘)

최초의 자료로 각각 그 시기가 438년(?反正天皇)과 442년(?允恭天皇)으로 추정되는데, 여기에 나타난 '无□(利)弓, 伊太□, 意柴沙加, 斯麻'의 표기는 음으로만 보았을 경우에는 고층(古層)의 표기로 보기 어렵다. 그러나 일본인에 의한 최초의 표기로 보이는 스이코이분(推古遺文)의 다음 자료에는

大和国天皇、斯帰斯麻宮治天下名阿米久尓意斯波羅岐比里尒波弥己
等世奉仕巷宜名伊那米大臣時、百済国正明王上啓云。...故天皇之女
佐久羅草等由良宮治天下名等己弥居加斯支夜比弥乃弥己等世、及甥
名有麻移刀等己刀弥々乃弥己等時奉仕巷宜名有明子大臣為領、及諸

---

3) 일본어의 우리말 적기는 필자의 「한별 일본어 우리말 적기」에 따른다.
4) 일본에서는 이들을 토라이진(渡來人) 또는 키카진(歸化人)이라고 부른다.

臣等讚云、(奈良県元興寺露盤銘　596년 推古4년)

와 같이 인명 표기에 고층으로 보이는 '里, 巷, 宜, 居, 彌, 移, 明' 등과
같은 만요우가나 표기가 보인다. 이 만요우가나자들은 전래시기가 상
당히 오래된 것으로 추정되기 때문에 여기서 논하고자 하는 중고한음
이나 상대일본어의 음운체계와는 일정한 거리를 두고 있어 본 논문에
서 다루고자 하는 음의 추정에 대한 근거로 삼는 데는 각별한 주의가
필요하다. 또한『만요우슈우(萬葉集)』에는 노래가 4516수나 실려 있는
데, 여기에는 고층, 중간층(中間層), 신층(新層)(大野透 1962:50 참조)
의 각 시기의 한자음이 산재해 있다. 예를 들면,

高山波(かぐやまは)　雲根火雄男志等　耳梨与　相諍競伎　神代従　如此
爾有良之　古昔母　然爾有許曾　虚蟬毛　嬬乎　相挌良思吉(香具山は
畝傍を愛しと　耳成と　相争ひき　神代より　かくにあるらし　古も　しかにあれこ
そ　うつせみも　妻を争ふらしき　巻1 13번)

이 노래의 '高山(かぐやま)'의 '高(かぐ)'는 이미 잘 아려진 바와 같이
상고음의 반영으로 추정되기 때문에 이 예를 가지고는 코지키의 다음
예에 보이는 '高'와 같은 음의 반영으로 볼 수가 없다.

此八千矛神、将婚高志国(こしのくに)之沼河比売、幸行之時、到其沼
河比売之家、歌 曰、(上巻)

여기서의 '高'는 'こ([ko])'의 표기로 쓰여 중고음의 豪韻 1等字가 만
요우가나에서 'オ甲類'로 반영되어 있는 것과 같은 선상에 있는 것이다.

어느 의미에서 상대자료의 거의 마지막 시기의 반영으로 볼 수 있는
『카쿄우효우시키(歌經標式)』(沖森卓也 外 1993:165-168 참조)에는 부
분적으로 '상대특수카나사용법(上代特殊仮名遣)'가 붕괴하는 예가 있
는데, 다음과 같이

> 三ノ二ノ五　有頭無尾(查　体　その五)　五有頭無尾　八坂入姫答活目天
> 皇歌云　己能那之乎　宇恵天於保佐馬　可志己気无(かしこけむ)　無腰以下
> 故云有頭無尾第三句為腰以上　為頭以下為尾。

'可志己氣无'의 형용사 'かしこし'의 'こ'는 만요우슈우 권 15 3644번
노래 '於保伎美能　美許等可之故美　於保夫祢能　由伎能麻爾末爾　夜
杼里須流可母(大君の命畏み大船の行きのまにまに宿りするかも)'에서 보는
바와 같이 갑류의 'こ'인데, 『카쿄우효우시키』의 예에서는 을류의 'こ'⁵⁾
인 '己'가 쓰이고 있고, 추측의 조동사 'む'와 결합하여 쓰이고 있는 형용
사 미연형의 'け'에는 '朝夕二　将見時左倍也　吾妹之　雖見如不見
由恋四家武(朝夕に見む時さへや我妹子が見れど見ぬごとなほ恋しけむ,
권4 745번)'에서 보이는 '家'는 갑류의 'け'의 표기자인데, 『카쿄우효우
시키』에서는 을류의 'け'⁶⁾인 '氣'가 쓰이고 있다. 이것은 바로 이미 갑류
와 을류로 명확하게 구분되어 있던 'キヒミ, ケヘメ, コソトノヨロ
(モ)'가 후지와라노 하마나리(藤原濱成)가 772년에 편찬한 『카쿄우효
우시키』에서는 붕괴되어 가고 있음을 보여주는 것으로 이것은 바로 상
대일본어의 음운체계에 변화가 일어나고 있음을 나타내는 것이다. 따
라서 이와 같은 자료로는 상대일본어의 음운체계나 중고한음의 음운체

---

5) 필자의 추정음은 [kʼ이]이다.
6) 필자의 추정음은 [kʼɜ̄]

계를 재구하는데 상당한 제약이 따른다는 것은 분명하기 때문에 자료의 균일성이라는 문제가 제기되는 것이다.

그런데, 주지하는 바와 같이 이와 같은 자료의 균일성을 보여주는 것이 바로 모리 히로미치(森博達 1991 참조)에 의해 밝혀진『니혼쇼키(日本書紀)』가요 중에서 알파군에 속하는 가요이다. 알파군은 아리사카 히데요(有坂秀世)의 倭音說에 속하는 베타군에 대응하는 용어로서 중국(북방)인이 중국의 唐代 북방음의 단일체계(α群歌謠原音依拠說)로 표기하거나 표기의 검토를 맡은 것으로 모리 히로미치는 추정하고 있는데, 그의 이러한 설명은 상당한 설득력을 지니고 있으며, 중고한음의 운모음을 고대한일자료와 베트남・티베트한자음 등에 의해 재구한 바가 있는 필자 또한 그의 설에 동의하고 있다. 따라서 본 논문에서는 지난 논문에 이어『니혼쇼키』가요를 중심으로 검토해 보기로 하겠다.

3 중고한음의 설음과 [夕][夕][ナ]에 대한 기존 연구의 재구음과 근거

중고한음의 성모체계에 대한 기존 연구에 따르면, 설두음(舌頭音)에는 '定母'에 기의 유무에 의한 구별만이 있을 뿐, 나머지 성모 '端・透・尼'母는 [t tʻ n]으로 모두 같은 음으로 추정하고 있다. 定母의 유기음설과 무기음설의 대표적인 학자는 다음과 같다.[7]

유기음설 [dʻ]: 버나드 칼그렌(Bernhard Karlgren), 똥 통후아(董同龢)

---

7) 전탁음(유성음) 성모의 기의 유무에 대한 논란은 김대성(2003) 참고.

무기음설 [d]: 루 즈웨이(陸志韋), 왕 리(王力), 옌 쉬에췬(严学君), 히 라야마 히사오(平山久雄), 토우도우 아키야스(藤堂明保)

그리고 설상음(舌上音)의 '知·徹·澄·娘'母의 경우에는

설면전음설 [t t' d ɲ]: 칼그렌, 루 즈웨이, 똥 통후아, 왕 리, 히라야마 히사오
권설음설 [ʈ ʈ' ɖ ɳ]: 토우도우 아키야스, 옌 쉬에췬

[t] = t̠   [t'] = t̠'   [d] = d̠   [ɲ] = n̠

와 같이 설면전음설(舌面前音說)과 권설음설(卷舌音說)로 나뉘는데, 이와 같이 설두음과 설상음을 재구한 근거는 대체로 '뻬이징관화(北京 官話)', '일본오음', '평성(平聲)과 측성(仄聲)의 현대 뻬이징음: 전자는 무성유기음, 후자는 무성무기음이다', '현대 중국 방언음' 등에 의한 것 이다.

한편, [タ][ダ][ナ]의 자음 음가에 대하여 일본학자들은 다음과 같이 보고 있는데,

[タ]: [t]   [ダ]: [d]   [ナ]: [n]

그 근거는 더러는 산스크리트어(Sanskrit)의 중국음 표기도 제시하고 있지만, 주로 중고한음의 재구음에 의하고 있다. 따라서 중고한음의 재 구음에 따라 상대일본어의 [タ][ダ][ナ]의 자음 음가 또한 달라질 수도 있는 것이다.

그런데, 端母에 대한 기존 학자들의 [t]설은 현대 한국어의 [ㄷ]의 [t]와 엄밀히 말하면 같은 음가가 아니다. 여기서부터의 [t]는 현대 한국어의 [ㄷ](voiceless unaspirated or slightly aspirated lenis plosive syllable -initially)에 대한 표기를 전제로 설명해 나가기로 하겠다. 따라서 칼그렌을 포함한 중국학자들이 추정하고 있는 [t]는 [t'] 내지 [tʰ]이며, 또한 일본학자들의 [t](only moderately aspirated)는 [t']임을 전제로 하고 있는 점을 밝혀 둔다(영어의 [t]는 [tʰ]).8) 따라서 端母에 대한 기존학자들의 [t]설은 [t'] 또는 [tʰ]라고 할 수 있는데, 그렇다면 과연 중고음의 端母는 [t][t'][tʰ] 중 어느 음이었을까? 이 문제를 중고한음의 설음 전체와 상대일본어 [タ][ダ][ナ]의 자음 음가 추정과 더불어 검토해 보기로 하자.

4 『니혼쇼키(日本書紀)』 가요 내의 설음자(舌音字)의 만요우가나(萬葉假名)

4.1 설두음의 성모재구와 [タ, ダ, ナ] 음가추정

먼저 중고한음의 설두음 중 定母자를 살펴보기로 하자. 그 이유는 定母자에 유기음설과 무기음설로 나뉘어 있는데, 필자는 어느 설을 따르고 있는가 하는 점을 분명히 해 두기 위해서이다.

[定]9)(22):

---

8) 개별 언어의 연구에서는 [t]로 표기해도 상관없지만, 비교 연구나 특히 차용음의 관계를 규명할 때에는 엄밀하게 [t], [t']:[tʰ], [t']:[tʰ]의 구별이 필요하다.

9) 아래의 숫자는 『니혼쇼키』를 모두 검토한 결과이다. 가요베타군에만 쓰인 것은

阤61	ダ4, タ41(16)	柂37	ダ2, タ29(6)
豆46	ツ1(13), ヅ29(3)	逗7	ヅ6, ツ1
提9	デ5(2), テ2	題1	テ1
度8	ト5(1), ド(2)	圖9	ト3(1) ヅ(2) ツ(3)
滕2	と2	騰37	と30(3), ど4
藤1	と1 ;	駄9	タ8, **ダ**1 ;
哆18	タ14(4)	頭4	ヅ2 ツ(2)
屠3	ツ1(1) ト(1)	途3	ツ1(2)
弟1	デ1	渡3	ト3
杜2	ト2	徒3	ト2 ツ(1)
鄧4	と4	苔42	ど1, と34(7)

定母는 전탁음(全濁音)이므로 [d]나 [dʰ] 중 하나인데, [dʰ]이었다면, [タ]만으로 반영되었거나 [タ]의 예는 극소수이어야 하지만 [タ]만으로 쓰인 자가 22자 중에서 무려 12자나 쓰이고 있다. 그러므로 定母는 [dʰ]로 볼 수밖에 없다. 물론 모리 히로미치 등에 의하면 定母가 [タ]로 반영된 이유는 북방음에서 유성음의 무성음화(devocalization)가 일어난 사실을 반영하고 있기 때문이라는 것은 분명한 것으로 알파군의 가요에 집중적으로 보이며, 『니혼쇼키』의 이 자료 이외에 상대자료에는 그다지 보이지 않는다는 점을 고려할 때 그의 설은 타당한 것 같다. 무성음화의 예로 『만요우슈우』에는 다음과 같은 예들이 있다.

• 大王能 等保乃朝廷等 斯良農比 筑紫国爾 泣子那須 斯多比枳摩斯 提...(大君の遠の朝廷としらぬひ筑紫の国に泣く子なす慕ひ来まして 권5 794번)

진하게 표시하였으며, 밑줄은 두 개 이상의 카나로 쓰인 경우에 베타군으로만 쓰인 예가 있음을 나타내며, 훈주(訓注)를 포함한 개수이다. 이하 같다.

- 宇豆都仁波　安布余志勿奈子　奴婆多麻能　用流能伊昧仁越　都伎
  提美延許曾(うつつには逢ふよしもなしぬばたまの夜の夢にを継ぎて見えこそ
  권5 807번)
- 波流能努爾　紀理多知和多利　布流由岐得　比得能美流麻提　烏梅能
  波奈知流(春の野に霧立ちわたり降る雪と人の見るまで梅の花散る 권5 839번)

794번 노래는 야마노우에노 오쿠라(山上憶良 660-773년?)의 것으로 진
키(神龜) 5년, 즉 728년에 쓰여진 것인데, 728년이라고 하면『니혼쇼키』
가 성립된 720년과 거의 비슷한 시기이며, 야마노우에노 오쿠라는 타
이호우(大寶) 2년(702년) 6월에 견당사(遣唐使)와 함께 당으로 출발하
여 10월에 長安에 도착하여 타이호우 4년(704년) 7월에 귀국(일설에는
쿄우운(慶雲) 4년, 707년)에 귀국한 것으로 추측하고 있음)한 당시로서
는 중국에 유학 경험이 있으며, 특히 한문에 정통한 歌人으로 알려져
있는데, 바로 그가 定母의 '提'자를 'デ'가 아니라, 'テ'의 온가나(音仮名)
로 사용하고 있다는 사실에 의해서도 무성음화의 일단을 볼 수가 있는
것이다. 즉, '來(く)'의 연용형 '來(き)'에 존경을 나타내는 동사 'ます(坐
す・座す)'가 보조동사로서 연용형으로 활용한 형태에 접속조사 'て'가
이어진 것으로 접속조사 'て'를 定母字인 '提'로 나타낸 것이다. 또한,
807번 노래는 오오토모노 타비토(大伴旅人)가 다자이후의 장(太宰府
帥)이라는 직위에 있을 때로, 그 시기는 진키(神龜) 4년(727년)말 혹은
728년 봄부터 텐표우(天平) 2년(730년) 10월에 다이나곤(大納言)이 되
어 다시 나라(奈良, 平城京)로 돌아갈 때까지 약 3년 남짓 기간으로
이 때 야마노우에노 오쿠라와 많은 교류를 가졌는데, 이 노래에도 '提'
가 접속조사의 'テ'로 동사 '繼ぎ'에 접속하여 쓰인 것을 볼 수 있다.
그러나 '提'가 이와 같이 무성음으로만 쓰인 것은 아니다. 이미『니혼쇼

키』 가요에 'デ'가 가요 5회, 훈주 2회, 그리고 'テ'는 2회 쓰인 것에서 알 수 있듯이 『만요우슈우』에서도 839번 노래(텐표우 2년, 730년)에서 조사 '까で'의 'で'의 표기로 쓰인 것을 볼 수 있다. 즉, '提'는 무성음화된 예와 무성음화하지 않은 예가 거의 같은 시기에 공존하고 있음을 볼 수 있다.[10]

그런데, 지금 우리가 논의하고 있는 중고한음은 약 600년경의 중국음이며, 설음성모에 대한 것이다. 즉, 100년 뒤에 쓰인 중국음이 아니라는 점에 유의해야 할 것이다. 700년대에는 중국 북방음에서 무성음화가 진행된 것은 『니혼쇼키』가요의 예만을 보아도 쉽게 짐작할 수 있는데, 그렇다면 다음의 예문은 어떻게 해석해야 할 것인가?

- 大和国天皇、斯帰斯麻宮治天下名阿米久尒意斯波羅岐比里尒波弥 己<u>等</u>世奉仕巷宜名伊那米大臣時、百済国正明王上啓云。(奈良県 元興寺露盤銘 596년 推古4년) ⇒ 欽明天皇 : 天国排開広庭尊(あめく におしはらきひろにはみこと)
- 広庭天皇之子多知波奈止与比天皇、在夷波礼流邊宮、任性広慈信 重三宝、捐棄魔眼紹興仏法而妹公主名<u>止与弥挙奇斯</u>岐移比弥天 皇、(元興寺丈六釈迦仏光背銘 609년 推古17년) ⇒ 推古天皇 : 豊御 食炊屋媛尊(とよみけかしきやひめのみこと)
- 復娶大后弟名乎阿尒乃弥己等為后名生名孔部間人公主。斯帰斯麻天 皇之子<u>名葵奈久羅乃布等多麻斯</u>岐乃弥己等、(天寿国曼荼羅繍帳銘 622년? 推古30년) ⇒ 敏達天皇 ; 淳倉太珠敷尊(ぬなくらのふとたましきの みこと)

---

10) '提'가 접속조사로 쓰일 때는 'て'로 부조사로 쓰일 때는 'で'로 구별된 것이 아닌가하는 의문을 가질 수 있으나, 상대일본어 자료에서 만요우가나의 쓰임은 그러한것과 관계가 없다. 또한, 단어 내에서 음절의 순서와도 관계가 없다. 즉, 음운론적환경과 관계없이 표기되었다.

이 예 중에서 '岐'와 '奇'는 群母 즉, [g]로 추정되는 유성음에 속한 자로서, 각각 쓰인 시기가 596년, 609년, 622년(?)으로 추정되고, 더군 다나 금석문이므로 틀림없이 600년 전후에 쓰인 자이기 때문에 무성음 화와는 무관한 예들이라고 할 것이다. 물론, 이 금석문에 쓰인 자들은 특히 운모의 관점에서 보면, 중고음이 아니라 중고음 이전의 어떤 시기 의 반영인 것은 분명하다. 그런데 여기서 필자가 말하고자 하는 것은 모리 히로미치가 말하고 있는 무성음화의 반영이 예를 들면 [d]〉[d]의 변화에 의한 것으로만 설명이 가능할 것인가 하는 것이다. 만일 定母가 [d]이었다고 한다면--물론, 여기서는 [ダ]의 경우 금석문의 예는 모두 [ダ][11]로 반영되었기 때문에 같은 유성음인 群母를 가지고 설명하기로 하자--, 같은 재구음의 관점에서 [g]로 추정되는 群母字인 '岐'와 '奇'자 는 당연히 'ギ'나 'ガ'로 반영되었을 터인데, 실제로는 무성음인 'キ'와 'カ'로 반영되어 있다는 사실을 설명할 수 없다. 다시 말해 定母자는 유성음이기는 하지만, 유기음은 함께 지닌 유성유기음의 [d]가 아니고 서는 설명이 불가능하다는 것이다. 이러한 점이 어느 의미에서 보면, 모리 히로미치의 알파군 북방음설이 지닌 한계라고 할 수 있다. 따라서 필자는 칼그렌이나 똥 통후아와 마찬가지로 전탁음을 유성유기음으로 보고 있는 것이다.

端母에 속하는 『니혼쇼키』 가요를 보면,

[端](15):

| 多136 | ダ5, タ131 | | 覩2 | ツ1, ト(1) |
| 都69 | ヅ1, ツ51(16), ト1 | | 堤5 | デ1, テ4 |

---

11) 陁ダ、代デ

氐22	テ	諦1	テ
底30	テ27(2), デ1	斗8	ト5(3)
等81	と72(9)	登18	と15(3)
黨1	タ1	**帝1**	テ1
弖11	テ11	**妬5**	ト4(1)
刀3	ト2(1)		

와 같이 15자가 쓰이고 있음을 볼 수 있다. 여기에는 '多 都 堤 氐'와 같이 [タ]만이 아니라 [ダ]로도 쓰인 예가 있다. 물론, 이 예들은 각각 '多4ダ, 104タ' '都1ヅ, 50ツ, 1ト' '堤1デ, 4テ' '底27テ, 1デ'와 같이 극소수의 예에 불과한데 그 예들은

- 伊波能杯儞 古佐屢渠海野俱 渠梅多儞母(こめだにも) 多碍底騰衷囉
  栖 歌麻之之能烏膩(권24 107번)
- 多致播那播 於能我曳多曳多(おのがえだえだ) 那例例騰母 陁麻爾農
  矩騰岐 於野児弘儞農俱(권27 125번)
- 阿須箇我播 瀰儺蟻羅毗都都 喩矩瀰都能(ゆくみづの) 阿比娜謨儺俱
  母 於母保喩屢柯母(권26 118번)
- 紆鳴謨 紆陪儞堤堤那暟矩(うへにでてなげく)...(권17 97번)
- ...和斯里底能(わしりでの) 与慮斯企夜麼能 拠暮利矩能 播都制能夜
  麻播 阿野儞于羅虞波斯 阿野儞于羅虞波斯(권14 77번)

와 같다. 이 이외의 상대문헌에는 端母의 경우 『니혼쇼키』 이외의 자로는 '哆ta 丹ta, tani 旦tani 當tagi 点temu 德töko 得tö, töko' 등이 있다. 이 자들은 모두 [タ]를 나타내는 데 쓰이고 있다. 따라서 端母는 [タ]로만 쓰였다고 할 수 있다. 그렇다면, 端母의 음가는 어떠했을까?

端母의 음가는 유추가능한 소리로는 [d][t][tʼ] 중 하나이거나, 성문폐쇄의 강약을 무시한다면 [t]나 [tʼ]12) 중의 하나가 될 것으로 추정할 수 있는데, 우선 端母를 [t]로 본다고 한다면, 비록 『니혼쇼키』가요에는 적합한 예가 없지만, 이미 앞에서 제시한 금석문의 '岐'와 '奇'가 見母字인 '加(カ)' '吉(キ)' 등과 같은 소리의 표기로 쓰일 수 있었던 이유가 群母가 유성유기음의 [g]이고, 見母가 무성의 약한 성문 폐쇄음인 [kʼ]13)이 었기 때문인 것과 마찬가지로, [t]와 [d]는 서로의 음색의 차이가 크기 때문에 혼용될 수 있는 가능성이 거의 없으므로 端母를 [t]로 볼 수는 없다.14) 따라서 端母 역시 見母와 마찬가지로 [tʼ]이었을 것으로 추측된다. 다만, [tʼ]로 볼 수 없는 것은 [tʼ]이었다면, [d]와 음색의 차이가 커서 혼용될 가능성이 적기 때문이다.

透母는 '太ダ2 ; 菟ヅ1, ツ54(5)' 두 자뿐인데 『니혼쇼키』에서 이처럼 반영례가 적었다는 것은 透母가 약한 유기의 [tʰ]보다는 강한 유기의 [tʰ]이었기 때문인 것으로 보인다. 만일 [tʰ]이었다면, 예가 상당히 많았을 것으로 추측되기 때문이다. 더군다나 이 두 가지는 다음과 같이

- 于磨臂苔能 多菟屢虚等太氐(たつることだて) 于磋由豆流 多曳磨菟餓 務珥(たえばつかむに) 奈羅陪氐毛餓望(권11 46번)
- 夜輪瀰始之 和我於朋枳瀰波 于陪儺于陪儺 和例烏斗波輪儺 阿企菟辞摩(あきづしま) 揶莽等能倶珥珥 箇利古武等 和例破枳箇儒(권11 63번)

---

12) 이것은 무성유기음을 [t]로 표기하고 있는 것과 같이 표기상의 일관성을 유지하기 위해 임의로 쓰고 있을 뿐이다.
13) 김대성(2003) 참고.
14) 이 점은 상대일본어의 [ㅈ][ㄷ]행의 자음 추정 때 다시 언급하기로 하겠다.

모두 베타군에 속하는 노래에만 쓰이고 있는 것을 보아도 강한 유기를 동반했음을 알 수가 있다.

泥母는 역시 [n]으로 추정된다.

[泥](24):

奈ナ 那ナ 儺ナ 乃ナ 儞ニ 農ヌ 禰ネ 努ノ 能の ;

尼ニ, ネ ; 濃ヌ 涅ネ

囊1 ダ1 膩8 ヂ2(6) ; 儺14　ダ14　旎3 ヂ3

耐8 ど6 デ(2)

娜20	ナ1(3), ダ13(3)	涅9	ネ1, デ8
泥29	ネ18(1), ヂ3, デ7	怒10	ヌ3, ノ4(1), ド2
奴11	ヌ3(1), ノ4(1), ド2	弩3	ノ2, ヅ1 ;
迺21	の12(3), ど6		

다만 『니혼쇼키』에 반영된 것은 [ナ][ダ] 혼용례가 7자, [ダ]만으로 쓰인 자가 7자, [ナ]로만 쓰인 자가 12자로 나타나므로 역시 당대(唐代) 장안음(長安音) 즉, 북방음에 비비음화(非鼻音化, denasalization)가 일어난 것을 볼 수 있다. 이것은 티베트 한자음에 의해서도 알 수 있다.

納'dab	內'dei	泥'de	惱'de	暖'dwan	難'nan/'dan
寧ne	南nam	農noṅ	念nyam	能niṅ/'diṅ	

따라서 중고음은 '端·透·定·泥 : [t' tʰ d' n]'로 추정된다.

그러면, 상대일본어 [タ][ダ] 자음의 음가는 어떠했을까? 먼저 [タ]는 결론부터 말하면, 필자는 [t]로 추정하고 있다. 그 이유는 만일 [t]로 본다면, [ダ]의 [d]와 혼용될 가능성이 높아 泥母에 [ナ][ダ]뿐만 아니라,

[ㄣ]의 예도 있었을 것인데 그러한 예가 하나도 없기 때문이다. 따라서 [t]에 유기성이나 성문폐쇄성이 있었기 때문에 [ㄣ]와는 혼용되지 않은 것으로 생각된다. 그렇다면, [t'][t˞][t][tʰ] 중 어느 것일까?

[t˞]로 보는 것은 [ㄣ]로 많이 쓰인 定母([d], 무성음화의 [d̥]도 포함)와 의 음색의 차이가 커서 혼용될 가능성이 없기 때문에 [t˞]로 보는 데는 어려움이 있다. 그리고 [tʰ]로 본다면, 透母([tʰ])가 가장 많이 쓰였을 것이나, 이미 앞에서 말한 것처럼 두 예에 불과하며 더군다나 그 예도 베타군에 속하기 때문에 [tʰ]도 배제된다.

그렇다면, [t]로 보면 어떠할까? [t]이었다고 한다면, 端母([t])로만 쓰였거나 아니면 端母가 가장 많이 쓰였을 것이다. 실제로 端母가 가장 많이 쓰였기 때문에 역시 [t]일 가능성이 높다. 다만, 定母가 무성음화의 여부를 떠나서 유기음이라는 음성자질을 지니고 있는 한, [t]로만 보기는 어렵다.

그런데, 定母에는 [ㄣ]가 혼용되어 쓰이고 있고 端母는 소수의 예외적인 예가 있기는 하지만, 거의 무시해도 될 만큼 비중이 미미하기 때문에 15자 모두 [ㄣ]로 쓰였다고 보면, 이 두 성모에 어떤 공통적인 특질이 있었거나, 일본어 자체에 그러한 특질이 있었을 것으로 보인다. 현대 일본어의 경우 [ㄣ]는 일반적으로 '叩く・質・龍・盾・例える'와 같이 첫음절일 경우에는 [t]로, 두 번째 이하의 음절일 경우에는 [t']로 나타나기 때문에, 유기([t'])와 성문폐쇄([t'])는 서로 혼용되고 있음을 볼 수 있다. 이러한 관점에서 보면, 端母와 定母의 혼용을 설명할 수 있을 것으로 생각한다. 즉, 定母가 유기음을 지녔기 때문에 端母와의 혼용이 가능했다고 생각한다(따라서, 필자는 定母를 유성유기음으로 보고 있는 것이다). 그러므로 [ㄣ]는 [t]로 추정하는 것은 무방하다고 생각한다.

그렇다면, [夕]의 음가는 어떠했을까? [夕]는 역시 두말할 것도 없이 [d]이었음이 분명하다. 만일 [夕]가 [d]가 아니라 [dʰ/dʰ]이었다면, 透母에 [夕]의 예가 있어야 한다. 그러나 그러한 예가 있기는 있지만 알파군에는 없다. 또한, 端母에 [夕]의 예가 있어야 한다. 그러나 있기는 있지만, 그 비율은 [夕]의 예가 있다고 말할 정도가 아니라, 아주 미미하다. 그러므로 [夕]는 [dʰ/dʰ]로 볼 만한 근거를 충분히 지니고 있지 않다는 사실을 알 수가 있다. 따라서 [夕]는 [d]로 볼 수밖에 없다. 이러한 설의 또 하나의 근거로

定母 : [夕][夕] 8 , [夕] 12 , [夕] 2
泥母 : [ナ][夕] 7 , [ナ] 12 , [夕] 5

와 같이 [夕]만으로 쓰인 자는 泥母에 5자, 定母에 2자로 泥母가 훨씬 많다는 사실에 의해서도 [夕]는 [d]이었음을 알 수 있다.[15)

이상을 종합해 보면, 다음과 같다.[16)

端 · 透 · 定 · 泥 : [tʼ tʰ dʼ n]
[夕][夕][ナ] : [tʼ(tʼ) d n]

다시 한 번 반복하여 강조해서 말하면, 定母와 [夕]와의 관계라는 관

---

15) [夕]를 나타내기 위해서는 중고음의 성모의 비비음화가 일어나기 이전에는 설음 성모에는 定母밖에 없었기 때문에 부득이 定母가 [d]이어도 [夕]의 [d]를 나타내기 위해서는 쓸 수밖에 없었는데, 북방음에서 泥母가 [n]에서 [nd]로 변화하므로 해서 [d]에 더 유사한 소리를 지닌 泥母의 [d]의 요소를 가져다 쓴 것은 아주 자연스러운 일이었을 것이다.

16) ([夕]는 [tʼ/tʼ]로 볼 수 있으며, [カ]와의 균형을 위해서는 [tʼ]([tʼ]도 포함됨에 유의)를 대표로 한다.

점에서 보면, 定母가 [d]이었다면, [㄄]만이 쓰였거나 [ㄊ]의 예는 소수에 그쳤을 것이고(비록 定母가 [d]로 무성음화가 진행되었더라도 [d]는 음질의 특성상 [ㄊ]보다는 [㄄]가 더 그 예가 많았을 것이다), 따라서 端母 [㄄]와 透母 [ㄊ]는 각각 [t] [tʰ]이므로 거의 [㄄]로만 쓰인 것을 설명할 수 있다. 즉, '端透 : 定'의 대립이 이루어졌을 것이다. 그러나 실제로는 定母는 [ㄊ]와 [㄄]가 혼용되고 있다는 것은 무엇을 말하는가? 이것은 다음과 같이 해석할 수 있을 것이다. 첫째, 定母가 [d]가 아니라 유기음의 [dʰ]이었기 때문에 [d]가 반영될 경우에는 [㄄]가, 유기음의 [tʰ]이 반영될 때는 [ㄊ]가 되었다고 볼 수 있다. 둘째, 이 사실은 거꾸로 [㄄]의 자음이 [d]이었다는 것을 시사한다고 할 수 있다.

4.2 설상음의 성모재구

[知](4):

智36 チ31(5)   知33 チ24(9)

致10 チ9(1)   撤2 チ2

[徹](1):

알파군 예 없음 ; 畜1 チ1

[澄](2):

遲1 チ1 ; 池2 チ2

[娘](0):

이상과 같이 설상음에 쓰인 것은 [チ]뿐이기 때문에 [ㄊ][㄄][ナ]에는 적합하지 않았음을 알 수 있다. 따라서 여기서는 중고 설상음만을 재구하기로 한다.

결론부터 말하면 필자는 설상음은 다음과 같이 권설음이었다고 생각한다.

知·徹·澄·娘 : [ʈ' ʈ' ɖ' ɳ]

그 이유로는 다음 네 가지 사실을 들 수가 있다.

첫째, 설상 2등운자가 만요우가나에는 쓰이지 않았다는 사실이다. 만일 설상음이 권설음이 아니었다면, 특히 2등음자는 개음이 없기 때문에 '江(椿荳幢)·皆(搋牐挥)·山(讀袒)·肴(啁趠桃橈)·麻(麥侘茶拏)·庚(趠瞠棖獷), 예자가 적은 韻: 耕(朾橙儜)·咸(詀湛誧)·佳(扠妳)·刪(妰)'와 같은 운에 속한 자들이 많이 쓰였을 텐데, 이 운자들은 쓰이지 않았다. 물론, 자획이 많다는 이유도 있었겠지만, '麥茶拏打扠奴' 등은 자획이 많지 않기 때문에 자획이 많다는 점만으로 설명하기는 곤란하다.

둘째, 설면전음이라고 한다면, 만요우가나자로 쓰인 예가 어느 정도 있었을 것인데『니혼쇼키』에는 [チ]를 제외하고는 그 예가 없다. 설상음은 2등과 3등에만 나타나는데, 설면전음설의 3등의 경우는 이미 개음 [i]에 의하여 설상음은 설면전음화가 일어나므로 실제로는 개음 [i]의 존재는 잉여자질(redundant feature)에 불과한데, 이 소리들 즉, 예를 들면 [ta, t'a, da, ńa] 등은 일본인의 귀로는 [タ][ダ][ナ]의 [t', d, n]과 구별이 거의 되지 않는 소리이기 때문이다. 다시 말하면, 이 소리는 굳이 魚韻 3등에 있는 자를 쓰지 못 할 이유가 없는 것이다. 그러나 혀말이 소리(권설음) 즉, 예를 들면 [ʈa, ʈ'a, ɖa, ɳa] 등은 그 소리가 설면전음이나 설두음의 소리와는 전혀 달리 들리므로 일본어의 [t, d, n]을 나타내는 데는 무리가 따르게 된다. 이러한 사실은 현대 티베트어나 힌두어에서는 [t, tʻ, d, n]과 [t, tʻ, d, n]가 잘 구별되어 쓰이고 있으며, 현대 일본어의 'ナ'와 'ニャ'의 자음은 음성학적으로는 서로 다른 소리(변이음)이나 비변별적이라는 사실을 보아도 쉽게 알 수 있다.

셋째, 설상음에 [チ]가 쓰였지만, [チ]를 나타낼 수 있는 자는 止攝밖에 없기 때문이다. 설상 3등음이 쓰인 이유는 [i / i]를 나타낼 수 있는 운자는 止攝자밖에 없는데 止攝에는 3, 4등밖에 없기 때문에 생긴 부득이한 이유가 있는 것이다.

넷째, 한국자료에 의해서도 알 수 있다. 이것은 뒤에서 자세히 언급하기로 하겠다.

이상은 주로 중고한음과 상대일본어의 자료만을 가지고 살펴보았는데, 그렇다면 이와 같은 결론을 한국자료로는 어떻게 설명할 수 있는지 검토해보기로 하겠다.

5 한국자료 분석

5.1 한국한자음[17)

한국한자음에 나타난 설두음의 예는 다음과 같다.

[端ᵗ]東涷蝀凍凍<u>蕀</u>棟동 冬동 <u>椿</u>쟝 都覩賭도/<u>肚蠹</u>두/<u>妬</u>투 載ᄃᆡ 鎚퇴/<u>對</u>

---

17) 『훈몽자회』, 『신증유합』, 『천자문』 등에 보이는 한국 전승 한자음을 말한다. 이하 '한국한자음'으로 줄이기로 한다. 밑줄은 성모나 운모가 규칙적으로 반영되지 않음을 의미한다.

딘 帶딘 堤羝邸胝瓏帝뎨/諦嚔蝃蔕톄/底低뎌/鍉시 暾墩驐頓돈 擔丹
襌簞疸旦(묘)단 破鍛단 典淀巓癲殿癜뎐 刀舠島檮도 鯈鳥鵰鋽釣됴/
貂툐/鳴겨 多다 當璫襠黨鐺飄당 釘頂釘鼎碇뎡/敵蹢鏑帗弓的笛뎍/打
(뎍)타 斗抖蚪脰두/鬪투 擔膽담 點店뎜 等登燈凳橙등/得득/德뎍

端母의 경우는 '妬투, 諦嚔蝃蔕톄, 貂툐, 打(뎍)타, 鬪투'와 같이 [ㅌ]
로 반영된 예도 있지만 일반적으로 [ㄷ]으로 반영된 것을 볼 수가 있다.

[透ㄴ]通桶痛통/禿鵚독 統통 土吐兎(免)菟토 態틱/貸딕 煺摧腿退퇴
汰태 體涕톄/梯뎨 吞튼 攤灘攤炭탄 撻韃闥獺탈 湍단 天텬/鐵饕텰 饕
도套토 鯑툐 眺(도)銚燿됴 他타 惰涶타 湯錫蕩帑탕 䲰攥橐(박)蠹탁
聽廳텽/趯텩 汀疗뎡 偸투/鍮듀 偸투/鍮듀 貪探탐 踏踏답 莢毯담/搭
塔榻탑/坍단 添舔텸/貼帖텹 慝특

透母는 '禿鵚독, 貸딕, 湍단, 饕도, 眺(도)銚燿됴, 鍮듀, 鍮듀, 莢毯담,
坍단'와 같이 [ㄷ]으로 반영된 예가 있지만 과반수 이상은 [ㅌ]으로 나타
나기 때문에 유기음이 반영되어 있음을 알 수가 있다. 따라서 透母의
중고음에는 유기음이었다는 것은 분명하다.

[定d]童僮潼瞳峒桐銅衕動동/瀆櫝犢牘讀讟獨髑髑髑독 彤疼동/碡纛독
地디 塗徒途屠圖渡鍍度(탁)도/杜두 擡臺代袋黛딕/苔炱怠퇴 頹퇴/碓
(딕)틱 大대 鈦태 黃蹄嗁弟娣鵜綈稊第踶悌뎨/髶棣톄 囤沌豚돈/突堗
돌/魨鼀屯臀둔 壇단 蓬달/彈袒탄 段椴단/奪탈 田畋電甸奠澱뎐/跌垤
딜 陶檮濤桃稻道盜도 條跳됴 爹다 駝駞舵馱타 稊타 棠堂螳糖螗塘煻
당/托鐸탁 聤蜓艇뎡 狄荻翟覿뎍 豆頭荳脰飯두/骰廚투 潭薄壜蟬담
痰淡噉담 簟錎뎜 甛톔 蝶뎝 牒(톕)톕 藤騰등/特특

앞에서 定母는 일본 자료에 의해 유성무기음의 [d]가 아니라, 유성유
기음의 [dʰ]라는 사실을 증명하였는데, 한국한자음의 定母의 반영례를
보면, 만일 중고음이 유성무기음이었다고 한다면, 한국한자음에서는
소수의 예외자가 [ㅌ]로 반영될 수는 있지만, 대부분은 분명히 [ㄷ]으로
나타났을 터인데, 위의 예자들을 보면, [ㅌ]로 반영된 예는 17~18%에
이른다는 사실을 볼 때 분명히 중고음에 유기음이 있었다는 것을 엿
볼 수가 있는 것이다.

[泥n]齈농 農膿(롱)농 奴弩노/怒로 耐乃疓내 餒뇌/內늬/捼나 㮌내 泥
늬 嬭내 訥눌 難란 暖난 年撚捏(녈)년 瑙노 臑뇨 尿뇨 挪나 懦糯나
囊(랑)曩낭/諾락 佞(령)녕/寧령/溺늭 男南남/納衲납 捻념 能(릉)능

泥母에는 '怒로, 難란, 諾락, 寧령'과 같이 [ㄹ]의 예가 보이나, 이것은
새김을 하는 과정에서 생긴 자음동화에 의한 것이기 때문에 원래는 [ㄹ]
이 아니라 [ㄴ]이었다는 사실은 유추하기 쉬운데, 북방음 비비음화의
반영이 보이지 않는다. 따라서 어느 의미에서는 북방음이 반영되기 이
전에 한자음이 정착된 것으로 추정할 수 있다.
한편, 한국한자음에서의 설상음의 반영례는 다음과 같다.

[知t']中듕/竹듁/忠衷튱/築듁 塚통 椓卓탁 知蜘智디 潴뎌 株蛛拄듀 珍
珎딘 驏뎐/哲텰 轉뎐 嘲됴 嘲됴 橢좌 張帳댱/脹漲탕 謫뎍 貞뎡 輈肘
晝듀 砧팀/椹심 站참 劄잡 徵딩
⇒ [ㄷ]23〉[ㅌ]10

知母의 경우는 [ㄷ]와 [ㅌ]로 반영되었는데 그 비율은 [ㄷ]는 23예, [ㅌ]

는 10예로 [ㄷ]가 훨씬 많기는 하나, 端母는 압도적으로 [ㄷ]로 반영된 것에 비하여, 知母의 경우는 [ㅌ]로 반영된 자가 상당히 있는 것으로 보아, 그 원인은 성모가 설면전음의 [t']가 아니라 권설음의 [ṭ']이기 때문인 것으로 추측된다. 이러한 경향은 차청음(次淸音)의 徹母와 전탁음의 澄母에서도 마찬가지인데, 그 예를 제시하면 다음과 같다.

> [徹t']寵퉁 絺티 癡티 笞팀] 撝樗樗뎌 蠆태 椿츈/黜(츌)튤/楯슌 弨툐 敆탕 坼(탁)틱 頹樻裎뎡 杻(류,뉴)츄 覘(뎜)詥텸 勅鶇틱
> [澄d']狎冲蟲튱/逐姀舳軸튝 蠩튝 幢당/濁탁 池디/馳티 雉稚티 痔티 儲芧杼筋뎌/芧셔 幬柱듀 彘톄 陳塵딘/帙姪딜 萊튤 綻탄 塵뎐 傳뎐/椽연 棹도 朝潮됴 茶다 丈杖腸당/着탘 宅澤틱 鋥뎡 呈뎡/擲텩 疇籌紬뷰 胄듀 蟄팁 賺(담)잠 直딕/澄(딩)등

徹母는 구개음화를 거친 예도 포함하면 약 15예가 [ㅌ]로, 7예가 [ㄷ]로 나타나며, 澄母는 각각 [ㄷ](29예), [ㅌ](19예)로 透母, 定母에 비해 徹母는 [ㄷ]로 나타난 비율이, 그리고 澄母는 [ㅌ]로 나타난 비율이 상당히 높아진 것을 보면 역시 권설음이 그 원인으로 추측할 수 있다. 또한 澄母의 경우는 유기음이 반영되어 있음도 볼 수 있다.

> [娘n]濃롱 醲농 尼니 尼니 你니 女녀 碾년 娘냥 扭紐(류)鈕뉴 賃님 鑷녑

娘母는 泥母와 같은 반영을 보이고 있다.
이상 한국한자음에 의하면, 定澄母에 유기음이 있었던 것을 알 수 있다.

5.2 『삼국사기(三國史記)』 지명 표기

이 절에서는 『삼국사기(三國史記)』 지리지에 실려 있는 지명 표기
중 설두음과 설상음이 관련되어 있는 예를 살펴보기로 하자.

S[18] 〈多仁縣〉, 本〈達已縣〉(或云〈多已〉), 〈景德王〉改名, 今因之.
多[端]:達[定]

S〈化寧郡〉, 本〈荅達匕郡〉(一云〈沓達〉), 〈景德王〉改名, 今因之. 領縣一:
荅[端]:沓[定]

S〈河濱縣〉, 本〈多斯只縣〉(一云〈沓只〉), 〈景德王〉改名, 今因之.
多[端]:沓[定]

K〈道西縣〉(一云〈都盆〉), 〈都西縣〉, 本〈高句麗〉〈道西縣〉, 〈景德王〉
改名, 今〈道安縣〉.
道[定]:都[端]

위의 예를 보면 端母와 定母가 서로 통용되어 쓰이고 있는데, 定母
字인 '達沓道'는 한국한자음에 의하면 각각 '달, 답, 도'로 [ㅌ]가 아니라
[ㄷ]로 반영되어 있으므로, 아마도 端母字와 통용이 가능했던 것을 알
수 있다. 그러나 이 자료에 의해 定母에 유기음이 없다고 단정할 수는
없다.

K〈奈吐郡〉(一云〈大提〉), 〈奈堤郡〉, 本〈高句麗〉〈奈吐郡〉, 〈景德王〉
改名, 今〈堤州〉. 領縣二:
吐[透]:提[定]:堤[端]

---

18) S, K, B는 각각 신라, 고구려, 백제를 나타냄. 이하 같음.

이 예는 유기음을 지니 透母의 '吐'와 定母의 '提'에 대하여 端母의 '堤'자가 통용되고 있기 때문에 언뜻 端母에도 유기성이 있지는 않았을까 하는 의구심을 가질만한데, 假4等韻인 齊韻開口에는 端母에 '堤羝邸舐鞮帝 뎨/諦嚔蝃蔕 톄/底低 뎌/鍉 시'와 같이 유독 [ㅌ]의 예가 많은 것과 일치하고 있을 뿐 端母에 유기성이 있었다고는 할 수 없다.

S〈軍威縣〉, 本〈奴同覓縣〉(一云〈如豆覓〉), 〈景德王〉改名, 今因之.
奴[泥]:如[日]
同[定]:豆[定]

이와 같이 泥母와 日母가 함께 쓰일 수 있었던 것은 日母가 권설음이 아니라 설면전음이기 때문에 가능했던 것으로 보인다. 다만, 시기가 중고음보다는 조금 이른 시기의 반영으로 보이기 때문에 설음이 아직 분리되기 이전 소리의 반영인데, 그 점은 또한 운모의 관점에서 보아도 알 수 있다. 즉, '奴'와 '如'가 같은 음으로 쓰였으므로 模韻(奴)과 魚韻(如)이 분리되기 이전의 중국음이 들어온 것으로 볼 수 있으며, 또한, '同'과 '豆'도 적어도 '奴'와 '如'가 같거나 비슷했을 때 들어온 것은 분명하다. 왕 리(王力)에 의하면, '同'과 '豆'는 운미음이 있고 없고의 차이만이 있을 뿐 핵모음(성모는 같다)에서는 같았거나 거의 비슷한 소리였다.

B〈馬突縣〉(一云〈馬珍〉), 〈馬靈縣〉, 本〈百濟〉〈馬突縣〉, 〈景德王〉改名, 今因之.
突[定]:珍[知]

이 예는 설음에서 아직 설두음과 설상음이 분리되기 이전의 반영례

라고 할 수 있다. 왕 리(王力, p. 165)는

根据《普书音义》的反切、观出舌上音[ṭ]知、[ṭ']彻、[ḍ]澄在唐天宝
年间已经分化出来了。

와 같이 설두음과 설상음의 분리 시기를 티엔빠오년간(天宝年间,
742-755년)으로 보고 있으나, 분리 시기는 만요우가나에 의하면, 왕 리
의 설 보다는 더 이른 시기이었을 것으로 생각된다. 왜냐하면, 만요우
가나자에는 설상음의 예는 운모의 성격상 [チ]이외에는 쓰이지 않았기
때문이다. 만일 분리 시기가 왕 리가 추정하는 시기라면, [チ] 이외에
[タ・ツ・テ・ト]에도 설상음의 예가 『니혼쇼키(720년)』가요에 있었을
것이기 때문이다. 그러나 설상음의 예가 [チ]로 한정된 것을 볼 때 첫째,
설상음은 권설음이었다는 점, 둘째, 설두음과 설상음은 이미 분리되어
있었다는 점을 지적할 수 있다.

K〈童子忽縣〉(一云〈仇斯波衣〉),〈童城縣〉, 本〈高句麗〉〈童子忽(一云
〈幢山縣〉)縣〉,〈景德王〉改名, 今因之.
童[定](東):幢[澄](江)

이 예는 설음에서 아직 설두음과 설상음이 분리되기 이전의 반영례로
운모 또한 東部에서 東韻과 江韻이 분리되기 이전의 반영례로 보인다.
이상 삼국사기 지명표기에 의하면 설두음과 설상음이 분리되기 이
전의 표기임을 볼 수 있다. 그러므로 설두음과 설상음이 분리된 시기를
다루고 있는 이 논문에서는 이 지명 표기례들을 직접적인 자료로 사용
하기에는 미흡하다는 점을 지적할 수 있다.

5.3 향가의 반영례

향가에 쓰인 설음자는 다음과 같다. 여기에서 문제가 되는 것은 음차
(音借)인데, 진한 글자가 음차로 쓰인 자들이다.

    [端]: **多都刀頓冬得等**   對德倒東灯底顚丁妬
    [透]: **體**(ㅌ)**呑**(ㄷ)   太汀土墮他
    [定]: **達**   但斷待大道徒童同動陁奪
    [泥]: **內乃奈奴**   惱難南年念
    佛前燈乙直**體**良焉多衣(고**티**란듸) (17 廣修供養歌)
    皃史毛**達**只將來**呑**隱(보려**든**)…今**呑**藪未去遣省如(엳**든**)…好尸曰沙也
    內乎**呑**尼(듣ᄂ오다니) (14 遇賊歌)
    [知]: **知**   置中
    [徹]
    [澄]:   長除朝持直塵逐治宅
    [(娘)]: **尼**

이와 같이 여기에 쓰인 자들을 보면, 삼국사기 지명표기에서의 설명
과 일치함을 알 수 있는데, 다만 향가에는 설두음과 설상음이 분리된
시기의 반영으로 보인다. 그 이유는 [i]계열에만 만요우가나처럼 설상
음의 예가 있기 때문이다. 이 점은 지명표기에서 설두음과 설상음이
분리되지 않은 것과는 다르므로, 역시 향가는 중고음의 반영으로 추측
된다.

또한, 澄母가 유성무기음의 [d]이었다면, 『니혼쇼키』 가요에서는
[ヂ]의 예가 많았을 것이다. 그러나 [ヂ]의 예는 없고 오로지 [チ]에 2예
가 있을 뿐 [ヂ]를 나타내는 데는 모두 泥母를 쓰고 있다는 사실을 보면

澄母는 권설음이었고, 또한 유성유기음의 [dʻ]이었음을 알 수 있다. 이 사실은 바로 향가에 의해서도 설명할 수 있다. 즉, 향가에는 다음과 같은 예가 있는데,

逢烏支惡知作乎下是(1 慕竹旨郞歌) : 엇디
爲賜尸知民是愛尸知古如(1 慕竹旨郞歌) : ᄒ실디
爲尸知國惡支持以 支知古如(3 安民歌) : 홀디

오로지 '知' 1예에 불과하며 더군다나 모음이 [i]를 지닌 표기에 부득이 사용하고 있는 것을 보면, 설상음은 권설음이었음을 알 수 있으며, 徹母나 澄母의 예가 없는 것을 보면 유기음성에 기인하는 것으로 해석할 수 있다.

이상과 같이 향가에 의하면, 설상음이 권설음이었다는 것과 전탁음이 유성유기음이었다는 것을 말할 수 있다.

5.4 『계림유사(鷄林類事)』

『계림유사(1103년)』는 송나라의 쑨 무(孫穆)가 고려어 약 360개의 어휘를 수록한 것인데 여기에 쓰인 설두음자는 '端:12자, 19예; 透:7자, 8예; 定:9자, 9예; 泥:14자, 29예'와 같이 많은 예가 쓰이고 있지만, 설상음은 다음과 같이 소수에 불과 하다.

面美曰榛翅朝勳[知]: ᄂ치됴ᄒ
面醜曰榛翅沒朝勳[知]: ᄂ치몯됴ᄒ
雪下曰嫩耻 凡下皆曰耻[徹]: 눈디(다)

茶匙曰茶戌[澄]: 차술(다술)

   그것도 [i]계열의 운모음을 지닌 '恥(止韻)'와 '됴'를 나타내기 위해서는 1등과 가4등(假4等)으로는 불가능하기 때문에 부득이 쓰인 3등자인 '朝(宵韻)'를 빼면, 茶(模韻)' 1자 뿐이다. 이것은 무엇을 의미하는가? 이미 설상음이 권설음이 되어 있는 시기(12세기)의 중국음을 가지고 고려시대의 우리말을 표기한 자료에 설상음에 속한 자가 거의 쓰이지 못 하고 있는데, 이것은 중고음에서도 설상음이 권설음이었다는 사실을 간접적으로 보여준다고 할 수 있다. 즉, 설상음은 권설음이었기 때문에 한국어의 [ㄷ][ㅌ]에는 쓰이지 못 한 것으로 보인다.

6 나오는 말

   이 논문에서는 중고한음의 설음, 즉 1·4등의 설두음과 2·3등의 설상음 성모의 음가와 상대일본어의 [ㄘ][ㄅ][ㅓ]의 자음 음가를 추정해 보았다. 이 음들을 재구하는 데 주로 『니혼쇼키(日本書紀)』 가요와 『삼국사기』의 지명표기, 전승한국한자음, 향가, 그리고 『계림유사』 등의 한국자료를 이용하였는데, 이러한 자료들은 차용음이라는 한계를 지닌다. 따라서 차용음의 관계를 규명할 때에는 엄밀하게 [t], [t']:[t'], [t']:[t]의 구별이 필요하다는 전제 하에 논리를 전개하였는데 그 결과 다음 세 가지 사실을 근거로

   1) 성문폐쇄성을 인정한다.

2) 定母는 유성유기음이다.

3) 설상음은 권설음이다.

다음과 같은 결론에 이르렀다.

端・透・定・泥 : [t̂ t̂ʰ d̂ n̂]

[夕][ダ][ナ] : [t̂(t̂) d n̂]

知・徹・澄・娘 : [t̂ t̂ d̂ n̂]

마지막으로『니혼쇼키』의 한국관계 기사 중, 이 논문과 관련하여 定母字에 속하는 '殿'자의 읽는 방법에 대하여 간단히 설명을 하고 마무리하고자 한다.

'殿(뎐)'은 '日本古典文学大系本'의『니혼쇼키』에 다음과 같이 우리 쪽 인명표기에 쓰여

- 百済厚遇之。加羅国王妹既**殿**至(けでんち)、向大倭啓云、天皇遣沙至比跪、以討新羅。(巻9, 神功紀)
- 伴跛既**殿**奚(はへのこでんけい, 巻17, 継体紀)
- 加羅上首位古**殿**奚(こでんけい, 巻19, 欽明紀)

모두 'でん'으로 읽고 있는데 납득하기 어렵다. 그 이유는 한국자료에 의하면 定母와 같은 유성유기음의 예는 거의 보이지 않지만, 실제로 쓰인 자들은 [ㄷ]의 표기로 나타나며, 고대한국어에서의 [ㄷ]은 유성음이 아니기 때문에 일본인 書寫者(중국인 감수자 포함)의 입장에서는 비록 한반도의 자료를 그대로 전사한 것일지라도, 한반도에서는 무성

음 [ㄷ]의 표기로 쓰인 것이기 때문에 적어도 한국자료에 의하면 'てん'
으로 읽어야 할 것이다. 그리고 또 하나의 근거로는 '殿'에는 定母 이외
에 端母도 있다는 사실이다. 오오노 토오루(大野透 1962:496 참조)는
'殿'을 定母로 보고 있는데, 殿에는 定母 이외에 端母도 있으며 실제로
꾸앙원(广韵)에서 소운(小韻)으로 제시되어 있는 것은 端母이며 또한
원징(韵镜)에서도 端母에 '殿'이 배치되어 있기 때문에 定母를 대표 성
모로 볼 수 없으므로, 그의 설명은 부분적으로는 수정되어야 할 것이
다.[19)]

참고문헌

김대성(2003). "중고 한음 아음 성모와 상대 일본어 「カ・ガ」행의 자음 음가에
　　　대하여". 「언어과학연구」 25, 1-22, 언어과학회.
김완진(1980, 1988). 「향가 해독법 연구」, 서울대학교 출판부.
박병채(1971,1986). 「고대국어의 연구-음운편-」, 고려대학교 출판부.
이숭녕(1982). 「신라시대의 표기법 체계에 관한 시론」, 탑출판사.
이돈주(1995). 「한자음운학의 이해」, 탑출판사.
董同龢(1993). 「漢語音韻學」, 文史哲出版社.

---

19) 물론, 오오노 토오루의 설명처럼 '殿'이 定母로 쓰여 'デ'의 표기로 쓰인 예는 다음
　　과 같이
　　• 於下枝、取垂白丹寸手、青丹寸手而、〈訓垂云志殿(しで)〉(古事記, 上卷)
　　『코지키(古事記)』에 보이며, 『만요우슈우』의 다음 예에 의해서도 'デ'로 쓰였다
　　는 사실을 확인할 수 있다.
　　• 木綿取之泥而(木綿取り垂でて, 권6 1031번)
　　즉, '泥'는 泥母字로 [ナ]・[ダ]로 쓰이는데 이 노래는 텐표우(天平: 729-749) 12년
　　(740년) 10월에 지은 것임을 題詞에 기록하고 있기 때문에 泥母가 이미 非鼻音化
　　가 일어난 뒤에 전해진 소리이기 때문에 'デ'로 쓰일 수 있었음을 알 수 있으며,
　　또한 이것은 코지키의 取垂(とりしで)와 똑같은 표기임을 볼 수가 있다.

陸志韋(1985).「陸志韋語言學著作集(一)」, 中華書局.

羅常培(1933).「唐五代西北方音」, 國立中央研究院歷史語言研究所.

王力(1985).「汉语语音史」, 中国社会科学出版社.

严学窘(1990).「广韵导读」, 巴蜀书社.

余迺永校註(1993).「新校互註宋本廣韻」, 中文大學出版社.

有坂秀世(1955).「上代音韻攷」, 三省堂.

大野晋(1953, 1972).「上代仮名遣の研究」, 岩波書店.

大野透(1962).「万葉仮名の研究」, 明治書院.

沖森卓也 外(1993).「歌経標式 註釈と研究」, 桜楓社.

河野六郎(1979, 1993).「河野六郎著作集 第2巻」, 平凡社.

藤堂明保(1980).「中国語音韻論」, 光生館.

藤堂明保・小林博(1971).「音注韻鏡校本」, 木耳社.

沼本克明(1986).「日本漢字音の歴史」, 東京堂出版.

森博達(1991).「古代の音韻と日本書紀の成立」, 大修館書店.

Karlgren, Bernhard(1954, 1963). *Compendium of Phonetics in Ancient and Archai Chinese.* Göteborg : Museum of Far Eastern Antiquities.

Karlgren, Bernhard(1957, 1964). *Grammata Serica Recensa.* Göteborg : Museum of Far Eastern Antiquities.

Pullum, Geoffrey K, & W. A. Ladusaw(1986, 1996). *Phonetic Symbol Guide.* Chicago : The University of Chicago Press.

Ladefoged, Peter(1975, 1982, 1993), *A Course in Phonetics.* U.S.A. : Harcourt Brace College Publishers.

제2부
고대일본어의 표기

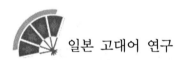 일본 고대어 연구

제8장

『萬葉集』의 '奴·努·怒' 표기 연구(I)

1 들어가는 말

遇攝 模韻에 속한 奴 · 努 · 怒자가 古事記(코지키)[1]에서 奴는 ﾇ의
표기로, 努와 怒는 ﾉ甲類의 표기로 구별해서 사용되었다는 사실은 이
미 잘 알려진 바와 같다. 이에 대하여는 이미 여러 학자들에 의하여
설명이 되었는데, 万葉集(만요우슈우)에서도 奴와 努 · 怒의 구별은 같
다는 것이 정설이다. 그런데 과연 万葉集 전체에서도 古事記와 같이
예외 없이 이 세 자가 정확히 구별되었다고 단정할 수 있을 것인가?
그 이유는 찬술자가 太安麻呂(오오노 야스마로) 一人인 古事記와는
달리 万葉集는 작자가 다양하며 작자 또한 생존 연대가 상당히 서로
다르기 때문에, 이와 같은 구분이 암묵적으로 혹은 공공연하게 오랜
시간에 걸쳐 이루어진 것으로 볼 수가 있는지 검토해 볼 여지가 있다.
특히 '奴=ﾇ, 努怒=ﾉ甲類'와 같이 도식적으로 万葉集 전체에 걸쳐서
훈독(訓讀)을 하는 것이 과연 타당한 것인지 諸註釋書[2]의 검토가 필요

---

1) 일본어 우리말 적기는 필자의 표기법을 따르기로 한다. 김대성(2003a:106-107)
   참고.
2) 본 논문에서 사용한 주석서(注釈書)는 万葉集私注(土屋文明), 新編日本古典文学
   全集 · 万葉集, 日本古典文学大系 · 万葉集, 万葉集(鶴久/森山隆), 万葉集注釈
   (沢瀉久孝)이다. 이하 각 주석서를 편의상 万葉集私注=私注, 新編日本古典文学

하다고 판단된다.

이미 模韻의 음가에 대해서는 김대성(1999)에서 밝힌 바가 있다. 김대성(1999)에서는 万葉集 전체를 대상으로 한국 전승한자음과 베트남 한자음, 그리고 티베트한자음을 간접적인 자료로 삼아 기존의 [u][3], [uo][4], [o][5]설 등을 비판하고, [ö][6]설을 제시하였고, 또한 김대성(2000)에서는 魚韻과의 비교를 통하여 [ö]설을 재차 밝힌 바 있다. 그 이유는 지금까지 模韻을 둘러싼 오랜 논란을 이제는 종지부를 찍어야 할 것이며, 그럼으로 해서 중고한음의 재구에도 보다 명확한 근거를 제시할 필요가 있었기 때문이었다.

본고에서는 이러한 관점에서 万葉集 내에 쓰인 奴·努·怒 세 字의 사용을 모두 검토해보고, 훈독의 문제도 분명히 밝혀내고자 한다. 그럼으로써 상대 일본어 내에서 이 세 字가 차지하는 의의를 중고 한자음과의 관계를 통해 알 수 있게 될 것이며, 앞으로 山上憶良의 ノ甲類와 ヌ의 문제 등을 규명하는데 기본적인 틀을 제공하게 될 것이다.

万葉集에서 奴·努·怒 세 자는 총 572회 보이며, 어휘로는 あの(安

全集·万葉集=全集, 日本古典文学大系·万葉集=大系, 万葉集(鶴久/森山隆)= 鶴久, 万葉集注釈=注釈과 같이 줄여서 나타내기로 한다.

3) 王力(1985:221) 例如屋韵既是魚侯东三韵的入声, 我们把这四个韵互相印证, 可以推知这四个韵的主要元音都是[o]；沃烛两韵既是模虞冬锺四韵的入声, 我们把这六个韵互相印证, 可以推知这六个韵的主要元音都是[u]。

4) 董同龢(1993:168) 韻鏡以魚爲一轉, 注"開"；模與虞合爲一轉, 注"開合"。七音略分轉同, 從所注的"輕""重", 可知韻鏡的"開合"當是"合"。遇攝字的現代讀法不出u, o, y以及由他們變化而生的複元音ou, œy等, 所以我們不難想像中古時期當有個圓唇的後高元音, ...

5) 藤堂明保(1980:258) 「模」韻は何か一種の円唇母音であればよいわけで, /o/と表記してもいっこうに 差し支えはない。 おそらく音声的には[o]に近いものであったに違いない。 日本の漢字音でオ段ウ段の中間に「模」韻の字音が介在しているのは, そのためであろう。

6) [u]가 아니라 [o]에 가까운 음을 나타냄.

努)를 비롯하여 をの(小野)까지 총 66개의 어휘가 보인다. 그 중에서
奴는 451회, 努는 112회, 怒는 9회 쓰였다. 비율로는 각각 78.8%,
19.6%, 1.6%로 奴가 압도적으로 많으며, 怒는 9회 중 正訓[7]으로 두
예가 쓰이고, 음차(音借)로는 7회 쓰였는데, 지면관계상 본 연구는 Ⅰ
과 Ⅱ로 나누기로 하고 본고에서는 ちの까지를 연구대상으로 하기로
한다. 奴努怒가 쓰인 그러면, 각 어휘를 50音圖 순서에 따라 살펴보기
로 하자.

▌2 アノ~サノヤマ

あの는 東歌(아즈마우타)에 2회, 권19에 1회 보이는데 각각 지명과
인명에 쓰였다. 인명의 경우 권19 4251번(이하 19-4251과 같이 줄임)
노래로 작자는 大伴家持(오오토모노 야카모치)로 題詞에 '五日平旦上
道 仍国司次官已下諸僚皆共視送 於時射水郡大領安努君広嶋'와 같
이 보인다.

いぬ(往ぬ)는 2예가 보인다.

5-827	宇具比須曾　奈岐弓伊奴奈流	(山口若麻呂)
14-3470	安比見弓波　千等世夜伊奴流	(東歌)

いぬ(犬)는 山上憶良(야마노우에노 오쿠라)의 가요 중 1예가 보인다.

---

7) 9-1809: たけぶ(建ぶ)의 연용형 たけび의 표기로 '建'字와 더불어 숙어처럼 쓰인
　표기임. 16-3807: いかり(怒り)의 표기로 左注에 쓰임.

5-886　　　伊奴時母能　道爾布斯弖夜　伊能知周疑南(山上憶良)

いの(寢: 20-4351 多姢己呂母　夜倍伎可佐祢弖　伊努礼等母)의 努는 일반적으로 ノ로 읽고 있다. 注釋에는

> 寢のれどもー「努」は甲類ノであり、oとuとの交替は例が多いのでここもヌ
> をノと訛つたもの(四　　三四四)と思はれる。

와 같이 ノ로 읽고 있으나, 大系와 全集에는 ヌ로 읽고 있다. 注釋의 설명[8]대로 ノ로 보아야 할 것이다. 그 이유는 防守歌(사키모리우타)에는 努의 예가 10회[9] 출현하는데 いの(寢) 이외의 9회 모두 ノ의 표기로 쓰였기 때문이다. 또한 등장하는 어휘 또한 いの(寢)를 포함하여 しのふ(2)・否定の助動詞'の'(3)・野(2)・格助詞'に'의 방언형 'の'(1)・枕詞(마쿠라코토바) たくづのの(1)와 같이 6개의 어휘에 다양하게 사용된 것을 보아도 ノ의 표기로 판단할 수가 있다.[10]

うの는 6-959의 題詞(豊前守宇努首男人歌一首)에 인명으로 1예 보인다.

かぬかぬ(兼ぬ兼ぬ)는 東歌(14-3487 安豆左由美　須惠爾多麻末吉可久須酒曾　宿莫奈那里爾思　於久乎可奴加奴)에만 2회 나오는데, 이것은 동사 종지형 かぬ(兼ぬ)를 반복한 것으로서 이와 같이 동사 종지형의 반복으로 동작이나 작용의 존속을 나타내는 것은 당시의 어법이

---

8) 沢瀉久孝(巻第二十 1990:68) 又に「努」の字を用ゐた例(四三四一)とも見られるが、ここは上に「努由岐」とノと訓んでゐるので、同じ歌で同じ文字を二様に訓む事はどうかと思はれるので、ヌをノと訛つたと見る方がよいのではなからうか。

9) 4327 4341 4344(2회) 4351 4356 4358 4408 4417 4421.

10) 防守歌나 東歌의 표기 특징에 대해서는 다음 논문에서 다루기로 한다.

다. 万葉集에는 그 밖의 예로 すす・しくしく・かるかる[11] 등을 들 수
있으며, 현대 일본어에서도 그 잔영을 볼 수 있는 예로 見る見る・返す
返す・ますます 등을 들 수가 있다.

かぬまづく(3409)와 かのまづく(3518)는 두 예 모두 東歌에 보이는
데, 鹿沼(かぬま)づく로 보는 설, 神沼(かみぬま)づく로 보는 설과 부
사의 たびたび・しきりに로 추정하는 설이 있으나, 아직 의미가 밝혀
지지 않은 어휘이기 때문에 ヌ와 ノ의 차이에 대하여 설명하기 곤란하
다. 필자 또한 이 예는 미해결 상태로 두기로 한다.

きぬ(絹: 14-3350/3435/3453/3472/3481/3576 15-3741 17-4922)는
東歌에 6예가 나타난다. ありきぬ의 형태로는 東歌(14-3481 安利伎奴
乃 佐恵佐恵之豆美)와 中臣宅守(나카토미노 야카모리 15-3741 安里伎
奴能 安里弖能知爾毛 安波射良米也母)의 노래에 각각 1회씩 보인다.

くぬち(国内)는 5-797(久奴知許等其等), 17-4000(久奴知許登其等)
에 보인다.

こぬみ는 12-3195(許奴美乃浜爾)에만 1예가 지명으로 보인다.

こぬれ(木末)는 총 6예[12] 중 4예가 大伴家持의 노래로 大野晋(오오
노 스스무 1954)가 말하는 권18의 위례(違例)의 문제 제6군에 속하는
4111번 노래(夜麻能許奴礼波)를 포함하고 있다.

さのやま는 14-3473(左努夜麻爾)에 지명으로 1예 보인다.

---

11) 14-3487:安豆左由美 須恵爾多麻末吉 可久須酒曾 宿莫奈那里爾思 於久乎可
奴加奴 /20-4386:和加加都乃 以都母等夜奈枳 以都母以都母 於加古比須須
奈理麻之都母 /7-1236:夢耳 継而所見乍 竹嶋之 越礒波之 敷布所念 /12-3205:
後居而 恋乍不有者 田籠之浦乃 海部有申尾 珠藻苅苅

12) 5-827 13-3221 17-3957 17-3991 18-4111 18-4136.

3 シヌ의 一云의 문제

しぬ(死ぬ)는 山上憶良・遣新羅使・平群女郎・大伴家持・坂上郎
女에 각각 1예씩 보인다. 특히 山上憶良의 5-889번 노래를 보면,

家爾阿利弖　波波何刀利美婆　奈具佐牟流　許許呂波阿良麻志　斯
奈婆斯農等母　一云　　能知波志奴等母

しぬ의 ヌ 표기자(表記字)로 農[13]자를 사용하고 있음을 볼 수 있다.
889번 노래는 稻岡耕二(이나오카 코우지, 1986)에 의하면, 農자의
사용은 山上憶良의 노래에만 보인다는 점, 斯와 같이 山上憶良의 노래
에 집중적으로 나타나는 자가 쓰였다는 점, 그리고 특히 取る의 표기에
甲類의 卜(刀)를 쓰고 있는 점 등에 의해 분명히 山上憶良 자신의 표기
일 가능성이 높다. 한편, 一云에 ヌ의 표기자로 奴가 사용되었는데, 이
一云의 표기 또한 山上憶良의 것으로 보아야 할 것인지, 아니면 다른
서사자(書寫者)의 개입인지 여부를 살펴보도록 하자.[14] 山上憶良는
シ의 표기자로 '斯74회 志56회 之50회 思3회 師2회 紫1회 子1회 新1회'
와 같이 斯자와 志자를 집중적으로 사용하고 있으며 之 또한 志에 못지
않게 많이 사용한 것을 볼 수 있다. 따라서 志자는 山上憶良의 표기로

---

13) 山上憶良는 '農'자를 [nu]로 표기한 것으로 추정된다.
14) 그 이유는 비록 万葉集 내의 작자가 분명히 제시된 가요라 하더라도 작자와 서사자
즉 표기자가 일치하지 않는 경우도 포함되어 있어 一云의 奴 표기가 山上憶良의
표기자가 아닐 수도 있기 때문이다. 작자와 서사자의 일치 여부는 상당히 난해한
문제이기도 하다. 물론 어느 정도는 밝혀낼 수 있지만, 거의 100%에 가까이 추정한
다는 것은 현재로는 불가능할 것으로 판단된다. 여기에는 특히 성운학적 관점에서
표기자 하나하나에 대한 검토가 필요한데, 현재까지 재구된 중고한음에 적지 않은
문제점 또한 존재하기 때문에 앞으로 상당한 기간 연구가 필요할 것이다.

추측할 수 있는데 그렇다면 奴의 표기는 어떠한가? 山上憶良는 奴의 표기자로 총 19회 사용하였는데, 사용된 어휘 또한 다양하다. '완료의 조동사 ぬ(8: 1-63 5-798 5-892 5-892 5-899 5-904 8-1520 8-1520), 부정의 조동사 ヌ(5: 5-794 5-870 5-886 5-8925-904), ぬく (2: 5-800 5-800), くぬち(1: 5-797), いぬ(犬1 5-886), しぬ(1: 5-889), ぬえとり (1: 5-892)' 와 같이 7개의 어휘에 奴를 사용하였는데, 만일 16-3867(奧鳥 鴨云舟者 也良乃埼 多未弓榜来跡 <u>所聞許奴可聞</u>〈筑前国志賀白水郎歌十首〉)[15]의 예도 山上憶良의 노래로 간주한다면, 총 20회로 새롭게 종조사 ぬか가 추가된다. 다만, 山上憶良의 5-794 노래(...許許呂由母 於母波奴阿比陀爾 宇知那毗枳 <u>許夜斯努礼</u> 伊波牟須弊 世武須弊斯良爾...)는 분명히 山上憶良의 표기로 추정되는데도 불구하고, ヌ의 표기자로 努를 사용한 것은 이미 大野晋[16]의 지적대로 奴자를 쓴 판본이 정확한 텍스트일 것으로 추정된다. 山上憶良는 ヌ의 표기자로는 문제가 되고 있는 794번의 努를 제외하면, 奴(20회)와 農(10회)만을 사용하였다. 따라서 奴의 표기 또한 山上憶良의 표기로 추정할 수 있다.

4 シノフ・シヌフ의 ヌ와ノ의 문제

しぬふ(偲ふ)는 しのふ・しのはす・しのはゆ와 함께 다루기로 한

---

15) 高木市之助・五味智英・大野晋校注(万葉集四 1962:490-491), 稲岡耕二(1986: 286-287) 참고. 작자가 시카라는 곳의 어부(志賀白水郎)와 山上憶良로 보는 설, 山上憶良로만 볼 수 없다는 설, 山上憶良로 보는 설로 나뉜다.

16) 大野晋(1954:10) 「努」とある古写本が多いが、紀州本に「奴努」と重複した字面が示されてゐる。この本文について種々の解釈が可能であるが、孤立した本文であるから、多数に従つて「努」を原形と認める。

다. 이미 잘 알려진 대로 しのふ는 しぬふ의 새로운 형태(二重形, doublet)로써 노인층과 같이 나이가 많은 작자나 고어의식을 반영하고자 할 때 しぬふ를 사용한 것으로 보인다. しのはす는 しのふ에 존경의 조동사 す를, しのはゆ는 수동・가능・자발의 조동사 ゆ가 결합된 형태이다.

먼저 しぬふ를 보면, 2-233의 작자 미상・15-3765의 中臣宅守・20-4367의 占部子龍(우라베노 오타츠)와 같이 3예가 있는데, 万葉集 제4기에 속하는 中臣宅守에 주목해보기로 한다. 그 이유는 같은 제4기에 속하는 大伴家持는 고어의식을 반영하지 않았기 때문에 しぬふ의 사용 예는 보이지 않고 오로지 しのふ만을 사용한데 반해, 中臣宅守는

15-3723　題詞　<u>中臣朝臣宅守</u>与<u>狭野弟上娘子</u>贈答歌
15-3765　麻蘇可我美　可気弓<u>之奴敵</u>等[17)]　麻都里太須　可多美乃母能
　　　　　乎　比等爾之売須奈
15-3766　宇流波之等　於毛比之於毛波婆　之多婢毛爾　由比都気毛知
　　　　　弓　夜麻受<u>之努波世</u>

와 같이 狭野弟上娘子(사노노 오토가미노 오토메)와의 贈答歌에서 しぬふ와 しのふ를 병용하였기 때문이다. 中臣宅守는 언제 태어나서 언제 죽었는지는 전혀 알 수가 없으나 万葉集에는 권 15에만 40수가 전해지는데, 본 논문과 관련된 노래로는 11수 13회[18)]가 보인다. 40수는 모두 天平(텐표우) 12년 즉, 740년에 지은 것으로 万葉集의 시대 구분 상[19)] 제4기에 속하는데, 中臣宅守는 天平寶字(텐표우 호우지) 7년(763

---

17) 大野晋(1954)에 의하면 奴는 ノ甲類가 아니라 ヌ로 違例에 속한다.
18) 3727 3732 3734 3735 3738(2회) 3741 3756 3759 3760(2회) 3765 3766.
19) 万葉集의 시대 분류는 일반적으로 다음과 같이 4기로 나눈다.
　　제1기: -672년, 제2기:673년-710년, 제3기:711년-733년, 제4기:734-759년.

년)에 從五位下가 되며, 『中臣氏系図』에 이듬해 惠美押勝(에미노 오시카츠)[20]의 亂에 연루되어 제명되었다는 기록에 의하면, 山上憶良(660-733년) 보다는 늦게 태어난 것으로 보이나 大伴家持(718?-785) 보다는 일찍 태어난 것으로 추정되는데 그 근거가 바로 しぬふ의 표기라고 할 수 있다.[21]

한편, しのふ(偲ふ)를 사용한 작자나 歌集을 살펴보면

제1기: 額田王
제3기: 笠金村 栖本人麻呂
제4기: 大伴家持 笠女郎 狹野弟上娘子 留女女郎 物部古麻呂(755년, 防人歌) 服部於由(755년, 防人歌) 上總國郡司妻 橘諸兄 大原今城
연대불명: 小田事 古歌集 河村王

와 같이 주로 제4기에 속한 작자들의 가요에 집중적으로 나타나기 때문에 しのふ는 しぬふ와 병존하고 있더라도 새로운 층인 것은 명확하다.

그런데, しのふ는 첫째, 제3기 작자에도 나타나며, 특히 古歌集(코카슈우)에도 나타나는데 이 가집은 大伴家持가 万葉集를 편집하는 과정에서 사용하였기 때문에 万葉集 성립 이전에 존재했을 것이고, 더군다나 '古'라는 자가 엄연히 존재한다는 것은 적어도 이 가집이 8세기 이전이었을 것으로 추측되므로 しのふ가 이미 8세기 이전에 존재했을 것으

---

20) 藤原仲麻呂(후지와라노 나카마로)의 별명임.
21) 山上憶良의 경우는 奴・努・怒에 의한 しぬふ의 예가 없다. 5-802: 宇利波米婆 胡藤母意母保由 久利波米婆 麻斯提斯農波由 伊豆久欲利 枳多利斯物能曾 麻奈迦比爾 母等奈可可利提 夜周伊斯奈佐農. 이 예는 728년에 쓰여진 것으로 農자에 의한 しぬふ의 예로 한 예만이 존재한다.

로 추정된다는 점, 둘째, 額田王(누카타노 오오키미)의 노래도 보인다
는 점, 셋째, しぬふ가 715년(2-233), 728년(山上憶良), 740년(中臣宅
守), 그리고 防守歌(755년)에 쓰인 것은 山上憶良의 경우는 노년층의
어휘로 볼 수 있고, 中臣宅守는 しのふ와 병용하고 있으므로 고어의식
이 작용한 것으로 추측되며, 防守歌는 방언형이면서 당시의 고어형(古
語形)이 잔존한 것으로 생각할 수 있다는 점 등을 고려하면, 다음과
같이 しぬふ를 설명할 수 있다. しぬふ가 8세기 이전에 쓰인 고어로서
額田王를 중심으로 새로운 이형태인 しのふ가 출현하여 병용되던 중
山上憶良와 같은 노년층에 잔존하고, 제3기를 중심으로 본격적으로 し
のふ로 대체되어 가다가, 제4기에 이르러 しのふ만이 남고 しぬふ는
방언에서 그 잔영이 보이는 것으로 설명할 수가 있다.

그러나 이와 같은 설명에 문제가 없는 것은 아니다. 그것은 額田王
의 표기를 어떻게 이해하여야 하는가이다. しのふ의 경우 최초의 예는
額田王의

1-16 ...秋山乃　木葉乎見而者　黃葉乎婆　取而曾思努布...

思努布인데, 각 주서서를 보면 私注의 경우 しぬぶ로, 全集・大系는 し
のふ로 읽고 있으나 그 이상의 언급은 없으며, 注釋(券第一 1990:92)은

　　「偲ふ」のノはもと「野」(四)と同じくヌと訓まれてゐたが、努(一六、その
　　他)、怒(二.一三一)、弩(八・一六二四)の仮名が用ゐられてゐて、これ
　　もノと改められた。「小竹」はササ(二・一三三)ともシノ(七・一三四九)とも
　　訓まれ、ここはシノの借訓とした。

와 같이 努자를 사용하였으므로 ノ로 즉 しのふ로 읽는다고 밝히고 있다. 그러나 적어도 1-16번 노래는 672년 이전에 지어진 것이고, 노래의 성격상 額田王는 山上憶良가 태어나기 이전의 인물이기 때문에 시기상으로 본다면 しのふ가 아니라 しぬふ이어야 할 것이다. 그렇게 본다면, 努는 ノ가 아니라 ヌ이어야 하며, 古歌集의 예도 しぬふ의 표기로 보아야 할 것이다.[22) 한편, 판본을 보았을 때도, 額田王나 古歌集[23) 모두 판본에 따른 자의 차이가 없는 점으로 보아 서사(書寫) 당시에도 努이었을 가능성이 크기 때문에 ヌ의 표기로 사용되었을 가능성을 한층 강화시켜 준다고 할 수 있다.

▌5 シノグ~タクヅノ

しのぐ(凌ぐ)는 8-1655(高山之　菅葉之努芸　零雪之　消跡可曰毛
恋乃繁鶏鳩〈三国人足〉), 19-4249(伊波世野爾　秋芽子之努芸　馬並
始鷹猟太爾　不為哉将別〈大伴家持〉), 20-4297(乎美奈弊之　安伎波疑
之努芸　左乎之可能　都由和気奈加牟　多加麻刀能野曾〈大伴家持〉)
와 같이 3회 보인다.

---

22) 그렇다면 성운학적 관점에서 努가 ぬ와 の로 쓰일 수 있는 설명이 가능할 것인가하는 복잡한 문제가 제기되는데, 이 점에 대해서는 다음 논문에서 자세히 다루기로 한다.

23) 古歌集은 하나의 가집명인지 아니면 여러 가집을 모은 것인지 명확하지 않다. 그러나 분명한 것은 아스카(飛鳥)시대부터 제3기(711-733년) 이전일 것이다. 大系(万葉集二 1959:63) 万葉集編纂の材料になった歌集の一。編者も、もとの体裁も不明。万葉集の巻二・七・九・十・十一に見える。巻七・九には古集という名もあるが同じものであろう。長歌・短歌・旋頭歌があり、おおむね飛鳥・藤原京時代の作。

しのには 9회(奴: 3-266 柿本人麻呂, 8-1552 湯原王, 10-2256 작자미상, 17-3979/19-4146 大伴家持, 17-3993/17-4003 大伴池主, 20-4500 市原王 ; 怒: 11-2779 작자미상) 쓰였다. しのには

3-266 淡海乃海　夕浪千鳥　汝鳴者　情毛思努爾　古所念(柿本人麻呂)

와 같이 앞에 心も와 연결되어 7음절을 이루어 한 구를 형성하는 것이 특징이다. 단지 작자미상의 相聞歌의

10-2256 秋穂乎　之努爾押靡　置露　消鴨死益　恋乍不有者

의 예만이 心もしのに와 같은 정형화된(stereotyped) 구를 일탈했을 뿐 9예 중 8예가 心もしのに로 쓰였고, 怒(心裳四怒爾)의 표기도 보인다.

しののには '朝霧爾　之努努爾所沾而　喚子鳥　三船山従　喧渡所見' 와 같이 10-1831에 보이는데 ノ가 努로 중복 표기되었다. 기본 텍스트(底本)인 西本願寺本(니시혼간지본)에는 怒로 표기되었으나, 元暦本(겐랴쿠본)·類聚歌林(루이쥬카린)에 의해 努의 표기로 본 것이다.

たくづの(杼綱)는 20-4408(...知知能美許等波　多久頭努能　之良比気乃宇倍由...)의 大伴家持의 防守歌에 1예 보인다. たくづのの는 新羅(しらぎ)를 수식하는 枕詞로 잘 알려진 구이다.

▌6 タノシ와 タヌシ

たのし(樂し)는 7예(5-815　5-832　5-833　17-3905　18-4047　18-4071　20-4300)가 보이는데 여기에는 大野晋가 주장하는 권18의 위례의 문제 제1군에 속하는 4047번(多流比売野　宇良乎許芸都追　介敷乃日波　多努之久安曾敝　移比都支爾勢牟)도 포함된다. 한 가지 흥미로운 사실은 万葉集에서는 たのし의 고형(古形)으로 추정되는 たぬし가 단 한 차례도 쓰이지 않았다는 점이다. 그 이유는 첫째, 음차자(音借字)로 努자만이 쓰였다는 점, 둘째, 음차자의 예가 나타난 노래의 작자는

　　大貳紀卿, 荒氏稻布, 野氏宿奈麻呂(이상 제3기)
　　大伴書持, 遊行女婦土師, 大伴家持, 大伴池主(이상 제4기)

와 같이 万葉集 제3기와 제4기의 작자들이기 때문에 이미 고형인 たぬし보다는 신형(新形)인 たのし를 썼다는 점을 들 수 있다. 그렇다면, 음차자 이외의 たぬし·たのし의 예는 없는가? 万葉集의 예를 살펴보면, 총 8회가 보이는데

3-262	朝楽毛(柿本人麻呂)	3-347	怜者(大伴旅人)
3-348	楽有者(大伴旅人)	3-349	楽乎有名(大伴旅人)
6-1015	楽所念(榎井王)	9-1753	楽者(高橋虫麻呂歌集)
19-4174	楽終者(大伴家持)	19-4272	楽伎小里(大伴家持)

와 같이 훈독 표기로 樂이 주로 사용되었고 怜 표기가 1예 보인다. 이들 작자들은 柿本人麻呂(카키모토노 히토마로)가 제2기로 가장 이르

고, 이어서 제3기로 大伴旅人(오오토모노 타비토), 高橋蟲麻呂歌集, 그리고 제4기로 榎井王(에노이노 오오키미), 大伴家持이다. 즉, たぬし가 쓰일 수 없는 시대적 조건인 신형이 대세를 이루는 시점이었다는 점을 세 번째 이유로 들 수 있다.

한편, 山田実(야마다 미노루 1987:.235-240, 258-260)는 5-815, 5-832, 18-4047, 20-4300 등에 보이는 樂し의 努 표기를 ヌ로 설명하고 있는데, 그 근거로 오키나와 방언 중 輿論方言(요론방언)에 樂し의 어간은 /tano/가 아니라 /tanu/인 점을 들었다. 그의 주장은 輿論방언음을 근거로 橋本進吉(하시모토 신키치)와 大野晋의 8모음설을 부정하고, 奴계열은 /nju, nuu, nu/(奈良시대)〉/nu/(平安시대)로, 怒계열은 /nu/(奈良시대)〉/no/(平安시대)로 변화한 것으로 보고 있기 때문이다. 즉, 奈良시대의 ノ와 ヌ의 음가는 같은 것으로 본 것이다.[24] 중고 한음 음가 추정에 대하여 부정적인 견해에서 출발한 그의 설은 성운학적 관점에서 보면 甲類와 乙類 문제를 전혀 설명할 수 없다는 점, 森博道(모리 히로미치)의 알파군·베타군설을 뒤집을 수 없다는 점에서 따르기 어렵다. 또한, 万葉集의 樂し의 ヌ·ノ 표기자로 努만이 나타난 점과 훈독표기를 포함한 작자의 주류가 제3기와 제4기라는 점을 고려하면, 樂し의 努 표기는 ヌ가 아니라 ノ甲類의 표기로 보아야 할 것이다.

---

24) 山田実(1987:240) また,njuから変化したnuが、奈良朝中期以後から用いられ、「奴」字は、平安朝では/nu/のみを表わすのに用いられ、奈良朝で/nu/を表わすのに用いた「怒」類は、/nu〉no/の変化をして、平安朝では/no/を表わすのに用いられたのである。以上のごとき音価推定や変化事情については、橋本博士たちは考え及んで居られない。

7 チヌ와 チノ의 문제

기존의 주석서의 분석에 따르면 ちぬ는 6회 보이는데, 그 예는 다음과 같다.

7-1145	陳奴乃海爾, 지명	
9-1811	陳努壮士, 高橋虫麻呂歌集	
17-3926	智奴王, 인명, 大伴家持, 左注	
19-4211	知努乎登古, 인명, 大伴家持	
19-4275	右一首從三位文屋智努真人, 인명, 左注	
20-4477	智努女王, 인명, 題詞	

그런데, ヌ의 표기로 奴가 1145와 3926만이 쓰인데 반해, 일반적으로 ノ甲類의 표기로 추정되는 努가 1811, 4211, 4275, 4477에 쓰여, ちぬ만이 아니라 ちの가 존재한 것으로도, 다시 말하면 이중형(二重形)이 존재한 것으로도 해석할 수밖에 없다. 즉, 같은 지명과 인명 표기에 각각 '陳奴, 陳努, 知努'와 '智奴, 智努'로 표기되었는데, チ의 표기자는 본 논문과 직접적인 관계가 없으므로 생략하고, ヌ의 표기를 보면 奴와 努가 혼용된 것을 볼 수 있다. 그렇다면, ちぬ와 ちの 두 지명과 인명이 존재한 것인가? 그렇지 않다. ちぬ라는 지명과 인명만이 존재한 것으로 판단되는데, 그렇다면 왜 奴만이 아니라 努자 표기가 보이는 것인가?

먼저 1811의 努자에 대하여 大系(萬葉集二 1959:41-43)에서는 ノ와 ヌ의 혼용의 원인을 공통된 음부(音符)를 지닌 자의 경우 즉, 努・弩는 奴라는 공통 음부가 있으므로 잘못 표기할 가능성이 크다는 誤寫의 문제, /o/와 /u/ 간의 모음교체에 따른 이중형의 존재, 그리고 奈良시

대 음운의 시대적 변화가 일어난 사실을 제시하였고, 외부적으로는 중
국음 자체에 ㄴ를 표기할만한 적절한 자가 없었기 때문이라고 하였다. 注釋
(券第十九 1990:109-110)에서는 陽明文庫本 万葉集에 知奴로 표기된
것을 따라야 한다[25]고 하였다. 한편, 森山隆(모리야마 타카시 1971:
213-232)는 'オ列甲類およびウ列に関する二・三の問題 第一節 七・八世
紀におけるオ列甲類の変容'에서 大野晋와 鶴久(츠루 히사시)를 비판하
면서 有坂秀世(아리사카 히데요)의 설을 보완하여

> 奴怒努の字母が大宝二年戸籍帳に至るまでまづヌに使用され、古事記
> 以降の文献で努怒をノ甲にあてるやうにたったのは、それまでオ列甲とウ列と
> の接近によって明確でなかった両者の間が、ウ列が再び安定した位置を占
> めるやうになったため、ヌとノ甲との書き分けの必要が生じて、改めて努怒を
> ノ甲に特にあてるやうになったのであらう。森山隆(1971:230)

와 같이 주장하였다. 즉, 그는 奈良시대 훨씬 이전에는 ウ列音과 オ甲
類音이 각각 /u/와 /ɔ/이었다가, 700년대초에 /u/와 /o/ 로 접근이 이
루어져 이중형의 문제가 일어났으며, 750년경에 オ列은 /o/로 ウ列은
/ɯ/로 변함으로 해서 두 모음간의 차이가 분명해져 ノ의 표기로 努・
怒를 사용하게 되었다고 보았다. 이것은 당시 중국음으로는 설명하기
곤란하므로 역으로 有坂秀世와 같이 일본어 내에서의 음의 유사성에
서 해결하려는 발상의 전환이라고 할 수 있다. 이와 같이 세 학자의

---

25) (九・一八一一)の場合は藍、元、京には「陳奴」とあつて「陳努」とあるのは類、古、
　　西その他である。即ちこの三つの例、諸本共に「努・弩」とある場合はないのであ
　　る。だとすれば、集中の例に従つて、「奴」とある本を正しいと見る事も出来るのであ
　　り、ともかくチヌと読み、茅淳(六・九九九)の地の男と見るべきである。

설은 각기 다르기도 하지만 나름대로 근거의 타당성이 있다. 그렇다면, 필자는 1811을 포함하여 이 문제에 대하여 어떻게 보고 있는가에 대하여 논하기로 하자.

1811의 努표기는 판본의 차이로 판단된다. 이 가요는 高橋蟲麻呂歌集(타카하시노 무시마로 가집)에 실려 있는데, 이 가집에서 奴・努・怒의 예는 奴가 6예에 보이며 모두 완료의 조동사 ぬ 표기로 쓰였으며, 怒는 숙어로 たけぶ(建ぶ)의 정훈(正訓)표기 建怒로 1예, 그리고 1811의 ちぬ의 표기 1예, 총 8예[26]가 권9에만 나타난다. 적은 예이기는 하지만 ヌ의 표기에 努가 사용된 것은 1811을 제외하면 없다는 점에서 판본의 차이임을 간접적으로 유추할 수 있다. 만일 판본에 차이가 없이 모두 努로 표기되었었다면 아마도 ちぬ로 읽되 예외로 처리해야만 했을 것이다. 그 이유는 高橋蟲麻呂는 제3기의 작자라는 점에서 이미 日本書紀(니혼쇼키)에 努[27]의 표기가 알파군에서는 ノ의 표기자로 쓰이고 있으므로 이미 努가 ノ의 표기임을 알면서도 ヌ로 사용한 것으로 볼 수 있기 때문이다.

4211은 ちぬ의 표기로

古爾　有家流和射乃　久須婆之伎　事跡言継　知努乎登古　宇奈比壮
子乃　宇都勢美能　名乎競争登　玉剋　寿毛須底弖　相争爾　嬬問為家
留　嬼嬬等之　聞者悲左...

---

26) 奴:9-1738(門至奴), 9-1740(頓　情消失奴　若有之　皮毛皺奴　黒有之　髪毛白斑奴), 9-1757(寒来喧奴...白浪立奴)；努:9-1811；怒:9-1809(建怒而).

27) 알파군의 예로는 '烏智可稚能 阿婆努能枳枳始 騰余謀佐儒 倭例播補始柯騰 比騰曽騰余謀須(권24 皇極紀)'이 있으며, 베타군의 예로는 '瓊玉也此曰努(巻一神代上), 小竹此云芝努(권7 神功紀)'가 보인다.

와 같이 知努 즉, 努자를 사용하였다. 이에 대하여 大系[28]에서는 大伴
家持가 1809의 표기법을 보고 그에 따른 것으로 보고 있다. 이에 대하
여 注釋(券第十九 1990:109-110)에서는 판본의 차이로 보고 奴로 쓰인
판본이 옳다고 하였다. 필자는 注釋의 주장대로 판본의 차이로 판단된
다. 그 이유는 万葉集 내에서 大伴家持의 努 표기 예를 모두 살펴보면,
총 34회가 보이는데, 문제가 되고 있는 ちぬ의 표기에 努를 사용한 것
을 제외하면, 'あの, しのぐ, しのに, しのはす, しのはゆ, たくづのの,
たのし, ちの, よしの, をの, 野'와 같은 어휘 표기로 33예 모두 ノ의
표기로 努[29]를 사용하였으며, ヌ의 표기로는 85회가 모두 奴자만을 사
용하였기 때문이다. 또한, 4275도 판본의 차이에 의한 것으로 추정된
다. 그런데, 4477의 경우는 판본에는 努자만이 보인다는 점, 그리고 권
20에 보이며 圓方女王(마토카타노 오오키미)가 작자라는 점에서 제4
기에 속하므로 당연히 努는 ノ의 표기로 추정된다. 그러나 비록 努로
표기가 되었다고 하더라도, 'ちぬのおおきみ'를 나타내기 위하여 努를
쓴 것은 'ちぬ'가 일반명사가 아니라 지명과 인명의 고유명사라는 특
수성에 비추어볼 때, 그리고, 인명으로는 의미가 부정적인 奴자보다는
題詞에 '智努女王卒後円方女王悲傷作歌一首'와 같이 보이는 것처럼
이미 세상을 떠난 'ちぬのおおきみ'를 애도하기 위하여 努자를 사용한

---

28) 大系(万葉集四 1959:348-349) 血沼壮士-和泉の血沼の男。㈢一八〇九注。原
　　文、知努乎登古。努は、万葉集では大体ノ甲類noに用いる仮名。しかし、努・
　　怒・奴は、当時、中国で同音の文字。noの音を表わした。当時、中国には匹に
　　ぴったりとあたる音節がなかったので、その文字もなく、日本では、同音の奴・怒・
　　努のうち、字画の少ない奴をヌにあて、怒・努をノ(甲類)にみてて日本語のヌとノ(甲)
　　とを区別した。しかし、日本書紀や正倉院文書などでは・奴・努・怒・弩をヌにもノ
　　(甲)にも用いて区別ていない。チヌヲトコの揚合、巻九、一八〇九では智弩壮士、
　　一八一一では陳努壮士と書いている。今この歌で大伴家持が、知努乎登古と書い
　　ているのは、その用字に見習って、努の字を用いたのではなかろうかと思われる。
29) 이밖에 怒의 표기로 19-4119(之怒比爾家礼婆)에 しのふ 1예만이 보인다.

것으로 판단된다.

이상 アノ에서 チノ까지의 奴努怒의 사용 예를 비율로 나타내면 다음 표와 같다.

번호	어 휘	奴	努	怒	소계
1	あの	0	3	0	3
2	いぬ(往ぬ)	2	0	0	2
3	いぬ(犬)	1	0	0	1
4	いの(寢)	0	1	0	1
5	うの	0	1	0	1
6	かぬかぬ(兼ぬ兼ぬ)	2	0	0	2
7	かぬまづく	1	0	0	1
8	かのまづく	0	1	0	1
9	きぬ(絹)	8	0	0	8
10	くぬち(國內)	2	0	0	2
11	こぬみ	1	0	0	1
12	こぬれ(木末)	6	0	0	6
13	さのやま	0	1	0	1
14	しぬ(死ぬ)	5	0	0	5
15	しぬふ(偲ふ)	3	0	0	3
16	しのぐ(凌ぐ)	0	3	0	3
17	しのに	0	8	1	9
18	しののに	0	2	0	2
19	しのはす(偲はす)	0	4	0	4
20	しのはゆ(偲はゆ)	0	1	0	1
21	しのふ(偲ふ)	0	40	3	43
22	たくづの(杼綱)	0	1	0	1
23	たのし(樂し)	0	7	0	7
24	ちぬ	2	1	0	3
25	ちの	0	3	0	3
	합 계	33	77	4	114

8 나오는 말

본고에서는 アノ부터 チノ까지 25개의 어휘에 쓰인 奴·努·怒 세 자의 사용실태를 검토해 보았다. 기존 주석서에는 예에 따라서 '奴=ヌ, 努怒=ノ甲類'라는 도식과는 달리 서로 다른 훈독법(訓讀法)을 제시하기도 하였는데, 본고에서는 판본의 차이나 각 작자의 사용실태 그리고 万葉集의 시대구분 등을 통하여 필자의 견해를 제시하였다. 주된 내용은 표기 문제와 관련된 것으로 1~3을 들 수 있으며, 서사자의 문제, 그리고 タノシ의 古形 タヌシ가 만요우슈우에 보이지 않은 이유 등에 관한 것으로 그 결과를 요약하면 다음과 같다.

1. 伊努礼等母(20-4351)는 防守歌로 9예 모두 ノ로 쓰였으며, 9예 중 5개의 어휘나 보인 점으로 보아 イノレドモ로 읽어야 한다.

2. 1-16의 思努布는 672년 이전에 지어진 것이며, 작자 額田王는 山上憶良가 태어나기 이전의 인물이라는 점, 그리고 판본에는 모두 努자만이 쓰였다는 점에서 シヌフ일 가능성이 높다.

3. チヌ의 표기자 '陳奴, 陳努, 知努'와 '智奴, 智努'의 努는 20-4477 을 제외하면 모두 판본의 차이에 의해 ノ의 표기로 추정된다. 4477은 제4기의 가요이나, チヌ에 쓰인 努가 지명과 인명의 고유명사 표기자라는 특수성과 인명으로 부정적인 의미를 지닌 奴자를 꺼려한 것으로 판단되기 때문에 이 예 또한 ヌ의 표기로 추정된다.

4. 5-889의 一云에 쓰인 志奴는 서사자가 山上憶良로 추정된다.

5. タノシ의 古形 タヌシ가 없는 이유는 음차자로 努만이 쓰였고,

음차자의 경우 작자가 제3기와 제4기에 속한다는 점, 그리고 훈
독자를 포함할 경우 柿本人麻呂만이 제2기이며 나머지 작자 또
한 제3기와 제4기에 속한다는 점을 들 수 있다.

본고에 이은 『萬葉集』의 '奴・努・怒' 표기 연구(Ⅱ)에서는 'ツクノ'
부터 'ヲノ'까지의 표기로 사용된 奴・努・怒를 검토하여 이 세 자의
사용실태와 훈독법 더 나아가서는 중고 한자음과의 관계를 명확히 밝
혀냄으로써 중고한자음 模韻 재구음의 타당성을 재검토하기로 하겠다.

참고문헌

김대성. 1999. 中古漢語の模韻の音価再構について.「福岡大学大学院論集」30,
　　　　15- 29.
김대성. 2000. 韓日資料による中国の中古漢字音の再構成 - 魚韻の再構音について
　　　　-「東アジア日本語教育日本文化研究」2, 131-144.
김대성. 2003a.「고대 일본어의 음운에 대하여」. 서울: 제이앤씨.
김대성. 2003b.「韓日資料による中古漢音韻母音の再構」. 서울: 제이앤씨.
有坂秀世. 1955.「上代音韻攷」. 東京: 三省堂.
稲岡耕二. 1986.「万葉表記論」. 東京: 塙書房.
大野晋. 1954. 奈良時代のヌとノの万葉仮名について「万葉」12, 1-24.
大野透. 1962.「万葉仮名の研究」. 東京: 明治書院.
沢瀉久孝. 1990.「万葉集注釈 巻第一-巻第二十」. 東京: 中央公論社.
高木市之助・五味智英・大野晋. 1957-1962.「万葉集 一-四(日本古典文学大系)」.
　　　　東京: 岩波書店.
小島憲之・木下正俊・東野治之. 1994-1996.「万葉集(新編日本古典文学全集)」.
　　　　東京: 小学館.

土屋文明. 1956.「万葉集私注 第一巻-第十八巻」. 東京: 筑摩書房.

鶴久. 1956. 上代特殊仮名遣の消滅過程について-「野」字の訓の変遷をめぐって- 「文学研究」55, 71-92.

鶴久・森山隆. 1995.「万葉集」. 東京: おうふう.

藤堂明保. 1980.「中国語音韻論」. 東京: 光生館.

橋本進吉. 1942.「古代国語の音韻に就いて」. 東京: 明世堂.

森博達. 1991.「古代の音韻と日本書紀の成立」. 東京: 大修館書店.

森山隆. 1971.「上代国語音韻の研究」. 東京: 桜楓社.

山田実. 1987.「古代音韻の比較研究」. 東京: 桜楓社.

董同龢. 1993.「漢語音韻學」. 臺北: 文史哲出版社.

王力. 1985.「汉语语音史」. 北京: 中国社会科学出版社.

제9장

『萬葉集』의 '奴·努·怒' 표기 연구(Ⅱ)

1 들어가는 말

본고는 『언어과학연구』 제37집에 발표한 '『万葉集』의 '奴·努·怒' 표기 연구(Ⅰ)'에 이은 것으로 이전의 연구에서는 'アノ'부터 'チノ'까지의 제 주석서의 훈독법을 살펴보고 판본의 차이, 각 작자의 사용실태 그리고 萬葉集(만요우슈우)[1]의 시대구분 등을 근거로 '伊努礼等母'는 'イノレドモ'이며, 권1의 16번 가요의 '思努布'는 'シヌフ'일 가능성이 높고, '陳努, 知努, 智努'의 努는 권20의 4477의 努(ヌ의 표기로 추정)를 제외하면 ノ甲類의 표기로 추정된다는 사실을 밝혔다.

본고에서는 'ツクノ'부터 'ヲノ'까지 그리고 正訓과 定訓이 없는 것을 포함하여 萬葉集 내에 쓰인 奴·努·怒 세 字에 대한 제 주석서의 훈독법을 검토하여 그 사용실태를 살펴보고, 이전 논문에서는 다루지 못 한 中古漢音의 模韻 再構音에 대한 타당성을 검토하고자 한다. 그럼으로써 중고 한자음과의 관계를 통해 상대 일본어 내에서 이 세 字가 차지하는 의의를 알 수 있게 될 것이며, 앞으로 山上憶良의 ノ甲類와

---

1) 일본어 우리말 적기는 필자의 표기법을 따르기로 한다. 김대성(2003a:106-107) 참고.

ㅈ의 문제뿐만 아니라 /o/와 /u/를 둘러싼 二重形 문제 등을 규명하는 선행연구가 될 것이다.

2 주석서의 훈독법 검토

본 장에서는 鶴久·森山隆(츠루 히사시·모리야마 타카시 1995)에 제시된 萬葉集 訓讀 중에서 대다수의 주석서와는 다른 훈독을 제시하고 있는 '許夜斯努禮'와 '완료와 부정의 조동사 ㅈ와 ノ甲類'에 대하여 검토해보고 필자의 견해를 밝히고자 한다. 물론 전자 또한 후자에 속한 예이기는 하지만, 전자는 판본의 차이와 작자에 따른 성격이 강하므로 절을 달리하여 서술한 것이다. 이 두 가지 이외에는 특별히 문제가 되지 않기 때문에 장을 달리하여 개괄적인 분석에서 다루기로 한다.

2.1. 許夜斯努禮의 努의 문제

萬葉集에는 다음과 같은 가요가 보이는데,

   ...許許呂由母 於母波奴阿比陀爾 宇知那毗枳 許夜斯努礼[2] 伊波牟
   須弊 世武須弊斯良爾...(5-794)[3]

여기에서 許夜斯努禮의 努의 문제에 대해서는 김대성(2006b)에서 충

분히 검토하였지만 본고의 이해를 위하여 일부 수정하면서 다시 거론하기로 한다.

稲岡耕二(이나오카 코우지 1986: 284)에 의하면

> 日本挽歌にはみられなかった仮名を併用しつつ令反或情歌が記されていること、加えて、迦・企・斯・周という憶良作歌に集中してみられる仮名が八〇〇にも指摘されること、それに既述のモの二類の区別を併せて、日本挽歌と同一人の文字遣いを示すものと結論してよかろうと思う。

와 같이 794번 가요는 山上憶良(야마노우에노 오쿠라)의 표기로 추정되는데, 이 努는 大野晋(오오노 스스무 1954) "「努」とある古写本が多いが、紀州本に「奴努」と重複した字面が示されてゐる。この本文について種々の解釈が可能であるが、孤立した本文であるから、多数に従つて「努」を原形と認める。"의 지적대로 奴이었을 가능성을 배제할 수는 없다. 그러나 山上憶良의 표기에만 보이는 藤(ド甲類)・農(ヌ) 등과 같은 독특한 음차자의 사용을 보면, 여기에서의 努 또한 단순히 奴의 誤寫로 보는 것 보다는 山上憶良 가요 중에서 ノ甲類의 음차 표기자가 없는 점, 즉 'ノ甲類=訓読表記'라는 점을 미루어 볼 때, ヌ의 표기자로 奴와 더불어 努를 사용한 것으로 판단된다. 따라서 '奴=ヌ, 努怒弩=ノ甲類'라는 등식을 그대로 존중한다면, 가요의 의미에 따라 완료의 조동사가 와야 할 자리이므로 努는 ノ甲類가 아니라 ヌ의 표기인 것은 분명하기 때문에, 이 규칙에 어긋나는 가요로

9-1811 墓上之 木枝靡有 如聞 陳努壮士爾之 依家良信母(高橋虫麻呂歌集)

1-16　　...秋山乃　木葉乎見而者　黃葉乎婆　取而曾思努布...(額田
　　　　王)

20-4477　智努女王卒後円方女王悲傷作歌一首(題詞 円方女王)

와 같이 山上憶良는 高橋虫麻呂歌集(타카하시노 무시마로 가집), 額
田王(누카타노 오오키미)와 円方女王(마토카타노 오오키미)와 함께
萬葉集 내에서 奴와 努를 구분하지 않고 사용한 몇 안 되는 작자로
보아야 할 것이다.[4]

2.2. 완료·부정의 조동사 ヌ와 ノ甲類

완료의 조동사에 奴 이외의 字로 표기된 가요는 다음과 같다.

14-3395　乎豆久波乃　祢呂爾都久多思　安比太欲波　佐波太奈利努乎
　　　　万多祢天武可聞(常陸国)

14-3480　於保伎美乃　美己等可思古美　可奈之伊毛我　多麻久良波奈
　　　　礼　欲太知伎努可母

14-3527　於吉爾須毛　乎加母乃毛己呂　也左可杼利　伊伎豆久伊毛乎
　　　　於伎弖伎努可母

20-4401　可良己呂武　須宗爾等里伎　奈苦古良乎　意伎弖曾伎怒也
　　　　意母奈之爾志弖(他田舎人大嶋 信濃国)

20-4403　意保枳美能　美己等可之古美　阿乎久牟乃　等能妣久夜麻乎

---

4) 万葉集에는 模韻 次濁字에 속하는 平声字인 '奴'와 上声字(姥韻)인 '努怒' 이외에
'弩(上声)'도 나타난다. 弩는 '8-1609 宇陀乃野之　秋芽子師弩芸　鳴鹿毛(丹比真
人)' '8-1624 吾之蔚有　早田之穂立　造有　蘰曾見乍　師弩波世吾背(坂上大嬢)'
'9-1809 智弩壮土 宇奈比壮士乃　廬八燎　須酒師競 相結婚 為家類時者(高橋虫麻
呂歌集)'와 같이 シノグ·シノハス·チヌ의 표기로 총 3회 보인다.

古与弖伎怒加牟(小長谷部笠麻呂 信濃国)

이상과 같이 努가 3회(東歌 아즈마우타), 怒가 2회(防人歌 사키모리우타) 보인다. 부정의 조동사에는

> 20-4341 多知波奈能 美袁利乃佐刀爾 父乎於伎弖 道乃長道波 <u>由伎加弖努加毛</u>(丈部足麻呂 駿河国)
>
> 20-4344 和須良牟弖 <u>努由伎夜麻由伎</u> 和例久礼等 和我知知波波波 <u>和須例勢努加毛</u>(商長首麻呂 駿河国)
>
> 20-4356 和我波波能 蘇弖母知奈弖氏 和我可良爾 奈伎之許己呂乎 <u>和須良延努可毛</u>(物部乎刀良 上総国)

와같이 防人歌에만 努가 3회 보이는데, 완료와 부정의 조동사 모두 連体形으로만 쓰였다. 이와 같이 努와 怒로 표기된 8예에 대한 주석서의 훈독법을 살펴보면, 완료의 조동사는

> 注釈[5]: (14-3395)「なりの」はなりぬの転。「ぬ」が甲類「の」になつた例はこの先(三五二七)にもある。(권14 p.77); (20-4401)「怒」は甲類のノであるからキノヤとも訓めるが、ここはヌの仮名に使つたかと思はれる(四四〇三)。(권20 p.137)
>
> 大系: (20-4403)原文、伎怒加牟。怒はこの国では否定の助動詞ヌの所に二例使われている。これは、この地方で、nu→noという訛があったのだとも見られるが、奴と怒とは中国で同音であるから、戸籍帳や日本書紀で通用させているように、この国でも奴と通用させ、ヌのつもりで使っている

---

5) 주석서는 기술의 편의상 다음과 같이 줄여서 쓰기로 한다. 万葉集注釈→注釋, 万葉集(日本古典文学大系)→大系, 万葉集私注→私注, 万葉集(新編日本古典文学全集)→全集.

のかもしれない。その点は決定できない。(권4 p.437)

와 같이 注釋은 ヌ의 轉으로 볼 뿐 그 이상의 언급은 없다. 大系는 信濃國(4401 · 4403)에서는 奴와 怒가 通用된 것으로 추정하여 ヌ로 보고 있으나 단정적이지 않으며, 3395 · 3480 · 3527은 ノ甲類로 u→o의 轉訛로 보고 훈독하였다. 全集과 私注는 모두 ヌ로 훈독하였으나 근거는 전혀 제시하지 않았다.

한편 부정의 조동사(4341 · 4344 · 4356 防人歌)는

　　注釈: (20-4341)「加旦努」の「努」は元、類、古、紀、細などによる。「勝奴鴨」(二・九八)とあつたやうに、「奴」が正しく、「努」はノ(甲類)の文字で当らないので、西、京に「奴」とあるのが原本の文字とも思はれるが、それは仙覚が改めたもので、原本は万葉の例に従はず、「努」を「奴」と同じくヌの仮字としたものか、或いはヌをノと訛つたものとも考へられる。(권20 p.64); (20-4344)「努」の字を用ゐた例(四三四一)とも見られるが、ここは上に「努由岐」とノと訓んでゐるので、同じ歌で同じ文字を二様に訓む事はどうかと思はれるので、ヌをノと訛つたと見る方がよいのではなからうか。(권20 p.68)

　　大系(20-4341): 　努は、万葉集では一般にノ甲類noに使うが、駿河国ではヌに使っている。奴・努・怒は中国語ではnoの音の字であるから、ノ甲類noに使うのが自然であるが、日本語ではnoの音節は少なく、nuが多いのに対し、nuという音節は中国語には無かったので、noの音の文字を、nuとnoとに人為的に使い分けた。しかし駿河国では万葉集一般の習慣と一致しなくて、ヌに努をあてた。(권4 p.417)

와 같이 注釋은 4356의 경우 奴로 보기 때문에 ヌ 표기로 쓰인 것이고,

4341은 ㇴ와 ノ甲類 어느 것으로 확정짓지 않았으며, 4344는 '努由岐'의 努에 의해 ノ甲類로 처리하였다. 大系는 부정의 조동사를 모두 ㇴ로 처리하였는데 그 이유는 萬葉集의 일반적인 구별표기에 어긋나는 것으로 본 것이다. 全集은 특별한 근거가 없이 모두 ㇴ로 훈독하였으며 私注는 해당 주석서가 본래 없다.

이와 같이 완료의 조동사와 부정의 조동사를 奴가 아니라, 努와 怒로 표기한 것을 ㇴ의 표기로 볼 것인가 아니면 ノ甲類의 표기로 볼 것인가 하는 문제에 대하여 결론적으로 말하면 필자는 ノ甲類로 추정한다.

福田良輔(후쿠다 료우스케 1980: 337-338)는 동사의 연체형과 종지형이 방언형에서는 ウ列만이 아니라 オ列(甲類)로도 나타난다는 근거가 완료·부정의 조동사에도 적용된다는 주장에 필자도 동의하면서 두 가지 근거를 제시하면 다음과 같다.

첫째, 東歌와 防人歌에 쓰인 努·怒는 완료·부정의 조동사로 쓰인 어휘를 제외하면, 努는 東歌에서는 총 28예[6] 중 25예가 ノ(野10:上つ毛野9 3404·3405·3407·3415·3416·3417·3418·3420·3423, 下つ毛野1 3425), シノフ(6 3426·3516·3520·3532·3570·3575), シノハス (1 3515), ニノ(布 1 3351), ニノグモ(布雲 1 3513), ノガナヘ(1 3476), ノジ (虹 1 3414), 지명인 安努(2 3447)와 左努山(1 3473), 그리고 의미 불명인 カノマヅク(1 3518)와 같이 다양하게 쓰였다. 또한 防守歌에서는 총 10예[7] 중 7예가 ノ(野2 4344商長首麻呂·4417宇遲部黒女), シノフ (2 4327物部古麻呂·4421服部於由), イノ(寝の 1 4351玉作部国忍), タク

---

6) 완료의 조동사 努(3395·3480·3527) 3예 제외.

7) 부정의 조동사 努(4341·4344·4356) 3예 제외.

ツノ(栲綱 1 4408大伴家持), 그리고 格助詞 'ニ'의 방언형인 ノ(1 4358物部竜)로 사용되었다. 이상과 같이 努는 완료·부정의 조동사 이외에도 여러 어휘의 ノ甲類의 표기로 사용된 반면, ヌ의 표기로는 나타나지 않는 점을 고려해보면 분명히 ノ甲類의 표기임을 확신할 수 있다. 다만 怒는 防守歌에만 완료의 조동사로 2예(4401他田舍人大嶋·4403小長谷部笠麻呂) 나타난 것을 제외하면, 나머지는 東歌와 防守歌가 아닌 가요에만 シノフ(3 131柿本人麻呂·2259,4119大伴家持), シノニ(1 2779), 都久野(1 3886)와 같이 音借表記로 5예가 보이며, 또한 正訓(2 1809高橋虫麻呂歌集·3807)으로 쓰인 예도 나타난다. 따라서 防守歌의 완료의 조동사 '怒' 표기가 ノ甲類인지 ヌ인지에 대하여 근거를 제시하기 곤란하지만, 이상과 같은 예들에 의하면 ノ甲類일 가능성이 크다.

둘째, 努가 ノ甲類가 아니라 ヌ로 쓰인 것은 이미 앞에서 지적한 바와 같이 그만한 이유가 있는 소수에 불과하다는 사실이다. 예를 들면 山上憶良의 경우 努는 상대 일본어에서 일반적으로 대다수의 작자가 ノ甲類의 표기자로 사용한 것과는 달리 ヌ의 표기로 사용한 점을 들 수 있다.

한편 大系의 중국어음에 의한 근거에 필자는 동의하지 않는다. 模韻이 [o]이었다면, 가장 획수가 적은 奴가 동일한 혹은 유사한 모음을 지닌 ノ甲類로 쓰이고 획수가 비교적 많은 努·怒·弩 등이 ヌ로 쓰이는 것이 더 타당할 수도 있을 것이다. 다시 말하면 模韻이 [o]이었다면, 중고음 [no]에 대하여 ノ甲類가 일치하기 때문에 획수 보다는 음의 동일함을 중요시한다면, 평성이면서 획수가 적은 奴를 ノ甲類로 우선시하고 그 뒤에 중고음에 [nu]에 속한 字가 없기 때문에 부득이 획수가 많은 상성자를 ヌ의 표기로 정할 수도 있는 것이다. 그러므로 상대 일본어에서 ㅈ가 ノ甲類보다 빈도가 높기 때문이라는 주장은 필자의 주장과 그 비중이 등가(equivalence)라고 할 수 있다. 즉 구체적으로 말하면 萬葉集에서 ㅈ와 ノ甲類 음차표기 중 완료와 부정의 조동사 ㅈ·ノ甲類를 제외하면, 'ㅈ:ノ甲類'는 172:109 즉 61.2%:38.8%로 빈도수에서 차이가 그렇게 크지 않으며, 어휘수의 관점에서는 34:24 즉 58.6%:41.4%로 그 차이가 더욱 좁혀지기 때문에 음의 동일성을 중시할 수도 있는 것이다.8) 그런데 ノ甲類와 ㅈ 이외에도 模韻字에는 후술한 바와 같이 '烏ウ·汚ウ·苦ク·素ㅈ'와 같은 자들이 ウ列로도 쓰였기 때문에 기존의 빈도수에 의한 설명만으로는 충분하지가 못 하다. 따라서 당시 중국 재구음 자체에 模韻에 속한 자들이 이와 같이 구분 표기가 가능했던 근본적인 원인이 있었던 것은 아닌지 검토해 볼 필요가 있다. 이에 대해서는 4.1에서 자세히 다루기로 한다.

3 ツクノ~ヲノ의 개괄적인 분석

본 장에서는 萬葉集의 奴·努·怒 세 자에 대하여 『萬葉集』의 '奴·努·怒' 표기 연구(Ⅰ)'에서 이미 다룬 것을 포함하여 모두 분석한 결과를 개괄적인 표로 제시하면 다음과 같다.

번호	어휘	奴	努	怒	소계	비고
1	あの	0	3	0	3	지명2/인명1(題詞)
2	いぬ·往ぬ	2	0	0	2	東歌1
3	いぬ·犬	1	0	0	1	山上憶良1

8) 완료와 부정의 조동사를 포함하면 36:26이다. 3장의 표 참고.

4	いの・寝	0	1	0	1	防人歌1
5	うの	0	1	0	1	인명1
6	かぬかぬ	2	0	0	2	東歌2: 동사 종지형의 반복
7	かぬまづく	1	0	0	1	東歌1. 의미불명 미해결
8	かのまづく	0	1	0	1	東歌1. 의미불명 미해결
9	きぬ・絹	8	0	0	8	東歌6
10	くぬち・國內	2	0	0	2	山上憶良1/大伴家持1
11	こぬみ	1	0	0	1	지명1
12	こぬれ・木末	6	0	0	6	大伴家持4
13	さのやま	0	1	0	1	東歌1: 지명
14	しぬ・死ぬ	5	0	0	5	
15	しぬふ・偲ふ	3	0	0	3	
16	しのぐ・凌ぐ	0	3	0	3	
17	しのに	0	8	1	9	
18	しののに	0	2	0	2	
19	しのはす・偲はす	0	4	0	4	
20	しのはゆ・偲はゆ	0	1	0	1	
21	しのふ・偲ふ	0	40	3	43	額田王의 1-16思努布의 努는 ㅈ로 추정됨. 古歌集의 7-1251·1252의 努는 ㅈ로 추정됨
22	たくづのの	0	1	0	1	
23	たのし・樂し	0	7	0	7	
24	ちぬ	2	1	0	3	
25	ちの	0	3	0	3	9-1811·19-4211·19-4275의 努는 판본의 차이에 의해 奴로 추정되 므로 ㅈ의 표기로 보이며, 20-4477 의 努는 ㅈ 표기로 추정됨
26	つくの	0	0	1	1	지명1
27	つののまつばら	0	1	0	1	지명1
28	なぬか・七日	1	0	0	1	大伴家持1
29	にの・布	0	1	0	1	東歌1
30	にのぐも・布雲	0	1	0	1	東歌1
31	ぬ・完了の助動詞	199	1	0	200	東歌12/防人歌10

32	ぬ・否定の助動詞	69	0	0	69	東歌10/防人歌1
33	ぬ・寝	17	0	0	17	東歌7/遣新羅使5/中臣宅守5:권14와 15에만 보임
34	ぬ・沼	1	0	0	1	軍王1
35	ぬ・野	2	0	0	2	平群女郎1
36	ぬえことり	1	0	0	1	
37	ぬえとり	4	0	0	4	
38	ぬか	25	0	0	25	
39	ぬがなへ	1	0	0	1	
40	ぬく・貫く	23	0	0	23	防人歌5
41	ぬさ・幣	6	0	0	6	防人歌4
42	ぬし・主	1	0	0	1	大伴池主1
43	ぬばたまの	22	0	0	22	防人歌1(작자 大伴家持)
44	ぬふ・縫ふ	2	0	0	2	狹野弟上娘子1/大伴池主1
45	ぬま・沼	5	0	0	5	東歌4/작자미상1
46	ぬらす・濡らす	1	0	0	1	防人歌1(작자 大伴家持)
47	ぬり・塗り	1	0	0	1	大伴家持1
48	ぬる・濡る	13	0	0	13	遣新羅使7/大伴家持2/大伴旅人2/東歌2
49	ぬる・自ラ下二	2	0	0	2	舍人娘子1/三方沙彌1
50	ぬるし	1	0	0	1	작자미상1
51	ぬるぬる	4	0	0	4	東歌4
52	の・完了の助動詞	0	3	2	5	東歌3-努/防人歌2-怒 모두 연체형
53	の・否定の助動詞	0	3	0	3	防人歌3 모두 연체형
54	の・野	0	18	0	18	
55	の・に	0	1	0	1	
56	のがなへ	0	1	0	1	
57	のじ・虹	0	1	0	1	東歌1
58	まぬらる	2	0	0	2	眞奴良留奴2 의미불명
59	みぬめ・敏馬	1	0	0	1	遣新羅使1 지명
60	よしの・吉野	0	3	0	3	大伴家持3 지명:ミヨシノ・ヨシノノミヤ・ヨシノガハ
61	わぬ	2	0	0	2	東歌2
62	をの・小野	0	1	0	1	大伴家持1

63	正訓	11	0	2	11	ヤツコ(奴)9/ワケ(戯奴)紀女郎1·大伴家持1/タケビテ·熟語(建怒·タケブ)1/イカリ·漢文1
64	定訓없음	1	0	0	1	3-249 '舟公宣奴嶋爾' 枾本人麻呂
합계		451	112	9	572	

　위의 표와 같이 奴·努·怒 세 자는 총 572회 보이는데 音借로 62개
의 어휘, 正訓으로 4개의 어휘 총 66개의 어휘가 사용되었다. 그 중에
서 각각 奴 451회, 努 112회, 怒 9회가 쓰였다. 비율로는 78.8%, 19.6%,
1.6%로 奴가 압도적으로 많고, 怒는 9회 중 正訓[9]으로 2회, 音借로는
7회 쓰였다. 이 가운데 작자 미상은 154회이며, 참고로 작자와 가집을
알 수 있는 것을 빈도수와 더불어 모두 제시하면 다음과 같다.

　· 빈도수 2회 이상 보이는 작자(30명)

　　: 大伴家持119[10]·遣新羅使67[11]·山上憶良20(20회 이외에 작자가
　　山上憶良인지 志賀白水郎〈시카의 어부〉인지 불분명한 1회가 있
　　다)·枾本人麻呂19·中臣宅守13·大伴池主13·大伴旅人11·坂
　　上郎女9·狹野弟上娘子6·久米廣繩5·大伴書持4·平群女郎4·
　　土師道良3·甘南備伊香3·大原今城3·磐姬皇后3·若舍人部廣
　　足3·遊行女婦土師2·長意吉麻呂2·田辺福麻呂2·中臣淸麻呂
　　2·小野老2·額田王2·商長首麻呂2·軍王2·橘諸兄2·大田部
　　足人2·笠金村2·山口若麻呂2·笠女郎2(笠郎女로도 표기됨)

---

9) 9-1809: たけぶ(建ぶ)의 연용형 たけび의 표기로 '建'字와 더불어 숙어처럼 쓰인
　표기임. 16-3807: いかり(怒り)의 표기로 左注에 쓰임.
10) 숫자는 빈도수를 나타낸다.
11) 작자가 여러 명이지만 편의상 작자를 한 사람처럼 처리한다.

- 빈도수 1회만이 보이는 작자(69명)

  : 角麻呂・葛城王・乞食者・高橋・高田女王・弓削皇子・紀女郎・
  磯部法麻呂・忌部黑麻呂・吉田宜・丹比眞人・大伴駿河麻呂・
  大伴村上・大貳紀卿・大田部荒耳・刀理宣令・藤原房前・藤原
  淸河・椋椅部荒蟲妻宇遲部黑女・留女女郎・馬國人・麻田陽
  春・文屋眞人・物部古麻呂・物部道足・物部龍・物部乎刀良・
  服部於由・沙彌滿誓・私部石嶋・舍人・舍人娘子・三國人足・
  三方沙彌・上總國郡司妻・石川郎女・小長谷部笠麻呂・小田
  事・粟田女娘子・穗積皇子・市原王・神人部子忍男・阿倍老人
  母・安倍奧道・櫻井王・野氏宿奈麻呂・若櫻部君足・玉作部國
  忍・宇努男人・圓方女王・遊行女婦蒲生・忍海部五百麻呂・丈
  部與呂麻呂・丈部足麻呂・田氏眞上・占部子龍・占部蟲麻呂・
  志氏大道・秦八千島・車持娘子・置始東人・他田部子磐前・他
  田舍人大嶋・湯原王・坂上大孃・河村王・丸子部佐壯・荒氏稻
  布・檜隈女王

- 가집(5)

  : 高橋蟲麻呂歌集9・枾本人麻呂歌集7・古歌集2・古集・笠金村歌集

▌4 中古漢音과 奴・努・怒

4.1. 模韻 再構音의 타당성 검토

이 장에서는 奴・努・怒가 속한 模韻의 중고 재구음의 음가(sound
value in Ancient Chinese)에 대하여 살펴보기로 하겠다. 그 이유는 模
韻 중고 재구음에 대한 선행 연구의 재구음에 상당한 이견이 존재하기

때문이며, 그렇다면 어떤 재구음이 가장 합리적인가 결정해야 하기 때문이다. 또한 동일한 韻에 속하는 字들에 '奴=ヌ, 努・怒=ノ甲類'라는 등식이 어떻게 가능했는가 하는 것을 설명해야 하기 때문이기도 하다.

선행 연구의 재구음은 크게 네 가지로 나누어 볼 수 있다.

첫째, 模韻을 開口音이 아니라 合口音으로 보는 견해이다. 여기에는 Bernhard Karlgren(버나드 칼그렌 1963: 266-268) [uo][12], 陸志韋(루즈웨이 1985: 52-54) 北方[wo](吳音[u]), 董同龢(똥통후아 1993: 168) [u이][13] 등이 있다. 칼그렌의 [uo]설의 핵심은 日本漢音의 반영례 중에서 喉音 성모자의 경우는 合口介音(ho-k'ou medial) [u]가 반영되지 않지만, 零聲母(zero-initial)이면서 동시에 운미음(ending)이 없는 경우에는 합구개음이 반영된다는 근거에 입각한 것이다. 특히 후자의 경우 万葉仮名(만요우가나)에서 ヲ의 표기자로 쓰인다는 사실이 칼그렌으로 하여금 模韻을 합구음 [uo]로 추정하게 한 것이다. 그런데 이 재구음에 대한 근거에 대하여 大野晋(1982: 191-202)는 ア行의 オ의 음가는 후설모음의 [o]가 아니라, オ列乙類와 마찬가지로 중설적인 모음이었을 것으로 추정하였으며, ア行 이외의 行의 オ列乙類를 제외한 オ列의

---

12) This being established, we are fortunately able to prove that the latter alternative is correct. The proof is furnished by Kan-on. It is true that after gutturals Kan-on has simply 131 ko and 132 kio without medial u (just as it skips the medial elements in many other cases: 端 Anc. tuân, Kan-on tan; 宣 Anc. siwän, Kan-on sen etc.), but when there is no oral initial, the final standing bare, the medial u in 131 appears quite clearly and regularly. Ancient Japanese distinguishes very strictly between the syllables wo and o (giving them different Kana characters), and here, in Final 131, we find 烏 朽 汙 惡 etc. all Kan-on wo (spelled wo, not o).(p.267)

13) 韻鏡以魚爲一轉,注"開";模與虞合爲一轉,注"開合"。七音略分轉同,從所注的"輕""重", 可知韻鏡的"開合"當是"合"。遇攝字的現代讀法不出u, o, y以及由他們變化而生的複元音ou, œy等, 所以我們不難想像中古時期當有個圓唇的後高元音…

음은 [o]로 추정하였다. 따라서 ア行의 중설적인 オ와 그 밖의 行의 후설모음의 オ는 서로 음가가 달라서 혼동하여 쓰이지 않았으며, 그 결과 模韻字가 ヲ의 표기자로 쓰일 수 있었다는 것이 그의 주장이다. 즉 ヲ에 한해 말하면, オ는 중설적인 모음이고 ヲ([wo])의 주모음은 후설모음이므로 [o]를 가지고 ヲ를 나타내도 중설인 オ와는 구별된다는 것이다. 模韻에 대한 그의 재구음은 [o]인데 模韻字가 オ列甲類의 표기자로 쓰이지 못한 예에 대하여 다음과 같이 설명하고 있다. 첫째, 模韻字가 萬葉假名에서 ウ列로 타나나는 예는 성모(紐)가 순음인 '布步普怖蒲'와 같은 예로 성모의 합구성의 영향으로 모음이 고모음화하여 ウ列로 들렸기 때문이며, 둘째, 설상음을 舌面前音(dorso-prepalatals, [ȶ, ȶʻ, ȡ, ɲ])으로 보아 설면전음이 일본어의 설두음을 나타내는 데 적합하지 않았기 때문이라는 점을 들었다. 한편 模韻 '盧蘆'와 侯韻 '樓婁漏'가 ル로 반영된 사실에 대하여

> ルについても事情は同樣である。即ち来母も一等、三等は紐を異にするのであるから、虞韻三等の文字は日本語のルを書くに用ゐられてゐるが、あまり適當でなかつたものと認められる。それが爲、一等の模韻の文字が流用されたのである。

와 같이 설명하고 있는데, 여기서 한 가지 문제점을 지적한다면, 來母자는 1등부터 4등까지 성모가 같기 때문에 大野晋의 주장처럼 1등과 3등은 紐 즉 성모를 달리하지 않는다.

　둘째, 王力(왕리 1985: 220-221)와 같이 [u]로 보는 견해이다. 王力는

> 例如屋韵既是鱼侯东三韵的入声，我们把这四个韵互相印证，可以推

知这四个韵的主要元音都是[o] ; 沃烛两韵既是模虞冬锺四韵的入声, 我们把这六个韵互相印证, 可以推知这六个韵的主要元音都是 [u]。

와 같이 韻書에서 沃燭韻이 이미 模虞冬鍾 네 韻의 入聲으로 제시된 사실에 주목하여 이들 여섯 韻의 核母音(vowel, 主要元音)을 [u]로 추정하였다. 模韻은 1등이므로 介母音(medial, 介元音)이 존재하지 않으며, 陰聲韻이므로 韻母(MVE)의 음은 主母音(V)만이 존재하므로 [u]로 본 것이다.

셋째, [o]로 추정하는 경우이다. 여기에는 严学宭(옌쉬에췬 1990: 74) [o], 藤堂明保(토우도우 아키야스 1908: 256-260) /o/[14], 그리고 河野六郎(코우노 로쿠로우 1993: 144) [o]가 있다.

넷째, E.G.Pulleyblank(에드윈 풀리블랭크 1984: 108-110)는 ɔǎ[15] [ɔ](EMC) uǎ[uɔ](LMC)[16]로 추정하였다. 특히 그의 唐代 長安音 uǎ[uɔ]는 언뜻 합구음으로 보이나, 이것은 어디까지나 핵모음이 [u]이고 핵모음 뒤에 개모음을 설정한 것이므로, 엄격하게 말하면 합구음의 개념과는 의미가 다르다. 그는 합구운은 비록 외국의 漢字 借用音에서는 반영되지 않았지만, 당대 시인들의 押韻 상황에 의하면 遇攝字(模韻 1等과 虞韻 2·3·4等)가 합운되었다는 것을 근거로 uǎ[uɔ]로 추정한 것이

---

14) 「模」韻は何か一種の円唇母音であればよいわけで、/o/と表記してもいっこうに差し支えはない。おそらく音声的には[o]に近いものであったに違いない。日本の漢字音でオ段ウ段の中間に「模」韻の字音が介在しているのは、そのためであろう。(p.258)

15) /ǎ/ may also show assimilation to a preceding syllabic vowel in terms of palatality or labiality, for example, Pekingese /iǎ/ [iɛ], and /uǎ/ [uɔ]/ (see below). (p.18)

16) The Qieyun, completed at Chang'an after the reunification of north and south under Sui, was a codification of this standard, which I call Early Middle Chinese (EMC)...By the end of the seventh century, perhaps even sooner, there is evidence of the emergence of a new standard based on Chang'an. This I call Late Middle Chinese (LMC). (p.3)

다.17)

그렇다면 이와 같은 재구음 중에서 다음에 제시된 한국 전승 한자음과 萬葉假名가 설명 가능한 것은 무엇인지 검토해보기로 하자. 먼저 직접적인 자료인 한일 자료와 간접적인 자료인 베트남 한자음과 티베트 한자음을 제시하고 간단히 살펴보자.18)

〈한국 전승 한자음: 박병채(1986: 212-215)〉

- [見k]孤 · 蛄 · 辜 · 故 · 固 · 沽 · 姑 · 箛 · 古 · 罟 · 牯 · **牯** · 鼓 · 瞽 · 賈 · 蠱 · 股 · 羖 · 顧 · 錮 · 雇고/苽과 [溪k']枯 · 苦 · 袴 · 庫고 [疑ŋ]吾 · 蜈 · 梧(요) · 齲 · 誤 · 悟 · 娛 · 五 · 伍 · 捂 · 瘇오/聏(오)어

- [影ㆍ]烏 · 蔦 · 枵 · 洿오 [曉h]呼 · 戽 · 琥호 [匣ɦ]胡 · 湖 · 箶 · 猢 · 糊 · 鶘 · 瑚 · 乎 · 虎 · 戶 · 枑 · 狐 · 瓠 · 壺 · 弧 · 鸌호

- [端t]都 · 覩 · 賭도/肚 · 蠹두/妬투 [透t']土 · 吐 · 兎(免) · 菟토 [定d]塗 · 徒 · 途 · 屠 · 圖 · 渡 · 鍍 · 度(탁)도/杜두 [泥n]奴 · 弩노/怒로 [來l]蘆 · 攄 · 艫 · 纑 · 轤 · 爐 · 鱸 · 顱 · 鸕 · 瀘 · 櫓 · 虜 · 輅 · 路 · 露로/艫노/賂뢰

- [精ts]租 · 菹 · 祖조 [淸ts']醋(조)초 [心s]素 · 嗉 · 泝 · 訴 · 塑 · 酥 · 蘇소

- [幫p]圃보/晡 · 布포 [滂p']浦보/鋪(포)푸 [竝b]步 · 捕보/葡 · 蒲 · 酺 · 哺(보)포/部 · 簿부 [明m]姥 · 慕 · 謨 · 模 · 暮모/墓묘

---

17) In the case of the hekou final, none of the foreign borrowings reflect the offglide, but one must assume that it was present, since the whole of the Yu she represented a single rhyming category for many poets.(p.109); EMC -ɔ first broke to LMC -uă. The change of LMC -uă to EM -u only occurred during Song. (p.109)

18) 간접적인 자료라고 한 이유는 필자가 아직 고대 베트남어와 티베트어의 음운체계에 대하여 검토해 본 적이 없고, 단지 현대 베트남어와 티베트어의 음운체계를 이용하고 있기 때문이다. 향후 이 두 언어의 고대 음운체계가 밝혀지면 보다 더 정확한 中古音의 재구가 가능할 것으로 기대된다.

한국 전승 한자음 자료인 『訓蒙字會(1527년)』·『千字文(1575년)』·
『新增類合(1576년)』 등에 의하면, 위와 같이 模韻은 원칙적으로 /오/
로 반영되었음을 알 수 있다. 舌頭音에 '肚蠹杜'나 '妬'와 같이 소수자가
/우/로 나타나거나, 박병채(1986: 218)에 따르면 類推形이라 할 수 있
는 '苽과·晤어' 등이 있다. 특히 脣音에 '鋪푸·部簿부'와 같이 /우/로
나타나는 자도 볼 수 있는데 이것은 핵모음의 원순성과 脣音의 원순성
에 의한 것으로 다른 외국 차용 한자음에서도 일반적인 경향이라고 할
수 있다.

〈萬葉假名〉
/オ/: 姑孤枯古祜故庫固顧コ胡吳吾誤悟娛ゴ蘇祖泝ソ覩杜妬塗卜度渡
　　　土卜ド菩ホ謨暮慕墓モ魯路露ロ乎呼嗚塢ヲ
/ウ/: 汚ウ苦ク菟途覩ツ笯ヅ布フ步ブ无ム蘆ル
/オ/～/ウ/: 素ソス都屠徒卜ツ図卜ツヅ奴怒ドノヌ努ノヌ弩ノヅ模モ
　　　ム蘆ロル烏ヲウ

万葉假名는 총 57字 중에서 /o/로만 반영된 자가 37자이고, /u/로만
반영된 자는 10자로 이것만 보면 78.7%:21.3%로 模韻은 /o/로 반영된
것을 알 수 있다. 여기에는 또한 /o/와 /u/로 공존하는 자가 12자나
쓰이고 있는데, 이것은 비율로 보면 약 63%(/o/):17%(/u/):20%(/o/～
/u/)로 나타나 공존하는 자의 비율이 적지 않음을 볼 수 있으며, 공존하
는 자와 /u/로 나타난 자를 합치면 37%로 /o/만이 아니라 /u/로도 쓰인
비율이 상당함을 알 수 있다. 이것은 한국 전승 한자음의 반영과도 차
이가 있으며 후술할 베트남과 티베트 한자음과도 두드러지게 차이를
보이고 있다.

〈베트남 한자음: 三根谷徹(미네야 토오루 1993: 407-408)〉
逋bô 模mô 都đô 奴nô 租tô 蘇tô 孤cô 吳ngô 呼hô 烏ô

베트남 한자음은 총 274자 중 244자가 ô[o]로 반영되어 약 89%를 차지하였다. 그 밖에 u'[ɯ](櫨lu'、滸hú) 8자, u[u](孥nu) 6자, o[ɔ](步 bò) 5자, oa[ɔɑ](呱oa, 袴khoá는 khá의 음도 있음) 5자, a[ɑ](普phâ) 4자, 그리고 o'[ə](哺bo'), âu[əu](姥mâu4)가 각각 1예씩 보인다.

〈티베트 한자음: 羅常培(루오창페이 1933: 36, 44)〉
〈平〉 途do 姑ko 圖duo 〈上〉 杜do 組dzo'o 古go 土t'uo 〈去〉 路lo
　　素so 故go (千字文)
〈平〉 梧'gu (千字文)
〈平〉 汚'o 〈上〉 苦k'o 五'go 土do 〈去〉 素so 故ko 悟'go (大乘中宗見解)
〈平〉 菩p'u 麤ts'u 謨ma 〈去〉 布pu (大乘中宗見解)
〈上〉 五'go 土t'o 〈去〉 故ko 護ho (阿弥陀経)
〈上〉 補p'u (阿弥陀経)
〈平〉 狐ho 〈上〉 土do 〈去〉 度do 故ko (金剛経)
〈平〉 菩bu 〈去〉 布pu, p'u (金剛経)

비교적 唐代 長安音을 잘 반영하고 있는 티베트 한자음은 총 33예 중 頭子音(聲母)이 무기음과 유기음으로 나타난 '布pu·p'u'를 포함한 순음의 경우 5예가 [u]로 나타나는데 이것은 순음성에 의한 것으로 추정되며, 아음 '梧', 설음 '麤'의 [u]와 순음 '謨'의 [a]의 예가 보인다. [uo]로 반영된 '圖土'를 제외하면 23예는 [o]로 반영되었다. 순음의 5예는 순음성에 의한 일반적인 반영례이므로 [o]와 반영된 것과 동일시할 수도 있기 때문에 티베트 한자음에서도 模韻은 원칙적으로 [o]로 반영되었다고 할 수 있다.

그렇다면 고대 국어의 /오/와 /우/, 고대 일본어의 /オ/와 /ウ/의 음가를 어떻게 보아야 할 것인가? 고대 국어의 /오/와 /우/에 대해서는 크게 두 가지 설로 나눌 수 있는데, 박병채·이기문·김영진 등과 같이 /오/를 후설 원순 고모음 또는 중모음, /우/를 중설 원순 고모음으로 보는 설과 이숭녕·유창균 등과 같이 현대 국어와 유사하게 /오/를 후설 중모음, /우/를 후설 원순 고모음으로 보는 설이 있다. 필자(2003b)는 중고 한음의 운모체계를 재구하면서 한국 전승 한자음 자료에 의해 전자의 설을 주장한 바가 있고, 또한 고대 일본어의 모음체계 중 '/オ/=/o/·/ウ/=/u/'설을 제시한 바가 있으므로 이에 따라 설명해 나가기로 한다.

직접적인 자료인 한국 전승 한자음과 萬葉假名 반영례를 중심으로 여러 학자들의 기존 재구음을 검토해보면, 먼저 합구음설인 [uo]의 경우는 일반적으로 합구개음은 강한 합구성으로 인하여 핵모음이 탈락하는 것이 차용 한자음의 특징이므로, [uo]는 [u]로 반영되어 한국 전승 한자음의 경우는 /오/로 반영되지만, 萬葉假名는 /ウ/로 반영되는 것이 원칙일 것이다. 그러나 萬葉假名는 원칙적으로 /オ/로 반영되었기 때문에 설명이 불가능하다. 둘째, [u]설을 살펴보면 합구음설 [uo]의 경우와 똑같은 이유로 받아들이기 어렵다. 셋째, [o]설은 한국 전승 한자음의 경우 고대 국어나 중세 국어에서 /오/는 [u]와 [o]를 모두 겸하는 소리로 추정되므로 [o]는 /오/로 반영된 사실을 설명할 수 있다. 萬葉假名의 경우에는 [o]는 /オ/로 반영되므로 [o]설은 상당히 신빙성이 있다고 할 수 있으나, /ウ/로 반영된 예도 적지 않기 때문에 이에 대한 설명에는 한계가 있다. 한국 전승 한자음의 경우에도 /오/만이 아니라 /우/

의 예도 존재하기 때문에 萬葉假名와 유사한 설명이 될 수 있을 것으로 비추어지지만, 한국자료의 /우/는 적어도 중고음이나 중고음 이전 음의 반영이라기보다는 후대의 반영일 가능성이 크기 때문에 자료로서의 가치가 크지 않는 반면에, 萬葉假名의 경우 /ウ/는 자료 자체가 적어도 나라시대(奈良時代)나 나라시대 이전 즉, 唐代 長安音이나 중고음 또는 그 이전의 어느 시기의 음을 사용한 자료이기 때문에 당시 중국음을 추정하는데 유용한 자료라고 할 수 있다. 즉 이러한 사실은 萬葉假名에서 /オ/만이 아니라 /ウ/로도 반영되었으므로 당시 중국음을 [o]로 보기에는 일정한 한계가 있다고 할 수 있다. 마지막으로 [ɔ]([uɔ])설은 한국자료의 경우 [ɔ]는 /ᄋ/로 반영되는 것이 원칙이기 때문에 적어도 상당수가 /오/만이 아니라 /ᄋ/로도 반영되어야 하는데 전혀 없다는 점이 문제이며, 萬葉假名의 경우 [ɔ]는 /オ/만이 아니라 江攝 江韻

　　冬十月、至上総国、従海路渡淡水門。是時、聞覚賀鳥之声。欲見其
　　鳥形、尋而出海中。仍得白蛤。(巻7, 成務紀)

의 覺(カク)와 같이 /ア/로도 반영된 예가 상당수 존재하여야 하지만 전무하다는 사실은 [ɔ]설의 유효성을 인정할 수 없음을 보여준다고 할 수 있다. 또한 [uɔ]라고 한다면 강한 합구성에 의해 [u]가 주로 반영된다면 /오/로 나타나지만 더러는 [ɔ]의 반영도 있어야 할 것이고, 萬葉假名라고 한다면 /ウ/가 주된 반영을 보여야 한다는 점에서 용인하기가 어렵다고 할 수 있다.

　이상과 같이 네 가지 설 중에서 [o]설이 비교적 가장 근접하다고 할 수 있지만, 萬葉假名의 설명에는 여전히 충분하지 못 하다고 판단된다.

그렇다면 중고 재구음을 어떻게 보아야 할 것인가? 필자(2003)는 이미 중고음의 운모에 대하여 재구음을 추정한 바가 있는데 그에 따르면 [ʊ][19]로 추정된다. [ʊ]이었기 때문에 한국 전승 한자음에서는 /오/로 반영된 것이고, 萬葉假名는 [ʊ]가 [u] 보다는 [o]에 더 가까운 음으로 추정되므로 /オ/의 반영 빈도가 /ウ/의 반영 빈도 보다 많았다는 것을 설명할 수 있다. 한편 간접적인 자료인 베트남 한자음의 [o] 반영과 티베트 한자음의 [o]와 [u]의 반영을 보면, 비록 현대어의 음운체계 내에서의 설명이기는 하지만 模韻은 중고음에서 후설 원순 중고모음이었을 가능성을 시사한다고도 추정된다. 그렇기 때문에 大野晋와 같이 성모와 일본어의 자음의 유사성에 의해 부득이 겸용했다고 하기 보다는, 그러한 이유도 있었겠지만 보다 더 근본적인 원인은 중고음이 [u] 또는 [o]가 아니라 중간음에 가까운 [ʊ]이었기 때문에 일어난 현상으로 보는 것이 더 타당할 것이다.

4.2. 日本書紀와 中古漢音

日本書紀(니혼쇼키) 가요의 音借表記를 보면 中古音의 변화를 잘 알 수 있는데, 필자의 재구음의 타당성에 대하여 日本書紀 가요 음차표기를 중심으로 검토해보기로 한다.

日本書紀는 森博達(1991)에 의하면 가요 표기의 경우 크게 두 그룹으로 나눌 수 있는데, 여기에서 알파군에 속하는 그룹은 중국 北方音에 의한 중국인의 표기로 추정되므로, 그들이 당시의 중국음으로 ノ甲類

---

19) [u]와 [o] 사이의 음이기는 하나 상대적으로 [o]에 가깝다. 현대 중국어의 東과 같은 자의 핵모음과 같다고 할 수 있다.

와 ʒ에 대하여 가장 적합하다고 생각하는 字로 표기했을 것으로 추정
되기 때문에 필자의 재구음을 증명하는 데 매우 의미 있는 자료라고
할 수 있다. 먼저 예를 보도록 하자.

　　＜奴: 9회＞
　　9-28[20)] 于摩譬苔**奴**知野 伊徒姑播茂 伊徒姑**奴**池
　　10-36　**奴**那波区利
　　133-71　臂等資利**奴**陪瀰
　　14-78　伊制能**奴**能
　　15-84　都**奴**娑之能瀰野
　　15-85　**奴**底喩羅倶慕与
　　17-96　**奴**都等利
　　17-097　都**奴**娑播符 以簸例能伊開能

　　＜怒: 9회＞
　　2-4　阿党播**怒**介茂誉
　　3-12　多多介陪磨 和例破椰隈**怒**
　　10-34　知麼能 伽豆**怒**塢弥例麼
　　10-35　伊裝阿芸 **怒**珥比蘆莵湄珥
　　10-41　詞羅**怒**烏
　　11-56　莵**怒**瑳破赴...枳許瑳**怒**
　　17-96　阿都図唎 都麼**怒**唎絁底 魔倶囉図唎 都麼**怒**唎絁底

　　＜努: 1회＞
　　24-110　烏智可𣏓能 阿婆**努**能枳枳始 騰余謀佐儒 倭例播襧始柯騰

<hr>

比騰曾騰余謀須

<農: 10회>

5-15　　於朋望能**農**之能

5-18　　**農**殊末句志羅珥

7-27　　岐**農**岐勢摩之塢

14-81　　**農**播柂磨能

15-84　　於尸**農**瀰能

16-89　　**農**咢儒登慕

16-90　　咢咢**農**俱弥柯枳

25-114　　磨陀左枳涅渠**農**

27-125　　陀麻爾**農**矩騰岐 於野児弘儞**農**俱

<濃: 2회>

9-28　　波邏**濃**知波

9-33　　阿椰珥于多娜**濃**芝

이상의 예에서 보는 바와 같이 日本書紀에서 ノ甲類와 ヌ 표기로 쓰인 韻은 模·冬·鍾韻인데 보다 이해하기 쉽게 해당자들을 표로 제시하면 다음과 같다.

韻	音借字	알파군			베타군		
		ノ甲類	ヌ	ド甲類	ノ甲類	ヌ	ド甲類
模韻	奴	4	1	0	0	2	2
	努	1	0	0	0	0	0
	怒	0	0	2	4	3	0
冬韻	農	0	7	0	0	3	0
鍾韻	濃	0	0	0	0	2	0

표에서 보는 바와 같이 알파군의 경우는 北方音 즉 唐代 長安音의 반영이 뚜렷한데 반해, 베타군은 일반적으로 中古漢音과 궤를 같이 한다고 할 수 있다. 베타군은 冬·鍾韻을 ヌ만이, 模韻은 ノ·ヌ·ド 모두 나타난다. 그런데 알파군은 冬韻인 農만이 ヌ로 7예 보이고, 模韻의 경우는 森博達의 주장대로 기존 표기의 답습으로 추정되는 奴(ヌ) 1예를 제외하면, ノ와 ド로만 쓰여 'ノ甲類=模韻, ヌ=冬韻'과 같이 분명하게 구별 표기된 것을 볼 수 있다. 이러한 사실은 7C말에서 8C초의 北方音의 模韻은 [o]로 변했다는 사실과 冬韻 [oŋ]이 東韻 [ʊŋ]으로 합운되는 과정에서 합구음인 鍾韻 [uoŋ]보다는 冬韻이 상대 일본어의 [u]를 나타내는데 더 적합했다는 사실을 보여준다고 할 수 있다.[21]

그런데 베타군의 模韻은 オ列甲類와 ウ列로 나타나는데, 이 사실은 중고 한음에서 模韻의 음가가 이 두 음을 나타낼 수 있는 요소가 있었다는 것을 시사한다고 할 수 있다. 二重形, 즉 兩用되었다는 점에 대하여 이미 앞에서 논한 대로 大野晋의 지적이 있지만, 그의 재구음 [o]에 의하면

5-815 烏梅乎乎岐都都(梅を招きつつ·紀男人)

5-875 故保斯苦阿利家武(恋しくありけむ·山上憶良) 7-1225 欝之苦 呼之舟人(おほほしく 呼びし舟人·古集)

5-837 奈久夜汙隅比須...汙米何波奈佐久(鳴くや鴬... 梅が花咲く·笇師志氏大道)

2-3 以和多邇素西渡(い渡らす迫門·いわたらすせと) 2-5 伊茂播和素邇珥(妹は忘らじ·いもはわすらじ)

---

21) 農이 ヌ의 표기로 쓰일 수 있었던 성운학적 관점에서의 분석은 김대성(2006b) 참고.

와 같이 '烏ウ·汚ウ·苦ク·素ス' 등22)이 ウ列로 나타난 예를 설명할 수 없다. 이것은 바로 模韻의 음가 자체가 단순히 [o]로만 추정되지 않는다는 사실을 말하고 있다고 할 수 있다. 그렇다고 해서 [u]로 추정되지 않는 이유는 한국 전승 한자음에서도 나타나지만 萬葉假名에서 模韻은 설음자 이외에는 주로 オ列로 나타나며, 심지어 脣音의 경우에도 オ列로도 나타나기 때문에 [o]와 유사한 음이었다는 것은 분명하다. 따라서 이와 같이 [o]와 [u]를 나타낼 수 있었다는 것은 模韻 중고 한음이 [ʊ]이었다는 사실을 보여 준다고 할 수 있다. 다만 필자는 '奴=ヌ, 努怒=ノ甲類'라는 구분이 획수의 적고 많음에 따른 실용성을 염두에 둔 표기이었다는 주장을 전면 부인하는 것은 아니다. 이와 같은 주장 또한 일정한 유효성을 지닌다고 할 수 있지만, '烏汚苦素'와 같이 ウ列로 반영된 예를 설명할 수 없기 때문에 필자의 주장은 중고 재구음 자체에서 해답을 찾고 나서 그 다음에 획수에 의한 주장이 필요하다는 것이다.23)

---

22 万葉集에서 烏는 梅의 표기로 烏梅로만 총35회 나타나며 天平(729-749)·天平勝寶(749-757)·天平寶字(757-765)의 시기에만 보인다. 汚는 万葉集에서는 837번 가요에만 이체자 '汙로 보인다. 素는 万葉集에서는 모두 ソ만이 보인다. 日本書紀에서는 모두 9회 나타나는데 베타군에 ス가 ソ가 똑같이 4회 보이며, 알파군에 ソ 1회가 있다. 알파군에서 ソ로 쓰인 것은 북방음의 반영임이 분명한데 반해, 베타군에 ス와 ソ가 동시에 사용된 것을 보면 중고음 자체에 그러한 요소가 있었음을 시사한다고 할 수 있다. 日本書紀의 나머지 예를 제시하면 다음과 같다. 2-2 多磨廼弥素磨屢廼(玉の御統の·たまのみすまるの)...阿泥素企多伽避顧褕(味耜高彦根·あぢすきたかひこね) 5-18 比売那素寐殊望(姫遊すも·ひめなそびすも)...比売那素寐須望(姫遊すも·ひめなそびすも) 10-38 阿羅素破儒(争はず·あらそはず) 11-53 那素麽能紀破(八十葉の木は·やそばのきは) **27**-124 都梅能阿素珥爾(集楽の遊に·つめのあそびに).

23) '奴=ヌ, 努怒=ノ甲類'가 획수와 더불어 성조의 차이 즉 전자 평성, 후자 상성(㝹도 상성임)이라는 점도 고려하였다고 할 수도 있으나 이것이 어디까지나 우연인지 의도적인지는 단언할 수 없다. 그것은 다른 萬葉假名가 성조에 따른 구별이 거의 나타나지 않기 때문이다.

5 나오는 말

본고에서는 萬葉集에 쓰인 '奴·努·怒'의 음차 표기에 대한 전반적인 분석을 통하여 이 세 자의 사용 실태를 검토하였으며, 模韻 중고 재구음에 대한 기존 추정음을 비판하고 필자의 재구음의 타당성을 日本書紀 가요를 통하여 살펴보았다. 그 결과를 요약하면 다음과 같다.

1. 山上憶良의 794번 가요 중에 보이는 許夜斯努禮의 努는 그의 가요 전체를 분석해보면, ノ甲類에는 음차 표기자가 없다는 점, ノ甲類는 訓讀表記라는 점, 그리고 藤·農 등과 같이 다른 萬葉 作者에는 보이지 않는 표기자를 선택한 점에서 ヌ일 가능성이 높다.
2. 東歌와 防人歌에서 '완료와 부정의 조동사' 표기로 쓰인 努(6예)와 怒(2예)는 ノ甲類이다.
3. 模韻의 中古漢音은 [ʰ]이며 北方音은 [o]이다.
4. 재구음이 3과 같이 추정되는 근거는 日本書紀 가요에 나타난 ノ甲類·ド甲類·ヌ의 표기자에 의한다.

萬葉集 내에 쓰인 奴·努·怒 세 字가 차지하는 의의는 이들 표기자가 두드러지게 이중형으로 사용됨으로 해서, 즉 /オ/와 /ウ/의 표기자로 이용되었다는 점에서 '烏汚苦素' 등과 더불어 중고음이 [ʰ]이었음을 뒷받침해주는 음차자라고 할 수 있는 점이다.

참고문헌

김대성. 2003a. 「고대 일본어의 음운에 대하여」. 서울: 제이앤씨.

김대성. 2003b. 「韓日資料による中古漢音韻母音の再構」. 서울: 제이앤씨.

김대성. 2006a. 『萬葉集』의 '奴・努・怒' 표기 연구(Ⅰ). 「언어과학연구」 37, 225-241.

김대성. 2006b. 山上憶良의 ノ甲類와 ヌ의 이중형 문제와 舌音 音借字. 「日本語文學」 30, 19-42.

김무림. 1989. 중기국어 모음체계 일고. 「어문논집」 28, 247-262.

박병채. 1986. 「고대국어의 연구」. 서울: 고려대학교출판부.

稻岡耕二. 1986. 「万葉表記論」. 東京: 塙書房.

大野晋. 1954. 奈良時代のヌとノの万葉仮名について. 「万葉」 12, 1-24.

大野晋. 1982. 「上代仮名遣の研究」. 東京: 岩波書店.

沢瀉久孝. 1990. 「万葉集注釈 卷第一-卷第二十」. 東京: 中央公論社.

河野六郎. 1993. 「河野六郎著作集 第 2 卷」. 東京: 平凡社.

小島憲之, 木下正俊, 東野治之. 1994-1996. 「万葉集(新編日本古典文学全集)」. 東京: 小学館.

高木市之助, 五味智英, 大野晋. 1957-1962. 「万葉集 一-四(日本古典文学大系)」. 東京: 岩波書店.

土屋文明. 1956. 「万葉集私注 第一卷-第十八卷」. 東京: 筑摩書房.

鶴久, 森山隆. 1995. 「万葉集」. 東京: おうふう.

藤堂明保. 1980. 「中国語音韻論」. 東京: 光生館.

福田良輔. 1980. 「奈良時代東国方言の研究」. 東京: 風間書房.

三根谷徹. 1993. 「中古漢語と越南漢字音」. 東京: 汲古書院.

森博達. 1991. 「古代の音韻と日本書紀の成立」. 東京: 大修館書店.

董同龢. 1993. 「漢語音韻学」. 台北: 文史哲出版社.

陸志韋. 1985. 「陸志韋語言学著作集(一)」. 北京: 中華書局.

羅常培. 1933. 「唐五代西北方音」. 上海: 国立中央研究院歴史語言研究所.

王力. 1985. 「汉语语音史」. 北京: 中国社会科学出版社.

严学宭. 1990. 「广韵导读」. 成都: 巴蜀书社.

Karlgren, Bernhard. 1963. Compendium of Phonetics in Ancient and Archaic Chinese. Göteborg: Museum of Far Eastern Antiquities.

Pulleyblank, E.G. 1984. Middle Chinese: A Study in Historical Phonology. Vancouver: University of British Columbia Press.

 일본 고대어 연구

/ 제10장 /
山上憶良의 ノ甲類와 ヌ의 이중형 문제와 舌音 音借字

1 들어가는 말

万葉集(만요우슈우)[1] 권1 63번에는 다음과 같은 가요가 보인다.

　　山上臣憶良在大唐時憶本郷作歌
　　去来子等 早日本邊 大伴乃 御津乃浜松 待恋奴良武[2]

이 가요는 題詞에 언급되어 있는 것처럼 山上憶良(야마노우에노 오쿠라. 이하 '憶良'로 줄임)가 당나라에 있을 때 고향 즉, 일본을 그리워하며 지은 것으로써 바로 앞 62번의 三野連岡麻呂(미노노무라지 오카마로)와 함께 당나라에 간 기록이 보인다. 이 가요를 보면, 音借(音仮名) 표기로 乃·奴·良·武가 쓰이고 있음을 볼 수 있으며, 더군다나 당시

---

1) 일본어 우리말 적기는 필자의 표기법을 따르기로 한다. 김대성(2003a: 106- 107) 참고.

2) 본고에서 사용한 텍스트는 다음과 같다. 高木市之助·五味智英·大野晋校注 (1957~1962) 『万葉集(日本古典文学大系)』岩波書店. 小島憲之·木下正俊· 東野治之校注訳 (1994~1996) 『万葉集(新編日本古典文学全集)』小学館. 鶴久·森山隆(1995) 『万葉集』おうふう.

중국어의 속어체인 去来[3]가 イザ의 표기자로 채용된 것을 확인할 수 있다.

기록에 따르면, 憶良는 大宝 원년(701년) 정월에 제7차 遣唐使의 少錄에 임명되어 이듬해 6월에 唐으로 출발, 10월경에 長安(창안)에 도착, 大宝 4년(704년) 7월에 귀국한 것으로 추정되는데, 학자에 따라서는 慶雲 4년(707년)에 귀국한 것으로 보고 있다. 따라서 憶良는 적어도 약 2년 내지 최대 5년 동안을 당나라에 머문 것으로 추측할 수 있다. 여하간 憶良가 당시의 수도인 長安에서 적어도 2년간 머물렀다는 사실은 당시의 수도이며 표준어라고 할 수 있는 北方音(700년경에는 중국음의 변화가 일어나기 시작한 시기이다)에 노출되었다는 것을 의미하며, 이것은 또한 가요 표기법에서 음차의 경우, 당시의 현실음을 반영했을 가능성을 암시한다고 할 수 있다.

본고에서는 이와 같은 역사적 상황을 토대로 선행연구의 검토, 특히 馬渕和夫(마부치 카즈오)의 설에 대한 비판을 통하여 憶良의 ノ甲類와 ヌ의 이중형(二重形, doublet) 문제 및 憶良의 舌音 音借字의 특징에 대하여 살펴보고자 한다.

---

3) 日本書紀에는 다음과 같은 기사가 보인다. '去来穂別天皇、大鷦鷯天皇太子也。去来、此云伊奘。巻12, 履中紀, 即位前紀.' 去来는 小島憲之外(1996: 77): 「「去来」をイザと訓み、人名の一部であることを示す。本来「去来」は人を誘い促す語。仏典にも多いが、「帰去来兮(かへりなんいざ)」で始る陶淵明「帰去来辞」は有名。' 참고

2 선행연구와 문제점

大野晋(오오노 스스무, 1954)는 古事記(코지키), 日本書紀(니혼쇼키), 万葉集, 続日本紀宣命(쇼쿠니혼기 센묘우) 등의 ㇇와 ㇉의 万葉仮名字(만요우가나자)를 토대로 ㇇과 ㇉을 둘러싼 지금까지의 논의가 귀착되지 못 한 점에 대하여 '자형의 문제·万葉集 권 18의 違例의 문제·東国語(토우고쿠어)의 문제·이중형(ダブレット)의 문제·奈良時代(나라시대)의 음운변화의 문제·한자음의 문제' 등 6가지 관점에서 검토하여 다음과 같은 결론을 내리고 있다.

> ㇇[nu]と㇉(甲)[no]とについては、いづれも同じ[no]である奴、怒、努、弩を用ゐたが、そのうち、字形の簡易な「奴」を以て日本語に於て頻りに現れる㇇にあて、字形の複雑な「怒」「努」などを以て日本語に現れる度合の少い㇉ (甲)にあてて用ゐ、日本語の音韻の別を文字の上でも区別しようとつとめたものが古事記、万葉集の用字法であつたと考へられる。つまり当時の㇇と㇉ (甲)との書き分けは、それに適当な区別の無い漢字を用ゐる関係上、漢字の字音から離れた一種の約束的な表記として行はれたものである。

즉, 大野晋는 古事記와 萬葉集에서 '奴=㇇'와 '怒努弩=㇉甲類'의 구별을 자형의 단순함과 복잡함에 의한 구별로 일종의 약속과 같은 표기로 보았다. 또한 그는 日本書紀의 경우는 唐代 長安音에 의한 표기를 사용하였기 때문에 같은 만요우가나자가 두 가지 이상의 음으로 쓰인 것으로 추정하였다. 그런데, 奴와 怒努弩의 구별을 大野晋처럼 ウ段과 オ段의 빈도에 따라 많은 빈도수의 ㇇와 적은 빈도수의 ㇉甲類를 구별하는 일종의 약속과 같은 표기가 이루어진 것이라고 본다면, 萬葉集의 경우 작자들이 모두 이러한 약속을 지키고 있는 것으로 본다는 것이 과연 가능한 일인지 의문이다.[4] 이와 같은 비판은 馬渕和夫(1998)에 의해서도 확인된다.

鶴久(츠루 히사시, 1956)는 『大宝二年御野國戶籍帳』과 『出雲風土記』 등의 正倉院文書(쇼우소우인 문서)와 風土記(후도키)의 용자법을 근거로 언어의 위상차와 개인차에 주목하여 ノ甲類에 대하여 다음과 같이 설명하였다.

> ノ甲音を有する語彙及びノ甲音を表記する専用文字(専用仮名)の存在は
> 認め難いことである。即ち、古代日本語においてはノ甲音は存在せず、ヌ
> 音及びノ乙音が認められる一方、ヌ→ノ甲の音韻的派生が後に至つて起
> り、したがつて、ヌ、ノ甲の二重形の問題もその変遷過程に起つた現象とし
> て把握される。さうして、大体天平宝字三年頃(759)はこのノ甲とノ乙は混
> 同されるに至つた痕跡が証明され得た。

---

4) 萬葉集에서 奴를 모두 검토해보면 단 한 예의 예외 없이 ヌ의 표기로 사용된 것은 분명하다. 그러나 努나 怒 · 弩의 경우는 ヌ의 예도 보인다. 김대성(2006): '예를 들면, 만요우슈우 권1 16번 가요 ' ...秋山乃 木葉乎見而者 黃葉乎婆 取而曾思努布...'의 思努布는 672년 이전에 지어진 것이며, 작자 額田王는 山上憶良가 태어나기 이전의 인물이라는 점, 그리고 판본에는 모두 努자만이 쓰였다는 점에서 シヌフ 즉, 努는 ノ甲類가 아니라 ヌ일 가능성이 높으며, 권20 4477(由布義理爾 知杼里乃奈吉志 佐保治乎婆 安良之也之弓牟 美流与之乎奈美)번 가요의 경우, 題詞에 '智努女王卒後円方女王悲傷作歌一首'와 같이 チヌ의 표기자로 '智努'를 사용하였는데, 4477은 제4기의 가요이나, チヌ에 쓰인 努가 지명과 인명의 고유명사 표기자라는 특수성과 인명으로 부정적인 의미를 지닌 奴자를 꺼려한 것으로 판단되기 때문에 이 예 또한 ヌ의 표기로 추정된다. 4477의 경우는 판본에는 努자만이 보인다는 점, 그리고 권20에 보이며 圓方女王(마토카타노 오오키미)가 작자라는 점에서 제4기에 속하므로 당연히 努는 ノ의 표기로 추정된다. 그러나 비록 努로 표기가 되었다고 하더라도, 'ちぬのおおきみ'를 나타내기 위하여 努를 쓴 것은 'ちぬ'가 일반명사가 아니라 지명과 인명의 고유명사라는 특수성에 비추어볼 때, 그리고, 인명으로는 의미가 부정적인 奴자보다는 題詞에 '智努女王卒後円方女王悲傷作歌一首'와 같이 보이는 것처럼 이미 세상을 떠난 'ちぬのおおきみ'를 애도하기 위하여 努자를 사용한 것으로 판단된다.'

즉, 그는 본래 ノ甲類가 존재하지 않았고 후에 ヌ에서 파생됨으로써 이중형 문제가 일어난 것으로 보았다. 이러한 鶴久의 주장에 대하여 馬渕和夫는 자세히 비판하고 있는데 필자 또한 이에 전적으로 동의한다.

한편, 馬渕和夫는 農字가 ノ甲類와 ヌ가 쓰일 자리에 사용되고 있다는 점에 대하여 주로 鶴久의 주장을 비판하면서 다음과 같이 결론을 내리고 있다.

> 安万侶がアクセントに関心を持っていたことは『古事記』中の神名表記に上去の注を付けた(この場合は日本語であるが)ことからわかり、…多くの識字階層の人々がヌとノ甲との識別をしなかったのに、彼は先住人の音韻を持ってこれを厳密に聞き分け書き分けたということである。…要するに、昔から日本の地に住んでいた人々は、野原のことはノといい篠のことはシノといっていたが、これを書記した識字階層を含む、後来の人達はその音を書き表わす文字を持たず、(あるいは音韻を持たなかったから)書き残したものに混乱が生じたのだといいたいのである。

즉, 그는 주로 ノ甲類와 ヌ를 구별할 수 있는 중국 글자, 다시 말하면 中國音(中古漢字音)이 없었기 때문에 일어난 현상이라고 보고 있다.[5] 憶良가 적어도 唐의 수도 長安에서 2년 정도 체재하였는데도 불구하고 ノ甲類와 ヌ를 구별할 수 있는 중국 글자를 선택하지 못했다[6]는 이러한 주장은 일면 받아들일 수도 있으나, 다른 한편으로는 무언가 憶良가 ノ甲類와 ヌ를 구별하려는 노력 내지 방법을 강구했을 가능성도 배제

---

5) 바꾸어 말하면 만일 두 음을 구별할 수 있는 중국음이 있었다면 シヌハ고도 シノハ
   고이었을 것이라는 주장으로 보인다.
6) 지면 관계상 상대일본어의 ヌ 표기에 적합한 중고음에 대한 설명은 다음으로 미루
   기로 한다.

하지 못할 것이다.

본고에서는 이러한 가능성을 憶良의 설음 표기자에 대한 전반적인
분석을 통하여 검토하면서 선행연구의 문제점에 대해서도 언급하기로
한다.

3 努·農의 표기와 舌音 音借字

본 장에서는 먼저 794번 가요 許夜斯努禮의 努의 표기자와 802번
斯農波由의 農의 표기자를 살펴본 후, 憶良의 舌音 音借字의 특징에
대하여 살펴보기로 한다.

3.1 許夜斯努禮의 努의 문제

권5 794번 가요를 보면

　…許許呂由母 於母波奴阿比陀爾 宇知那毗枳 許夜斯努礼 伊波牟須
　弊 世武須弊斯良爾…

コヤシヌレ(臥やしぬれ)의 표기에 許夜斯努禮[7]가 보이는데 여기에
서의 ヌ의 표기자로 努가 사용된 것을 볼 수 있다. 이 가요에 대하여
稻岡耕二(이나오카 코우지 1986: 284)는

---

7) 努는 모든 주석서에서 ノ甲類가 아니라 ヌ의 표기로 읽고 있다.

日本挽歌にはみられなかった仮名を併用しつつ令反或情歌が記されている
こと、加えて、迦・企・斯・周という憶良作歌に集中してみられる仮名が
八〇〇にも指摘されること、それに既述のモの二類の区別を併せて、日本
挽歌と同一人の文字遣いを示すものと結論してよかろうと思う。

800번 가요와 794번 가요의 書寫者가 동일인물이라는 3가지 근거를
제시한 것처럼 憶良의 표기로 추정되는데, 이 努는 大野晋의 지적대
로[8) 奴이었을 가능성을 배제할 수는 없다. 그러나 뒤에서 검토하겠지
만 憶良의 표기에만 보이는 藤(ド甲類)・農(ヌ) 등과 같은 독특한 음차
자의 사용을 보면, 여기에서의 努 또한 단순히 奴의 誤寫로 보는 것
보다는 憶良 가요 중에서 ノ甲類의 음차 표기자가 없는 것을 미루어
볼 때, ヌ의 표기자로 奴와 더불어 努를 사용한 것으로도 추정할 수
있을 것이다. 한편, 만일 판본에 의해 努를 인정하고 '奴=ヌ, 努怒弩=ノ
甲類'라는 등식을 그대로 존중한다면, 이 가요의 努는 가요의 의미에
따라 완료의 조동사가 와야 할 자리이므로, 努는 ノ甲類가 아니라 ヌ
의 표기인 것은 분명하기 때문에, 이 규칙에 어긋나는 것으로써

　9-1809[9)] 智弩壮士 宇奈比壮士乃 廬八燎 須酒師競 相結婚為家類時者
　9-1811　墓上之 木枝靡有 如聞 陳努壮士爾之 依家良信母

와 같이 高橋蟲麻呂歌集(타카하시노 무시마로 가집), 그리고 이미 앞
에서 지적한 바와 같이 額田王(누카타노 오오키미)와 圓方女王와 함께

---

8) 大野晋(1954): "「努」とある古写本が多いが、紀州本に「奴努」と重複した字面が示さ
　れてゐる。この本文について種々の解釈が可能であるが、孤立した本文であるか
　ら、多数に従つて「努」を原形と認める。"
9) 앞의 수자는 권수를, 뒤의 수자는 가요 번호를 나타낸다.

萬葉集 내에서 奴와 努를 구분하지 않고 사용한 몇 안 되는 작자로 보아야 할 것이다.

3.2 農은 ノ甲類인가? ヌ인가?

憶良의 ノ甲類와 ヌ의 이중형 문제의 핵심은 권5 802번 가요에서의 農字의 쓰임에 있다. 해당 가요는 다음과 같다.

> 宇利波米婆 胡藤母意母保由 久利波米婆 麻斯提斯農波由 伊豆久欲
> 利 枳多利斯物能曾 麻奈迦比爾 母等奈可可利提 夜周伊斯奈佐農 (瓜
> 食めば 子ども思ほゆ 栗食めば まして偲はゆ 何処より 来りしものぞ 眼交に
> もとな懸りて 安眠し寝さぬ)

이 노래는 題詞에 언급되어 있듯이 부처조차도 사랑이라는 것은 자식 사랑 보다 더 큰 것은 없다고 하였다면서, '오이 먹으면/자식 생각이 나네/밥을 먹으면/더욱 그리워지네/어디로부터/자식은 온 것일까/내 눈 앞에서/자꾸만 떠올라서/편히 잠 못 이루네(필자역)'와 같이 자식을 사랑하는 마음을 담은 노래이다. 자동사 '寝(ヌ)'의 사역형 타동사 '寝(ナ)ス'가 부정의 조동사 'ヌ'와 함께 쓰인 ナサヌ의 표기에 奈佐農가 쓰였는데, 이때의 農은 명백하게 부정의 조동사 ヌ의 표기임을 알 수 있다. 그런데, 憶良는 자식이 더욱 '그리워지네'의 표기에 斯農波由을 썼는데, 이때의 農字가 ノ甲類의 표기인지 아니면 ヌ의 표기인지가 분명하지 않다.

憶良는 農을 [no] 또는 [nu] 어느 것으로 표기한 것인가? 馬渕和夫의 결론에 의하면 農은 ノ甲類의 표기로 해석할 수도 있는데 과연 그렇게

볼 수 있는 것인지 검토해 보도록 하자. 먼저 憶良의 農 표기를 모두
제시하면 다음과 같다.

5-794 斯良農比 筑紫国爾

5-802 久利波米婆 麻斯提斯農波由... 夜周伊斯奈佐農

5-882 阿我農斯能 美多麻多麻比弓

5-888 都祢斯良農 道乃長手袁

5-889 斯奈婆斯農等母

5-891 一世爾波 二遍美延農 知知波波袁

5-892 志可登阿良農 比宜可伎撫而

5-896 難波津爾 美船泊農等 吉許延許婆

5-897 見乍阿礼婆 心波母延農

5/897 心波母延農

農은 총 11예 중 문제가 되는 802번의 斯農波由를 제외하면, 부정의
조동사 ヌ 4회, 완료의 조동사 ヌ 3회, 그리고 死ヌ・シラヌヒ・主 각
1회로 10예 모두 ヌ의 표기자로 사용하였음을 알 수 있다. 그렇다면,
마지막 남은 斯農波由의 경우는 어떻게 보아야 할 것인가? 憶良가 11
예 중 10예를 ヌ의 표기로 사용했다는 사실은 斯農波由도 ヌ로 추정할
수 있는 근거가 될 수 있다고 할 수 있지만, [noŋ]¹⁰⁾으로 추정되는 農은
核母音이 [o]이므로 韻尾音을 탈락시키면 [no]가 되어 당연히 ノ甲類
의 표기로 쓰일 수 있는 가능성은 충분하다고 할 수 있다. 이것은 農은
冬韻1等인데 반해, 濃의 경우는 3等인 鍾韻이므로 [nuoŋ]으로 추정되
는데, 이 때 합구개음이 강하게 작용하기 때문에 [o]가 약하게 들려 마

---

10) 이하 재구음은 필자(2003b: 384~387)의 재구음(中古音)을 나타낸다.

치 [nuŋ]과 같이 들렸을 것이므로 ノ甲類가 아니라 ヌ로 반영된 사실과 대조를 보인다고 할 수 있다. 그런데도 불구하고 1예를 제외한 10예가 모두 ヌ 표기로 쓰였다는 사실, 그러나 萬葉集 전체에서 '3-361 秋風乃 寒朝開乎 佐農能岡 将超公爾 衣借益矣 山部赤人'의 1예를 제외하면 農자는 중국에 체류했던 경험이 있는 憶良의 노래에만 보인다는 사실 때문에 우리는 부득이 斯農波由의 경우 シヌハユ만이 아니라 シノハユ의 표기도 배제할 수 없는 것이다.

그렇다면 이 문제는 어떻게 풀어야 할 것인가? 필자의 판단으로는 이 문제는 森博達(모리 히로미치)의 日本書紀 가요의 알파군·베타군 설에 의해 풀 수 있을 것으로 보고 있다. 이미 앞에서 언급한 것처럼 憶良는 중국에 체재하였던 경력이 있는 인물로 당시 중국음에 정통했으리라는 것은 일고의 의심도 없을 것이다. 따라서 당시 중국 北方音을 여실히 보여주고 있는 日本書紀 가요 알파군에서 農은 어떤 음의 표기에 가장 적합한 것으로 판단하였는지를 검토하여 그 결과를 憶良의 802번과 비교하면 될 것이다.

日本書紀 가요의 農 표기 예를 모두 제시하면 다음과 같다.

> 알파군: 14-農播梔磨能 15-於尸農瀰能 16-農㘴儒登慕 16-㘴㘴農俱弥
>   柯枳 25-磨陁左枳涅渠農 27-陁麻爾農矩騰岐 於野児弘儞農俱
> 베타군: 5-於朋望能農之能 5-農殊末句志羅珥 7-岐農岐勢摩之塢
>   (숫자는 권수를 나타냄)

日本書紀 가요에는 알파군 7회, 베타군 3회로 각 어휘를 보면, 'ヌシ·ヌスム·キヌ·ヌバタマ·オシヌミ·ヌク·부정의 조동사 ヌ'와 같이 모두 ヌ에 해당하는 어휘 표기로 쓰인 것을 볼 수 있다. 여기에서 주목

할 점은 알파군만이 아니라 베타군도 ヌ의 표기로만 쓰였다는 사실이다. 이것은 農은 ノ甲類 보다 ヌ에 가장 적합했다는 것을 의미하므로 憶良의 예도 シヌハグ의 표기임을 말해준다고 할 수 있다.[11] 그렇다면, 남은 문제는 [noŋ]으로 추정되는 冬韻의 農이 어떻게 ノ甲類가 아니라 ヌ의 표기로 쓰일 수 있었는가 하는 사실이다.

農이 속한 冬韻은 [oŋ]으로 추정되는데 秦音 즉, 唐代 長安音에서는 東韻과 合韻이 되어 같은 소리로 합류되었다. 일반적으로 東韻과 冬韻이 합운된 再構音을 [uŋ]으로 추정하는데, 필자는 이에 동의하지 않는다. 필자의 재구음은 [ʊŋ]으로 이 재구음에 의해 설명하기로 한다.[12]

만일 합운된 음인 農([noŋ])이 반영되었다고 하면, 韻尾 [ŋ]에 의해 핵모음 [ʊ]가 [u]로 들릴 가능성이 높아지므로 [noŋ](農)이 ヌ로 쓰일 수가 있지만 여기에는 모순이 있다. 그것은 이미 앞에서 제시한 바와 같이 日本書紀 베타군의 예를 보면 3회 모두 ノ甲類가 아니라 ヌ로만 반영되었다는 사실이다. 이것은 설령 합운이 되지 않았더라도 [noŋ]은 운미음에 의해 핵모음이 [ʊ] 또는 [u]에 가까운 음색으로 들렸다는 것을 증명해준다고 할 수 있다. 그렇다면 冬韻에 속한 다른 만요우가나자도 ウ列로 반영되었다는 것인가? 결론부터 말하면 앞에서 언급한 주12)에

---

11) 물론 農은 日本書紀 가요만이 아니라 상대문헌 전체에서 모두 ヌ의 표기로만 사용되었다.

12) [ʊ]는 [u]와 [o]의 중간음이면서 [o]에 가까운 음색을 지닌 음이다. 재구음을 어떻게 보아야 할 것인가는 상당히 많은 지면을 할애해야 하기 때문에 여기에서는 생략하기로 한다. 다만 한가지만을 지적하다면, 예를 들면 沼本克明(1997: 278-280)에서는 중고음을 각각 東韻[uŋ], 冬韻[oŋ]으로, 합운된 東韻(冬韻)을 [uŋ]으로 추정하고 있는데, 여기에 제시된 한음의 예를 살펴보면 '東韻: 蒙モウ・東トウ・通トウ・銅トウ・公コウ・翁オウ・洪コウ, 冬韻: 冬トウ・農ノウ・攻コウ・宗ソウ・宋ソウ'와 같이 운모는 모두 オウ로 반영되었다. 즉, 핵모음 [u]가 オ列(オ甲類 포함)로 나타난 것이다. ウ列이 있는데도 불구하고 핵모음 [u]를 オ列로 받아들였다고 하는 것은 재구음에 문제가 있다는 사실을 시사하고 있다고 할 수 있다.

서의 漢音의 예에서 보듯이 그렇지 않다. 또한, 다음의 예를 보면,

> 20-4401 可良己呂武 須宗爾等里都伎 奈苦古良乎
> 武内宿祢命子宗我石川宿祢命十世孫 (石川朝臣年足墓志)
> 宗我稲目足尼大臣 (上宮聖徳法王帝説)

와 같이 같은 冬韻에 속한 '宗'은 オ甲類로 쓰이고 있다. 그렇다면, 어떤 이유로 農은 ヌ로 쓰일 수 있었던 것일까? 필자는 다음과 같이 추정하고 있다. [noŋ](또는 [nɔŋ] 이것은 憶良가 唐代 長安音을 반영한 것으로 해석했을 경우이다)은 聲母(頭子音, initial)가 舌音(엄격히 말하면 舌頭音) 全濁音이므로 鼻音이라는 사실에 주목한 것이다. 성모가 비음이면서 운미음도 비음([ŋ])이므로 비음 사이에 끼인 핵모음 [o]([ɔ])가 비음의 영향으로 [ʊ] 또는 [u]로 들렸을 것으로 추정된다. 즉, '비음+모음+비음'에 의해 [noŋ]([nʊŋ])이 ヌ로 반영된 것이다. 따라서 憶良의 農 표기는 대부분의 학자나 주석서와 같이 ヌ의 표기로 보아야 할 것이다.

3.3 憶良의 설음 표기자에 대하여

3.1의 努의 표기와 3.2의 農의 표기는 ノ甲類 표기인가 ヌ 표기인가에 대한 설명이었는데, 이들 자의 성모는 聲韻學的 관점에서 보면 설음에 속한다. 만요우가나 전체에서 보면 유독 설음자의 경우 같은 자가 オ甲類와 ウ로 쓰인 예가 많이 출현하는데, 그렇다면 과연 憶良는 설음자 즉, 'タダ・チヂ・ツヅ・テデ・トド, ナニヌネノ' 중에서 オ甲類와 ウ列의 이중형으로 나타나는 'ツ・ト, ヅ・ド, ヌ・ノ'의 음차 표기로 어떤 자를 사용하였는지 살펴보도록 하자. 그 이유는 당시 중국음에

정통한 憶良의 설음자 전체의 표기를 통하여 그의 표기 의식 내지 중국음에 대한 인식을 알 수 있을 것으로 판단되기 때문이다. 여기에서는 憶良의 설음에 대한 인식을 보다 확실히 하기 위해 ノ乙類의 예도 함께 살펴보도록 하겠다.

ツ의 표기로는 都(72: ツ71 ヅ1)/通(3)/筑(ツク1)/追(1)가 사용되었다.[13] 그 예를 보면 다음과 같다.

5-795   都摩夜左夫斯久

5-805   等登尾可祢都母

5-813   布多都能伊斯乎

5-814   阿米都知能…伊比都夏等

5-873   麻通羅佐用嬪面

5-894   虛見通 倭国者

5-794   筑紫国爾

8-1520   恋都追安良牟

都의 경우 '8-1520 伊伎都枳乎良牟'과 같이 1예만이 유성음의 ヅ의 표기로 사용되었다. 물론 鶴久·森山隆(모리야마 타카시 1991)에서 注釋이나 全註는 ツ로 읽기도 하였으나, 萬葉集에서 동사 イキツク의 예는 보이지 않는다. イキヅク(형용사 イキヅカシ 1예 포함)의 음차 표기로 총 8회 나타나는데, '20-4421 伊伎都久之可婆 服部於由 防人歌'만이 模韻平聲 全淸字인 都가 쓰였을 뿐, 나머지 7예는 '5-0881 伊吉豆伎遠良牟 山上憶良, 5-0897息豆伎阿可志 山上憶良, 17-3973 伊枳豆伎和多利 大伴池主, 17-4011 伊伎豆吉安麻利 大伴家持, 14-3388 伊伎豆久

---

13) 괄호 안의 수자는 빈도수를 나타낸다.

伎美乎 東歌, 14-3527 <u>伊伎豆久伊</u>毛乎 東歌, 14-3547 安奈<u>伊伎豆</u>加思 東歌'와 같이 모두 全濁字인 定母의 豆가 쓰인 것으로 볼 때, 憶良의 1520번 가요는 ヅ의 표기임이 분명하다.

ヅ의 표기에는 豆(21: ヅ20 ツ1)만이 사용되었다. '5-813 伊麻能遠都 豆爾'의 豆는 대부분의 주석서에서는 ヲツツ의 ツ 표기로 추정하였는 데 全註에서는 ヅ로 읽었다. 813번과 같이 ヲツツ(ヅ)의 예는 イマノ ヲツツ(ヅ)ニ의 정형화된 구로 총 4회 나타나는데, 憶良 이외에는 3예 모두 大伴家持(오오토모노 야카모치)의 가요에만 보인다. 憶良의 豆가 ヅ가 아니라 ツ의 표기로 쓰인 것으로 보는 이유는 바로 大伴家持의 표기와 관련이 있는데 大伴家持의 ヲツツ(ヅ)ニ의 예를 제시하면 다 음과 같다.

> 17-3985 多由流許登奈久 伊爾之敵由 伊麻乃乎都<u>豆</u>爾 可久之許曾 見流比登其等爾
>
> 18-4094 大夫乃 伎欲吉彼名乎 伊爾之敵欲 伊麻乃乎追<u>通</u>爾 奈我佐敵流 於夜乃子等毛曾
>
> 18-4122 布奈乃倍能 伊波都流麻泥爾 伊爾之敵欲 伊麻乃乎都<u>頭</u>爾 万調 麻都流都可佐等

예에서 보는 바와 같이 3985와 4122는 전탁자인 豆와 頭를 사용한 반 면에 4094는 次淸字인 通을 사용하였다. 일반적으로 全淸字인 경우는 만요우가나에서는 無氣音으로 반영되는 것이 원칙이며, 특히 차청자 인 경우는 강한 有氣性으로 인해 太만이 ダ로 반영된 것을 제외하고 모두 무기음으로 반영되었기 때문에 4094의 通은 ツ의 표기로 볼 수밖 에 없다. 이 사실은 大伴家持의 가요 중에서 通이 음차로 쓰인 예는

4094를 포함하여 총 3회 보이는데

> 18-4100 物能乃布能 夜蘇氏人毛 与之努河波 多由流許等奈久 都可倍
> 追通見牟
> 20-4471 気能己里能 由伎爾安倍弖流 安之比奇乃 夜麻多知波奈乎 都
> 刀爾通弥許奈

와 같이 접속조사 ツツ와 동사 摘ム의 연용형 ツミ 의 표기로 사용된
것을 보아도 알 수 있다.

　한편, 大伴家持는 頭의 표기로 총21회 사용하였는데 4122를 제외하
면 ヅ의 표기로 19회, ツ의 표기로

> 19-4158 毎年爾 鮎之走婆 左伎多河 鵜八頭可頭気氏 河瀬多頭祢牟

와 같이 1회 보인다. 따라서 4122의 경우도 ツ 보다는 ヅ의 표기로 추
정된다. 이러한 사실은 大伴家持의 豆 표기에 의하면 더욱더 확실해진
다. 大伴家持는 豆를 3985의 1예를 포함하여 총 57회 사용하였는데,

> 3-475 和豆香山 3-476 和豆蘇麻山 17-3957 多麻豆左能 於余豆礼能
> 17-3969 爾保比比豆知弖 17-3978 安我於久豆麻 17-3985 伊麻乃乎都
> 豆爾 17-3999 多都日知可豆久 17-4000 余呂豆余能 17-4002 由久美豆
> 能 17-4006 手多豆佐波利弖 伊美豆河波

등과 같이 한 예도 예외 없이 ヅ의 표기로 사용하였다. 따라서 大伴家

持의 경우 ヲツツ가 1예, ヲツヅ가 2예로 추정되는데, 그의 4094의 通을 근거로 憶良의 815번 가요의 豆를 ツ로 추정한 것은 설득력이 충분하지 않다고 할 수 있다. 당시에 ヲツツ와 ヲツヅ가 동시에 존재했는지 여부는 알 수 없으나, 만일 표기에 의해 어느 한쪽만이 존재한 것으로 추정한다면, 大伴家持는 豆를 전혀 예외 없이 有聲音 ヅ의 표기로 사용했다는 사실, 그리고 같은 전탁자인 頭 또한 ヅ 표기로 쓴 것을 감안하면 오히려 全註와 같이 ヅ의 표기로 추정하는 것이 타당할 것이다. 만일 이러한 주장이 받아들여진다면, 憶良의 豆는 21예 모두 ヅ의 표기로 보아야 할 것이다.

ヌ의 표기로는 奴(20)/農(11)/努(1)이 사용되었다. 農자의 경우 이미 3.2에서 지적한 바와 같이 802번의 シヌハユ 1예를 포함하여 부정의 조동사 ヌ 4회, 死ヌ 1회, 완료의 조동사 ヌ 3회, シラヌヒ 1회, 主의 표기로 1회 사용되었다. 奴·努의 예는 5장에서 제시하기로 한다.

ト甲類의 표기로는

    5-794 <u>刀</u>比佐気斯良受
    5-804 遠<u>刀</u>古佐備周等
    5-800 美礼婆多布<u>斗</u>斯
    5-804 遠等咩良何 佐那周伊多<u>斗</u>乎 意斯比良伎 伊多度利与利提

와 같이 刀(10)와 斗(2)가 쓰였는데, 5-804의 佐那周伊多斗의 斗에 대하여 全註와 注釋에서는 ド로 읽었다. 戸에 대한 표기가 아니라 板戸, 즉 복합어 イタト(ド)에 대한 표기 예는 804번을 포함하여 총 4예 보이는데, 훈독 표기로 11-2519와 11-2616이 똑같이 眞木乃板戸乎로 나타났다. 音借表記로는 東歌(아즈마우타)인 14-3467에 真木乃伊多度乎로

度가 쓰인 것으로 보아 イタト인지 イタド인지에 대해서는 결정하기 힘들다. 時代別国語大辞典上代編(1994: 78)에서도 '板の戸。板で作った戸。トには清濁両形がある。'와 같이 설명하고 있는 것처럼 두 형태가 존재했을 가능성을 배제할 수 없을 것이다.

ト乙類의 표기자로는 等(101: ト97 ド4)/登(18: ト15 ド3[14])/得(1)이 사용되었다. 특히 等과 登이 유성음의 ド의 표기로 쓰인 예를 모두 제시하면,

5-805 等登尾可祢都母
5-818 麻豆佐久耶登能
5-904 我例乞能米登
5-804 等等尾迦祢
5-892 妻子等母波
5-894 満弖播阿礼等母
5-903 身爾波在等

와 같다. 동사 トドム, 접속조사 ド/ドモ, 접미사 ドモ, 명사 ヤド의 표기로 사용된 것을 볼 수 있다.

ド甲類의 표기로는 度(4)만이 사용되었다. '5-804 伊多度利与利提, 5-879 美加度佐良受弖, 5-892 可麻度柔播...寝屋度麻𠆢'와 같이 권5에만 나타나며, 'イタドル(辿る), ミカド(朝廷), カマド, ネヤドマデ(寝屋処まで)'의 ド甲類의 표기로 쓰였다. 한편, ド乙類의 표기로는 杼(10)/騰(11)/藤(1)이 보인다.

---

14) 5-818의 '麻豆佐久耶登能'의 登이 ド의 표기로 쓰인 점에 대해서는 高木市之助外(1959: 74) 頭註: '宿: ヤドのドに「登」を用いるのは、清濁の点でも、特殊仮名遣の点でも違例。おそらくは後世の誤写か。巻五は古写本が乏しい。' 참고.

2-145 見良目杼母 5-904 立礼杼毛 居礼杼毛

5-805 意母閇騰母 5-875 布利等騰尾加祢 16-3865 待騰来不座

5-802 胡藤母意母保由

ノ甲類의 경우 음차의 예는 보이지 않는다. ノ乙類로는 能(91)과 乃(69)가 '5-801 比佐迦多能 5-868 佐欲比売能故何 夜麻能名乃尾夜 5-878 能知許曾斯良米 等乃斯久母'와 같이 사용되었다.

　이상을 표로 제시하면 다음 〈표 1〉과 같다.

〈표 1〉

ツ	都72(71 ツ　ヅ1) 通3 筑(ツク)1 追1
ヅ	豆21(ヅ20 ツ1)
ト甲類	刀10 斗2
ト乙類	等101(ト97 ド4) 登18(ト15 ド3) 得1
ド甲類	度4
ド乙類	騰11 杼10 藤1
ヌ	奴20 農10 努1
ノ甲類	
ノ乙類	能91 乃69

이 표에 의하면 憶良는 ツ의 표기로 都를 대표자로 쓰고 있으며, ヅ와 ド甲類는 각각 豆와 度만을 사용하였고, ト甲類는 刀를, ト乙類는 等을 주로 사용한 것을 알 수 있다. ド乙類는 일반적으로 만요우가나자로는 騰과 杼로 표기되는데, 憶良의 경우 이 두 자 이외에 藤의 사용도 보인다. 이것은 5-802와 같이 子供의 ド의 표기로 쓰였는데, 이 가요에는 憶良의 전용표기자라고 할 수 있는 農字가 두 번이나 보인다. 藤은 萬葉集에는 인명 藤原(フヂハラ), 지명 藤江(フヂエ), 명사 藤(フヂ),

그리고 복합어 藤波(フヂナミ)·藤衣(フヂコロモ)와 같이 フヂ의 표기로 쓰여 이미 藤에 대한 훈독이 정착된 것을 볼 수 있다. 그런데, 음차로 사용된 藤은 萬葉集의 802번 가요 이외에는 상대문헌 어디에도 사용된 적이 없기 때문에 憶良 고유의 표기자라고 할 수 있다.

마지막으로 ㅈ의 표기로는 奴와 農을 사용하였고, ノ乙類는 能과 乃가 사용되었다. 그런데, 이 표에 의하면 개별자들의 사용실태는 파악할 수 있지만, 이 자들의 中國音(中古漢字音)에 대한 정보는 알 수가 없다. 즉, 중고음으로는 어떤 음이었기에 만요우가나 즉 憶良의 음차표기로는 어떻게 반영되었는가는 명확하지가 않다. 따라서 憶良의 설음자들을 韻別로 재정리하여 검토해 볼 필요가 있다.

3.4 憶良의 설음자의 韻別 분석

憶良의 설음자들을 재정리하면 다음 〈표 2〉와 같다.

〈표 2〉

	通	筑	農	追	杼	都	奴	努	度	乃
攝	通攝	通攝	通攝	止攝	遇攝	遇攝	遇攝	遇攝	遇攝	蟹攝
聲母	透母	知母	泥母	知母	澄母	端母	泥母	泥母	定母	泥母
韻母	東韻	東韻	冬韻	脂韻	魚韻	模韻	模韻	模韻	模韻	哈韻
聲調	平聲	入聲	平聲	平聲	平聲	平聲	平聲	上聲	去聲	上聲
等	1等	3等	1等	3等	3等	1等	1等	1等	1等	1等
表記	ツ	ツク	ㅈ	ツ	ド乙	ツヅ	ㅈ	ㅈ	ド	ノ乙
頻度	3	1[15]	10	1	10	71:1	20	1	4	69

---

15) 廣韻에 의하면 筑은 澄母로 쓰인 예도 볼 수 있다. 즉, 반절자가 直六인 경우는 차청자이며, 張六인 경우는 전탁자이다. 그러나, 만요우가나로는 ツク 또는 ツキ (筑陽川〈ツキヤガハ〉。源出郡家正東一十九里一百步荻山北流入入海。有年魚。出雲風土記 意字郡)로 쓰인 것으로 보아 차청자를 사용한 것으로 추정된다.

	刀	斗	豆	登	藤	騰	能	等	得
攝	效攝	流攝	流攝	曾攝	曾攝	曾攝	曾攝	曾攝	曾攝
聲母	端母	端母	定母	端母	定母	定母	泥母	端母	端母
韻母	豪韻	侯韻	侯韻	登韻	登韻	登韻	登韻	登韻	登韻
聲調	平聲	上聲	去聲	平聲	平聲	平聲	平聲	上聲	入聲
等	1等	1等	1等	1等	1等	1等	1等	1等	1等
表記	ト	ト	ヅツ	トド乙	ド	ド	ノ乙	トド乙	ト乙・
頻度	10	2	20:1	15:3	1	11	91	97:4	1

그러면, 憶良의 설음 음차자들의 특징을 살펴보기로 한다. 먼저, 성모의 예를 제시하면,

> 端母: 都ツ(ヅ)刀ト斗ト登ト(ド)等ト(ド)得ト
> 透母: 通ツ
> 定母: 度ド豆ヅ藤ド騰ド
> 泥母: 農ヌ奴ヌ努ヌ乃ノ能ノ
> 知母: 筑ツク追ツ
> 澄母: 杼ド

와 같은데, 특징으로서는 첫째, 성모자를 분명히 구분하여 중고음에 따라 사용하였다. 즉, 전청자인 端母와 차청자인 透母는 소수의 예외가 있기는 하지만 원칙적으로 일본어의 無聲音인 ツ/ト로 반영되었으며, 전탁자인 定母는 예외 없이 모두 유성음인 ヅ/ド로 반영되었다. 이것은 이미 唐代 長安音에 濁音淸化(devoicing)가 상당히 진행되어, '蘇羅瀰豆 野麻等能矩儞鳴 14-75 雄略紀, 瀰儺度能 26-120 斉明紀'와 같이 반영된 사실과는 다르다는 점이 憶良의 설음자의 특징이라 할 수 있다. 둘째, 차탁자인 泥母의 경우에도 ヌ로만 쓰여 '于摩譬苔奴知野 伊徒姑奴池 9-28 神功紀, 都麼怒喇絁底 17-96 継体紀'와 같은 唐代 長安音의

비음의 非鼻音化(denasalization)가 전혀 반영되지 않았다. 셋째, 大野
晋(1972: 199-200)의 주장과 달리 舌上音인 知母, 澄母字도 사용된 것
이 특징이라고 할 수 있다.[16]

　한편, 韻母의 경우

　　　東韻1等[17)]: 通ツ
　　　東韻3等: 筑ツク
　　　冬韻1等: 農ヌ
　　　脂韻3等: 追ツ
　　　魚韻3等: 杼ド乙
　　　模韻1等: 都ツ奴ヌ努ヌ, 度ド甲
　　　哈韻1等: 乃ノ乙
　　　豪韻1等: 刀ト甲
　　　侯韻1等: 斗ト甲, 豆ヅ
　　　登韻1等: 登等ト乙(ド乙), 得ト乙, 藤騰ド乙, 能ノ乙

와 같이 9개의 운을 사용하였다. 본고는 이중형의 문제가 주된 주제이
므로 본고와 직접적인 관계가 있는 운모만을 살펴보면, 같은 운에 속한
자가 オ甲類와 ウ列로 달리 나타나는 운에는 模韻과 侯韻이 있다.

　당시 중국음에 정통했을 憶良가 이 두 운을 두 가지 음으로 반영한
이유는 무엇일까? 결론적으로 말하면,[18)] 模韻은 [o]로 侯韻은 [əʊ]로 재

---

16) 筑은 万葉集에서 지명표기로만 쓰였으므로 用字의 성격이 특별하다고 할 수 있지
　　만, 追는 그의 주장에 따르면 이례적인 표기라 할 수 있다. 단, 追는 憶良 이외에도
　　상당수의 예가 보인다. 따라서 이 예는 그의 주장을 비판하는 근거이기도 하다.
17) 각 운에 대한 필자의 재구음은 다음과 같다: 東韻1等[uŋ] 東韻3等[iuŋ] 冬韻1等
　　[oŋ] 脂韻3等[ĭuei] 魚韻3等[iɔ] 模韻1等[o] 哈韻1等[ʌi] 豪韻1等[ɑʊ] 侯韻1等[əʊ]
　　登韻1等[əŋ]
18) 본고에서는 지면관계상 결론만을 제시하고 자세한 것은 다음 기회로 미루기로

구되기 때문이다. 즉, [ö]는 [o]와 [u]의 음색을 동시에 지니고 있기 때문에(a partake of [o] and [u]), オ甲類와 ウ列로 반영될 수 있는 조건을 지니고 있었는데, 憶良는 이 점을 고려하여 두 가지 음으로 쓴 것으로 추정된다. 그러나 이러한 사실은 憶良만이 그러한 것은 아니다. 즉, 다른 작자들도 기본적으로는 같은 자를 두 가지 음으로는 사용하지 않았다. 따라서 憶良의 독창적인 표기법이라고 할 수는 없지만, 憶良만의 독창적인 표기법이 보인다는 점을 감안하면, 이 두 운의 음이 애매한 후설원순모음이었음을 인식하고 표기했을 가능성도 있다.

한편, 侯韻 再構音 [əʊ]에는 中舌 핵모음 [ə]가 존재하는데도 불구하고 オ乙類로 반영된 예가 憶良를 비롯하여 상대자료에 한 예도 보이지 않는 것은 무엇 때문인가? 그것은 [əʊ]는 핵모음 [ə]가 韻尾音 [ʊ]의 강한 합구성으로 인하여 잘 들리지 않아 만요우가나에서는 운미음만을 반영하여 模韻 [ʊ]와 마찬가지로 [ʊ]로 나타나 ア甲類와 ''ソ로 반영된 것으로 추정된다. 이와 같은 운미음의 강한 합구성은 일반적으로 한국 한자음, 베트남 한자음과 티베트 한자음 등에서도 공통적으로 나타난다.

▌4 憶良의 ノ와 ヌ의 표기 분석

이미 앞에서 논한 대로 이중형 문제의 핵심은 シヌハグ와 シノハグ를 둘러싼 農字의 표기라고 할 수 있는데, 憶良는 ノ와 ヌ의 표기에 어떤 어휘들을 사용하고 있으며, 또한 어떤 표기 방식을 취하고 있는지 구체적인 예를 제시하면서 검토해보기로 하자.

한다.

만요우가나의 ノ 표기를 모두 검토해보면 다음과 같다

御津乃浜松 美世摩斯母乃乎 許能提羅周 奈何名能良佐祢 夜麻能名
乃尾夜 波比能利提 伊能知遠志家騰 等乃斯久母 能知許曾斯良米 意
乃何身志 宮弊能保留等 能杼与比居爾 伊等乃伎提 於毛比多能無爾
阿布芸許比乃美 爾能保奈須

기술의 편의상 예들을 하나씩만 제시하였는데 이 예들을 살펴보면, ノ
는 '助詞「の」・もの・この・のる(宣る)・助詞「のみ」・はひのる・いの
ち・とのしく・のち・おの・のぼる・のどよふ・いとのきて・(おも
ひ)たのむ・こひのむ・にのは(丹の穂)'와 같이 모두 ノ乙類만이 나타
난다. 다시 말하면, ノ甲類의 만요우가나 사용은 단 한 예도 보이지
않는다는 사실이다. 한편, ヌ의 표기[19]를 살펴보면,

待恋奴良武 於母波奴阿比陀爾 久奴知許等其等 奴伎都流其等久 布
美奴伎提 伊奴時母能 能知波志奴等母 奴延鳥乃 許夜斯努礼

ヌ는 'ぬ(戀ひぬ)・ぬ(おもはぬ)・くぬち・ぬきつ・ふみぬく・ぬし・
いぬ(犬)・死ぬ・ぬえどり・しぬはゆ[20]・しらぬひ'와 같다.

이상과 같이 ノ와 ヌ의 음차 표기를 모두 살펴보면, ノ甲類로 쓰인
음차의 예는 하나도 없다는 사실을 확인할 수 있다. 그렇다면, 憶良에
게 ノ甲類의 음이 즉, 어휘가 존재하지 않았던 것인가? 이것을 검토하기
위해서는 우리는 훈독표기 또는 훈차표기도 모두 분석해 보아야 한다.

---

19) 農의 예는 3.2에서 제시하였으므로 생략하기로 한다.
20) 3.2에서 農은 ヌ임을 밝혔다. 따라서 憶良의 음차표기로는 シヌハユ만이 존재한다.

음차 이외의 ノ甲類로 추정되는 예를 모두 검토하여 제시하면 다음
과 같다.

5-799　　大野山 紀利多知和多流 和何那宜久 於伎蘇乃可是爾 紀利
　　　　　多知和多流

8-1537　　秋野爾 咲有花乎 指折 可伎数者 七種花

8-1520　　牽牛者 織女等 天地之 別時由 伊奈宇之呂 河向立 思空 不
　　　　　安久爾 嘆空 不安久爾 青浪爾 望者多要奴 白雲爾 涕者尽奴
　　　　　如是耳也 伊伎都枳乎良牟 如是耳也 恋都追安良牟 佐丹塗
　　　　　之 小船毛賀茂 玉纏之 真可伊毛我母(一云 小棹毛何毛) 朝
　　　　　奈芸爾 伊可伎渡 夕塩爾(一云 夕倍爾毛) 伊許芸渡 久方之
　　　　　天河原爾 天飛也 領巾可多思吉 真玉手乃 玉手指更 余宿毛
　　　　　寐而師可聞(一云 伊毛左祢而師加) 秋爾安良受登母(一云 秋
　　　　　不待登毛)

8-1526　　玉蜻蜓 髣髴所見而 別去者 毛等奈也恋牟 相時麻而波

16-3862　志賀乃山 痛勿伐 荒雄良我 余須可乃山跡 見管将偲

799와 1537은 각각 大野山, 秋野爾와 같이 野의 훈독표기가 보이며,
1520은 ノゾミハ의 표기로 望者를 사용하였는데, 이것은 훈독표기로
ノ와 ゾ는 상대일본어에서 원칙적으로 갑류와 을류의 구분이 없다.
1526 또한 훈독표기로 髣髴을 ホノカニ에 대응하여 사용하였는데 여
기에서의 ノ도 갑을류의 구분이 없다. 마지막으로 3862의 　将偲는 シ
ヌハム로 훈독되는데, 偲는 고대중국어에 일본어의 シヌフ의 의미는
없으므로 의미가 변용된 훈독표기라고 할 수 있다. 앞에서 斯農波由를
シヌハユ로 보았기 때문에 　将偲도 シノハム 보다는 シヌハユ로 보아
야 할 것이다.

이상과 같이 訓字의 예도 '大野·秋野·望·髣髴·偲'와 같이 극히
소수 예이며, '野·望·偲' 등은 小林芳規(코바야시 요시노리)가 말하는
훈독한자(訓漢字)이므로 憶良는 ノ甲類를 구지 표기할 필요가 없었다.

古事記에서 문자의 구별에 따라 ノ甲類와 ヌ로 구별해서 쓴 것은
太安麿(오오노 야스마로) 개인의 약속과도 같은 표기법이지만, 憶良는
그러한 구별이 없었다. 만일 太安麿와 같은 약속이 설음자에 있었다고
가정한다면, 그것은 ノ甲類는 훈독표기로만 나타내고 ヌ는 음차를 비
롯하여 다양한 표기법을 사용하였다고 할 수 있다. 즉, ノ甲類는 음차
를 사용하지 않았다는 것이다. 물론 여기에는 ノ甲類로 쓰인 예는 만일
갑류와 을류의 구분이 없는 것을 갑류로 처리한다고 하여도, 그리고
シヌフ와 더불어 シノフ가 존재한다고 하더라도 네 어휘(野2예·ホノ
カニ·ノゾム·シノフ) 다섯 예에 불과하다. 특히 5-799의 예만이 음차
위주의 표기이며 동시에 훈독한자이고, 나머지 3예(1520·1526·1537)
는 훈독표기가 위주이며, 한 예(3862)는 훈독표기와 음차표기가 반반
섞인 표기이므로 ノ甲類의 표기 예가 음차표기로 쓰일 수 있는 상황에
노출되기 어렵다는 사실을 지적할 수 있다. 다시 말하면, ノ甲類의 예
가 적은데, 그것도 훈독표기 위주의 가요에만 쓰였다는 사실이 憶良로
하여금 ノ甲類의 표기를 위한 음차자의 선택을 고민하지 않아도 되는
조건을 만들어 주었다는 사실이다.

결론적으로 말하면 憶良의 경우 ノ甲類와 ヌ의 이중형 문제는 존재
하지 않았으며, ノ甲類에 음차표기를 할 만한 어휘가 다양하지 못하며
이미 훈독한자이므로 구지 음차표기를 하지 않았던 것이지, 鶴久가 말
하듯이 ノ甲類의 음이 상대일본어에 존재하지 않았기 때문이 아니며,
또한 馬渕和夫의 주장대로 중고음에 ノ甲類를 나타낼 만한 적합한 음

(중고음)이 존재하지 않았기 때문이 아니다. 특히, 憶良가 藤·農과 같은 다른 만요우 작가에서는 볼 수 없는 字를 선택하였다는 사실을 보아도 중고음에 정통했고, 또한 唐代 長安音에도 정통했던 그가 ノ甲類를 표기할 만한 중국음의 존재를 몰랐을 리도 없는데도 ノ甲類 표기에 음차자를 사용하지 않았다는 것은 다른 관점, 즉 'ノ甲類=훈독표기'라는 관점에서 보아야 할 것이다.

5 나오는 말

본고에서는 山上憶良의 農字를 둘러싼 이중형 문제와 설음 음차자의 특징에 대하여 살펴보았다.

그런데, 侯韻도 마찬가지이지만 우리가 이중형의 문제를 거론할 때, 가장 문제가 되는 것은 模韻에 속한 자들의 만요우가나 반영 예이다. 특히 模韻에 한하여 집중적으로 オ甲類와 ウ列로 같은 자가 쓰이고 있는 데에 대하여, 이미 여러 학자들에 의해 그 이유가 지적되어 왔지만, 필자가 보기에는 과연 그 이유가 타당한가에 대해서는 의문의 여지가 많다. 본고에서는 지면관계상 다루지 못했지만, 그 대표적인 것이 바로 模韻 중고음의 재구음에 대한 것이다. 도대체, 模韻의 추정음이 어떤 음이었기에 이와 같은 반영 예가 나타나는가 하는 것이다. 또한 模韻에 대한 한국한자음의 반영음은 만요우가나와는 달리 거의 대부분이 /오/로만 나타나고, /우/의 예가 보이지 않는 것은 무슨 이유에서인가 등에 대해서도 검토해야 할 것이다. 이러한 문제에 답하기 위해서는 앞으로 模韻 중고 재구음에 대한 철저한 비판과 더불어 새로운 해석이 필요할 것이다.

이상의 문제에 대하여 앞으로 자세한 분석을 행할 계획이며, 이 연구를 토대로 앞으로 지난한 문제인 작자와 서사자의 일치 문제에도 시야를 넓혀감으로써, 상대자료 음운연구에 보다 치밀하게 접근하여 그동안 일반성 추구에 따라 설명이 불가능했던 여러 문제들 즉, 음운, 표기, 용자법 등을 검토해 나갈 계획이다.

참고문헌

김대성(2003a)『고대 일본어의 음운에 대하여』제이앤씨, pp.106-107.

_____(2003b)『韓日資料による中古漢音韻母音の再構』제이앤씨, pp.384-387.

_____(2006)「『萬葉集』의 '奴·努·怒' 표기 연구(Ⅰ)」『언어과학연구』37, 언어과학회, pp.225-241.

稲岡耕二(1986)『万葉表記論』塙書房, pp.217-426.

大野晋(1954)「奈良時代のヌとノの万葉仮名について」『万葉』12, 万葉学会, pp.1-24.

大野晋(1972)『上代仮名遣の研究』岩波書店, pp.191-202.

小島憲之·木下正俊·東野治之校注訳(1994-1996)『万葉集(新編日本古典文学全集)』小学館

小島憲之·直木孝次郎·西宮一民·蔵中進·毛利正守 校注·訳(1994-1998)『日本書紀1-3(新編日本古典文学全集2-4)』小学館

上代語辞典編修委員会(1994)『時代別国語大辞典上代編』三省堂, p.78.

高木市之助·五味智英·大野晋校注(1957-1962)『万葉集(日本古典文学大系)』岩波書店

鶴久(1956)「上代特殊仮名遣の消滅過程について-「野」字の訓の変遷をめぐつて-」『文学研究』55, 九州大学文学部, pp.71-92.

鶴久·森山隆(1991)『万葉集』桜楓社

沼本克明(1997)『日本漢字音の歴史的研究-体系と表記をめぐって-』汲古書院, pp.278-280.

馬渕和夫(1998)「野はノかヌか-憶良の用字「農」を巡って-」『万葉』166, 万葉学会, pp.49-60.

제11장

山上憶良의 音借表記字 연구
- 고대 국어 借字表記法의 방법론 모색을 위하여 -

1 들어가는 말

고대 일본어의 모음체계가 단일하다고 하더라도 그것을 중국글자 (한자)의 소리를 가지고 표기하고자 할 때, 즉 万葉假名(만요우가나: 일본어 우리말 표기는 필자의 표기임)로 나타내고자 할 때, 그것을 표 기하는 사람에 따라서는 고대 일본어의 모음에 대한 인식에 차이가 있 을 수 있다. 즉 가요를 짓거나 표기한 사람 또는 가요 편집자들이 고대 일본어의 모음체계에 대하여 모두 단일한 인식을 가졌다고는 할 수 없 을 것이다. 이 차이는 어떤 작자는 예를 들면 /ア/를 고대 중국어의 A음으로 인식하였을 것이고, 어떤 작자는 B, 또는 어떤 작자는 C 등과 같이 인식하였을 것이며, 여기에 또 하나의 차이가 중층으로 더해지는 경우는 중국음의 변화 또는 고대 일본음의 변화 중 하나이거나, 둘의 변화 모두를 반영하는 인식을 보였을 것이다. 또한 어떤 작자는 한국의 고대 音借字表記法의 영향이 크거나 전혀 없거나 하는 것도 반영하는 인식을 가졌을 것이다.

본 연구에서는 이러한 관점에서의 시론으로서 山上憶良(야마노우에노 오쿠라: 이하 '憶良'로 줄임)를 대상으로 고대 일본어 음차표기자에 보이는 イ列乙類(이하 'イ을류'로 줄임) 모음표기에 대한 인식을 검토해 보는 데 목적이 있다. 또한 아울러 이러한 인식을 토대로 고대 국어 차자표기법에 대한 기존의 방법론에 대하여 검토를 하고 필자의 방법론의 일단을 제기하고자 한다.

萬葉集 분석에 사용된 텍스트는 鶴久·森山隆(1991)에 의하며, 연구 범위는 萬葉集(만요우슈우) 권5에서 憶良가 지은 것으로 추정되는 가요를 중심으로 하되, 憶良만의 연구에 의해서도 그의 모음체계에 대한 인식을 알 수는 있지만, 그 인식이 차지하는 의의를 보다 더 명료하게 하기 위해서 憶良 이외의 권5 가요 전체와 古事記(코지키)나 日本書紀(니혼쇼키) 등 고대 일본 자료의 표기법과도 비교 검토할 것이다. 권5만을 다루는 이유는 첫째, 稻岡耕二(1986:217-452)의 선행 연구에 의해 어느 정도 작자(표기자)가 분명히 밝혀졌고 이에 대해 필자 또한 동의하기 때문이며, 둘째, 권5 이외에도 萬葉集에는 憶良의 작품으로 추정되는 가요가 30여수 있지만, 그에 대해서는 稻岡耕二와 같은 연구 방법과 필자의 성운학적 고대 한일중 비교 연구 방법에 의하여 憶良의 표기 여부에 대한 보다 면밀한 검토가 필요하기 때문이다.

2 선행연구

山上憶良와 관련이 있는 표기에 대한 연구로는 假名(카나) 用字 중 憶良의 표기자로 추정되는 가요 연구(稻岡耕二 1960), 大伴旅人와의

표기자 비교연구(瀨古確 1961)와 人麻呂와의 표기자 비교연구(竹尾正子 1971), 憶良의 표기자 '意'에 대한 연구(北原淑郎 1966), 萬葉集 권5 전체에 대한 표기연구(古屋彰 1978), 그리고 七夕歌의 표기자가 누구인가와 그 표기는 언제인가에 대한 江口洌(1989a · 1989b) 등이 있다. 어휘에 대해서는 憶良의 용어에 대한 연구(藏中進 1964 · 1965)가 있으며, 한문 훈독어의 영향을 살펴 본 小林芳規(1964)와 '空し'를 둘러싼 旅人와 憶良 비교연구인 土田知雄(1970) 등이 있다. 문법에 대해서는 憶良의 용어로 추정되는 'それ · また' 연구와 ク어법을 둘러싼 憶良와 家持의 특색을 밝힌 井手至(1958 · 1965)와 'なにせむに'의 표현에 대한 山崎良幸(1955) 등이 있다. 표현에 대해서는 對句와 지시어의 관계를 밝힌 田中真理(2007) 등이 있다. 그밖에 ヌ와 ノ甲類를 둘러싼 大野晋(1954) · 鶴久(1956) · 馬渕和夫(1998) · 김대성(2006a · 2006b) 등의 연구가 있다.

이상과 같이 여러 분야에서 연구가 이루어져 왔으나, 특히 표기와 관련된 연구는 憶良의 음차표기자에 대하여 몇몇 자들에 대한 언급이나 표기자와 憶良가 일치하는가 하는 문제에 대한 연구에 그치고 있는데 그 또한 1990년 이후로 거의 없고, 또한 음운론적인 연구는 거의 이루어지지 않고 있는 것이 현실이다. 이것은 보다 근본적인 연구인 음운론적인 시각에서의 연구-여기에서 말하는 음운론적이라는 말은 성운학적이라는 말로 중고음과 상고음을 포괄하는 상당히 광범위한 의미이다-가 충분하지 못 한데 따른 것으로 판단된다. 앞으로 음운론적 연구가 치밀하게 이루어진다면, 특정한 문제를 보다 더 명확하게 밝힐 수 있을 것이며 표기자와 작자의 일치 문제 또한 상당히 해결될 가능성이 크다.

본 연구는 음운론적 관점에서의 본격적인 연구의 시작이며, 한일중 및 주변국의 자료의 분석을 통하여 얻은 필자의 중고 재구음에 토대를 둔 것이다.

憶良는 續日本紀(쇼쿠니혼기)에 의하면[1], 大寶 원년(701년) 1월에 제7차 遣唐使의 少錄에 임명되어 같은 해에 풍랑이 심해 唐으로 가지 못 하고 다음해 6월에 당으로 출발하여 10월경에 長安(창안)에 도착하였는데, 귀국 시기에 대해서 주석서에 따라서는 예를 들면 土屋文明(1950:157)·沢瀉久孝(1990:391-392)는 大寶 4년(704년) 7월로 추정하거나, 高木市之助외(万葉集一, 1957:28)·小島憲之외(万葉集1, 1994: 471)은 慶雲 4년(707년) 3월로 추정하고 있다. 그러므로 憶良는 적어도 약 2년 혹은 최대 4년 반 이상을 당에서 체재한 것으로 볼 수 있는데, 憶良가 그 당시의 수도인 長安에서 적어도 2년간 생활했다는 사실은 당시의 표준어라고 할 수 있는 北方音을 체득했다는 것을 의미한다. 이것은 또한 가요 표기법에서 음차의 경우, 당시의 현실음인 북방음을 반영했을 가능성을 보여준다고 할 수 있다. 따라서 그러한 표기법이 어떻게 반영되었는지 검토해 보기로 하겠다.

---

1) 青木和夫 외(1989):丁酉, 以守民部尚書直大弍粟田朝臣真人. 為遣唐執節使. … 无位山於憶良為少錄。(大宝元年一月廿三日 巻第二);乙丑, 遣唐使等去年従筑紫而入海. 風浪暴険不得渡海. 至是乃発.(大宝二年六月十九日 巻第二);秋七月甲申朔, 正四位下粟田朝臣真人自唐国至. 初至唐時, 有人来問曰, 何処使人. 答曰, 日本国使. 我使反問曰, 此是何州界. 答曰, 是大周楚州塩城県界也.(慶雲元年七月朔日 巻第三);三月庚子, 遣唐副使従五位下巨勢朝臣邑治等自唐国至.(慶雲四年三月二日 巻第三)

3 キ을류・ギ을류 표기자

3.1 キ을류

794	石**木**乎母	日本挽歌[2]	**山上憶良**
799	**紀**利多知和多流	日本挽歌	**山上憶良**
799	**紀**利多知和多流	日本挽歌	**山上憶良**
800	伊波**紀**欲利	令反或情歌	**山上憶良**
811	**樹**尒波安里等母	旅人歌と房前の返歌	大伴旅人
812	**紀**尒茂安理等毛	旅人歌と房前の返歌	藤原房前
815	武都**紀**多知	梅花歌	大弍紀卿
823	許能**紀**能夜麻尒	梅花歌	大監伴氏百代
839	**紀**理多知和多利	梅花歌	筑前目田氏真上

권5의 キ을류 표기자를 보면 憶良는 訓讀字로 木 1회, 그리고 音借字(音仮名)로 3회 모두 紀만을 사용하였다. 憶良 이외의 가요에서는 5회 보이는데 훈독자 樹 1회, 그리고 음차자로 紀만 4회 사용한 점은 동일하다. 紀는 居理切로 之韻의 上聲인 止韻 開口 3等 見母字이므로 全淸音 즉 무성무기음 [k]로 추정되며 운모는 [i̯ə]로 재구된다.[3] 따라서 [ki̯ə]인데 핵모음 [ə]에 의해 개음이 비록 중설모음이 아닌 [i]이지만, 핵모음과 개음의 결합된 음에 의해 イ을류를 나타내는 데 가장 적합했던 것 같다.[4] 따라서 憶良는 キ을류의 표기로는 紀가 가장 적합한 자로

---

2) 가요의 제목은 稻岡耕二에 의한다.
3) 운모 재구음은 필자(2003)의 재구음이다. 성모는 藤堂明保(1971)의 재구음을 따른다.

인식한 것인데, 紀는 古事記에서

- 於吹棄気吹之狭霧所成神御名, **多紀**理毘売命.(상권)
- 次久久**紀**若室葛根神.[久久**紀**三字以音]5)(상권)
- …阿良多麻能 都**紀**波岐閇由久…(중권)
- [···阿那臣, **多紀**臣, ···壱師君, 近淡海国造之祖也](중권)

와 같이 총 51회 중 44회로 가장 많이 사용되었으며, 그밖에 貴(微운
합口/고유명사 3회;가요 1회) 4회, 幾(微운 개구/고유명사) 2회, 疑(之
운 개구/가요) 1회 사용되었다.6) 古事記에서 紀가 약 86%의 빈도율을
보이는데도 불구하고 貴·幾가 보이는 것은 고유명사 표기와 관련이
있으므로 전통적인 표기로 볼 수 있으나, 개구의 幾는 중고음의 반영이
다. 따라서 古事記에서도 紀는 가장 중요한 표기자이다. 日本書紀 가
요에서는 紀 14회(α군 5회, β군 9회), 基 4회(α군), 己 1회(α군), 氣 2회
(未운 개구 溪모/β군), 機 1회(微운 개구/β군), 幾 1회(微운 개구/β군)
가 각각 사용되었는데 몇 예를 보이면 다음과 같다.

- 野麻登陛儞 瀰我保指母能婆 於尸農瀰能 莒能陁哿**紀**儺屢 都奴娑
  之能瀰野(84번 권15 顕宗紀)
- 柯羅倶爾能 基能陪儞陁致底 於譜磨故幡 比例甫囉須母 耶魔等陛

---

4) 萬葉假名의 경우 イ갑류와 イ을류를 구분 짓는 가장 중요한 요소가 전설개음 [i]와
   중설개음 [ï]이다. 특히 을류는 핵모음의 영향과도 밀접한 관계가 있지만 [ï]의 유
   무에 의해 결정된다고 해도 과언이 아니다.
5) 'ㄷ'는 分註를 나타낸다.
6) 몇 예를 제시하면 다음과 같다. 於阿遅志**貴**高日子根神, 大怒曰, 我者愛友故弔来耳.
   (상권);故, 歌曰…美多迩 布多和多良須 阿治志**貴**多迦比古泥能 迦微曾也.(상권);故, 至
   今其歌者, 歌天皇之大御葬也. 故, 自其国飛翔行, 留河内国之志**幾**.(중권);···宇那加夫斯
   那賀那加佐麻久 阿佐阿米能 **疑**理迩多多牟叙···(상권)

武岐底(100번 권19 欽明紀)

- 伊儺武斯慮 舸簸泝比野儺擬 寐逗愈凱磨 儺弭企於己陁智 曾能泥
  播宇世儒(83번 권15 顯宗紀)

- 于儺能 多伽**機**珥 辞芸和奈破蘆 和餓末菟夜 辞芸破佐夜羅孺 伊殊
  区波辞 区旎羅佐夜離 固奈瀰餓 那居波佐麼 多智曾麼能 未廼那鶏
  句塢 居**気**辞被惠爾 于破奈利餓 那居波佐磨 伊智佐介**幾** 未廼於朋
  鶏句塢 居**気**儺被惠襠(7번 권3 神武紀)

紀·基·己는 之(止·志)운에 속하며, 氣·機·幾는 微(尾·未)운에 속
한다. 幾는 廣韻에 渠希切(微)·其旣切(未)·奇寄切(寘)로 群母字와
居依切(微)·居狶切(尾)로 見母字가 있는데 대표운으로 보면 微운과
支운, 그리고 성모로 보면 群母와 見母로 각각 두 가지 음을 지니고
있다. 여기에 성조의 차이를 무시한다면, 세 가지 음을 지니게 되는데,
廣韻과 韻鏡에서 微운 見모의 小韻字로 제시된 機가 キ을류로 사용된
점으로 미루어 보아 機에 속한 자인 幾 또한 微운 見모로 보아야 할
것이다.

그런데 日本書紀 가요에서 氣·機·幾는 β군에만 나타나므로 唐代
北方音의 반영으로 볼 수 없을 것으로 생각되기 쉽지만, 이 또한 당대
북방음의 반영 또는 중고음 이후의 반영으로 보는 것이 타당하다. 예를
들어 氣의 경우는 고대 일본 자료를 검토해 보면 日本書紀 가요의 キ
을류 2회를 제외하면

- 推古遺文 ケ을류 3회(인명 2회);奈良遺文 ケ을류 1회;古事記가
  요 ケ을류 27회;日本書紀가요 ケ을류 4회;日本書紀訓注 ケ을류 4
  회;万葉集 ケ을류 250회·ゲ을류 82회;萬葉集 훈독 및 훈차자 26회;

歌経標式 13회(ケ을류 7회 · ゲ을류 5회 · ヶ갑류 1회);平安遺文 ヶ
을류 1회

와 같이 모두 ヶ을류로만 사용되어 전통적인 표기법의 보수성을 대표
하는 萬葉假名인데, 즉 중고음 이전의 음을 그대로 계속 관용적으로
사용한 것인데, 그 음의 기원은 중고음 이전 어느 시기 음의 유입으로
판단된다. 강력한 보수성을 띠고 있는 氣가 그나마 조금이라도 중고음
이후 내지 당대 북방음의 모습을 보여준 것이 비록 β군이라 하더라도
매우 의의가 크다고 하겠다.

   萬葉集나 古事記와 같이 紀만을 사용하여도 충분한데도 불구하고
基 · 己도 사용한 것은 日本書紀 자료의 특성에 의한 것이다. 基 · 己
또한 紀와 동일한 성모와 운모를 지니고 있으며 α군에 속한 자이므로
당대 북방음을 충실히 반영한 것이다. 또한 앞에서 언급한 바와 같이
憶良를 포함한 萬葉集 권5의 모든 표기에서 紀가 사용되었는데 憶良
의 紀자만의 사용은 당대 북방음의 충실한 반영이라고 할 수 있다. 왜
냐하면 キ을류를 표기하는 데 차선으로 微(尾 · 未)운 또한 사용이 가능
한데도 불구하고 오로지 紀로만 일관하고 있기 때문이다. 물론 憶良는
萬葉假名 사용 시 동일자의 반복 사용을 기본으로 하는 표기법을 사용
했고 キ을류의 예도 3회에 불과하므로, 紀만의 사용을 근거로 당대 북
방음의 가능성을 제기하는 것은 지나친 확대 해석이라는 반론이 있을
수 있다. 또 다른 반론으로는 紀는 憶良만이 사용한 것도 아니고, 憶良
의 권5의 가요는 神亀 5년(728년)부터 天平 5年(733년) 사이에 지어
진 것으로 그 이전 자료인 古事記(712년)와 日本書紀(720년)에서도 앞
에서 언급한 바와 같이 紀는 주요 萬葉假名로 사용되고 있다는 점이다.

이러한 반론들에 대하여 필자는 다음과 같이 추정하고 있다. 之운은 支·脂운과는 달리 중고음 이전 어느 시기부터 적어도 8세기 중반까지는 핵모음의 강약의 차이만 존재한 것으로 추정된다. 즉 중고음 이전의 어느 시기에 [iəi]로 핵모음이 강하였으나, 중고음 시기에 [iəi]로 약화되어 8세기 중반까지 변화가 없었는데 바로 이 시기에 憶良는 당나라의 도읍인 長安에서 체류할 때의 현지음을 토대로 紀를 사용한 것으로 필자는 해석하고자 한다.

3.2 ギ을류

886	越弓須**疑**由伎	敬和為熊凝述其志歌六首	**山上憶良**
886	伊能知周**疑**南	敬和為熊凝述其志歌六首	**山上憶良**
886	[和何余須**疑**奈牟][一云]敬和為熊凝述其志歌六首		**山上憶良**
817	阿遠也**疑**波	梅花歌	少弐粟田大夫
825	阿遠夜**疑**遠	梅花歌	小監土氏百村
884	計布夜須**疑**南	麻田陽春の歌	麻田陽春
885	須**疑**加弓奴可母	麻田陽春の歌	麻田陽春
816	知利須**義**受	梅花歌	少弐小野大夫
821	阿乎夜奈**義**	梅花歌	笠沙弥
826	波流能也奈**宜**等	梅花歌	大典史氏大原
840	波流楊那**宜**	梅花歌	壱岐目村氏彼方

ギ을류 또한 憶良는 3예에 불과하지만 모두 疑만을 사용하였다. 憶良 이외의 7명의 작자가 疑·義·宜 세 가지 萬葉假名를 사용하였는데, 之운인 疑 이외에 義·宜는 각각 寘운 거성과 支운 평성으로 대표운인

支운에 속한다. 支운의 사용은 730년경의 중국음에 支운의 변화를 반영한 것으로 추정되는데, 필자의 추정음 支운 [iᵉi]의 핵모음 [ᵉi]가 脂운으로 합류되어 [ᵉi]가 된 것이 거의 잘 들리지 않을 정도로까지 약해지면서 [ᵉi]음이라기보다는 갑류 [i]와 구별될 수 있는 어떤 음색을 띠었음을 의미하는 것으로 보인다. 따라서 キ을류의 설명에서 처럼 ギ을류를 나타내는 데 최선이 之운이라면 후술할 微운 개구처럼 차선으로 사용된 것으로 생각된다. 古事記에서는 총 8회가 나타나는데 모두 疑만 사용하였고, 日本書紀 가요에서는 疑(之운 평성;α군 1회, β군 3회) 대신에 擬(止운 상성;α군 8회, β군 1회)가 압도적으로 많이 사용된 것은 日本書紀의 성격상 같은 운에 속한 자라 하더라도 획수가 많은 자를 선택한 원칙에 따른 것이다. 몇 예를 제시하면 다음과 같다.

- 天皇詔小碓命, 何汝兄, 於朝夕之大御食不参出来. 専汝泥疑教覚. [泥疑二字以音. 下效此](중권)
- …迩比婆理 都久波袁須疑弖 伊久用加泥都流…(중권)
- 阿布瀰能瀰 斉多能和多利珥 介豆区苔利 多那伽瀰須疑氏 于泥珥 等邏倍菟(31번 권9 神功紀)
- 耶麼能謎能 故思麼古喩衛爾 比登涅羅賦 宇麼能耶都擬播 嗚思稽 矩謀那斯(79번 권14 雄略紀)

ギ을류의 疑의 사용은 キ을류의 紀의 사용에 대한 설명과 같으므로 생략하기로 한다.

4 ヒ을류·ビ을류 표기자

4.1 ヒ을류

798	伊摩陁**飛**那久尒	日本挽歌	**山上憶良**
862	故**飛**都々遠良武	遊於松浦河歌群	**山上憶良**

819	古**飛**斯宜志恵夜	梅花歌	豊後守大伴大夫
858	和祀故**飛**米夜母	遊於松浦河歌群	大宰府官人
864	那我古**飛**世殊波	宜の歌	吉田宜
838	乎加**肥**尒波	梅花歌	大隅目榎氏鉢麻呂
871	都麻胡**非**尒	佐用比売の歌群	大伴旅人

ヒ을류의 경우 憶良는 2회 모두 飛를 사용하였다. 憶良 이외에는 飛
와 함께 肥·非도 사용되었다. 飛·肥·非 모두 微운 평성자인데 이 점
은 古事記와 동일하다. 즉 古事記는 斐 18회, 肥 10회가 각각 나타나는
데 이 두 자 또한 微운 평성자이다.[7] 그런데 日本書紀 가요는 다른
특징을 보여 준다. 日本書紀 가요는 微운 대신에 支운 상성인 彼(2회)
와 脂운 평성인 悲(1회)를 α군에서 사용하였고, β군으로는 支운 상성
인 被(2회)를 사용하였다.[8] α군의 幇母 [p]인 彼와 悲의 사용은 森博達

---

7) 몇 예를 제시하면 다음과 같다. 此之子, 多遲摩**斐**泥.(중권);…和賀能煩礼婆 迦波能
倍迩 淤**斐**陀弓流 佐斯夫袁 佐斯夫能紀 斯賀斯多迩 淤**斐**陀弓流 波毘呂…(하권);
佐泥佐斯 佐賀牟能袁怒迩 毛由流**肥**能 本那迦迩多知弖 斗比斯 岐美波母(중권).

8) 農播梔磨能 柯**彼**能矩盧古磨 矩羅枳制播 伊能致志儺磨志 柯**彼**能俱盧古磨(81번
권14 雄略紀);枳瀰我梅能 姑裒之枳柯羅儞 婆底底威底 舸矩野姑**悲**武謀 枳瀰我
梅弘報梨(123번 권26 斉明紀);…固奈瀰餓 那居波佐麼 多曾曾麼能 未廼那鶏句
塢 居気辞**被**恵爾 于破奈利餓 那居波佐磨 伊智佐介幾 未廼於朋鶏句塢 居気儀
被恵褓(7번 권3 神武紀)

(1991:347-348)의 설명대로 玄奘의 大唐西域記(646년)에서는 支운과 脂운의 합류로 볼 수 있다.

　日本書紀 가요에서 ヒ을류를 나타내는데 微운 합구의 [ɨui]가 아니라, 支·脂운 개구의 [ɪei]를 선택한 이유가 무엇일까? 이에 대하여 森博達(1991:73)는

　　「ヒ乙」·「ビ乙」の母音にはC類である〔微〕韻字の方が近かったが、
　　頭子音には両唇音をもつB類字がより適したので、頭子音の近似を重視し
　　てB類字を選んだのであろう。

와 같이 모음은 微운 합구가 더 적합한데도 불구하고 두자음 즉 초성자음 [p]를 중시하여 支·脂운을 사용하였다고 설명하였는데, 필자는 森博達가 ヒ을류를 초성자음에 의해 微운을 선택할 수 없었다는 데에 동의하기 어렵다. 그 이유는 森博達(1991:93)는 ウ列音의 설명에서 "また、〔虞〕韻は唇音声母をとる場合は軽唇音となり、それに伴って拗介音が脱落したので、「フ」·「ブ」では特に適切であったと推測される。ウ列の母音は、一般に円唇奥舌狭母音だったと推測される。"와 같이 フ의 초성자음이 경순음화하였는데도 불구하고 フ·ブ에 적합했다고 하는 것은 스스로 [p]설과 모순되기 때문이다.[9]

　森博達는 ハ行 초성자음[10]을 [ɸ]가 아니라 [p]로 보는 데서 출발하였는데, ハ行 초성자음을 [ɸ]로 보는 입장을 취한다면 어떠할까? 여기에

---

9) ウ에 대해서는 다음 연구로 미루기로 한다.
10) 여기에는 ハ行 초성자음을 [p]로 볼 것인가 [ɸ]로 볼 것인가에 대한 논란이 있을 수 있는데, 본고의 연구 범위를 벗어나므로 다음 기회로 미루기로 한다. 단 필자는 [ɸ]설에 동의한다. 太安麿와 憶良는 ハ行 초성자음에 대하여 이완된 [ɸ]로 인식하고 있음을 알 수 있다.

는 두 가지 관점에서 접근이 가능하다. 현대 일본어의 ワ行 초성자음이
원순성이 강한 [w]가 아니라 원순성이 약한 [ɯ][11])인 것과 같이, [ɸ]도
긴장된(tense) 바꾸어 말하면 원순성이 강한 것과, 이완된(lax) 즉 원순
성이 약한 것으로 나누어 생각할 수 있다. 전자의 경우는 경순음화된
微운의 非모와 敷모가 ハ行 초성자음을 나타내는 데 가장 적합했을
것이다. 그러했다면 日本書紀 가요의 북방 중국인들은 굳이 支·脂운
을 사용할 필요가 없었을 것이다. 왜냐하면 微운은 성모와 운모가 ハ行
을 나타내는 데 가장 가까웠을 것이기 때문이다. 그런데도 불구하고
微운이 배제된 이유는 후자의 경우이기 때문으로 추정된다. 후자의 이
완된 [ɸ]의 경우는 [p]도 [f]도 어느 것을 취해도 적합하지 않기 때문이
다. 다만 문제는 후자라 한다면 微운 [f]를 취해도 초성자음은 문제가
없을 것이고, 모음이 支·脂운 보다는 イ을류를 나타내는 데 더 적합했
을 텐데도 불구하고 북방 중국인이 支·脂운을 택한 이유는 설명하기
어렵다. - 물론 앞에서 언급한 ギ을류의 義·宜의 사용에 대한 필자의
설명에 의하면 支·脂운을 택한 이유를 어느 정도 가늠해 볼 수는 있다
- 이 문제에 대해서 필자는 憶良와 북방 중국인 간의 고대 일본어의
음운체계에 대한 인식의 차이에서 기인하는 것으로 판단된다.

결론부터 말하면 憶良는 좀 더 세밀한 표기를 취한 데 반해, 북방
중국인은 憶良에 비해 좀 더 느슨한 표기 방식을 취한 것으로 추정된
다. 즉 憶良는 イ을류의 표기자로 'キ을류·ギ을류:之운 ヒ을류:微운
ビ을류:脂운 ミ을류:微운'을 취한 데 반해, 북방 중국인은 'キ을류·ギ
을류:之운 ヒ을류:支·脂운 ビ을류:脂운 ミ을류:微운'을 취했다. イ을
류를 나타내는 데 가장 좋은 운은 之운과 微운이었다는 사실은 森博達

---

11) 斎藤純男(1997:92-93) 참고.

의 지적대로인데, ㅂ을류의 경우는 초성자음을 나타내기 위해 부득이 憶良와 북방 중국인 모두 脂운을 택할 수밖에 없었기 때문에 서로 다른 운을 취한 것은 ㅎ을류뿐이다. ㅎ을류에서 憶良는 모음은 물론이고 ハ行의 초성자음이 [ɸ]이기는 하지만 긴장된 [ɸ]가 아니라 이완된 [ɸ]이기 때문에 양순마찰음이 더 약하게 반영되므로, 중순음의 [p] 보다는 경순음의 [f]가 더 ハ行에 가까웠을 것으로 인식하여 초성자음과 모음 모두 가장 적합한 微운을 선택한 반면에,[12] 북방 중국인은 ハ行 초성자음에 대하여 [p]와 [f]의 선택은 임의적이라는 인식을 가지고 있었기 때문에 굳이 微운을 선택하지 않은 것이며, 그런데도 모음이 가장 적합한 微운 대신 之·脂운을 선택한 것은 좀 더 느슨한 표기 방식을 취한 결과로 판단된다.[13]

그런데 ㅎ을류에는 또 다음과 같은 두 가지 문제가 있다. 첫째, 왜 ㅎ을류의 飛는 권5에만 나타나는가 이며, 둘째, 왜 무성무기 파열음 [p]가 경순음화 이후에도 계속 사용되었는가 이다.

첫째, 憶良가 ㅎ을류의 표기자로 飛를 선택한 이유는 경순음화가 일어나기 전에는 이완된 [ɸ]일지라도 청음의 [p]와 차청음의 [pʰ]로 나타낼 수밖에 없었는데, 당대 북방음에서 경순음화가 일어난 사실을 인식하고 경순음화가 일어난 微운의 飛를 선택한 것으로 추정된다. 특히 飛는 권7 1335번의 譬喩歌에 "思騰 痛文為便無 玉手次 雲飛山仁 吾印結"와 같이 ㅎ을류가 아니라 'ウネビヤマ'의 ㅂ을류의 표기로 사용된 예를 제외하면, 모두 훈독자 또는 훈차자로 사용되었고, 권5에서만 나타나

---

12) 이완된 [ɸ]이므로 '加脣音'으로 즉 양순음으로 발음하라고 在唐記에 기록된 것 같다. 森山隆(1986:55-63)는 ハ行 초성자음의 '加脣音'을 [p]로 해석하였다.
13) 이와 같은 문제에 대해서는 앞으로의 여러 연구에서 보다 더 명확히 설명될 것이다. 지면관계상 이 정도로 그치고자 한다.

는데 憶良의 2회 이외에 憶良와 관련이 있는 작자들의 가요에서 3예가 쓰인 것을 볼 수 있다.14) 따라서 飛의 사용은 憶良의 영향이 있었던 것으로 추정된다. 그 이유는 일반적으로 万葉集에서 ヒ을류의 표기자로는 悲(脂운)와 非(微운)15)가 쓰였는데, 悲16)는 권5에는 사용되지 않았기 때문이다. 이 사실은 憶良가 중국 체류 경험으로 인해서 ヒ을류의 표기자로 飛를 사용한 것을 이해하게 해준다고 할 수 있다.

둘째, 당대 북방음의 유입 이전에는 경순음화가 없었기 때문에 ハ行의 초성자음을 나타내는 방식이 주로 [p]와 [p']에 의하였는데, 경순음화가 일어난 후에도 중순음자인 悲와 같이 무성무기 파열음인 [p]가 계속 사용된 것은 경순음화에 대한 인식보다도 이미 기존의 표기 방식이 널리 이루어지고 있었기 때문으로 보인다. 이에 대하여 憶良는 당시의 음의 변화를 충실히 반영하고자 하였던 것으로 추정된다.

4.2 ビ을류

804	遠等咩佐**備**周等	哀世間難住歌	**山上憶良**
804	遠刀古佐**備**周等	哀世間難住歌	**山上憶良**
813	可武佐**備**伊麻須	鎮懷石歌	**山上憶良**
894	御津浜**備**尒	貧窮問答歌以後	**山上憶良**
852	美也**備**多流	後追和梅歌四首	大伴旅人

---

14) 단 864번은 奈良에 있는 吉田宜이 지은 것으로 大伴旅人와 주고받은 서간 속의 가요인데 아마도 편집 과정에 憶良가 관여했을 가능성이 있다.

15) 음차자로서의 非는 권5의 1회 이외에는 권14 이후에만 나타난다.

16) 예를 들면 "1-67孤**悲**而死万思 2-102吾孤**悲**念乎 3-325孤**悲**爾不有国 4-560孤**悲**死牟 9-1778吾波孤**悲**牟奈 10-1921孤**悲**渡鴨 14-3503志保**悲**乃由多爾 15- 3608孤**悲**久礼婆 17-3891之保**悲**思保美知 18-4033末奈伎孤**悲**爾曾"와 같다.

867   可牟佐**飛**仁家里   宜の歌   吉田宜

ビ을류의 경우 憶良는 4회 모두 備를 사용하였고, 大伴旅人가 1회 사용하였다. 867번의 가요에서는 ヒ을류로 사용되었던 飛가 ビ을류로 1회 사용되었는데 이 표기에 의해서 작자 吉田宜의 표기자임을 짐작할 수 있다. 이미 濁音清化(devoicing)가 진행되었기 때문에 유성음을 나타낼 수 있는 방법은 비비음화에 의한 것뿐이다. 비비음화를 따르지 않을 경우에는 청음과 탁음 그리고 차청음도 포함하여 세 가지 성모가 모두 ヒ을류의 초성자음으로만 나타나기 때문에 부득이 무성음(청음)인 飛로 유성음 ビ을류를 나타낼 수밖에 없는데, 이 예가 바로 탁음청화가 일어난 사실을 보여주는 예인 것이다. 탁음청화는 萬葉集에서는 상당히 많이 나타나며, 憶良 또한 부분적이기는 하지만 탁음인 定모 豆를 ツ(813-伊麻能遠都豆尒), 提를 テ(879-伊麻志多麻比提)와 같이 사용한 예가 보인다.

日本書紀 가요의 ヒ을류는 α군에서 支운과 脂운이 사용되었고, ビ을류는 α군의 예가 없으므로 단정할 수는 없지만, β군의 가요라 하더라도 備(2회) 이외에 明母인 媚(1회)가 ビ을류로 사용된 것을 보면 脂운의 사용을 가정할 수 있다. 따라서 支운과 脂운이 가장 적합한 것으로 판단한 것 같다. 그 이유는 森博達(1991:72-73)의 설명대로 微운의 경순음화에 기인하는 것으로 추측된다.

憶良 또한 초성자음을 중시하였는데 그 이유는 微운이 경순음화는 물론이고 탁음청화에 의해 [b]가 [f]로 변하여 ビ을류의 유성음 [b]를 나타내기에는 너무나도 차이가 컸기 때문이다. 따라서 중순음인 ビ을류의 초성자음을 나타내려면 부득이 微운 이외의 운을 차선으로 고려하

게 되는데, 之운에는 순음자가 없으므로 순음자가 있는 支운과 脂운 중에서 핵모음이 비록 약하더라도 상대적으로 고모음이어서 긴장된 음이 될 가능성이 더 큰 脂운을 선택하여 備[17]를 사용한 것 같다. 물론 이 시기에는 支운과 脂운의 합류가 이루어졌기 때문에 支운 순음[18]을 사용하여도 무방하였을 것이지만, 憶良는 이미 관용적인 표기인 備를 선택함으로써 표기자의 혼란을 피하려고 했을 가능성도 있다.[19]

또한 日本書紀 가요와 달리 憶良는 ビ을류의 표기에 非鼻音化가 일어난 明母자를 선택하지 않았는데, 그 이유는 당시 일본에서 행해지던 전통적인 표기법도 존중하여 혼란을 피하고자 했던 것으로 생각된다. 이러한 판단의 근거는 憶良의 표기법을 모두 검토해 보면, 그는 다른 작자들과는 달리, 특히 같은 한 음절을 다양한 한자로 표기했던 大伴旅人와 달리, 중국어(한문) 실력이 출중한데도 불구하고 가요 표기에는 현대 일본어의 고정된 카나와 같이 가능하면 일본어의 한 음절은 같은 한자로만 1음 1자 위주로 표기하려고 노력했던 점을 들 수 있다. 이미

---

17) 備는 삼국유사에 '師之〈行狀〉, 古《傳》不載, 諺云, 與〈石崛〉〈備虛師〉(一作〈毗虛〉)爲昆弟, 〈奉聖〉·〈石崛〉·〈雲門〉三寺, 連峯櫛比, 交相往還爾.(意解 제5 寶壤梨木)'와 같이 1예만 보인다. 우리 금석문에 1예가 있으나 지명으로 그것도 요동반도로 비정되므로 고구려 순수의 지명이 아니기 때문에 금석문에도 없다고 보아야 한다. 삼국사기·향가에도 예가 없다. 따라서 備(脂운 3등)는 삼국의 음운 체계에서는 적합하지 않았던 것으로 추측된다.

18) 예를 들면 운경의 소운자로 '支운:皮 紙운:被 寘운:髮'을 들 수 있다.

19) ビ을류는 古事記에서 備 31회, 日本書紀 가요에서 β군에만 備 2회, 媚 1회 보인다. 몇 예를 보이면 다음과 같다. 佐韋賀波用 久毛多知和多理 宇泥備夜麻 許能 波佐夜芸奴 加是布加牟登須(중권);此天皇, 娶吉備臣等之祖, 若建吉備津日子之女, 名針間之伊那毘能大郎女, 生御子, 櫛角別王.(중권);…儺伽多佐例阿羅智之 吉備那流伊慕塢 阿比彌菟菟慕能(40번 권10 応神紀);于泥備椰摩 虛多智于須家 苔 多能弥介茂 気菟能和区呉能 虛茂邏勢利祁牟(105번 권23 舒明紀);阿資臂紀 能 椰摩娜烏菟[約]利 椰摩娜箇弥 斯哆媚烏和之勢 志哆那企弐 和餓儺勾菟摩… (69번 권13 允恭紀). 금석문에서는 '従五位上守, 右衛士督, 兼行中宮亮, 下道朝臣真備, 葬亡妣楊貴氏之墓.(奈良遺文 楊貴氏墓志 天平 11년〈739년〉)'와 같이 1 회 나타난다.

한자음이 일본어의 음운체계 안으로 들어와 정착되어 있었기 때문에 1음에 여러 자가 사용될 수 있었던 당시에 중국 체재를 통해 현지음을 터득한 憶良는 기존의 차자표기를 당시의 중국 현실음을 반영하여 표기하는 데 주력하면서도 부득이한 경우에는 전통적인 표기법도 존중하는 방식을 취한 것으로 보인다.

5 ㅊ을류 표기자

886	意乃何身志	敬和為熊凝述其志歌六首	山上憶良
897	我身上尒	貧窮問答歌以後	山上憶良
900	伎留身奈美	貧窮問答歌以後	山上憶良
903	身尒波在等	貧窮問答歌以後	山上憶良
804	等々尾迦祢	哀世間難住歌	山上憶良
804	迦久能尾奈良志	哀世間難住歌	山上憶良
805	等登尾可祢都母	哀世間難住歌	山上憶良
813	可尾能弥許等	鎮懐石歌	山上憶良
868	夜麻能名乃尾夜	憶良の鄙歌	山上憶良
869	可尾能美許等能	憶良の鄙歌	山上憶良
875	布利等騰尾加祢	佐用比売の歌群	山上憶良
886	道乃久麻尾尒	敬和為熊凝述其志歌六首	山上憶良
886	迦久乃尾奈良志	敬和為熊凝述其志歌六首	山上憶良
892	可々布能尾	貧窮問答歌以後	山上憶良
897	祢能尾志奈可由	貧窮問答歌以後	山上憶良
898	祢能尾志奈可由	貧窮問答歌以後	山上憶良
796	加久乃未可良尒	日本挽歌	山上憶良

804	[可久乃未奈良之][一云]哀世間難住歌	**山上憶良**
862	比等**未**奈能	遊於松浦河歌群	**山上憶良**
881	加久能**未**夜	敢布私懷歌	**山上憶良**
848	伊夜之吉阿何**微**	員外思故郷歌両首	大伴旅人

憶良는 ㅁ을류의 표기자로 훈독자인 身 4회, 음차자로 韻目字인 尾 12회와 未 4회를 각각 사용하였다. 권5에서는 憶良 이외에 大伴旅人가 微 1회를 사용하였다. 이 微·尾·未는 모두 微운의 운목자인데 古事記에서는 微 16회, 味 1회가 쓰였고, 日本書紀 가요에서는 微 4회(α군 3회, β군 1회), 未 6회(β군)가 나타나는데, 예를 들면 다음과 같다.

- 夜久毛多都 伊豆毛夜幣賀岐 都麻碁**微**爾 夜幣賀岐都久流 曾能夜幣賀岐袁(상권)
- 故, 天神御子之御寿者, 木花之阿摩比能**微**[此五字以音]坐.(상권)
- 美母呂爾 都久夜多麻加岐 都岐阿麻斯 多爾加母余良牟 加**微**能 美夜比登(하권)
- 夜都米佐須 伊豆毛多祁流賀 波祁流多知 都豆良佐波麻岐 佐**味**那 志爾阿波礼(중권)
- 椰勾毛多菟莵 伊頭毛多鶏流餓 波鶏流多知 莵頭邏佐波磨枳 佐**微**那 辞珥 阿波礼(20번 권5 崇神紀)
- 禹都麻佐波 柯**微**騰母柯**微**騰 枳挙曳倶屢 騰挙預能柯**微**乎 宇智岐多麻須母(112번 권24 皇極紀)
- 弥知能之利 古破儺塢等綿塢 伽**未**能語等 枳虚曳之介廼 阿比摩区 羅摩区(37번 권10 応神紀)

日本書紀 가요에서 ㅁ을류의 표기로 支운이나 脂운을 사용하지 않

은 이유는

- 雄誥此云烏多鷄縻(支운 권3 神武紀);畝傍山此云宇禰縻夜摩(권3 神武紀);雄誥此云鳴多稽眉(脂운 권1 神代上)

와 같이 당대 북방음 明모의 비비음화와 관계가 있으며, 森博達(1991: 73)의 "「ミ乙」には〔微〕韻が用いられているが、鼻音の場合は軽重の差異 (m-とm-)があまり耳立たず、母音の近似を重視して〔微〕韻字を選んだも のと推測される。"의 설명대로 [m]음의 음가와도 관계가 있다.[20]

憶良는 당대 북방음 明모의 비비음화가 일어난 사실에 대하여 충분 히 인식하고 있었다 해도, イ을류의 다른 예와는 달리 ミ을류가 16예나 존재하기 때문에 支·脂운 明모자가 최소한 1예라 할지라도 사용이 전 혀 불가능한 것은 아닐 텐데도 불구하고 微운만 사용한 것을 보면, 고 대 일본어의 ミ을류에 微운만이 가장 가까운 음으로 인식한 것 같다.

微운이 萬葉假名의 초기 표기자부터 나라시대 전반에 걸쳐 사용된 것을 보면,[21] 微운은 중고음 이전부터 한음이 들어온 8세기에도 운모 의 경우 음의 변화가 없었음을 짐작케 해준다. 微운은 적어도 고대 일

---

20) 영어의 comfort, triumph, symphony와 같이 [m]는 뒤의 순치음(labiodental) [f]에 의하여 [m]으로 변하지만, [m]와 [m]는 상보적분포 관계에 있는 동일 음소 /m/인 것과 같다.

21) 가장 오래된 예인 금석문에서는 "戊申始請百済寺名昌王法師及諸仏等. 故遣…寺 師丈羅未大…爾時使作金人等意奴弥首名辰星也, 阿沙都麻首名未沙乃也…. 此四 部首為将諸手使作奉也.(奈良県元興寺露盤銘 推古 4년〈596년〉)"와 같이 백제 인 명과 일본 인명으로 未가 각각 1회 보이며, 그 다음으로 658년의 예로 "戊午年十 二月, 為命過名伊之沙古而, 其妻汗麻尾古, 敬造弥陀仏像, 以此功徳, 願過往其 夫, 及七世父母生々世々恒生浄土, 乃至法界衆生悉同願耳.(観心寺阿弥陀仏造 像記 斉明 4년)"와 같이 인명 'ウマミコ'의 'ミ'의 표기로 尾가 보이는데, 이와 같이 고대 일본 자료에서 ミ을류는 모두 微운만이 나타난다.

본어의 イ을류의 음가를 추정하는 데 가장 중요하다고 할 것이다.

6 고대 국어의 차자표기법과 憶良

이 장에서는 고대 국어의 차자표기법을 연구할 때, 고대 일본 자료의 중요성의 일단을 앞 장까지의 憶良의 표기법을 통해서 검토해 보기로 하자. ギ을류로 사용된 疑는 음차자 표기로 고대 국어 자료 중 삼국사기 권11의 예만이 1회 존재하는데 그 예를 제시하면 다음과 같다.

- 〈景文王〉立, 諱〈膺廉〉(〈膺〉一作〈疑〉), 〈僖康王〉子〈啓明〉阿湌之 子也.

이 예에서 '疑[ịəi]:膺[ịəŋ]'의 대응은 운미음의 [i]:[ŋ]의 대응 가능성을 보여주는데 이것은 [i]가 구개화한 [ŋʲ]일 가능성을 시사한다고 할 수 있다. 이 대응관계의 가능성과 관련하여 沼本克明(1991:34-36)의 설명을 보면,

> この表に見られるように、呉音の場合には-ŋ・-ŋʹ共に全て仮名「一ウ」で表記されているが、漢音では梗摂の庚韻拗音・清韻・青韻(平・上・去各声を含む)の三韻において「[エ]イ」([エ]はエ列音であることを示す。以下同じ)の如く仮名「一イ`」で表(カ)記されている。喉内撥音韻尾は高本漢博士推定音では-ŋ一種のみを認めていたが、後に河野六郎博士によって、調音点が後よりの軟口蓋音であるもの(-ŋで示す)と前より硬口蓋音であるもの(-ŋʹで示す)との二種類有ったと推定されることになった(これに対応して喉内入声にも-kと-kʹが推定される)。日本漢音において梗摂字が「[エ]イ`」と転写されることになったのは、この硬口蓋音-ŋʹであった上に、唐代に入ってそ

の鼻音性を減じたことに伴って、介母-i-・-ï-と前舌の主母音εεなどとの
総合的な影響関係の結果「i」に近く聞き取られたものであろう。

와 같이 일본 한음에서는 오음과 달리 전설모음을 핵모음으로 지닌 양
성운미음 [ŋ]은 전설모음의 영향으로 연구개에서 경구개의 위치로 이
동하는 반면, 중설이나 후설모음을 핵모음으로 지닌 운미음 [ŋ]은 이동
하지 않고 연구개의 위치에 있음으로 해서 구개화한 [ŋʲ](=[ŋʲ])과 구개
화하지 않은 [ŋ]이 구별되는 것을 알 수 있다. 그러나 여기에서 문제가
되고 있는 膺은 중설모음이므로 [ŋ]이 구개화가 되지 않아 [ŋ]을 /イ/가
아니라 /ウ/로 받아들였기 때문에 [i]:[ŋʲ]의 대응관계는 부정된다. 따라
서 운미음의 대응관계가 없다고 한다면 운미음을 버려야 한다는 것인
데, 그러면 개모음과 핵모음의 대응은 핵모음에 강약의 차이가 존재하
기는 해도 거의 일치함을 볼 수 있고, 중세한자음의 경우에도 '疑/의:
膺/응/'이 운미음이 제거된 '/으:/으/'의 대응관계 속에 있음을 알 수 있
다. 이 점은 이중모음의 반영으로 볼 수 없고 '단모음:단모음'의 대응이
었음을 유추할 수 있는데, 그것을 보여 주기 위해서 膺에 대하여 '一作
疑'라고 표기한 것으로 판단된다. 膺은 음은 물론이지만 특히 의미를
살린 표기로 추정되는 반면에, 疑는 음에 중점을 둔 표기로 보인다.

한편 장세경(1990)은 膺廉을 əŋ-rjäm으로 해독하였다. 장세경은 董
同龢의 재구음을 근거로 해독한 것으로 필자의 판단으로는 여기에는
몇 가지 문제가 있는 것 같다.

첫째, 장세경(1990:62)은 əŋ의 해독으로 중고음의 疑를 [ŋjiⅠ, 膺을
[ʔjəŋ]으로 상정하였는데 본인 스스로도 이러한 음으로는 유사한 것은
개음 [j]만이고, 나머지 성모·핵모음·운미음이 모두 다르기 때문에 서

로 통용될만한 음이 아니라고 보아, 상고음의 유사성 즉 [ŋiag']와 [?jaŋ]
으로 추정되는 음을 가지고 추정해 나간 것으로 보인다. 그러나 같은
책의 일련의 전개과정을 보면 疑와 膺은 상고음이 아니라 중고음을 근
거로 해독하였다. 그의 주장대로라면 疑와 膺은 중고음으로는 통용성
을 찾기 어려우며 또한 중세 한국한자음의 /의/와 /응/의 반영으로도
도저히 통용성을 인정하기 어렵다. 둘째, 장세경(1990:73)은 疑에 대하
여 "이상 모두 211자인데 이들 가운데 /애,예,외,위,의,이/들은 -i운미와
결합된 이중모음이고......"라고 하여 疑에 운미음 -i가 있는 것으로 언급
하였는데, 본인 스스로 [ŋji]음을 가지고 해독하였는데 여기에는 개음
j와 핵모음 i만이 존재할 뿐 운미음이 없다. 따라서 모순이 된다. 셋째,
장세경(1990:79-80)은 중기 국어 한자음에 j-가 전혀 반영되지 않은 예
들 가운데 '膺:疑'를 들고 있다. 중기 국어한자음은 각각 '응'과 '의'로
膺은 개음 j-가 직접적으로 반영되지 않은 것은 분명하다. 그러나 疑가
'의'로 반영되었고 장세경이 사용한 [ŋji]의 음에 따르면 핵모음 [i]는 '이'
로 반영되었을 것인데 그렇다면 '으'는 무엇의 반영으로 보아야 하는가?
적어도 j-가 어떤 식으로든 '으'에 영향을 주었을 것으로 밖에 볼 수 없
기 때문에 '전혀'라는 표현은 부적절한 것 같다.

　필자는 '疑[iə]:膺[iə]'는 '/으/:/으/'의 대응으로 추정한다.

　첫째, 景文王(재위 861-875년)의 재위 시기는 통일신라 후기로 중고
음 시기의 음의 사용을 시사한다고 할 수 있다. 慧琳의 一切經音義
(783-810년)에 이르러 止攝 支·脂·之·微운이 합류하므로 그때까지
之운은 중설 핵모음이 존재했을 것인데, 憶良의 표기에 의해서도 之운
중설 핵모음의 존재는 疑를 ギ을류로 사용한 것에 의해 확인할 수 있
다. 따라서 三國史記의 疑는 이와 같은 음의 반영으로 볼 수 있으므로

중고음 시기의 음으로 분석해야 하는데, 여기에는 재구음을 사용하는데 치밀한 재검토가 필요할 것이다. 둘째, 疑와 膺의 대응은 성모나 운미가 아니라 개모와 핵모음으로 이루어진 어떤 음의 유사성 내지 동일성을 서로 대응시킨 것이다. 그러면 왜 膺의 대응자로 疑를 취한 것일까? 3등 개구음 중에서 膺(蒸3[iəŋ])의 핵모음과 유사한 운은 '之운 3등 [iə]·侵운 3등 [ɨəm]·尤운 3등 [iзu]'의 세 가지 운이 존재하는데, 侵운은 개음이 중설의 [ɨ]이므로 전설개음 [i]와 차이가 있고, 尤운은 개음이 중설이지만 핵모음이 저모음이며 또한 합구성이 강한 운미음의 존재로 핵모음이 잘 들리지 않아, 결국 핵모음의 강약의 차이에도 불구하고 之운이 가장 근접한 음을 지니고 있었기 때문에 疑를 취한 것으로 판단된다. 이것은 바로 운미음을 무시했음을 보여주므로 적어도 膺廉의 膺을 əŋ으로 해독한 것은 문제가 있다.

고대 국어 자료의 표기는 자료에 따른 차이는 물론 같은 자료 내에서도 여러 시대의 표기가 혼재해 있다. 기존의 연구는 이 점을 의식하는 경우라도 일본 자료를 사용할 때는 거시적인 적용을 하지만 미시적인 적용을 하지 않는 경우가 대부분이다. 따라서 일본 자료의 치밀한 분석을 통하여 憶良와 같은 미시적인 결과를 고대 국어 연구에서도 적극적으로 활용하는 방법론이 필요할 것이다.

7 微운 합구자 사용 문제

고대 일본어에서 ィ을류를 표기하는데 왜 微운 개구음은 거의 사용이 되지 않고 微운 합구음이 사용된 것일까? 그 이유는 고대 일본어의

イ을류의 음가가 [ïi]가 아니라 [ïi]이었음을 반증하는 것이다.[22] 만일 イ을류가 [ïi]이었다면 微운 개구[23)]의 牙喉音字가 쓰였을 것인데(부득이 순음은 개구자가 없으므로 합구자를 사용했지만), 아후음자에 합구자가 사용된 것은 무엇인가 イ을류의 음에 차이가 있었음을 암시한다. 또한 イ甲類와 イ을류가 명확히 구분되었다는 것은 주모음 사이에 분명한 차이가 있었음을 보여준다. 즉 イ갑류 [ji]에 대하여 イ을류를 [ïi]로 보면, 예를 들어 キ의 경우 'キ갑류 [kji]:キ을류 [kïi]'로 キ을류의 중설개음에 의해 초성자음은 '구개화:비구개화'의 차이가 있기는 하지만, 갑류와 을류가 쉽게 혼동이 일어날 수 있을 정도로 음의 차이가 그다지 없지만, イ을류가 [ïi]이었다고 한다면, 'キ갑류 [kji]:キ을류 [kjïi]'로 キ을류의 중설개음에 의해 キ갑류와 キ을류의 초성자음이 구개화한 [kj]로 동일하지만, 모음은 '[i]:[ïi]'로 '전설모음:중설모음'으로 명확히 구분되었을 것이다.

微운 개구의 경우 [ïi]는 아음과 후음의 경우는 之운 [iə]의 개음과 핵모음 [iə]에 의해 만들어지는 음색이 イ을류에 가장 가까울 수 있는 어떤 음인 것에 비해서는 부족하지만, 핵모음이 [i]와 [e]로 구성된 支・脂운 보다는 그래도 イ을류를 나타낼 수 있는 차선의 음을 지녀 사용이 가능하다. 微운 합구 [ɨui]의 경우는 개구개음과 합구개음 [ɨu]에 의해 주모음이 [i]라 하더라도 갑류 [i]와는 분명히 구별할 수 있는 음을 띠게 됨으로써, 비록 최선은 아니지만 다른 운 보다는 가장 가까운 최선의 음이므로 微운 합구가 고대 초기 표기자로서 선택되었을 것이다.[24] 그

---

22) 김대성(2003) 참고.
23) [ïi]로 추정된다.
24) 여기에는 한반도계 표기법의 전수와 불가분의 관계가 있다. 한반도에서의 微운자는 개구자는 쓰이지 않고 합구자만이 나타나며, 고대 일본에서의 합구자의 사용은 대부분 인명이나 지명 표기와 관련이 깊다.

러다가 중고음으로 이르게 되면서 支·脂·之운 등의 핵모음의 약화가 이루어져 [ɟɛi/ɟɛi/iɛi]와 같은 음이 되면서 亻을류를 나타내는 데 합구음을 지닌 [ɟui]보다는 상대적으로 더 적합한 음이 되어, 특히 微운 합구 아후음의 경우는 之운으로 대체된 것으로 추측된다.[25] 그런데도 微운 합구 순음의 경우 亻을류의 표기로 여전히 쓰이게 된 것은 순음 자음의 순음성의 영향으로 [ɟɛi/ɟɛi]의 음색이 [ɟui]보다는 약하여 갑류와 을류의 명확한 구분을 위해 微운 합구 순음이 선택된 것으로 판단된다.

8 나오는 말

당대 북방음설을 제기한 森博達에 대하여 필자는 亻을류의 표기에 한해서 검토한 결과 山上憶良 또한 당대 북방음에 충실한 표기를 하고자 했던 가능성을 제기하고자 한다. 이 점은 개별 작자에 따라서는 당시의 변화음에 충실한 표기를 하고자 했을 것이므로, 그러한 작자나 자료 등을 면밀히 검토 분석하여 당시의 중고음의 변화나 고대 일본어의 음운체계를 정확히 재구 추정하는 데 사용해야 할 것으로 판단된다. 그 중 하나가 바로 山上憶良의 표기체계라 할 것이다.

본고에서 憶良의 표기 인식에 대하여 분석한 결과를 간단히 요약하면 다음과 같다.

1. キ을류는 음차자표기로는 之운의 紀만을 4회 사용하였고, ギ을류

---

25) 古事記와 日本書紀에 微운 개구의 예(幾;機·機 β군임)가 보이는 것은 단순히 전통적인 표기법으로만 볼 수 없다. 之운 다음으로 支·脂운 보다 亻을류에 가까운 음으로 인식했기 때문일 것이다.

또한 3회 모두 之운의 疑만을 사용하였는데 이것은 당대 북방음의 충실한 반영이다.

2. ヒ을류는 微운의 飛만 2회 사용하였는데, 飛의 사용은 당대 북방음의 경순음화를 이용하여 ヒ을류의 초성자음 [ɸ]를 반영하였으며, 이것은 권5의 다른 작자들에게도 영향을 준 것으로 보인다. 憶良는 日本書紀 가요의 북방 중국인의 표기 인식과 차이를 보이는데 그것은 ハ行 초성자음에 대한 인식의 차이로 추정된다.

3. ビ을류는 脂운의 備만 4회 사용하였는데, 이것은 ビ을류를 나타내는 데 가장 적합했던 微운 순음이 당대 북방음에서 경순음화와 탁음청화가 일어남으로 해서 부득이 脂운을 선택한 결과이며, 또한 憶良가 전통적인 표기법을 존중한 결과이기도 하다.

4. ミ을류는 음차자표기로는 微운의 尾 12회와 未 4회가 사용되어 무려 16예나 보이는데도, 支·脂운 明모자를 전혀 사용하지 않은 이유는 明모가 당대 북방음에서 비비음화가 일어난 사실을 인식한 결과로 보인다.

고대 국어 자료에서 삼국사기의 지명표기라 하더라도 표기자의 중국음의 수용 시기가 다 같은 것이 아니다. 예를 들면 삼국사기 권11의 疑는 중고음 시기의 표기자로 추정되고, 향가는 설두음과 설상음이 분리되었기 때문에 중고음으로 볼 수 있는 반면에, 삼국사기 지명에 따라서는 설두음과 설상음이 같은 음으로 표기된 것을 보면 중고음 이전 시기의 음임을 알 수 있다. 그러므로 고대 국어 연구에서도 憶良와 같이 세분화하여 하나하나 정확한 표기방식을 찾아내어 그것을 가지고 연구할 필요성이 있다.

참고문헌

김대성(2003a) 『韓日資料による中古漢音韻母音の再構』제이앤씨

_____(2003b) 「상대 일본어의 모음체계 연구—을류를 중심으로—」『언어학』
11-2, pp.157-183.

_____(2006a) 「『萬葉集』의 '奴·努·怒' 표기 연구(Ⅰ)」『언어과학연구』37, pp.225
-241.

_____(2006b) 「山上憶良의 ノ甲類와 ヌ의 이중형 문제와 舌音 音借字」『日本
語文學』30, pp.19-42.

김완진(1988) 『향가 해독법 연구』서울대학교출판부

남풍현(1986) 『차자표기법연구』단국대학교출판부, pp.

도수희(1999) 「삼국유사의 할주지명에 관한 해석 문제들」『언어학』24, pp.145-164.

동양학연구소(1992) 『신증유합』단국대학교출판부

_____(1995a) 『천자문』단국대학교출판부

_____(1995b) 『훈몽자회』단국대학교출판부

박병채(1986) 『고대국어의 연구—음운편—』고려대학교출판부, pp.182-193.

유창균(1983a) 『한국 고대한자음의 연구 Ⅱ』계명대학교출판부, pp.197-354.

_____(1991b) 『삼국시대의 한자음』민음사, pp.207-278.

이돈주(1995) 『한자음운학의 이해』탑출판사, pp.188-212.

장세경(1990) 『고대 차자 복수인명 표기 연구』국학자료원

한국고대사회연구소편(1992a) 『역주한국고대금석문Ⅰ(고구려·백제·낙랑 편)』
가락국사적개발연구원

_____(1992b) 『역주한국고대금석문Ⅱ(신라1·가야 편)』가락국
사적개발연구원

青木和夫(1989) 『続日本紀一』岩波書店

井手至(1958) 「憶良の用語「それ」と「また」」『万葉』26, pp.23-29.

_____(1965) 「万葉集のク語法—憶良·家持作歌における特色—」
『人文研究(大阪市立大学)』16-3, pp.260-269.

稲岡耕二(1960a) 「万葉集巻五の音仮名に就いて(上)(下)憶良の仮名用字圏」『国語

と国文学』37-6・7, pp.12-27. pp.14-29.

_____(1986b)『万葉表記論』塙書房, pp.217-452.

江口洌(1989a)「大伴家持と山上憶良「七夕歌」―表記時点への序論―」『千葉商大
　　　　紀要』26-4, pp.72-48.

_____(1989b)「大伴家持と山上憶良「七夕歌」―その表記者と表記
　　　　時点―」『千葉商大紀要』27-3, pp.72-44.

大野晋(1954)「奈良時代のヌとノの万葉仮名について」『万葉』12, pp.1-24.

大野透(1962)『万葉仮名の研究』明治書院

沢瀉久孝(1990)『万葉集注釈 巻第一-巻第二十』中央公論社

北原淑郎(1966)「山上憶良用字論―巻五の意字をめぐって―」『国語と国文学』43-8,
　　　　pp.11-24.

蔵中進(1964)「山上憶良の用語(その一)」『神戸外大論叢』15-1, pp.95-107.

_____(1965)「山上憶良の用語―その"初語"について―」『神戸外大論叢』15-6, pp.55-75.

倉野憲司外(1958)『古事記・祝詞(日本古典文学大系)』岩波書店

小島憲之外(1994-1996)『万葉集(新編日本古典文学全集)』小学館

小林芳規(1964)「万葉集における漢文訓読語の影響」『国語学』58, pp.23-47.

斎藤純男(1997)『日本語音声学入門』三省堂, pp.92-93.

瀬古確(1961)「挽歌の表現」『熊本大学教育学部紀要』9, pp.107-117.

上代語辞典編集委員会(1983)『時代別国語大辞典―上代編―』三省堂

上代文献を読む会(1989)『古京遺文注釈』桜楓社

田中真理(2007)「山上憶良の叙述の方法―対句表現と指示語の関連―」『日本語と日本文
　　　　学』45, pp.1-18.

高木市之助外(1957-1962)『万葉集 一-四(日本古典文学大系)』岩波書店

竹尾正子(1970)「用字上における人麻呂と憶良との関係」『福岡教育大学紀要(文科)』
　　　　20, pp.91-100.

土田知雄(1970)「旅人・憶良についての―考察(3)「空し」を中心にして―」『北海道教
　　　　育大学紀要 人文科学』21-1, pp.1-13.

土屋文明(1956)『万葉集私注 第一巻-第十八巻』筑摩書房

鶴久(1956)「上代特殊仮名遣の消滅過程について―「野」字の訓の変遷をめぐって―」
　　　　『文学研究』55, pp.71-92.

鶴久・森山隆(1995)『万葉集』おうふう

古屋彰(1978)「万葉集巻五の表記をめぐって」『国語と国文学』55-3, pp.14-27.

馬渕和夫(1998)「野はノかヌか―憶良の用字「農」を巡って―」『万葉』166, pp.49-60.

森博達(1991)『古代の音韻と日本書紀の成立』大修館書店

森山隆(1986)『上代国語の研究 ―音韻と表記の諸問題―』桜楓社, pp.64-77.

山口佳紀外(1998)『古事記(新編日本古典文学全集)』小学館

山崎良幸(1954)「「何せむに」について―特に憶良の表現上の技法と関連して―」『高
    知女子大学紀要』2-2

Bernhard Karlgren(1963). Compendium of Phonetics in Ancient and Archaic
        Chinese. Museum of Far Eastern Antiquities Göteborg, pp.263-266.
        _____(1964). Grammata Serica Recensa. Museum of Far Eastern
        Antiquities Göteborg

E.G.Pulleyblank(1984). Middle Chinese: A Study in Historical Phonology. University
        of British Columbia Press Vancouver, pp.111-113.

Geoffrey K. Pullum · William A. Ladusaw(1996). Phonetic Symbol Guide. The University
        of Chicago Press Chicago

Peter Ladefoged(1993). A Course In Phonetics. Harcourt Brace College Publishers
        U.S.A., pp.75-96.

北京大学中国语言文学系语言学教研室编(1989)『汉语方音字汇』文字改革出版社

董同龢(1993)『漢語音韻學』文史哲出版社, pp.166-168.

陸志韋(1985)『陸志韋語言學著作集(一)』中華書局, pp.44-48.

羅常培(1933)『唐五代西北方音』國立中央研究院歷史語言研究所, pp.43-46.

王力(1985)『汉语语音史』中国社会科学出版社, pp.226-227.

严学宭(1990)『广韵导读』巴蜀书社, pp.73-74.

余迺永校註(1993)『新校互註宋本廣韻』中文大學出版社

제3부

고대일본어와 중고음

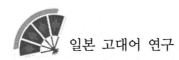 일본 고대어 연구

제12장

「中古漢語の模韻の音価再構について」

1 初めに

　上代日本語の資料の『推古遺文』『古事記』『日本書紀』『万葉集』等に見える万葉仮名とその表記法の運用体系を見ると、古代韓国語の資料である『郷歌』『金石文』『三国史記』の人名・地名表記等ととても似ているところは、既に多くの学者によって指摘されているのは周知のことである。

　例えば、万葉仮名「支」は呉音と漢音共に「シ」であるが、

1) 18/4045 於伎敝欲里　美知久流之保能　伊也麻之爾　安我毛布支見我　弥不根可母加礼(沖辺より 満ち来る潮の いや増しに 我が思ふ君が 御船かもかれ,作者：大伴家持)
2) …故天皇之女佐久羅韋等由良宮治天下名等已弥居加斯支夜比弥乃弥己等世、…(奈良県元興寺露盤銘 596推古4)

のように、「キ甲」で使われているが、どういう理由で「シ」に使われるべき「支」が「キ甲」に使われているのかは、ただ日本資料だけによって証明されるのではなく、密接な関係にある韓国資料によっても充分証明されると考えられる。

「支」は、反切が「章移」で支韻 3 等字に属していて、先秦時代から魏晋南北朝時代までは支部 3 等字だったが、随唐時代には脂部 3 等字になる(註 1 ：先秦時代から随唐時代までの各韻部の分類と再構音は、王力『漢語語音史』1985による)。カールグレン(Bernhard Karlgren)の再構音によれば、＊ťiĕg/tśiɛ/chï(註 2 ：『Grammata Serica Recensa』1957, 1964 p.228)で、藤堂明保はkieg-tʃĭĕ-ţşï(註 3 ：『学研漢和大字典』1980, 1997 p.562)と再構している。ところで、この二人の上古再構音は、カールグレンが舌音で、藤堂明保は牙音で、声母に大きく差があるが、それでは、「支」の上古音の声母は舌音と牙音の中、一つであったのか、それとも両方の声母を持っていたのか検討してみよう。

　この問題について次のような重要な資料がある。それは『三国史記』「地理志」の地名表記である。

　　3) A〈菓支県〉(一云〈菓兮〉), B〈王[玉]菓県〉, C本〈百済〉〈菓支県〉, 〈景徳王〉改名, D今因之.

　　4) A〈松弥支県〉,B〈茂松県〉, C本〈百済〉〈松弥知県〉, 〈景徳王〉改名, D今因之.

　　5) A〈支潯県〉, C本〈只彡村〉;

　　6) B〈闕城郡〉, C本〈闕支郡〉, 〈景徳王〉改名, D今〈江城県〉. 領県二:

　　7) B〈三岐県〉, C本〈三支県〉(一云〈麻杖〉), 〈景徳王〉改名, D今因之.

　　8) A〈伊伐支県〉(一云〈自伐支〉), B〈鄰豊県〉, C本〈高句麗〉〈伊伐支県〉, 〈景徳王〉改名, D今未詳.

　　9) A〈支山県〉, B〈支山県〉, C本〈高句麗〉県, 〈景徳王〉因之, D今〈連谷県〉.

　　(Aは巻37の旧高句麗、旧百済の地名で、Bは新羅の改定地名、そしてCは、新羅は巻34、高句麗は巻35、百済は巻36に載せてある旧新

羅、旧高句麗、旧百済版図の地名である。Dは高麗初の地名である。)

3)の「支」は「分」と対応関係にあることを示す表記である。「支」の韻母は「支3〉支3〉支3〉脂3(「先秦〉漢代〉魏晋南北朝〉随唐」の順である。以下同じ)」で、「分」の韻母は「支4〉支4〉祭4〉祭4」で、漢代まで同じ韻母であるところから見て魏晋南北朝時代以前に伝わって定着したものと考えられる。しかし、問題は韻母ではなく、声母で、「支」の声母が「照」母、「分」は「匣」母であるにもかかわらず、互いに対応関係にあるというのは、「分」が「照」母として使われたとも考えられるし、逆に「支」が「匣」母として使われたとも考えられる。しかし、

10) A〈所非分県〉, B〈森渓県〉, C本〈百済〉〈所非分県〉,〈景徳王〉改名, D今因之.
11) B〈日谿県〉, C本〈熱分県〉(或云〈泥分〉),〈景徳王〉改名, D今未詳.

の例から見て、後者が「匣」母として使われたと考えるのが正しいと思われる。即ち、「支」は「匣」母、或いは「匣」母と似ている音として使われたのである。

しかし、「支」が「匣」母と同じ声母だけに使われたのではなく、「照」母とも使われたことは4)によって分かる。即ち、4)は「支」と「知」が対応関係を成していることを表す資料で、「知」の声母は「知」母である(「知」は「支」と同じ韻母の変化を経た)。この「知」母と「照」母は上古音では舌頭音と舌上音の差があるが、古代韓国語の声母(初声)ではこれらを辯別することのできる子音がなかったので、『三国史記』「地理志」では同じ声母として、つまり、同じ子音と

して受け入れているのである。こういう点から見て、少なくとも魏晋南北朝時代以前に伝われた字音であることが分かる。なぜなら、「照」母は魏晋南北朝に入れば、正歯音に変わるからである。「知」母は舌頭音で使われたので、「照」母が舌上音で使われた時期でなければ、同じ子音として受け入れられないから、「支」と「知」は先秦または漢代に伝わったことが分かる。従って、上古音に「支」の声母には「匣」母と「照」母二つあるという事実から、カールグレンが「照」母と再構したことと、藤堂明保が「匣」母と再構したこととともに韓国資料によれば、半分の再構と考えられる。

ところが、3)～9)の例の中から一つおもしろい事実がある。勿論、資料の制約という制限性にもかかわらず、この少ない例は大切な事実を示していることが言えるだろう。即ち、高句麗の地名では「照」母か「匣」母二つの中の一つだけを用いているのに対して、百済地名の場合「照」母と「匣」母両方を用いていることである。これは何を言うのか。これは、日本漢字音の呉音・漢音の「シ」と万葉仮名の「キ甲」は百済の漢字音や表記法の運用体系と密接な関係にあることを示唆しているのである。また、3)～9)の例からもう一つ重要なことがあるが、それは新羅の地名表記である。新羅の地名では「照」母ではなく、「匣」母だけに使われていて、7)は「岐」と「支」の対応を見せている。また、6)では「城」と「支」が対応するが、この「城」は音仮名(音借)ではなく、正訓の例で、

12) 法興六年十月, 蔵在丙辰, 我法王大王与恵総法師及葛城臣(愛媛県道後湯岡の碑文 596推古4年)

13) 03/0432吾毛見都 人爾毛将告 勝壮鹿之 間〈々〉能手児名之 奥津城処(我れも見つ人にも告げむ勝鹿の真間の手児名が奥つ城ところ)

14) 07/1218黒牛乃海　紅丹穂経　百礒城乃　大宮人四　朝入為良霜(黒
牛の海紅にほふももしきの大宮人しあさりすらしも)

のように、「キ乙」を表すのに使われている万葉仮名でも音仮名ではなく、正
訓(訓仮名?)で使われているところからとても密接な関係にあることが分かる。

　このように韓国と日本の表記法体系は密接な関係にあると言えるが、序論
であるにもかかわらず、長たらしく述べている理由は、韓日両国の表記法体
系がとても密接な関係にあるということを強調するためであるから了承してほし
い。この論文ではこういう観点から「模」韻の中古音を再構するのが目的であ
り、またその結果を利用して今度の論文、即ち「模」韻字がオ列甲とウ列に両
用している問題を検討するつもりである。

2 上古魚部の変遷

　「魚」部について確かなことは、多くの学者が上古韻部を分類するのにおい
て、再構音に少しの差はあったが(カールグレン〔âg〕、王力〔a〕、陳新
雄〔ɑ〕、藤堂明保〔ag〕など)、「魚」部に対しては共通の認識を持って
いたということである。即ち、考古派の顧炎武の10部説、江永の13部説、
段玉裁の17部説、孔広森の18部説、王念孫の21部説、江有誥の21部
説などと、審音派の董同龢の22部説、王力の29部説、カールグレンの35
部説、そして藤堂明保の30部説などで「魚」部は一つの部として認められてい
るのであって、もっと細分して「魚」部と「鐸」部とに分けられたこともあったが、こ
の論文で取り扱っている「模」韻の属している「魚」部は、少しの再構音の差は

あるものの、部としては何も問題がないのである。

　それでは、この章では中古の「模」韻が先秦時代、即ち上古音から、隋唐時代、即ち中古音までどういう変化(演変、changes of sound value)を経ているのかをいろいろの韻文を通じて検討してみよう。

15) …我心匪鑒，不可以<u>茹</u>。亦有兄弟，不可以<u>据</u>。薄言往<u>愬</u>，逢彼之怒。… (国風。邶風。柏舟)

16) 日居月諸，照臨下<u>土</u>。乃如之人兮，逝不古処。胡能有定？寧不我<u>顧</u>。… (国風。邶風。日月)

17) …爰有寒泉？在浚之<u>下</u>。有子七人，母氏労<u>苦</u>。… (国風。邶風。凱風)

18) …孑孑干<u>旟</u>，在浚之<u>都</u>。素糸組之，良馬<u>五</u>之。彼姝者子，何以<u>予</u>之？… (国風。鄘風。干旄)

上の例から、切韻系韻書の『広韻』で「魚」韻に属する「茹据處下旟者予」字と「模」韻に属する「愬怒土顧苦都組五」字が押韻しているので、『詩経』時代、即ち先秦時代には「魚」韻と「模」韻が分離していない、一つの同じ部、「魚」部に属していることが分かる。

19) …呂望之鼓刀兮、遭周文而得<u>挙</u>。寧戚之謳歌兮、斉桓聞以該<u>輔</u>。… (離騒)

20) …乱曰已矣哉！国無人莫我知兮、又何懐乎故<u>都</u>！既莫足与為美政兮、吾将従彭咸之所<u>居</u>！… (離騒)

21) 秋蘭兮糜蕪、羅生兮堂<u>下</u>。緑葉兮案華、芳菲菲兮襲<u>予</u>。夫人兮自有美子、蓀何以兮愁<u>苦</u>！… (九歌。少司命)

『楚辞』の例も『詩経』と同じように、『魚』韻に属する「挙居下予」字と「模」韻に属する「輔都苦」字が押韻していることから、已然として同一な「魚」部に属していることが分かる。

22) 昔有霍家姝，姓馮名子都。依倚将軍勢，調笑酒家胡。胡姫年十五，春日独当壚。長裾連理帯，広袖合歓襦。頭上藍田玉，耳後大秦珠。両鬟何窈窈，一世良所無。一鬟五百万，両鬟千万余。不意金吾子，娉婷過我盧。銀鞍何煜爚，翠蓋空踟蹰。就我求清酒，糸縄提玉壺。就我求珍肴，金盤膾鯉魚。… (羽林郎 李延年)

この詩の作者李延年は西漢時代の人で、この詩には「虞」「魚」韻が通韻しているが、「魚」韻字に「余魚」が、「模」韻字に「都胡壚盧壺」が使われて互いに押韻しているのである。これは已然と「魚」部として用いられていることを表していると言える。

　ところが、魏晋南北朝時代に入れば、「魚」部から「魚」韻と「模」韻が分離していくことが見られる。次の陶淵明(365-427年)の詩を見れば、

23) 孟夏草木長，繞屋樹扶疏。羣鳥欣有託，吾亦愛吾盧。既耕亦已種，時還読我書。窮巷隔深轍，頗迴故人車。歓然酌春酒，摘我園中蔬。微雨従東来，好風与之倶。汎覧周王伝，流観山海図。俯仰終宇宙，不樂復何如！(読山海経 陶淵明)

「魚」韻と「虞」韻とが通韻していて、相変わらず「模」韻に属する「盧図」字が「魚」韻と押韻しているのが分かる。これは陶淵明が生きていた時代には、即

ち東晋と宋初には已然として「魚」部から「魚」韻と「模」韻が分かれていなかっ
たことを言っているのである。しかし、斉(479-502年)・梁(502-557滅亡)・
陳(557-589滅亡)の時代になると、「魚」韻と「模」韻は「魚」部から別々になっ
て一等は「模」韻に、三等は「魚」韻に定着するようになる。例えば、

24) 玉関道路遠，金陵信使疏。独下千行涙，開君万里書。(寄王琳
　　庚信)

25) 春水望桃花 春洲藉芳杜 琴従緑珠借 酒就文君取 牽馬向渭橋 日
　　曝山頭晡 山簡接䍻倒 王戎如意舞 筝鳴金谷園 笛韻平陽塢 人生
　　一百年 歓笑惟三五 何処覓銭刀 求為洛陽賈 (対酒歌 庚信)

のように、「疏書」字は「魚」韻だけと押韻するのに対して、「塢五賈」字は「模」
韻で、「魚」韻字とは押韻しなくて、ただ「模」韻字と押韻するのである。
　　以上のように「魚」韻と「模」韻がそれぞれ別々になる時期は斉の時からであ
る。「魚」部の変遷は、先秦時代には一、二、三、四等がすべて揃ってい
たが、王力(註4：『漢語語音史』1985 p.99-100)は

　　歌部加入先奏魚部的二等字和部分开口三等字(《切韵》麻韵字)…魚
　　部加入先奏侯部三等字…西汉時代、魚部还加入先奏侯部一等字…
　　到了东汉時代、先秦侯部一等字已经转入幽部去了.

漢代に入って一等「模」韻と三等「魚」韻だけが残り、そして魏晋南北朝時
代にはそれぞれ分離すると言っている。しかし、もっと正確に言えば、斉以
後分かれたことは既に述べた如くである。結局、一等の「模」韻と三等の
「魚」韻に分かれた後、『広韻』では「魚」韻は「魚第九独用」、「模」韻は

「虞第十模同用」でそれぞれ別の韻として取り扱われているし、こういうことは『韻鏡』でも別の韻図に配置、即ち「魚」韻は「内転第十一」として「魚」韻だけが配置されていて、「模」韻は「内転第十二」で「虞」韻と一緒に配置されていることと一致するのである。

　以上「魚」部の変遷を検討して見た。それでは、中古漢語の「模」韻の音価を再構する前に、「模」韻の再構に決定的なキーを持っている可能性の高い古代韓国語の母音体系について次の章で検討してみよう。

▌3 古代韓国語の母音体系

　古代韓国語の母音体系を明らかにしようとするには、資料の制約によって結局ハングルが作られた中世韓国語の母音体系を先ず明らかにしてから、その結果を以て古代の母音体系を仮定する外はない。しかし、そういう制約にもかかわらず、中世韓国語の母音体系を明らかにするには、相当有利な立場にあるのも周知のとおりである。なぜなら、ハングルを作った集賢殿学者たちはハングルの文字一つ一つについてどういう理由(形象)で作ったのか、またそれはどう発音するのかについて一々詳しく、そして科学的に説明しているためである。

　『訓民正音解例』「制字解」(註5 ：『원본 훈민정음』1988 p.20-22)には次のような説明がある。

　　中声凡十一字。・舌縮而声深。天開於子也。形之円。象乎天也。一舌小
　　縮而声不深不浅。地闢於丑也。形之平。象平地也。丨舌不縮而声浅。人

生於寅也。形之立。象乎人也。此下八声。一闔一闢。ㅗ与・同而口蹙。
其形則・与一合而成。取天地初交之義也。ㅏ与・同而口張。其形則ㅣ
与・合而成。取天地之用発於事物待人而成也。ㅜ与一同而口蹙。其形
則一与・合而成。亦取天地初交之義也。ㅓ与一同而口張。其形則・与
ㅣ合而成。亦取天地之用発於事物待人而成也。

これによって「ᄋ」は「오」「아」と同じ系列で、「으」は「우」「어」と同じ系列で
あることが分かる。そして、前者が後舌母音系列、後者が中舌母音系列
で中世韓国語の母音調和現象と脈絡を一にし、整然とした体系を成している
のである。

　また、「制字解」(註6 : 『원본 훈민정음』1988　p.25-26)の次のような説
明によっても

　　　ㅣ独無位数者。盖以人則無極之真。二五之精。妙合而凝。固末可以定
　　　位成数論也。是則中声之中。亦自有陰陽五行方位之数也。

前者が陽性母音系列で、後者は陰性母音系列であることと、「이」は中性
母音であることが分かるのである。

　ところが、問題は母音の音価は具体的にどうであったかということであるが、
これについて大きく二つに分けることができる。その一つはホウン(註7 : 허웅
『국어 음운학』1958,1985,1993)の七母音体系である。ホウンは「ᄋ」の音
価を推定する課程で自然に七母音体系を言及しているが、「ᄋ」の音価を推
定する方法として①『訓民正音解例』「制字解」の説明②舌の状態から見た
「ᄋ」の音③音の印象から見た「ᄋ」の音④「아、오」との比較から見た「ᄋ」
の音⑤音素の変動から⑥音素の変遷、変化から⑦中国語の音との対比か

ら⑧方言の音から見た「ᄋᆞ」などを提示している。そして、結論的に「ᄋᆞ」の音価は「혀의 모양은 거의 /ㅗ/에 가까우나 다만 입술의 둥글움은 /ㅗ/보다 덜한 소리이다. 바꾸어 말하면, 안 둥근/ㅗ/소리, 곧 [ɤ] 또는 [ʌ]에 가까운 소리였을 것으로 생각된다.(舌の形はほとんど/오/に近いが、ただ唇の円さは/오/より少ない音である。言い換えれば、平唇の/오/の音、即ち[ɤ]または [ʌ]に近い音であったと考えられる。ホウンは[ɤ]を[ð]と表している。『국어 음운학』1958, 1985, 1993 p.343)と言って、「ᄋᆞ」は [ð]と考えているのである。したがって、ホウンの七母音の音価は「이」[i]、「ᄋᆞ」[ʌ]または[ɤ]、「오」[o]、「아」[a]、「으」[ï]、「우」[u]、「어」[ə]となっているのである。しかし、私はホウンの説には賛成しない。なぜなら、八つの方法による証明は正しいと見えるが、決定的な問題、即ち⑦の「中国語の音との対比から」に対して私は同意しないからである。

　『四声通攷』「凡例」の中国語の母音の説明についてのホウンの説明は正しいが、ホウン説は先の七母音の音価推定を前提にただ「ᄋᆞ」は「오」「아」と近い関係にあり、「으」は「우」「어」と近い関係にあることを証明するための(そして、実際にそうである)説明で、あの「中国語の音との対比」というのは中古漢音ではなくて、近代音に基づいた『四声通攷』の説明にすぎないし、また近代音についての説明が全然ないのが問題である。つまり、たとえ同じ結果(即ち、先の七母音の音価の再構)になるとしても、近代音、また場合によっては中古音による対比を行ってこそ説得力を獲得するにも関わらず、こういう点を無視しているところに同意しないのである。それで、中古音や上代音など中国声韻学に基づいて中世韓国語の母音体系と古代韓国語の母音体系を明らかにしたパクビョンチェ(註8：박병채『고대국어의　연구』1971,1986)の説に私は従う。

　バクビョンチェは、 古代韓国語の母音体系とその音価を藤堂明保によって少し修正されたカールグレンの中古再構音に基づいて、 韓国の伝承漢字音の資料である『訓蒙字会(フンモンザフェ)』『孝経諺解(ヒョギョンオンヘ)』『新増類合(シンズンユハップ)』『石峯千字文(ソクボンチョンザムン)』『華東正音通釈韻考(ファドンゾンウムトンソクウンゴ)』『全韻玉篇(ゾンウンオクピョン)』などを利用して、 推定したのである。 その結果を要約すれば次のようである。

① 「a/â/å＞아」：「아」は後舌的で、 広母音の/a/([ɑ])。

② 「ă/â＞ᄋ」：中舌母音əに近接する後舌的半広母音の/ɐ/([ʌ])。

③ 「ä/ɒ/e＞어」：aのウムラウト型の前舌的開母音/ä/([æ])。

④ 「ə/ĕ/＞으」：əより少し後舌的な位置で発音された半広母音/ə̂/([ɘ])。

⑤ 「a/â＋u、 ă/e＋u＞오」：円唇後舌狭母音の/u/([u])と類似している音価。

⑥ 「ᄋ＋u＞우、 w＋ə/ĕ＞우」：前舌的な/ü/([ʉ])と類似している音価。

⑦ 「-ḁi/-i＋ə/ĕ＞이」：前舌母音/i/([i])。
　　(註9：“(　)”の中の音声表記は私がした。 バクビョンチェはこれ以外にも[i]を二つに分けているが、 自らも結論を避けているので、 ここでは取り扱わないことにする)。

　これによれば、 古代韓国語の母音体系は、 後舌母音系の「ᄋ/오/아」[ʌ/u/ɑ]と中舌母音系の「으/우/어」[ə/ʉ/æ]、 そして中性母音の「이」[i]から成っていることが分かる。 これはまた中世韓国語の母音体系と一致しているので、 母音体系に関しては古代のそれがそのまま中世にまで繋がっていると言える。

　以上のように古代韓国語の母音体系について検討してみた。 しかし、 これには前提が一つあったということを忘れてはいけないと私は思う。 それは韓国の

伝承漢字音をもって、古代韓国語の母音体系を考えたことである。しかし、古代韓国には一つの国だけが存在していたのではなく、三つの国に分かれていたし、そして、その三つの国はそれぞれ中国の北方音と南方音と別々に接触していたということから、中国の字音を受け入れるのにある程度差があったと考えられるし、またその差は交流のあった中国のある地域と地域の音の差だけでなく、三国それぞれの音韻構造の差にもよる可能性があることを考えれば、先の古代韓国語の母音体系のように単一な体系であったと見るには無理があると考えられる。これについては、この論文では取り扱わないが、私の調査によれば、三国の母音体系は、単一でなかったことは確かで、この後この問題について論ずる機会があれば、詳しく私の考えを述べるつもりである。

▎4 諸説の検討及び私の再構音

この章ではカールグレンを始め、いろいろの学者が中古漢音の「模」韻について何を根拠にどういう再構音を提示しているのかを検討し、そして果たしてその根拠が正しいのか考えてみることにする。そして、最後に「模」韻についての私の再構音を提示してみよう。

カールグレンが「模」韻[uo]、「魚」韻[iwo]、「虞」韻[iu]と再構した根拠は、韓国、ベトナムの漢字音、そして日本の漢音と呉音によるが、特に彼は「古」などの日本呉音が[ko]ではなく、[ku]である理由は南方音の影響だと言っている。即ち、南方音で上古音の「魚」部は＊ku＞kuoと変化したのではなく、＊kuo＞kuと変化したと考えているのである。そして、「魚、模、虞」韻を開口音ではなく、合口音と見た理由は、

...Thus either both had k'a i k'o u: 131 ko 132 ḳio; or both had h o k'o u : 131 kuo, 132 kiwo. This being established, we are fortunately able to prove that the latter alternative is correct. The proof is furnished by Kan-on. It is true that after gutturals Kan-on has simply 131 ko and 132 kio without medial u......but when there is no oral initial , the final standing bare, the medial u in 131 appears quite clearly and regularly. Ancient Japanese distinguishes very strictly between the syllables wo and o (giving them different Kana characters), and here, in Final 131, we find 烏枡汚悪 etc. all Kan-on wo (spelled wo, not o).... (註10 : 『Compendium of Phonetics in Ancient and Archaic Chinese』1954,1963 p.267)

のように、漢音のワ行の解釈によると言っている。

　これに対して私は次のように考えている。もし「模」韻と「魚」韻の核母(Vowel)が同じであったとすれば、『韻鏡』で「内転第十一」に「模一等：魚三等」と配置したろう。しかし、同じでなかったので、「模」韻は「内転第十二」、「魚」韻は「内転第十一」に載せてあるのである。また、「模」韻が「虞」韻と一緒に「内転第十二」に配られていることは、両韻の核母が同じであったか、或いはほぼ似ていた証拠である。言い換えれば、「模」韻は「魚」韻とは核母が同じでなかったし、または似ていなかったことを言っているのである。そして、もう一つ、現代の韓国漢字音で「模」韻は「오」であるが、カールグレンはこの「오」[o]を以て「模」韻を再構する証拠として挙げている。これは大間違いである。その理由は、既に前章で述べたように、古代韓国語の母音体系で「오」は[o]ではなく[u]と再構されるためである。その根拠は、『訓民正音解例』「制字解」によって「오」は[u]の位置であったことと、古代韓国語の母音体系でも「오」は已然として[u]に相当する音であったことによる。即ち、現代韓国漢字音を以

て中古音を再構することは、現代韓国語の母音体系が古代から現代まで、「오」に限って言えば、何の変化もなかったということを意味するが、これはとんでもない考えである。(したがって、これはベトナム漢字音でも現代のベトナム漢字音を以て論ずれば、問題になる可能性が充分あることを示唆すると言える。即ち、古代ベトナム語の母音体系を再構した音を以て中古音との比較を行わなくて、現代ベトナム漢字音によって比較をすれば、結局、同じ誤りを繰り返す可能性が高いと考えられる。勿論、現代中国語の方言音で中古音を再構することは問題にならないと考えられるが、借用音を記録した外国語の資料、特に韓国、日本、ベトナムの資料の場合、それぞれの言語の古代母音体系を正確に把握した後、比較をしなければならないと考えられる)。

　王力は「模」韻を[u]と見ているが、その根拠はカールグレンを批判しながら、次の二つの点による。

> ...第一,鱼韵直到随唐时代还是开口三等韵.《韵镜》把鱼韵归入"内转第十一开",可为确证.高本汉把鱼韵归入合口三等,是不对的.第二,《七音略》,《韵镜》都是鱼韵独图,虞模合图,这和唐诗用韵是一致的,和《广韵》鱼独用,虞模同用也是一致的....(注11 ：『汉语语音史』1985 p.221)

一つ目、「魚」韻は開口三等で、『韻鏡』では「内転第十一開」であるので、「魚」韻を合口三等とは考えられないし、二つ目、『広韻』で「魚」韻は「独用」、「虞、模」韻は「同用」で、これはまた、『韻鏡』でも「魚」韻は「独図」、「虞、模」韻は「合図」であるので、「魚」韻と「模」韻は違うと考えているのである。

　ところが、王力は『韻鏡』と『広韻』によって再構しただけで、韓国、日本

の漢字音に見える実例については全然説明をしていないし、一つ目の場合は
「寛永本」『韻鏡』によると考えられるが、もし王力が『麻光韻鏡』を利用したな
らば、別の結果になったかもしれないし、また「魚」韻は「内転第十一開」と引
用しながら、「模」韻の「内転第十二開合」については言及していないことは盲
点だと考えられる。

董同龢は「模」韻を[uo]と再構した根拠を

> 韻鏡以魚爲一轉，注"開"；模與虞合爲一轉，注"開合"。七音略分轉同，
> 從所注的"輕""重"，可知韻鏡的"開合"當是"合"。遇攝字的現代讀法不出
> u，o，y以及由他們變化而生的復元音ou, œy等，所以我們不難想像中
> 古時期當有個圓唇的後高元音，... (註12：『漢語音韻學』1993 p.168)

と言っている。即ち、①『韻鏡』で「魚」韻は「開」、「虞、模」韻は「開合」と
書いてあること、②遇摂字の現代音は[u][o][y][ou][œy]ですべて円唇後舌
高母音(円唇後高元音 high back rounded vowel)であること、③核母
が[u]だったら、また開合に分けることができないが、[o]であったため、合口
の「模」韻は介母(Medial)[u]を加えて[uo]になると言っている。しかし、董同龢
もまた王力のように『韻鏡』の版本に絶対的な信頼を持つことによって、こういう
主張が出来たようだが、それでは『麻光韻鏡』の場合、「魚」韻も「合」、「模」
韻も「合」であることについてはどう説明できるか疑問である。

厳学宭は「模」韻を[o]と再構しているが、その根拠を

> 《广韵》模鱼虞韵分立存于金陵(南京)一带的方言、主要元音可能是个
> 圆唇的后高元音、《韵镜》注"开"和"开合"、现代汉语方言的读音不外
> u、o、y以及由它们而产生的ou、œy等。(注13：『广韵导读』1990 p.74)

と言っている。即ち、二つの点において董同龢と同じ根拠を提示しているが、再構音に差があるのである。それは董同龢が「模」韻を合口と見ているのに反して、厳学宭は「模」韻の合口は金陵一帯の方言音に存在すると考えているからである。このように、「模」韻の合口を方言音と認める場合、韓国伝承漢字音の北方音と南方音の区分など細密な分析を要するので、ここでは一応省略することにする。一方、厳学宭も董同龢のように『韻鏡』の版本についてにどう説明できるか疑問である。

　藤堂明保は「模」韻を[o]と再構した根拠を日本漢音に置き、呉音でウ段の存在する例が幾つかあるが、原則的に漢音ではオ段で反映すると言いながら、「「模」韻は何か一種の円唇母音であればよいわけで、/o/と表記してもいっこうに差し支えはない。おそらく音声的には[o]に近いものであったに違いない。日本の漢字音でオ段ウ段の中間に「模」韻の字音が介在しているのは、そのためであろう。」(註14 ：『中国語音韻論』1980　p.258)と言っている。つまり、日本漢音だけによって「模」韻の再構を試みているが、「模」韻に呉音の存在している理由については具体的に言及していない。したがって、もし呉音が「模」韻音価の再構に決定的な役割をしていると仮定すれば、藤堂明保の説は説得力を失う可能性が高いと考えられる。

　ところで、大野晋はカールグレンの「模[uo]」説を批判して、「模」韻の音価は[o]であると主張しているが、特に「模」韻舌音字のオ列甲類とウ列との両用について

　　即ち、韻形だげからいへば虞韻尤韻は恐らく日本語のウ列に最も適合するものであつたが、虞韻尤韻の舌音はその頭子音がt・d'・n等であつて、当時の日本語ツヅヌの音であつたと思はれる[tu][du][nu]の頭子音にぴつたり

適合せず、別音として聞かれた。それ故、その[tu][d'u][nu]を避けて、[tu][du][nu]に最も近い印象を与へる模韻侯韻の一等の文字を兼用してその音を表記しようとしたと考へられる(註15 : 『上代仮名遣の研究』1953, 1972 p.199)

と言っている。即ち、韻形より頭子音に適合している「模」韻一等字を使っているから出来た現象にすぎないという態度を取っているのである。この大野晋説に対して、森山隆は

舌音関係以外の音節においても模韻字のウ列表記使用はそれほど特殊ではない。…唇音関係の布部部歩摸模を除いても、なほ汚烏苦古吾素などの例が残り、ただ日本書紀関係のみならず上代の文献に亘って散在するところを見れば、単に舌音(唇音)関係の頭子音の拘束によって虞韻を避けたとばかり割切ることはできないだらう。…(註16 : 『上代国語音韻の研究』1971 p.234-235)

と批判しているが、これは正しいと考えられる。

また森山隆は、「模」韻に属する万葉仮名がオ甲段とウ段に使われている現象(二重形)を解決するために、「模」韻の中古音を[o]と認めながら、

オ列甲類[ɔ]が六〇〇年代から七〇〇年初頭にかけて漸次→o化したために、その影響を受けてウ列u自体の存在も不安定になってきたことは、両者の間に二重形が生じたことからも容易に推定できる。したがって、ウ列自身もオ列甲との混淆を避けるために、いやもっと積極的には自らの安定を図るために、より安定した位置への移動を試みるやうになる。おそらくウ列はこの時期に、円唇後舌的uの性格から脱して、唇の円みの弱いやや前よりのɯに変

化したものと思はれる。(註17 ：『上代国語音韻の研究』1971 p.226)

と言っている。即ち、オ列甲類　ɔ→o、ウ列　u→ɯと言う音韻変化の中
で生じた両用だと考えているのである。この見解は中国漢字音に基づいて、
上代日本語のオ甲類とウ段音の音韻変化を考え出した発想の転換という点
から、とても魅力のある説だと言える。しかし、もし森山隆が韓国漢字音も分
析の対象として考えていたならば、こういう結論が同じく得られたか疑問であ
る。こういう観点から「模」韻の両用問題についての藤井茂利の次のような説
は深く吟味すべきだと考えられる。

　　「都」を「つ」の仮名に用いるのは、古く推古時代に朝鮮からの渡来人によっ
　　て持ち込まれた字音を朝鮮式の用法の下で運用利用したからであると思わ
　　れる。(註18 ：『古代日本語の表記法研究』1996 p.238)

　最後に「α群原音依拠説」を主張している森博達の「模」韻の音価について
検討してみよう。

　　では、〈影〉母字の「ヲ」をどのように解釈するのか。李栄氏『切韻音系』
　　(148頁)は『鍾祥方言記』を引き、「o韻没有開口合口的分別、賀、貨同音。
　　(這韻没有声母字如我臥等字略帯合口音、近似uo、在k,k',x声母也有、
　　但是合口不很顕、在其他声母是純o音」という記述によって、合口介音を認
　　めず、［模］韻の『切韻』音を[-o]と推定した。日本漢音で［模］韻
　　〈影〉母字を「ヲ」と表わしたのも、〈影〉母の下ではやや合口性を帯びる
　　という印象を受けたからであろう。(註19 ：『古代の音韻と日本書紀の成立』
　　1991 p.88)

と言って(『広韻』で「賀」の反切は「胡箇」、「貨」の反切は「呼臥」である)。「箇」
は開口音、「臥」は合口音である)、「模」韻を[o]と見ている。つまり、無声
母(零声母 Zero Initial)字は合口音が省略され、声母がk、k'、xの場
合は合口音があるが、そんなに著しくなく、その他の声母と結合する場合は純
粋な[o]音であるという李栄の主張に従いながら、「模」韻「影」母字を声母
k、k'、xと結合した合口音に注目したのである。しかし、「模」韻の両用の
理由については大野晋説をそのまま受け継いでいるが(註20 :『古代の音韻
と日本書紀の成立』1991 p.91)、これは森山隆の批判によってこれ以上論
ずる必要がないと考えられる。

 以上のように、いろいろな学説を検討してみたが、これからは「模」韻の再
構音と、オ甲列とウ列との両用問題について私はどう考えているのかを述べよう
(「模」韻について[o]、[u]または[uo]と再構した根拠は大抵は①韓国、日
本、ベトナムの漢字音による、②現代中国語の方言音によるが、私は古代
ベトナム漢字音については知っていないから、これはやむを得ず除くことにす
る)。

 韓国と日本の漢字音によって「模」韻の再構音を[u]だったとすれば、韓国
漢字音は[u]=「오」、日本漢字音は[u]=「ウ列」になる。そうすれば、[u]は
韓国漢字音と日本呉音とは対応関係にあるが、漢音[o]とは対応しなくなる。
これは何を意味するかと言えば、「南北朝[o]＞『切韻』[u]＞唐[o]＞宋[u]」と
変わったことを言っているのである。しかし、このように一度変わった音がまた元
の音になって、そしてまた同じ音に変わる繰り返しの過程で変化(演変)した例
は、中国語音史においてあり得ないし、またこういう例は一般言語学的な観
点からもあり得ないと考えられる。例えば、韓国語の場合

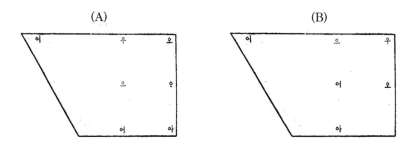

(A)から全体的に移動して(B)に変わったし、また英語の母音大移動(Great Vowel Shift)もそうである。したがって、[u]と仮定するのは正しくないと考えられる。

それでは、[o]と仮定すればどうであろうか。つまり、「南北朝[o]>『切韻』[o]>唐末[u]>宋[u]」とすれば、韓国漢字音では[o]は「오(＝[u])」と受け入れるほかない。なぜなら、後舌円唇高母音[u]や半高母音[o]を表せる韓国語の母音は「오」しかないためである。「ㅇ」の場合は後舌半高母音とも見なせるが、円唇性という決定的な要素がないので、不可能であるし、「우」の場合は円唇性高母音というところから可能性はあるが、決定的な欠点は後舌母音ではなく、中舌母音で中舌円唇高母音を表すのに使われているので、即ち弁別性を持っているので、使われないのである。したがって、[o]は「오」しかないのである。しかし、厳密に言えば、「ㅇ」は後舌半高母音とも見なされるが、後舌半高母音で円唇母音である[o]と位置が同じであることから、また、『訓民正音解例』「制字解」によれば、「오」は[o]と使われるには問題があるから、おそらく「오」は[u]を含めて[o]との間の音、即ち[o]は含まれない音であったと考えられる。

一方、日本漢字音の場合はどうであろうか。日本漢字音の場合、「模」韻は主に「オ列音」を表すのに用いられ、少数の字が「ウ列音」としても使われ

ているが、漢音として使われた場合すべて「オ列音」を表すのに使われているから、[o]と見るのは一見正しく見える。ところが、問題は「模」韻字の一部が「ウ列音」に用いられる呉音の場合、どう解釈すべきなのかである。

私はこう考えている。先の藤井茂利の言ったとおり、この一部の呉音は、渡来人たちの『推古遺文』などで使った表記法がそのまま受け継がれている字音だと考えられる。つまり、[o]（＝「오＝[u]」）が「ウ列音」に使われたことは、古代韓国語の「오」が[u]であった証拠であると同時に、その「오」がそのまま日本に伝わって定着したのが「模」韻の「ウ列音」であり、これが「模」韻の日本呉音のウ列なのである。したがって、現在の暫定的な結論は「模」韻は[u]ではなく、[o]であると見るのである。ところで、果たして[o]と見なすのは妥当なのか。

ここで一つ次のようなことを考えてみよう。同じ円唇母音の[u][o]は、開口度の小さい[u]は唇がほぼ閉じるように認識されるので「合口」、即ち「口(唇)を合わせる、閉じる」になるが、[o]は開口度が[u]より大きいので、唇が明らかに開けてあることが分かるため、「開口」、即ち「口(唇)を開ける」になるのである。ところで、この[u]と[o]は円唇母音で、後舌母音である点においては同じであるが、これらの差は勿論開口度の差にもよるが、それよりもっと決定的な違いは、[o]は唇だけが円いのに対して、[u]は唇が円くて、またその円い唇が前に突き出されるということである。ここで「模」韻の音価を再構するのに重要なヒントを私は得られると考えている。即ち、「模」韻は完全な合口性、即ち完璧に唇が前に突き出される[u]ではなく、ある程度の合口性を持ってはいるものの、唇が[u]よりは前に突き出されない音であったと考えられる。

私はこの音を現代北京語の「東」に求めている。「東」は音声表記では[tuŋ]で、核母を[u]と表記するが、実際の音は[u]ではなく、[o]に近い[ʊ]なの

である。カールグレンの次のような記述に近い音なのかもしれない。

a »darker» vowel, a more narrow, more closed ô, nearer to u, than the »brighter», more open o ...; the difference in quality may have been something like French tôt as against tonne, Germ. so as against Sonne. ... indicating the »closed» o by ô, ... the »open» o ... to be denoted by o. ... (註21：『Compendium of Phonetics in Ancient and Archaic Chinese』1954, 1963 p.346)

したがって、私の再構音「模」韻[ʊ]は、合口性はあるが、完全な合口性ではないので、『韻鏡』で「開、合、開合」の区分が曖昧だったかもしれない(「東」韻も「開、合、開合」の区分が曖昧だったことは[tʊ ŋ]であったためなのかもしれない)と考えられる。

　一方、「魚」韻と「模」韻が別々の韻図に配置されていたのは、「魚」韻[o]に比べて合口性をある程度持っていた「模」韻を分離して取り扱った結果だと考えられる。しかし、そうだからと言って、「模」韻を[u]と認めない理由は、既に述べたように①『韻鏡』で「開、合、開合」の区分の一貫性がないことと、②韓国漢字音と日本漢音によって[u]ではなく、[ʊ]だったと推定されるからである。

　したがって、「模」韻が[ʊ]であったため(ただし、音声的には現代韓国語の「우」[u]に近い音ではなく、むしろ「오」[o]に近い音だったと私は考える)、韓国伝承漢字音では「模」韻を「오」(＝[u～ʊ])でしか表せなかったし、この「오」(＝[u～ʊ])が日本に伝来され、使われたのが呉音だと考えられる。当時日本語には[o][u][ɯ]などを表せるオ甲列[o]とウ列[u][ɯ]の音があったので、実際、漢音、即ち唐の音が伝わった時、音声的に[o]に近い「模」韻[ʊ]はオ甲

列[o]として受け入れられたのである。これに反して、古代韓国語では[o]に近い音も「오」(＝[u～ʊ])しか使うことが出来なかったのは、上代日本語にはオ甲列とウ列二つが後舌円唇母音では弁別的に存在していたが、古代韓国語では後舌円唇母音には「오」しか存在しなかったためである。

▌5 結び

　この論文では、1章で万葉仮名の運用体系は韓国資料での表記法と密接な関係にあることを、2章では、「魚」部の「魚」韻と「模」韻が先秦時代から隋唐時代までの変遷を、3章では中世韓国語資料の『訓民正音解例』による中世韓国語の母音体系と韓国伝承漢字音とを通じた古代韓国語の母音体系を、4章では「模」韻についての諸学者の再構音を検討し、古代韓国語の母音体系を通じて「模」韻の再構音は[o]であることを述べた。

　それでは、次の二つの点をを指摘してこの論を終えることにする。

　『三国史記』地名の漢字音は中古音だけでなく、各時代の音が混じっていると考えられるが、これを単一音韻体系、即ち単一言語体系と仮定して中世韓国語の枠の中に入れて分析することは誤った態度であると考えられる。

　一方、韓国伝承漢字音は、もともと高句麗、百済、新羅の異なった音韻体系によってそれぞれの漢字音が決まった後、それぞれの決まった漢字音の中のある一つ、またはそれ以上が伝承漢字音として残ったと考えられる。したがって、三国のそれぞれの音韻体系を再構し、それに対応する漢字音を区別して、伝承漢字音の伝来時期とその漢字音が三国のどの国の漢字音に対応するか検討しなければならない。そして、その結果は、密接な関係に

ある万葉仮名の表記法の運用体系の中の一つの韻が複数の仮名に使われ
ている問題などの解決に役立つだろうと考えられる。

参考文献

박병채(1971,1986), 『고대국어의 연구』 고려대학교 출판부 서울
＿＿＿(1988), 『원본 훈민정음, 용비어천가, 훈몽자회』 대제각 서울
유창균(1991), 『삼국시대의 한자음』 민음사 서울
이기문(1961,1972,1992), 『국어사개설』 탑출판사 서울
유창균(1993), 『훈민정음 역주』 형설출판사 서울
허웅(1958,1985,1993), 『국어 음운학』 샘문화사 서울
이돈주(1995), 『한자음운학의 이해』 탑출판사 서울
藤堂明保・小林博(1971), 『音注韻鏡校本』 木耳社 東京
森山隆(1971), 『上代国語音韻の研究』 桜楓社 東京
大野晋(1953,1972), 『上代仮名遣の研究』 岩波書店 東京
藤堂明保(1980), 『中国語音韻論』 光生館 東京
勉誠社文庫90(1981), 『磨光韻鏡』 勉誠社 東京
勉誠社文庫17(1977,1985), 『寛永五年板韻鏡』 勉誠社 東京
森博達(1991), 『古代の音韻と日本書紀の成立』 大修館書店 東京
藤井茂利(1996), 『古代日本語の表記法研究』 近代文芸社 東京
藤堂明保(1980,1997), 『学研漢和大字典』 学習研究社 東京
陸志韋(1985), 『陸志韋語言学著作集(一)』 中華書局 北京
王力(1985), 『汉语语音史』 中国社会科学出版社 北京
严学宭(1990), 『广韵导读』 巴蜀书社 成都
王力(1991), 『漢語音韻』 中華書局 北京
董同龢(1993), 『漢語音韻學』 文史哲出版社 臺北
余迺永校註(1993), 『新校互註宋本廣韻』 中文大學出版社 香港
唐作藩(1992,1994), 『音韻學教程』 五南圖書出版有限公司 台北

Bernhard Karlgren(1954, 1963), 『Compendium of Phonetics in Ancient and Archaic Chinese』 Museum of Far Eastern Antiquities Göteborg

Bernhard Karlgren(1957, 1964), 『Grammata Serica Recensa』 Museum of Far Eastern Antiquities Göteborg

제13장

萬葉假名(만요우가나) 氣에 대하여

1 들어가는 말

日本古典文學大系本 萬葉集三(1960:45)의 보주(補注)에는 다음과 같은 설명이 있다.

> われわれの調べたところでは、万葉仮名の清濁は、清音と濁音との 書き分けの比較的厳密なカとガ、クとグ、サとザのようなものと、清濁の 書き分けの悪い、ケとゲ、へとべ、テとデの如きがある。「気」はケとゲ、 「倍」はへとべ、「弖」はテとデとに両用されていて、区別がない。

즉 萬葉集(만요우슈우)[1]의 청탁 표기자로 엄격한 구별표기와 느슨한 구별표기가 공존하는데, 특히 후자의 경우 萬葉假名(만요우가나) 氣·倍·弖가 각각 ケ·ゲ, へ·べ, テ·デ의 표기로 사용되어 구별이 되지 않는다는 것이다. 물론 이러한 주장은 萬葉集를 검토해보면 분명히 정당하다고 할 수 있다. 그런데 이와 같은 공존에 어떤 특별한 이유가 있지는 않았을까? 결론적으로 氣에 관해서만 말한다면, 청탁의 혼용은

---

1) 일본어 우리말 적기는 필자의 표기법을 따르기로 한다. 김대성(2003:106-107) 참고.

萬葉集의 시기구분에 따라 분명한 차이를 보여준다는 사실이다.

본 논문에서는 상대자료 즉 금석문, 古事記(코지키) 가요, 日本書紀 (니혼쇼키) 가요와 훈주(訓注), 万葉集, 仏足石歌(붓소쿠세키가) 그리고 歌經標式(카쿄우효우시키) 등을 토대로 만요우가나 氣의 사용 실태와 氣가 ケ乙類와 ゲ乙類로 공존하는 이유를 밝히고자 한다. 그리하여 그 결과를 통해 다음 연구과제인 止攝 微韻의 중고 재구음(中古再構音)을 본격적으로 추정하는 근거 중의 하나로 삼고자 한다.

2 선행연구

기존의 연구에서는 氣만을 대상으로 본격적인 연구가 이루어진 것은 없다. 이미 앞에서 인용한 수준의 설명이나, 大野透(오오노 토오루 1962:75)는

> 気はケ乙の古層の仮名及びキ乙の中間層乃至新層の仮名に用ゐられてゐる。気は居に次いでケ乙の仮名に常用される様になり、8世紀には居を圧倒するに至つてゐるので、ケ乙の外にキ乙の仮名にも用ゐられるのは異例の用字であり…

와 같이 キ乙類로 氣가 사용된 것은 이례(異例)로 보고 있거나, 森山隆 (모리야마 타카시 1971:197)는 나라시대(奈良時代) イ乙類의 모음 음가 추정시 微韻에 속한 氣를 여러 예 중의 하나로

> まづ注意すべきはキ(乙)音節表記仮名に微尾未韻開口字の見えぬことであ

る。これは同韻開口字が偶然に使用されなかったのではなく、ケ(乙)音節
表記の仮名としてふさはしかったからである。すなはち微尾未韻開口字「既
気希」はケ(乙)、「衣」はエ(乙)に、すでに上宮記逸文(気希など)あたりか
ら使用されてゐて、キ(乙)に使用されるやうになったのは「幾」(記・地名)
「幾機気」(紀歌謡)「既」(紀訓注)などの少数例であって、キ(乙)音節表記
仮名の主要字母ではない。

와 같이 언급하고 있을 뿐이다.

한편 을류의 ケ(氣)에 대하여 時代別国語大辞典上代編(1994:279)에
서는 다음과 같이 설명하고 있다.

> け[気](名)あるものから発する精気。ものの気配。「竃には火気吹き立てず」
> (万892)「塩気立つ荒磯」(万1797)「刀禰らが焚く火の介」(神楽湯立歌)
> 「穢ケキタナシ」(名義抄)【考】漢語「気」の音(名義抄に「気イキ、ケハ
> ヒ、禾ケ」とある)に由来するといわれる。平安時代にはその複合語の種
> 類も多く、独立して「けも無し」などとも用いられるが、上代では接辞ふう
> の例ばかりで、数も少ない。

즉 氣의 의미 그대로 쓰인 乙類의 ケ에 대한 설명으로, 어떤 것에서 발하는 精氣・ものの気配와 같은 의미로 사용된 것은 한어 즉 고대 중국어의
음에서 유래한 것으로 추정하고 있다. 이와는 반대로 佐藤通次(사토우
츠우지 1976:73)[2]는 火の気(ホノケ)・煙(ケブリ) 등의 ケ가 氣로 표기된

---

2) 【き、け(気)】右のイトキナシ、イトケナシ("甚だ愛らしい")のキ、ケには漢字「気」が
　用ゐられる。このキ、ケは漢字「気」の音から出てゐるとする説もあるが、わたくしは賀
　茂百樹に従つて、カ、キ、ケは同系で、純粋の日本語であり、キが漢字の気と
　音義ともに偶然に暗合したものと見る。すなはち「香」は"気(カ)"の義、「醸ス」は"気蒸

것은 일본 고유어 カ・キ・ケ의 キ・ケ가 한자 氣와 음과 의미가 우연히 일치한 것으로 보고 있다.

이상과 같이 만요우가나 氣에 대한 본격적인 연구가 아직 미진한 상태이고, 을류의 ケ의 성격에 대해서도 정설이 없는데, 후자의 경우는 음독자 또는 훈독자로 보아야 하기 때문에 음차자를 다루는 본고의 연구 범위에 벗어나므로 소개하는 수준에서 머물고, 전자에 대하여 용례 수의 차이에 의하여 萬葉集 이외의 문헌과 萬葉集로 나누어 본격적으로 분석해 보기로 한다.

3 萬葉集 이외 문헌의 氣

스이코유문(推古遺文)에는 다음과 같이 3예가 보인다.

> 伊波己里和気(上宮記逸文)
> 止余美気加志支夜比売(上宮聖徳法王帝説)
> 阿遅加気爾3)(上宮聖徳法王帝説)

앞의 두 예는 인명표기이며 뒤의 1예는 アヂカケ의 ケ표기로 사용되었다. 3예 모두 ケ乙類의 표기로 쓰였다.

す"である。また「酒」(黒酒、白酒)も"気"であり、「息」は"息気"であり、「萌ス」は"気刺す"である。ケの音では「火の気」気延(気配と当字する)」煙("気振")」気高し」など。pp.129-130도 참고.

3) アヂカケニの カケ는 カゲ의 가능성도 있다; 気 歌謡3の阿遅加気는 未詳의 表記でありながら、この気は普通濁音に読まれてゐるが、一往清音と見るのが妥当である。(大野透:605)

古事記(코지키) 가요에는 총 27예가 보이는데

상권: 比気登理能/和賀比気伊那婆
중권: 伊麻須気爾許泥/多知波気麻斯袁/,宇美賀由気婆/波陀阿可良気
美/宇多多気陀迩/余佐美能伊気能
하권: 佐気都志摩(麻)美由/波夜夫佐和気能/阿米迩迦気流/波夜夫佐和
気/気那賀久那理奴/加賀美袁加気/麻多麻袁加気/伊久美陀気
淤斐/多斯美陀気淤斐/伊久美陀気/多斯美陀気/比気多能/袁牟
漏賀多気爾/比賀気流美夜/多気能泥能/許能多気知爾/比礼登
理加気弖/伊邪本和気/夜気牟志婆加岐

와 같이 모두 ケ乙類로 쓰였다.

日本書紀(니혼쇼키) 가요와 훈주(訓注)에는 총 11예가 보인다. 그 예
를 모두 제시하면 다음과 같다.

가요: 居気辞被恵爾(こきしひゑね 권3)/居気儀被恵褥(こきだひゑね 권3)/
波梛歩佐和気能(はやぶさわけの 권11)/等枳舎気帝(ときさけて 권13)/
佐須陁気能(さすたけの 권22)/気菟能和区呉能(けつのわくごの 권23)
훈주: 保食神〈此云〉宇気母知能加微(うけもちのかみ)/誓約之中〈此云〉宇
気譬能美儺箇(うけひのみなか)/吹棄気嘖之狭霧〈此云〉浮枳于都
屡伊浮岐能佐擬理(ふきうつるいふきのさぎり 이상 권1 神代上);屯倉
〈此云〉弥夜気(みやけ 권6)/祈狩〈此云〉于気比餓利(うけひがり 권9)

가요에는 6예 중 4예가 ケ乙類로, 2예가 キ乙類로 사용되었다. 大野透
는 キ乙類로 氣가 쓰인 것은 이례(異例)라고 하였는데 이것은 중국 북
방음에 대한 인식 부족으로 보인다. 즉 氣(キ乙類)는 당시의 중국 북방

음의 반영으로 추정된다. 다만 α群이 아니라 두 예 모두 β群의 가요에
보이는 것은 β群은 α群과 β群에 쓰인 만요우가나가 섞여 있기 때문이
다. α群에만 쓰이는 경우에는 특별한 이유가 없는 이상 β群에 사용된
만요우가나는 원칙적으로 α群에는 존재하지 않는다. 훈주의 경우 イ フ
キ의 훈독자 표기로 사용된 氣噴 이외에 4예 모두 가요와 마찬가지로
ケ乙類로 사용되었다.

日本書紀의 특징은 첫째, ケ乙類 이외에 キ乙類로 2예가 쓰였으며,
둘째 氣가 탁음으로 즉 ゲ乙類의 표기로 사용되지 않았다는 점이다.
특히 전자의 경우는 본고에서 자료로 사용하고 있는 상대문헌 중에서
는 유일하게 キ乙類로 사용된 것이다.

氣는 상고음의 선진시대(先秦時代)에는 物部 개구 3등에 속했던 자
로 王力(왕리 1985:155)[4]에 의하면 長入聲字이었던 氣가 위진남북조
시대(魏晉南北朝時代)에 거성이 되면서 후에 微部로 변하여 중고음에
는 微韻이 된 것이다. 周祖謨(저우쭈뭐 1996)[5]에 의하면 삼국시대와
위진남북조시대에는 脂部에 속했다. 따라서 氣는 物部⇒脂部⇒微部
의 변화를 겪은 것을 알 수 있다. 그렇다면 氣가 キ乙類로 불과 2예만
이 보이는 이유는 무엇일까? 日本書紀에서 キ乙類로 쓰인 자는 之韻字
인 基己紀(ギ乙類로는 疑擬가 있다)로 基와 己는 각각 α群에서만 4예
와 1예가 보이며, 紀는 α群 5예, β群 9예가 보인다. 微韻字로는 機(1
예)와 幾(1예)가 β群에만 나타난다. 따라서 氣를 포함한 微韻字는 β群
군에만 나타나기 때문에 당대 북방음(唐代北方音)으로써 나라시대 キ
乙類의 음으로는 적합하지 않았으며, 之韻字(基己紀)가 キ乙類의 음

---

4) 物质两部的长入声字,到魏晋南北朝变为去声,分别转入微脂灰祭四部。例如「气费」
转入微部、「弃醉」转入脂部、「对碎」转入灰部、「计戻」转入祭部。
5) 중국어 우리말 적기는 씨케이시스템(김용옥 1992:349-361)에 의한다.

으로 가장 적합했기 때문으로 추정된다. 그런데도 불구하고 ケ(ゲ)乙類로만 쓰인 氣가 日本書紀에서 비록 β群이기는 해도 2예가 보인다는 사실은 매우 의미가 크다. 북방 중국인의 개입이 분명한 α群에서는 氣의 사용이 전혀 이루어지지 않았지만, 즉 중국인의 귀로는 당시 일본어의 キ乙類가 之韻字에 가깝고 微韻字는 상당히 동떨어진 소리로 파악하였지만, 일본인의 표기로 추정되는 β群에서는 ケ乙類만이 아니라 キ乙類로도 사용된 것은 일본인의 귀에는 당대 북방음이 ケ乙類 보다는 キ乙類의 음에 더 가까이 微韻字가 변해 있었다는 것을 보여준다. 이러한 사실은 당대 북방음의 재구에 일정 부분 중요한 근거가 될 수 있는데 이와 같은 중고 재구음에 대한 분석은 다음 연구 과제로 미루고 다시 본 주제로 돌아가기로 하자.

日本書紀에서 氣가 ゲ乙類나 ギ乙類로 즉 탁음으로 나타나지 않는 이유는 당대 북방음의 탁음청화(濁音淸化)에 의해 탁음 성모 [g]가 청음 [k]로 변화하여 부득이 청음자나 차청음자로 탁음을 나타내는 일이 일어났지만, 日本書紀에서는 보다 더 음에 충실한 표기를 한 결과, 청탁성모(疑擬)인 [ŋ]가 ガ行 자음을 대신하였기 때문이다.

나라유문(奈良遺文)인 佛足石歌碑(753년)에는 다음과 같이 佛(ホト ケ)의 ケ표기로 1예가 나타난다.

乃知乃保止気尓(のちのほとけに)

나라시대 말기에 편찬된 것으로 추정되는 歌經標式에는 총 13예(ケ乙類 7예, ゲ乙類 5예, ケ甲類 1예)가 보이는데 다음 장에서 설명하기로 한다.

마지막으로 헤이안유문(平安遺文)인 神護寺鐘銘(875년)에는

檀越, 少納言従五位上, 和気朝臣彝範, 悼和尚之遺志, 尋先祖之旧蹤,
以貞観十七季八月廿三日, 雇冶工志我部海継, 以銅一千五百斤, 令鋳
成焉.

와 같이 인명 ワケノアソノツネノリ의 ケ표기로 1예 보인다. 이미 상
대특수카나사용법(上代特殊仮名遣い)이 붕괴되었기 때문에 갑을류의
구분은 무의미하지만 ワケ의 표기로 보아 ケ乙類 표기의 잔재로 추정
된다.

　이상과 같이 萬葉集를 제외한 상대문헌 자료의 氣의 사용은 日本書
紀 キ乙類 2예와 歌經標式의 ゲ乙類 5예, ケ甲類 1예를 제외하고는
모두 ケ乙類의 표기로 사용되었다. 따라서 氣는 ケ乙類 표기의 전용자
중 하나라고 할 수 있다. 그렇다면 萬葉集 내에서는 氣가 어떻게 사용
되었는지 다음 장에서 검토해보기로 하겠다.

4　萬葉集의 氣

　이 장에서는 먼저 3399번 가요의 久都波氣의 氣가 갑류인지 을류인
지 검토해 보고, 이어서 방언형의 ケ와 東歌(아즈마우타)의 시기구분
을 어떻게 처리할 것인지 살펴보기로 한다. 그런 후에 萬葉集에 사용된
음차자 氣의 사용 실태에 대하여 검토해 보기로 한다.[6]

---

[6] 萬葉集에는 氣가 훈독자 또는 의훈자(義訓字)로 イキ(息 19회)・キリ(白気 1회)・ホ
ケ(火気 3회)・シホケ(塩気 2회)가 있으며 가요의 내용이 미상인 가요가 莫囂円隣

4.1 3399번의 久都波氣

萬葉集 권14 東歌의 3399번 가요를 보면 다음과 같다.

信濃道者 伊麻能波里美知 可里婆祢爾 安思布麻之奈牟 久都波気和
我世(信濃道は今の墾道刈株に足踏ましなむ履着けわが背)

이 가요에 대한 萬葉集三(1960:420)의 주석을 보면 "信濃道は新しい墾
道です。きっと切株を踏むでしょう。履をおはきなさいわが背子よ。"와 같이
久都波氣 부분을 '履をおはきなさい'로 파악하고 있음을 볼 수 있다. 동사
波氣를 おはきなさい로 해석한 것을 보면, カ行四段 활용동사 はく의
명령형이므로 상대특수카나사용법에 의하면 갑류에 속하기 때문에 을
류인 氣의 사용은 위례(違例)이다. 또한 時代別国語大辞典上代編
(1994:281)은 다음의 권14 3356번 가요의

不尽能祢乃 伊夜等保奈我伎 夜麻治乎毛 伊母我理登倍婆 気爾余婆
受吉奴(富士の嶺のいや遠長き山路をも妹がりとへば日に及ばず来ぬ)

ケニヨブ의 설명에서 '「気」は「履波気吾が背」(万3399)の一例をのぞ
き、万葉東歌全体を通じて乙類の位置に現われるので、いまの場合も乙類
とみなせば、日ニ及ブ説が最も穏当か。'와 같이 履波氣의 氣를 갑류로
사용된 것으로 보고 있다. 물론 はく(p.574)의 설명에서 3399번의 氣의
사용은 東歌에서 ケ甲類가 ケ乙類로 사용된 예가 없다는 것을 근거로

之大相七兄爪謁気(1-0009 額田王)와 같이 1예 보인다.

4단동사의 명령형이 아니라 하2단동사의 명령형이라는 설을 제시하고
는 있지만, 기본적으로는 갑류로 사용된 것으로 판단하고 있다.

그런데 이와 같이 3399번의 4단동사의 명령형이라는 설에 대하여
後藤利雄(고토우 토시오 1963)는 東歌에서는 을류의 ケ・ヘ・メ가 쓰
여야 하는 경우 갑류의 ケ・ヘ・メ가 사용된 예는 있어도, 그 반대의
경우 즉 갑류의 ケ・ヘ・メ가 쓰여야 하는 경우에 을류의 ケ・ヘ・メ
로 쓰인 萬葉假名字는 없다는 것을 근거로 3399번의 波氣는 하2단동
사의 명령형이라는 설을 제기하였다. 그의 설에 의하면 4단동사의 は
く는 人が何かを身につける時に言う言葉이며, 하2단동사의 はく는 人が
何かを物や動物などにつける場合に言う語로 의미가 구별되며, 가요 내용
의 배경을 고려할 때 信濃道者라고 시작하는 것은 信濃에 새롭게 길이
개척되어 더러 나무그루터기 등에 의해 맨발로 걷다가 발이 다칠 수
있으므로 신발이 필요하다는 의미이기 때문에, 작자는 信濃에서 어느
정도 떨어져 있다는 점, 그리고 일반 서민들은 먼 길을 떠날 때 보통
길에서 신발을 신지 않는 것이 일반적이라는 점 등을 제시하여 다음과
같이 はく를 구별하고 또한 해석하였다.

a クツ　ハケ甲　クツをはけ。
b クツ　ハケ乙　クツを荷物などにくくりつけろ。
○ 信濃道は新しく切り開いた道です。切株にきっと足を踏みつけなさるでしょ
　う。だから履を荷につけて(持つて)行きなさい、あなた。

이에 대하여 沢瀉久孝(오모다카 히사타카 1990:80-82)는 後藤利雄
의 하2단동사설에 동의하면서 佐伯梅友(사에키 우메토모)의 하2단동

사의 사역성을 근거로

> 四段の動詞を下二段活用にする時に使役的意味を持つ事は前(3362)に述
> べたところであり、「衣着せましを　大刀佩けましを」も上の「着せ」と同じく、
> 「大刀を佩かせましを」の意であり、今の「沓佩け」も「沓を佩かせ」ととるべき
> もので、上に「足踏ましなむ」とあるをうけて、その「足に」といふ言葉を補つて
> 「沓を佩かせ」ととればよい。後藤氏の解はよく考へられた説のやうである
> が、「荷につけて(持つて)」と補はれるのは少し無理であらう。(p.82)

와 같이 의미의 관점에서 4단동사가 하2단동사가 되면 사역적인 의미
를 지니게 되기 때문에 '(발에)신발을 신기세요'(즉 '신을 신으세요'가
아님)가 後藤利雄의 '신발을 짐에 (넣어서)/짐으로 가지고 가세요' 보다
낫다고 주장하였다.

　佐伯梅友의 사역성에 제시된 4단동사와 하2단동사로 쌍을 이루는
동사의 예는 はく·かづく·うく·むく·います·みつ·たつ·うか
ぶ·いる인데 여기에 沢瀉久孝의 なく를 추가할 수 있다. 이 동사들은
はく를 제외하면 모두 4단동사:하2단동사 즉 자동사:타동사로 이루어
져 타동사에 사역적인 의미가 있는데, はく만이 타동사:타동사로 쌍을
이루고 있다. 그러므로 後藤利雄는 위와 같은 해석을 한 것 같은데,
4단동사:하2단동사의 쌍이 타동사:타동사로 나타나 하2단동사에 사역
적인 의미로 쓰인 예로는 '多姓由伎母 之思良奴伎美乎(旅行きも 為知ら
ぬ君を 17-3930 坂上郎女)·妻恋爾 己我当乎 人爾令知管(妻恋ひに己
があたりを人に知れつつ 8-1446 大伴家持)'와 같이 しる를 들 수 있다.
따라서 하2단동사에 사역적인 의미가 있는 것이 확실하므로 필자는 澤
瀉久孝설에 동의한다. 다만 澤瀉久孝는 3399의 해석을 '信濃道は、新

しく拓いた道です。切り株で足をおつきなるでせう。(その足に)沓をおはかせ
なさい。あなたよ。'로 하였는데, 필자는 이 해석을 '(信濃道に至ればその
足に)'와 같이 보충하고자 한다. 그러면 하2단동사 はく 의 명령형의 사
역적인 의미가 보다 뚜렷하게 드러날 수 있기 때문이다.

이상과 같이 3399의 氣가 ヶ甲類가 아니라 ヶ乙類로 사용되었기 때
문에 氣가 萬葉集 내에서는 모두 ヶ(ゲ)乙類로 쓰였다고 단언할 수 있
을까? 萬葉集를 모두 검토해 본 결과 적어도 중앙어(中央語)의 표기에
서는 그렇다고 할 수 있지만, 東歌나 防守歌(사키모리우타) 등의 방언
형이 존재하는 가요 내에서는 사정이 조금 복잡하다. 그러면 氣의 표기
중에서 중앙어와 다른 방언형의 표기에 사용된 예에 대하여 간단히 살
펴보기로 하자.

4.2 방언형과 東歌의 시기구분

다음 가요를 보면,

> 多多美気米 牟良自加已蘇乃 波奈利蘇乃 波波乎波奈例弖 由久我加
> 奈之佐(畳薦牟良自が礒の離磯の母を離れて行くが悲しさ 20-4338)
> 知知波波我 可之良加伎奈弖 佐久安例弖 伊比之気等婆是 和須礼加
> 祢豆流(父母が頭かき撫で幸くあれていひし言葉ぜ忘れかねつる 20/4346)

와 같이 4338의 タタミヶメ(コモ)와 4346의 ヶトバゼ(コトバゼ)의 氣
의 사용은 防守歌로써 駿河國(스루가국)의 방언 표기이다. 福田良輔
(후쿠다 료우스케 1980:277-278)에 따르면, 이 두 예는 고대어계 중앙
어에 존재하는 음절결합법칙 내지 경향, 즉 중설모음과 중설모음은 결

합단위를 구성하는 것을 기피한다는 사실과 정면으로 위배된다. 고대
어계 중앙어에는 ë-ë의 결합은 전혀 존재하지 않으며, ë-ö의 결합은
극히 드문 현상이므로 ケメ/këmë/와 ケトバ/këtöba/의 氣의 표기는
이 방언에 모음조화가 존재하지 않았다는 사실을 방증한다. 한편 相模
國(사가무국)의 防守歌인 20-4330에는 ケフ(今日)의 ケ의 표기자로 氣
가 사용되었으나, ケフ의 ケ는 갑류이므로 이 방언에서는 ェ의 갑을류
의 구분이 없었던 것으로 보인다. 이와 같이 중앙어에서는 갑류이어야
하지만 을류의 氣로 표기된 가요에는 20-4347(奈我波気流・ハケ甲ル),
20-4368(佐気久阿利麻弖・サケ甲ク), 20-4404(多延爾気流可母・タヱニ
ケ甲ルカモ)가 있다. 또한 형용사의 미연형과 이연형의 활용형 어미인
ケ는 갑류인데 萬葉集에서는 다음과 같은 예가 보인다.

> 伊麻叙久夜之気(今ぞ悔しけ 20-4376 川上老 栃木)
> 阿志気比等奈里(悪しけ人なり 20-4382 大伴部広成 栃木)
> 奈賀気己乃用乎(長けこの夜を 20-4394 大伴部子羊 千葉)
> 宇都久之気(愛しけ 20-4414 大伴部小歳 埼玉)
> 須美与気乎(住み好けを 20-4419 物部真根 埼玉)

모두 권20의 防守歌의 예로 5예가 栃木(2예), 千葉(1예), 埼玉(2예)의
방언형으로써 형용사의 연체형 표기에 氣가 사용되었다. 특히 埼玉 방
언형에는 古布志気毛波母(恋しけもはも 20-4419 物部真根)와 같이 연용
형의 표기에도 氣가 사용된 것이 특징이다.

이상의 예를 제외하면 氣는 모두 ケ(ゲ)乙類로 사용되었는데[7] 본고

---

7) 萬葉集에서 氣가 사용된 어휘를 모두 제시하면 다음과 같다(숫자는 빈도수).
あきづく3・あきらけし1・あく11・あけさる1・あさけ3・あしけ1・あとりかまけり1・あま

에서는 이러한 예들도 편의상 ヶ乙類로 분류하기로 한다. 그 이유는 본고의 주된 목적이 갑을류의 혼용이 아니라 청탁의 구별표기의 이유가 무엇인가를 밝히는 데 있기 때문이다.

그런데 권14 東歌의 경우 萬葉集의 시기구분을 어떻게 보아야 하는가 하는 문제가 있다. 왜냐하면 본고의 주된 목적의 하나가 萬葉集의 시기구분에 따른 氣의 사용 실태를 밝히는 것이기 때문이다. 東歌에 대해서는 편찬자가 누구인가 하는 문제나 東歌의 자료는 어떠했을까 하는 문제가 萬葉集의 시기구분과도 밀접한 관계가 있는데, 지금까지의 연구에 의해 자료를 모으고 기록한 사람은 한 사람이 아니라 여러 사람이며, 자료가 된 문헌 또한 여러 가지이었을 것으로 밝혀졌다. 전자의 경우 坂本信幸(사카모토 노부유키 1970)는 東歌가 東國의 민요라는 설과 민요가 아닌 東國 민중의 서정시라는 설에 대하여 민요와 서정시의 양면성을 지닌 것으로 보고, 그 근거로 東歌 내의 掛詞(카케코토바)의 발달은 구송(口誦) 즉 민요에서 문자화(기록화) 즉 서정화(이 과정에서 短歌體를 지향함) 과정 속에서 생긴 것이며, 또한 그 과정

かく1・あるく1・いけ2・いけみづ2・いそかげ1・うく1・うけすう3・うつくしけ3・うらなく3・うゑだけ1・おく1・かきなぐ1・かきむく1・かく12・かげ5・ひかげ2・かける1・かそけし2・かたぶく1・かたまく2・かたりさく1・かづく1・かみつけの11・かりそく2・きく6・く2・くさかげ1・くしげ6・くやしけ1・け31・けだ1(氣太神宮)・けだし5・けづる1・けとば1・けによぶ1・けのこり1・けひのうみ(지명)1・けふ1・けり1・こころつく1・こすげ4・ことあげ1・ことむく1・こふしけ1・さけ2・さけく1・さすだけ1・さづく1・さやけし6・しげ1・しげし14・しげみ2・しげり1・しづけし1・しまかげ2・しらひげ1・すげ1・すむやけし1・すりつく1・そでつけごろも1・たく1・たく(하2단동사)2・たけ(竹)1・たけ(岳)2・たしけし1・たすく1・たたみけめ1・たひらけし3・たむけ2・つく1・つく(하2단동사)3・つぐ14・つつく1・つみあぐ1・つゆわく1・ときさく5・とく1・とひさく1・とほそく1・とりつく1・とりはく1・ながけ1・なく5・なげく26・なつく2・なづく1・はく2・ははさぐ1・はたけ1・はるけし1・ひく1・ふく3・ふく(하2단동사)6・ふみたひらぐ1・ふりさく9・ほけ1・まく1・まく(하2단동사)1・まけ6・まけばしら1・まつかげ2・みけ1・むく2・むけ1・むなわく1・やく1・やますげ1・ゆく12・ゆたけし2・ゆひつく1・ゆふけ2・よけ1・わく1・わけ4・わわく1・拔氣大首(인명)1

에 大伴家持(오오토모노 야카모치)의 개입이 고쳐쓰기(書き改め)만이 아니라 ヒ キ ヨ ツ와 ヨ ツ의 편중된 사용 등과 같이 바꿔읊기(詠み変え)의 흔적이 나타난 것으로 추정하면서 東歌의 편찬자를 大伴家持로 규정하였다. 후자의 경우 福田良輔(1952)는 권14에 사용된 抱(ホ)·西(セ)·斯(シ)의 사용빈도율을 검토하여 抱가 사용된 가요 내에서의 斯(38.5%:3.53%)와 西(66.7%:25.4%), 그리고 西가 사용된 가요 내에서의 抱(66.7%:19.4%)와 斯(21.4%:3.53%)의 빈도율이 抱와 西가 쓰이지 않은 가요에 비하여 압도적으로 높다는 것을 근거로 抱·西·斯가 사용된 가요는 東人(아즈마비토)가 지은 것으로 동일자의 표기로 보이는 자료로 추정하였다. 品田悦一(시나다 요시카즈 1986)는 방언적 요소의 유무에 의해 Ⅰ군을 상대특수카나사용법의 위례나 모음 내지 자음이 방언적 어형으로 나타난 예(訛例)가 없는 것(Ⅰ군A)과 있는 것(Ⅰ군B), Ⅰ군A 중에서 Ⅰ군B에 중복되지 않는 것을 Ⅰ군AS로, 그리고 西(セ)·斯(シ)·抱(ホ)·賀(ガ)·提(デ)·騰(ド)·那(ナ)·馬(メ)가 특정 가요에 편중되어 원자료(原資料)가 음차자 중심으로 파악되는 Ⅱ군과 같이 원자료를 최소한 4개의 군으로 이루어진 것으로 파악하였다.

원자료의 성격을 떠나 본고에서는 과연 최종적으로 편찬을 누가 하였는가가 萬葉假名字의 사용과 밀접한 관계가 있고 그에 따라 가설적으로나마 시기구분을 할 수 있기 때문에, 편찬자에 대하여 간단히 언급하면 필자는 기존의 大伴家持 편찬설에 동의한다. 그 이유는 뒤에서 언급하겠지만 大伴家持는 氣의 ケ乙類와 ゲ乙類의 사용빈도가 94:40으로 약 7:3의 비율을 보이고 있는데, 東歌에서는 ケ乙類:ゲ乙類가 25(61%):16(39%)으로 나타나고 있기 때문이다.[8] 다시 말하면 제1기와

---

8) 국명(國名)이 확실한 것은 23예이며, 국명을 알 수 없는 것이 18예로 ケ乙類와

제2기에는 氣가 ケ乙類로 사용된 예가 전혀 없는데 東歌에는 萬葉集 전체의 ケ乙類 사용례 85예 중 16예 즉 18.9%나 보이므로 제1기나 제2 기에 속한 것으로 볼 수 없으며, 제3기의 경우 氣가 28예 나타나는데 그 중 ケ乙類는 東歌 16예를 제외한 ケ乙類의 사용례 69예 중 2예 즉 2.9%에 불과하므로, 18.9%나 보이는 東歌는 그 편찬 시기가 제4기에 속한다는 것을 말해준다고 할 수 있다. 제4기는 바로 大伴家持의 시기 와 일치한다. 따라서 氣의 사용 실태에 한정하여 말한다면 東歌는 大伴 家持가 편찬한 것은 분명한 것 같다. 따라서 본고에서는 東歌를 제4기 로 분류하여 분석하기로 한다.

4.3 음차자 氣의 분석

萬葉集에서 微韻의 대표자인 氣가 처음 사용된 가요는 권1 60번으 로 작자는 長皇子(나가노미코)인데 제시하면 다음과 같다.

ケ乙類의 빈도는 각각 18(이중 上つ毛野의 ケ의 표기로 11예 보인다):5와 7:11을 보인다. 그 예를 제시하면 다음과 같다.
◎ 국명 알 수 있는 ケ乙類 18(上つ毛野 11예 포함)예:3348-佐欲布気爾家里/3352-奈 久許恵伎気婆/3356-気爾余婆受吉奴/3362-[左注]伎美我名可気弖/3397-比気波多 延須礼/3399-久都波気和我世/3404-可美都気努/3405-可美都気努/3405-可美都 気乃 /3406-可美都気野/3407-可美都気努/3415-可美都気努/3416-可美都気努 /3417-可美都気努/3418-可美都気努/3420-可美都気努/3423-可美都気努/3479-久 左袮可利曾気
◎ 국명 알 수 있는 ケ乙類 5예:3357-伊毛我奈気可牟/3369-麻万能古須気乃/3396-之 気吉許能麻欲/3447-久佐可気乃/3564-古須気呂乃
◎ 국명 알 수 없는 ケ乙類 7예:3459-伊祢都気波/3464-之気吉爾余里弖/3465-比毛登 伎佐気弖/3469-由布気爾毛/3474-宇恵太気能/3492-伊気能都追美爾/3569-多知 之安佐気乃
◎ 국명 알 수 없는 ケ乙類 11예:3445-多麻古須気/3456-思気久等母/3459-等里弓奈 気可武/3474-伊毛我奈気可牟/3498-根夜波良古須気/3524-奈気伎曾安我須流 /3538-古麻乎波左佐気/3556-比登其等思気志/3573-夜麻可都良加気/3573-衣我 多奇可気乎/3577-夜麻須気乃

暮相而 朝面無美 隱爾加 気長妹之 廬利爲里計武(暮に逢ひて朝面無み
隱にか日長く妹が廬せりけむ)

이 가요에 쓰인 氣는 ケ(日)로 時代別国語大辞典上代編의 정의에 의
하면 '①時間の単位としての日。日かず。②ひる。昼間。朝ニケニという
句で、朝毎に日毎にの意に使われる。'와 같은데 이 가요는 歌意로 보
아 ①의 의미로 쓰였다. 그런데 이 가요는 萬葉集의 시기구분에 의하
면[9], 제2기(673~710년)에 속하므로 가장 이른 시기의 가요는 다음의
磐姫皇后(이와노히메황후)의 가요를 들 수 있다.

君之行 気長成奴 山多都祢 迎加将行 待爾可将待(君が行き日長くなりぬ
山たづね迎へか行かむ待ちにか待たむ 2-85)

즉, 氣가 쓰인 最古의 가요에도 ケ乙類로 쓰인 것이다. 氣가 청음으로
쓰인 것은 본래 氣가 차청자(渓母 去既切 説文本音欷; 欷자는 暁母 許
既切)이기 때문에 탁음인 ゲ乙類로 쓰이지 않은 것은 당연하다. 물론
暁母자로 본다고 하여도 暁母 또한 무성음이기 때문에 ゲ乙類로 쓰이
기 어렵다. 그런데 다음 가요를 보면,

...伊乃知多延奴礼 立乎杼利 足須里佐家婢 伏仰 武祢宇知奈気吉 手
爾持流 安我古登婆之都 世間之道(...命絶えぬれ 立ち躍り 足摩り叫び 伏
し仰ぎ 胸うち嘆き 手に持てる 吾が児飛ばしつ 世間の道 5-904)

———————

9) 沢瀉久孝・森本治吉『作者類別年代順万葉集』에 의하면 '제1기 ~672년, 제2기
673년~710년, 제3기 711년~733년, 제4기 734년~759년'으로 구분하였다.

嘆き의 표기로 奈氣吉, 즉 /gë/의 표기자로 氣를 사용하고 있다. 작자는 山上憶良(야마노우에노 오쿠라)로 그는 중국 유학 경험이 있는 歌人으로 특히 당시 중국 북방음의 현격한 변화 소용돌이의 한가운데 있었던 長安(츠앙안)에서 최소한 2년 이상을 머물렀는데, 그런 그가 /kë/만이 아니라 /gë/의 표기로 氣를 사용한 것이다.[10]

稲岡耕二(이나오카 코우지 1986:397-421)에 의하면 이 가요를 포함한 戀男子名古日歌三首(권5 904~906)는 서사자(書寫者)가 憶良의 다른 가요와 동일인이 아니며, 편찬자인 家持로 추정하였다. 그 근거는 첫째 モ의 갑을류의 구분이 거의 지켜지지 않았다는 사실, 둘째 다른 가요에는 보이지 않는 특수 자모(즉 음차자)가 집중적으로 나타난다는 사실, 셋째 取る의 ㅏ(/to/)의 표기에 을류인 登을 사용함으로써 고어의식이 보이지 않는다는 사실을 들고, 서사자가 大伴家持라는 근거 네가지를 제시하였다. 첫째 萬葉集의 편찬론, 둘째 자모의 선택이 권17-권20에 쓰인 大伴家持의 자모와 거의 같다. 즉, 戀男子名古日歌에 쓰인 83자종 중 81자가 大伴家持가 사용한 자모와 일치한다. 셋째 山上憶良가 철저하게 지켰던 モ의 갑을류 구별 표기가 없고, 오쿠라의 고어의식을 반영한 갑류 取り의 /to/의 표기로 登利毛知와 같이 을류인 登을 사용하였으며, 넷째 표의자인 之의 사용을 들었다. 이상과 같은 稲岡耕三의 설에 의하면 嘆き의 /gë/의 표기로 氣가 사용된 것을 이해할수가 있다. 즉 大伴家持가 표기하였기 때문에 청음으로 쓰여야 할 氣가 탁음으로도 사용된 것이다.

---

10) 만일 山上憶良가 당시 중국의 현지음을 반영하였더라면 /gë/의 표기자로 아마도 차탁음 [ŋ]을 지닌 자를 사용하였을 것이다. 그러나 그의 표기자를 모두 검토해 보면 당시 중국음의 반영 보다는 당시 일본에서 행해지던 표기 방식을 거의 그대로 준수한 것으로 보인다.

그러면 萬葉集 내의 음차자 氣의 사용을 구체적으로 살펴보도록 하
자. 萬葉集에서 氣는 총 332회 보이는데 그 중 ヶ乙類가 247회, ゲ乙類
가 85회를 차지하고 있다. 澤瀉久孝의 萬葉集 시기구분에 의해 분석을
하면 ヶ乙類에는

- 제1기 ケ을류: 気長成奴(2-85 磐姫皇后)/気長久成奴(2-90 磐姫皇
  后)/都良絃取波気(2-99 久米禅師)/長気乎(4-484 難波天皇妹)
  /気乃己呂其侶波(4-487 舒明)
- 제2기 ケ을류: 気長妹之(1-60 長皇子)/多気婆奴礼(2-123 三方沙弥)/
  気田敷藻(2-194 柿本人麻呂)/気並而(3-263 刑部垂麻呂)/八
  船多気(7-1266 古歌集)/[題詞]拔気大首(9-1767 拔気大首)/真
  気長(10-2016 柿本人麻呂歌集)/気長物乎(10-2017 柿本人麻
  呂歌集)/祢能未之奈気婆(20-4479 藤原氷上夫人)
- 작자·연대불명: 麻気者失留(7-1416)/長気(10-1860)/気長物乎
  (10-2038)/気長物乎(10-2039)/真気長(10-2073)/気長有者
  (10-2278)/[左注]或本歌曰気長恋之(11-2614)/真気長
  (11-2814)/真気永(11-2815)/左夜気久清之(13-3234)/振左気
  見者(13-3280)/此羈之気爾(13-3346)/此羈之気爾(13-3347)/
  [左注]或本歌曰羈之気二為而(13-3347)

와 같이 제1기에 5예, 제2기에 9예, 작자·연대불명이 14예가 있다. 그
리고 다음 가요는 권20 4480번 가요인데, 左注에 보는 바와 같이 전승
되던 古歌를 大原今城(오오하라노 이마키)가 읊은 것으로

可之故伎也 安米乃美加度乎 可気都礼婆 祢能未之奈加由 安佐欲比爾
之弖 [作者未詳](畏きや 天の御門をかけつれば哭のみし泣かゆ朝夕にして)

左注:右件四首伝読兵部大丞大原今城

와 같이 1예가 나타난다. 제3기는 25예, 제4기는 원칙적으로 작자·연대불명으로 보아야 할 권14의 東歌를 편찬자인 大伴家持의 표기 개입[11]이 있을 것으로 추정되므로 제4기로 분류하면 193예가 나타난다.

ゲ乙類에는 다음의 권16 3881번 가요의 예와 같이

大野路者 繁道森俓 之気久登毛 君志通者 俓者広計武(大野路は繁道森路繁くとも君し通はば道は広けむ)

단 1예만이 작자·연대불명이며, 제1기와 제2기의 가요는 단 한 예도 없다. 제3기는

武祢宇知奈気吉(5-904 山上憶良)/汗可伎奈気(9-1753 高橋虫麻呂歌集)/思気家礼婆可聞(17-3929 坂上郎女=大伴坂上郎女)

와 같이 3예가 존재하며, 제4기는 東歌를 포함하면 81예가 보인다. 이미 앞에서 언급한 山上憶良의 904번 가요는 서사자가 大伴家持로 추정되므로 표기방식만을 고려하면 제4기에 넣을 수가 있다. 따라서 제3기는 2예에 불과하며, 위의 3881번 가요는 氣가 ゲ乙類로 사용된 점에 비추어 제3기 내지는 제4기에 속할 것으로 추정되지만, 제4기가 압도적으로 많은 점을 고려하면 제4기에 속할 것으로 판단된다.

따라서 氣가 ケ乙類와 ゲ乙類의 혼용이 나타나는 것은 萬葉集의 시

---

11) 坂本信幸(1970:48)·稲岡耕二(1996:72) 참고.

기구분에 의하면 제3기, 특히 제4기에 속한 가요에만 집중되기 때문에 서론의 보주의 주장처럼 단순히 구별이 안 되는 것이 아니라, 또한 品田悦一(1986)의 "Ⅰ群Bに属する歌々において原資料段階から清濁に両用されていたと認められる音仮名は「気」「弓」「倍」の三種のみとなる。「気」はケとゲ、倍はへとべ、弓はテとデに両用されていて、区別がない。」と言われるように、右の三者は、万葉集全体を通じて清濁に両用される代表的な仮名字母なのであった。"와 같은 주장처럼 萬葉集 전체를 통해서가 아니라, 구별이 철저히 지켜지다가 중국 본토의 음의 변화를 수용한 결과 자연스럽게 제3기 특히 제4기에 와서 구별이 깨진 것이라고 할 수 있다. 또한 이러한 사실은 萬葉集의 시기구분이 상당히 유효하다는 점을 뒷받침해준다고 할 수 있다.

그리고 같은 가요 내에서 氣의 ヶ乙類와 ゲ乙類의 혼용 양상은 다음과 같이 총 17수 43예가 보인다.

> • 大伴家持: 麻気乃麻爾末爾(任けのまにまに)/気奈我枳物能乎(日長きものを)/敷美多比良気受(踏み平げず)/安礼爾都気都流(吾に告げつる) 17-3957; 多麻久之気(玉匣)/布里佐気見礼婆(振り放け見れば)/加気氐之努波米(懸けて賞美はめ) 17-3985; 布祢宇気須恵氐(舟浮け据ゑて)/見乃佐夜気吉加(見の清けきか)/多麻久之気(玉匣) 17-3991;佐波爾由気等毛(多に行けども)/布利佐気見都都(振り放け見つつ)/比等爾母都気牟(人にも告げむ) 17-4000; 鈴登里都気弖(鈴取り付けて)/吾爾波都気受(われには告げず)/可気理伊爾伎等(翔り去にきと)/気太之久毛(けだしくも)/伊麻爾都気都流(夢に告げつる) 17-4011; 欲和多之伎気騰(夜渡し聞けど)/宇知奈気伎(うち嘆き) 18-4089; 可伎母気頭良受(掻きも梳らず)/奈気久良牟(嘆くらむ) 18-4101; 奈気加須古良(嘆か

す子ら)/布祢毛麻宇気受(船も設けず)/布里左気見都追(ふり放

け見つつ) 18-4125; 伊田弓伊気婆(出でて行けば)/奈気伎家牟

都麻(嘆きけむ妻) 20-4332; 伊気美豆爾(池水に)/可気左倍見要

氐(影さへ見えて) 20-4512

- 東歌: 伊祢都気波(稲春けば)/等里弓奈気可武(取りて嘆かむ) 14-3459
- 葛井子老: 都芸弓伎奈気婆(続ぎて来鳴けば)/比登乃奈気伎波(人の

嘆は) 15-3691
- 狭野弟上娘子: 多麻久之気(玉匣)/安気弓乎知欲利(明けてをちより)

15-3726
- 土師道良: 欲波布気奴良之(夜は更けぬらし)/多末久之気(玉匣)

17-3955
- 大伴池主: 奈気可久乎(嘆かくを)/多牟気能可味爾(手向けの神に)

17-4008
- 田辺福麻呂: 多麻久之気(玉匣)/伊都之可安気牟(いつしか明けむ)

18-4038
- 甘南備伊香: 伊蘇可気乃(礒影の)/美由流伊気美豆(見ゆる池水)

20-4513

여기에는 14-3459의 東歌를 제외하면, 大伴家持의 10수 29예 이외에,

6수 12예가 葛井子老·狭野弟上娘子·土師道良·大伴池主[12]·田辺

12) 木下正俊(키노시타 마사토시 1963)에 의하면 권17 이후의 賀의 사용 실태는 〈大
伴家持-청음 カ(15예)〉, 〈大伴池主-탁음 ガ(13예)〉로 賀의 사용이 청음과 탁음으
로 엄격하게 분리 사용된 것으로 보아 大伴池主가 기록한 것을 편찬 당시에 大伴
家持가 그대로 끼워 넣은 것으로 파악하였는데, 大伴池主는 氣의 경우 ケ乙類와
ゲ乙類가 9:4로, 혼용하고 있는 비율이 大伴家持와 비슷하여 賀의 경우와 상당히
다른 양상을 보이고 있다. 이 사실에 의해서도 제4기의 氣의 혼용 양상의 일반화
를 볼 수 있다.
◎ ケ乙類 9예: 17-3949-比母登吉佐気氏/17-3993-和賀己芸由気婆/17-4003-知邊乎於
之和気/17-4003-於等母伎夜気久/17-4004-気受弓和多流波/17-4008-多牟気能可
味爾/18-4130-応婢都都気奈我良/18-4130-天良佐比安流気騰/20-4295-比毛等伎
安気奈

福麻呂・甘南備伊香와 같이 6명의 작자에 의해서도 나타난다는 사실이다. 이것은 혼용 양상이 상당수의 예를 차지하고 있는 大伴家持만이 아니라 다른 작자에서도 나타나는 것으로 보아 제4기에 아주 일반화된 현상이었다는 것을 보여 준다.

氣의 ケ乙類와 ゲ乙類의 사용 빈도를 표로 나타내면 다음과 같다.

권수	ケ을류	ケ을류의 비고	ゲ을류	ゲ을류의 비고
1	1	제1기	0	
2	5	제1기-3;제2기-2	0	
3	2	제2기-1;제4기-1	0	
4	6	제1기-2;제3기-2,제4기-2	0	
5	16	제3기	1	제3기 ⇒ 제4기
6	3	제3기	0	
7	2	제2기-1;작자연대불명-1	0	
8	2	제3기	0	
9	2	제2기-1;제3기-1	1	제3기
10	7	제2기-2;작자연대불명-5	0	
11	3	작자연대불명	0	
12	0		0	
13	5	작자연대불명	0	
14	25	제4기	16	제4기
15	32	제4기	11	제4기
16	1	제4기	1	작자연대불명 ⇒ 제4기
17	39	제4기	23	제4기 (제3기-1)
18	22	제4기	11	제4기
19	17	제4기	3	제4기
20	57	제4기 (제2기-1;제3기-1)	18	제4기
합계	247		85	

◎ ゲ乙類 4예: 17-3973-奈気可布和賀勢/17-3975-保可爾奈気加布/17-4008-奈気可久乎/18-4075-奈気伎和多流香

표에서 보는 바와 같이 ゲ乙類의 경우 소수의 제3기와 작자·연대불명의 가요를 제외하면, 권14-15와 권17-20에 집중적(84회 중 81회)으로 사용된 것을 볼 수 있다. 권14-15와 권17-20에 대응되는 ヶ乙類는 247회 중 189회로 ヶ乙類:ゲ乙類는 70%:30%로 ヶ乙類가 많이 사용되었다. 한편 大伴家持의 경우 총 134예 중,

권 \ 갑을	ヶ乙類	ゲ乙類
5	1	0
17	28	17
18	19	8
19	16	2
20	30	13
합계	94	40

표와 같이 ヶ乙類와 ゲ乙類는 94회:40회로 그 비율은 70.1%:29.9%이므로 萬葉集 전체의 비율과 거의 일치함을 보여 주고 있다.

　이상과 같이 ゲ乙類의 사용은 96.5%(85회 중 82회)가 제4기에 속하는데 그렇다면 왜 제4기에 집중되는 것일까? 이것은 당대 북방 중고음의 탁음청화(濁音淸化 devoicing)를 잘 반영하고 있다고 할 수 있다. 당대 북방음에서는 본래 탁음이었던 성모가 청음으로 변하여 결국 유성음이었던 성모가 무성음화하였기 때문에, 전청(全淸) 見母字와 차탁(次濁) 溪母字가 전탁(全濁) 群母字와 구별이 되지 않게 되자 溪母字인 氣가 ゲ乙類로도 사용된 것이다.

　이와 같은 사실을 뒷받침해주는 자료로 歌經標式을 들 수 있다. 歌經標式에는 氣가 총 13회 보이는데

- ケ乙類: 比爾計爾不気馬/何気弖俱美陀利/比爾計爾不気馬/己気牟
須麻弖爾/阿気伊弖努己能哾/他牟気俱佐/可是不気婆
- ゲ乙類: 呼可爾可気那旨/可気爾与計牟母/可気佐倍美由留/古長韻
以阿麻俱母能為一句何気佐倍美由留為一韻/故阿麻俱母
能何気佐倍美由留等十二字為一句
- ケ甲類: 可志己気无

와 같이 ケ乙類 7회, ゲ乙類 5회, ケ甲類 1회가 사용되었다. 歌經標式
는 성립연대가 771년으로 추정되며 상대특수카나사용법이 상당히 붕
괴해가는 양상을 보여주는데, 可志己氣无의 형용사 カシコシ의 미연
형 カシコケ의 ケ는 갑류표기, 즉 家·計·鷄·祁·介(19-4235 可之古
家米也母 畏けめやも) 등과 같은 자들이 사용되어야 하나, 여기에서는
을류인 氣가 사용되어 그 혼용 양상을 볼 수 있다. 이 1예를 제외하면
12예 중 5예나 유성음 ゲ乙類의 표기에도 쓰인 것은 歌經標式의 성립
연대가 이미 당대 북방음을 상당히 반영하고 있는 시기라는 점에서 주
로 제4기에 나타나는 萬葉集의 ゲ乙類의 사용과 궤를 같이하고 있다.
그밖에 위의 예에서는 馬가 バ로 사용된 점은 당대 북방음의 비비음화
(非鼻音化 denasalization)를 보여주며, 탁음 匣母字 何와 定母字 陀가
각각 カ와 タ로 무성음 표기에 사용되었고, 청음 見母字 俱와 端母字
弖(氐)가 각각 グ와 デ로 유성음 표기에 사용되어 그 혼용 양상을 보여
주며, ノ甲類로 쓰이는 努가 ヌ로 쓰인 사실도 볼 수 있다.

▌5 한국 자료의 氣

삼국사기의 백제본기에 다음과 같은 기사에 의하면,

武寧王, 諱斯摩或云隆, 牟大王之第三子也. 身長八尺, 眉目如畵, 仁慈
寬厚, 民心歸附.

무녕왕의 휘가 斯摩라고 보이며, 武寧王誌石(聖王 원년 523년)에는

寧東大將軍, 百濟斯麻王, 年六十二歲, 癸卯年五月丙戌朔七日壬辰崩.

와 같이 斯麻로 기록되어 있다. 여기에 쓰인 斯는 삼국사기 지명에 많
이 보이는데 예를 들면

  고구려: 童子忽縣一云仇斯波衣, 童城縣, 本高句麗童子忽一云幢山縣
      縣/夫斯波衣縣一云仇史峴, 松峴縣, 本高句麗夫斯波衣縣/猪
      迀穴縣一云烏斯押, 豲猳縣, 本高句麗猪迀穴縣
  백제: 完山一云比斯伐, 一云比自火
  신라: 火王郡, 本比自火郡一云比斯伐

과 같이 고구려, 백제, 신라 모두에 사용된 음차자임은 주지하는 바와
같다.13) 그런데 이 斯는 萬葉假名로써는 그 표기 방식의 기원이 한반

---

13) 다만 향가에서는 止攝 支韻 개구4등 평성자인 斯(息移切)는 보이지 않으며 상성
   자인 徙(斯氏切)도 쓰이지 않았고, 거성자인 賜(斯義切)만이 28예 보인다. 賜는
   斯와 반대로 삼국사기 인지명 표기에는 전혀 보이지 않는다는 점을 고려하면 賜
   는 斯와 사용 시기를 달리하여 斯⇒賜의 표기 변화를 보여준다고 할 수 있다.

도계의 표기 방식의 영향이라는 사실은 명백하다.[14] 그렇다면 氣는 한
반도와의 영향 관계는 어떠했을까 간단히 살펴보기로 하자.

삼국사기에는 氣가 43예 보이는데

十七年冬十月, 東南有白氣如匹練.(권2 신라본기 助賁尼師今 17년)

十二年秋八月, 雲起狼山, 望之如樓閣, 香氣郁然, 久而不歇.(권3 신라
본기 實聖尼師今 12년)

王遣庾信率步騎一萬以拒之, 苦戰氣竭.(권5 신라본기 眞德王 원년)

左將軍品日, 喚子官狀一云官昌, 立於馬前, 指諸將曰吾兒年纔十六,
志氣頗勇, 今日之役, 能爲三軍標的乎(권5 신라본기 太宗武烈王 7년)

와 같이 白氣 · 香氣 · 志氣 또는 단독으로 氣의 의미인 훈독자로 41예
가 쓰였으며, 지명표기로는 삼국의 지명 중 위치가 분명하지 않고 이름
만 남아 있는 예(三國有名未詳地分)로 권37에 屑氣成과 遊氣山의 2예
만이 보인다. 이 두 예의 정확한 표기방식은 알 수 없지만 훈독자의
표기로 추정된다. 삼국유사에는 총 18예가 나타나는데 인지명 표기에
는 전혀 쓰이지 않고 異氣 · 香氣 · 膽氣 · 聲氣 · 春氣 · 雲氣 또는 단독
으로 훈독자로만 사용되었다. 향가의 경우에는 예가 하나도 없으며, 금
석문의 경우

참고로 萬葉假名에서는 賜는 음차자로 사용된 예가 전혀 없으며 한반도의 표기
법인 존칭선어말어미 '시'에 대응하는 'タマフ'의 표기로 많이 사용되었다. 이돈주
(1990:72-89) · 안희정(2004:210-241) · 藤井茂利(후지이 시게토시 1996:114-142)
참고.

14) 大野透(1962:161):斯は古層の仮名で、7世紀末頃までは常用されたと考へられる
が、8世紀には次第に多用されない様になつてゐる。朝鮮固有名表記に音字の斯が
少くなく、又書紀引用の朝鮮史書等の文に於る日本固有名の表記に音字の斯が見
えるので、斯の仮名の使用は韓人の字音表記に影響されて生じたのであらう。

殘(賊)不服義(氣),敢出百(□)戰,王威赫怒,渡阿利水,遣刺迫城.(廣開土
王陵碑)

方勞跡停烽罷候,萬里澄氣克勤開.(文武王陵碑)

乙丑年九月中沙喙部于西□夫智**侹**珎干支妻夫人阿刀郎女谷見來
時前立人**㖨**?□氣?乙□居□ □悉工栽？(蔚州川前里書石乙
丑銘)

와 같이 3예가 보이지만, 광개토왕릉비의 경우는 판독자에 따라 義와
氣로 나뉘어 있는데 음차자일 가능성은 희박하며, 문무왕릉비는 훈독
자로 쓰였고 천전리서석은 의미를 알 수가 없다.

이상과 같이 한국 자료에 의하면 氣는 음차자로 거의 사용되지 않은
것으로 미루어 보아, 萬葉假名 氣는 한반도의 영향과는 관계가 없이
일본에서 자생적으로 발달한 음차자라고 할 수 있다.[15]

▌5 나오는 말

고대 일본 자료와 고대 한국 자료에 반영된 음차자 氣의 사용 실태를
검토해 본 결과 다음과 같은 결론을 얻었다.

1) 고대 일본 자료에서 음차자 氣는 ケ乙類와 ゲ乙類로 쓰였는데
   특히 萬葉集에서 혼용된 것은 萬葉集 전체에서 나타나는 것이

---

15) 한국에서 氣가 음차자로 사용되지 않은 반면 일본에서는 사용된 이유는 무엇일
까? 이것은 각 나라의 음운체계의 차이 또는 중국음과의 관계에 의할 것으로 추정
되는데 이 점에 대해서는 후고로 미룬다.

아니라, 제3기 이후 특히 제4기에 96.5%(85회 중 82회)로 집중되었다.

2) 같은 가요 내에서 氣가 ケ乙類와 ゲ乙類로 동시에 나타나는 작자는 大伴家持 이외에도 葛井子老·狹野弟上娘子·土師道良·大伴池主·田辺福麻呂·甘南備伊香와 같이 6명이나 보이므로 혼용 양상은 제4기에 아주 일반화된 현상이라고 할 수 있다.

3) 氣가 ゲ乙類 표기자로 사용된 것이 제3기 이후라는 사실은 당대 북방 중고음의 탁음청화 현상을 반영한 것이다.

4) 상당수의 萬葉假名字가 한반도의 영향을 받았으나, 氣의 사용은 한반도의 영향 없이 일본에서 독자적으로 발달하였다.

氣는 溪母字로 次淸 즉 [kʰ]로 추정되는데, 萬葉假名에서 /kë/만이 아니라 /gë/로도 반영되었다. 그런데 운모의 경우 /ï/로 반영된 것은 日本書紀에 불과 2예가 보일뿐 모두 /ë/로만 쓰였다는 점에서 氣는 중고음 이전의 반영으로 보이는데, 중고음 이전이라는 사실은 차청자이므로 유성음 /gë/로 반영될 가능성은 전혀 없다. 氣가 /gë/로도 반영되기 위해서는 한음 시기에 와야 하고 한음 시기라는 것은 운모가 /ë/가 아니라 /ï/로 반영될만한 韻으로 이미 중국에서 음의 변화가 이루어진 시기라는 점을 감안한다면, 성모는 한음성, 운모는 중고음 이전의 음을 반영하고 있는 아주 특이한 현상을 보이고 있다고 할 수 있다. 이에 다음 과제로는 이와 같은 문제를 포함하여 고대 한·중·일 자료, 그리고 베트남과 티베트 한자음 자료를 토대로 微韻 중고 재구음과 당대 북방 중고음을 재구하기로 한다.

참고문헌

김대성(2003)『고대 일본어의 음운에 대하여』, 제이앤씨. p.106-107

김용옥(1992)『동양학 어떻게 할 것인가』, 통나무. p.349-361

安熙貞(2004)『古代日本語の用字法研究』, 제이앤씨. p.210-241

李敦柱(1990)「鄕歌 用字 중의 '賜'字에 대하여」, 국어학 제20집. 국어학회. p.72-89

한국고대사회연구소편(1992)『역주한국고대금석문Ⅰ(고구려・백제・낙랑 편)』, 가락국사적개발연구원.

한국고대사회연구소편(1992)『역주한국고대금석문Ⅱ(신라1・가야 편)』, 가락국사적개발연구원.

稲岡耕二(1986)『万葉表記論』, 塙書房. p.397-421

稲岡耕二(1996)「書評・井手至著『遊文録 万葉篇一』を読む」, 万葉 第157号. 万葉学会. p.67-78

大野透(1962)『万葉仮名の研究』, 明治書院.

沖森卓也外(1993)『歌経標式・注釈と研究』, 桜楓社.

沢瀉久孝(1990)『万葉集注釈－巻第十四－』, 中央公論社. p.80-82

木下正俊(1963)「二つの『賀』から」, 万葉 第46号. 万葉学会. p.13-19

倉野憲司外(1958)『古事記・祝詞(日本古典文学大系)』, 岩波書店.

小島憲之外(1994-1996)『万葉集(新編日本古典文学全集)』, 小学館.

小島憲之外(1994-1998)『日本書紀(新編日本古典文学全集)』, 小学館.

後藤利雄(1963)「黄葉片々　履はけ我が背」, 万葉 第49号. 万葉学会. p.51-54

坂本太郎外(1965-1967)『日本書紀(日本古典文学大系)』, 岩波書店.

坂本信幸(1970)「万葉集巻十四東歌私見」, 万葉 第73号. 万葉学会. p.40-53

佐藤通次(1976)『言(ことば)の林　-言の原点と解釈-』, 日本教文社.

品田悦一(1986)「万葉集巻十四の原資料について」, 万葉 第124号. 万葉学会. p.1-15

上代語辞典編修委員会(1994)『時代別国語大辞典上代編』, 三省堂.

上代文献を読む会(1989)『古京遺文注釈』, 桜楓社.

高木市之助外(1957-1962)『万葉集(日本古典文学大系)』, 岩波書店.

鶴久外(1995)『万葉集』, おうふう.

荻原麻男外(1976)『古事記・上代歌謡(日本古典文学全集)』, 小学館.

福田良輔(1952)「仮名字母より見たる万葉集巻十四の成立過程について」, 万葉 第5号. 万葉学会. p.58-67

福田良輔(1980)『奈良時代東国方言の研究』, 風間書房.

藤井茂利(1996)『古代日本語の表記法研究』, 近代文芸社. p.114-142

森山隆(1971)『上代国語音韻の研究』, 桜楓社. p.188-210

山口佳紀外(1998)『古事記(新編日本古典文学全集)』, 小学館.

王力(1985)『汉语语音史』, 中国社会科学出版社. p.155

周祖謨(1996)『魏晉南北朝韻部之演變,』東大圖書公司.

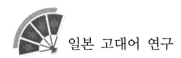 일본 고대어 연구

제14장

止攝 諸韻의 中古音 再構
- 한일중 및 베트남·티베트 자료를 중심으로 -

1 들어가는 말

본고는 中古 再構音(reconstruction of sound values in Ancient Chinese)을 추정하는 일환으로써 먼저 止攝 諸韻, 특히 微韻音부터 재구 혹은 구체적으로 논증하는 것을 목적으로 한다. 향후 그 결과를 통해 止攝 치음 4등자가 한국 전승 한자음에서 /ᄋ/로 반영된 것이 중고음과 어떤 관계를 가지고 있으며, 또한 이와 관련된 한일 연구자의 고대 언어에 대한 연구를 재검토하는 데 활용하고자 한다. 止攝音부터 재구하는 이유는 다른 韻보다도 여러 문제가 복합적으로 얽혀 있기 때문에 재구 혹은 논증을 한 뒤에 해당 문제들도 함께 해결하고자 하기 때문이다.

필자는 중고 한음의 韻母音에 대하여 キム・デソン(2000)에서 모두 밝힌 바가 있다. 그런데 그 당시의 연구는 전체적인 체계를 염두에 두고 커다란 밑그림을 그린다는 전제 하에 한자 하나하나에 대하여 세세한 연구를 수행하는 것이 불가능하였다. 왜냐하면 한자 한 자 한 자에

대한 연구를 하게 되면 적어도 매수나 시간적인 측면에서 キム・デソ
ン(2000)의 10배 이상에 이를 것이기 때문이었다. 큰 틀에서 그 연구
결과 자체에는 커다란 오류는 없을 것으로 생각하지만, 미세한 변화의
차이라든가 각 글자의 용법의 변화라든가 하는 점까지 고려해야 한다
는 사실을 알고 있으면서도 미해결 상태로 미뤄둘 수밖에 없었다. 그러
므로 해서 한중일 자료나 연구서와 논문 등을 검토해 볼 때마다, 필자
의 재구음의 타당성을 재차 확인하거나 또는 보다 디테일한 부분까지
검토하지 못 했던 점으로 인하여 발생하는 타당성에 대한 근거의 부족
을 절감하곤 하였다. 따라서 본고는 중고음 재구를 위한 세세한 연구의
출발이라고 할 수 있다.

2 연구방법과 선행연구

2.1 연구방법

중고음을 재구하는 방법으로 가장 전형적인 방법을 제시하였고 또한
처음으로 재구한 학자는 Bernhard Karlgren(버나드 칼그렌: 1889~1978)
이다. Karlgren(1963)은 운도(韻圖 Rhyme Tables)와 한국・일본・베트
남의 한자 차용자(the Ancient Chinese loan words in Japanese, Korean
and Annamese), 그리고 현대 중국 방언(Modern Chinese dialects)을
적절히 비교하면서 음을 도출하는 방법을 사용하였다. 이에 대하여 중
국의 성운학자들은 대부분 Karlgren의 방법론을 그대로 따르면서
Karlgren의 추정음을 비판하거나 수정하면서 자신의 재구음을 수립하

였다. 사실 그대로 따랐다는 표현을 썼지만, 실제로는 운도와 운서(韻書 Rhyme Books) 그리고 현대 중국 방언음이 주된 자료이며, 학자에 따라 일부 일본의 한음(漢音 Kan-on)이나 오음(吳音 Go-on) 또는 萬葉假名(만요우가나: 일본어의 우리말 표기법은 필자의 표기법에 의한다), 일부의 한국 한자음(Sino-Korean)·베트남 한자음(Sino-Annamese) 혹은 티베트 한자음(Sino-Tebetan)을 사용하는 방법을 취하기도 하였다.

그런데 Karlgren의 경우 그 당시로서는 부득이하였겠지만 일본의 한음이나 오음에 대하여 특히 萬葉假名에 대하여 인식이 부족한 면이 상당히 있었으며, 또한 한국 한자음에 대한 체계적인 인식 또한 미흡했던 것도 사실이다.[1] 따라서 그의 재구음에는 오류가 있을 수밖에 없었는데, 이러한 성질을 띠고 있는 재구음의 연구방법을 중국학자들은 상당 부분 그대로 원용(援用)하였다는 데 문제가 있으며, 또한 그들은 한국이나 일본 자료에 대하여 현대 중국 방언과는 달리 체계적으로 활용을 하지 않았다는 데 그 연구방법의 한계가 있었다.

일본학자의 경우 河野六郎(코우노 로쿠로우 1993)는 일본 오음, 한국 한자음과 베트남 한자음, 중국 남방 방언음 그리고 역경(譯經)인 『孔雀明王呪經』을 중심으로 Karlgren의 재구음을 토대로 재구하였으며, 藤堂明保(토우도우 아키야스 1980)는 주로 蘇州(수저우; 중국어의 우리말 표기법은 C.K.System〈김용옥 1992:349-361〉에 의한다) 방언과 한음·오음 그리고 일부 萬葉假名와 중국 방언음을 사용하였다. 그런데 일본학자의 경우도 마찬가지로 정작 중요한 제1차 자료라고 생각되

---

1) 萬葉假名에 甲類와 乙類의 구분이 있었다는 연구는 橋本進吉에 의해 이루어졌는데 그가 대중에 처음 강의한 것은 1937년이고 출판 형식으로는 1941년, 그리고 출판은 1942년에 이루어졌다. 김대성(2003b) 참고. 한국 한자음에 대해서는 최영애(1985) 참고.

는 萬葉假名와 한국 전승 한자음을 체계적으로 그리고 전체적으로 사용하지 못 한 한계를 지니고 있었다.

이에 본 연구에서는 제1차 자료로 판단되는 일본의 고대 문헌에 보이는 萬葉假名와 한국 중세 전승 한자음을 중심으로 분석하며, 제2차 자료로 판단되는 현대 중국 방언음, 티베트 한자음과 베트남 한자음 자료를 참고로 하는 방법으로 재구해 나가기로 한다. 그 결과 적어도 한중일 세 나라의 제1차 자료가 통일적으로 그리고 체계적으로 모순이 되지 않게 설명이 가능한 재구음의 도출을 꾀하고자 한다.

베트남 한자음과 티베트 한자음 자료를 제2차 자료로 보는 이유는 필자의 수준에서는 현대 베트남과 티베트 한자음, 즉 현대 베트남어와 티베트어의 음운체계 내의 한자음만을 알고 있을 뿐, 고대 베트남어나 고대 티베트어의 음운체계 내의 한자음에 대해서는 아는 바가 없기 때문이며, 선행연구자 역시 필자와 같은 입장에 있는 것으로 판단되는데 이 점이 해소되어야 비로소 제1차 자료로 사용이 가능할 것이기 때문이다. 그 때까지 필자는 제2차 자료라고 부르기로 한다.

2.2 선행연구

선행연구를 살펴보면 다음과 같다.

중국어의 중고음(Ancient Chinese)에 대한 전반적이고 체계적인 추정은, 즉 재구는 지금까지 Bernhard Karlgren에서 시작하여 중국의 학자로는 董同龢(똥 통후아), 李荣(리 르옹), 王力(왕 리), 陸志韋(루 즈웨이), 周法高(저우 화까오), 严学宭(옌 쉬에췬) 등이 있으며, 일본학자로는 藤堂明保, 河野六郎, 平山久雄(히라야마 히사오) 등이 있다. 그런

데 중고음에 대한 우리 학자들의 연구는 전무한 상태이다.2) 단지 중국
이나 일본 또는 Karlgren 등의 재구음을 가져다가 설명의 편의 과정에
서 여러 학자 중 특정 재구음을 취하여 그 재구음에 대한 검토나 비판
이 거의 없이 적용시키는 것에 그치고 있는 것이 현재까지의 실정이다.

그러면 구체적으로 止攝 중고음의 재구에 대한 연구를 살펴보기로
한다.3) Karlgren(1963: 263-266)은 다음과 같은 근거로 재구하였다.

124 and 125 are treated exactly alike in all the foreign loans and all
the modern dialects: Both 124 肌 and 125 己 Kor. *kbɪi*, Kan-on,
Go-on, Ann. Hak. Swat. Foo. *ki*, Cant. *kei*, Wenchou, Shanghai and
Mandarin *tśï*; Both 124 夷 and 125 怡 Ann. *zi*, all the rest *i*. (p.263)
But among the Min dialects of Fukien (exceedingly conservative on
many points) we find a clue to the Anc. value of Final 126. Foochow
has not -*i*, as in Finals 124 and 125, but -*ie* in a majority of the words
with this Anc. final: (pp.264-265)
Whereas Go-on regularly has -*i* for the other Anc. finals
(124,125,126), it has just as regularly -*e* for present Final 127: 127
a *ke*, 127 b *ke*, 127 c *e*, etc. Wenchou (a Wu dialect in the region
from which the Go-on originated) also has some cases of -*e*. 幾 機
譏 *ke*. (p.265)

---

2) 중고음의 재구는 바로 상고음과 근대음 재구의 기준이 된다. 따라서 현재 우리
   학자들이 먼저 해야 할 연구는 중국 중고음의 재구이며 그것을 토대로 시대의
   상하를 연구해야 할 것이다.
3) 본고는 微운자를 중심으로 이루어지기 때문에 선행연구 또한 微운자만을 대상으
   로 살펴보아야 하지만, 止攝字의 일련의 연구 중 첫 연구이므로 편의상 止섭 전체
   에 대한 선행연구를 제시하기로 한다. 다만 지면관계상 재구음은 微운 위주로
   제시하기로 한다. 따라서 다음 연구부터는 선행연구를 생략하거나 부득이 필요한
   최소한의 언급으로 그치도록 하겠다.

脂韻과 之韻은 외국 차용 한자음과 현대 중국 방언음에 의해 같은 음으로, 支韻은 福建(Fukien) 지방의 閩방언(Min dialects)에 속하는 福州(Foochow)방언을 근거로, 微韻은 오음에서 工段으로 반영된 것을 근거로 [(j)ɐi][(j)wɐi]와 같이 재구하였다.

陸志韋(1985:44-48)는

> 我們不能從現代方言推擬那四個中古主元音。隋唐的外國譯音也不
> 能給我們多少指示。所以我們不能不借重上古音。(p.44)

와 같이 상고음과의 관계에서 접근해야 한다고 보고, 『廣韻』의 상고음과의 相配關係, 六書의 운서 등을 근거로, 특히 脂韻은 현대 방언음에 의해 3중모음(三折音)으로 추정하였다. 그의 추정음은 [ɪəi][ɪwəi]와 같다. 王力(1985:226-227)는 微韻은 文物韻과의 관계에서 [əi, ɪuəi, ɪuət]와 같이, 그리고

> 《四声等子》在止摄虽只标为脂旨至质，但是图内兼收支纸真、之
> 止志、昔锡等韵的字。

와 같이 『四声等子』에 의해 脂支之韻을 [i, ui, it, uit]와 같이 같은 음으로 재구하였다. 董同龢(1993:166-168)는 之韻에 대해서는 특별한 언급 없이

> 支韻字福州有些讀作-ie，廈門也有些讀-ia，都與脂之微的字只讀i有
> 別,…此外微韻開口牙喉音字在閩南語有些讀作合口音－－如"幾"kui
> －－顯示着這是由複元音變來的，日本譯音的吳音又有些字韻母作

-e，由這兩點，再加上微韻屬於甲類三等韻一點。…脂韻的韻母有1
類與2類之分，2類韻母屬乙類三等韻，音近於甲類，… (p.167)

와 같이 支韻은 福州(후우저우)와 厦門(시아먼) 방언에 의해 微韻은
閩南(민난) 방언과 오음 그리고 甲類(즉 순3등운)임을 근거로, 脂韻은
2류 乙類 3등운이며 乙類의 음은 甲類에 가깝다는 점을 들어 각각
[-jəi][-juəi]와 같이 재구하였다. 严学宭(1990:73-74)은

止摄这许多韵母，到现代汉语方言读音差不多都混了，显示着原来
主要元音有个共同的 i。不过支韵字福州有些读作-ie，厦门也有些读
-ia，与脂之微字只读 i 有别。(pp.73-74)

와 같이 현대 방언음에 이르기까지 혼용되었다는 점과 支韻은 董同龢
와 같은 근거로 각각 [jəi][juəi]와 같이 추정하였다.
　한편 藤堂明保(1980:264-265)는

「微」韻の字は、呉音では、気ケ、衣エ、依エ、希ケのように、多くはエ
段に読まれ、万葉ガナではエ乙類に入る。また「之」韻の字は、己コ、其
ゴのようにオ段に読まれるものがあり、万葉ガナでは、己コ乙・止ト乙・疑
ゴ乙・里ロ乙・已ヨ乙のように、多くはオ段乙類に入る。…「脂」韻3等字
は漢音ではもちろん、呉音においてもイ段に読まれる。しかし万葉ガナで
は、「脂」韻3等系の悲ヒ・備ビなどはイ乙類に、4等系の比ヒ・鼻ビ・寐ミ
などはイ甲類に入る。(p.264)…最後に「支」韻の字は、万葉ガナではイ段
に入り、奇3キ乙・彼3ヒ乙・祇4ギ甲・卑4ヒ甲となるから、「脂」韻や「之」
韻に酷似している。ただし推古朝には、奇ガ・宜ガ・移ヤのように、ア段
に読まれたから、元来は第3類ではなく第1類である(p.162参照)。第1類の
「歌1」/a/・「麻2」/ε/・「麻34」/r-jε/に並ぶとすると、/-j/韻尾をもたずゼロ

韻尾であるから「支3」/rje/・「支4」/je/と推定されよう。(p.265)

와 같이 주로 오음과 萬葉假名에 의해 재구하였고, 河野六郎(1993: 103-111, 122-124, 145)는 支韻[-ie][-iᵂe][-ĭe][-ĭᵂe]과 脂韻[-ii][-iᵂi][-ĭi][-ĭᵂi](脂韻과 之韻은 이미 합류한 것으로 보아 脂韻만을 제시하였다)은 Karlgren이 재구한 핵모음을 인정하고 『孔雀明王呪經』의 예로 증명하였는데, 다만 개음에 대해서는

是等の対応より甲乙二類の音韻的相異が略見当が附く様であるが、有坂氏(『方言』第六巻第五号、昭和十一年五月、「漢字の朝鮮音に就いて」下 p.44)がこの乙類に中舌的拗音(ĭ=bI)を想定されたのは正に卓見である。今此の説に従つて甲乙の音価を定めると次の如くになる。(p.106)

와 같이 有坂秀世의 설을 따랐다. 微韻[-ĭuəi][-ĭəi]은 微:文;廢:元韻의 대응관계를 근거로 삼았다.

이상과 같이 止攝字에 대한 주요 학자들의 재구음의 근거를 살펴보았는데 간단히 필자의 견해를 제시하기로 한다. Karlgren의 경우 微韻 재구시 오음이 -e로 반영된 것을 주요 근거로 삼았는데, 萬葉假名에서 보듯이 비록 오음에서 -e로 반영되었다고 하나 이것은 어디까지나 헤이안시대(平安時代)의 반영음으로 오음 계통의 萬葉假名에서는 을류이므로 음이 전혀 다르다. 또한 4등 개음을 순·아·후음 聲母가 구개화하지 않는다고 전제를 하였으므로 [i]가 아니라 중설의 [ï]가 되므로 이 개음에 의하면 차용 한자음 설명이 어렵다. 陸志韋는 철저하게 외국 차용음을 배제한 것이 문제이며, 王力의 경우는 차용음 배제뿐만 아니라 가장 근거가 약하다. 董同龢와 嚴學宭도 방언음과 일부 오음을 근

거로 제시하였을 뿐이다. 따라서 중국학자들의 재구음은 오히려 Karlgren의 재구 방법보다 훨씬 못 미치는 연구 방법을 이용했다고 볼 수 있다. 藤堂明保는 주로 萬葉假名에만 의존하였다는 것이 문제이다. 河野六郎는 비교적 근거 제시가 가장 잘 이루어졌다고 볼 수 있는데, Karlgren의 재구음에서 별로 벗어나지 못한 점은 한일 자료의 해석에 어느 정도 한계가 있었기 때문으로 판단된다.

그 밖의 止攝에 대한 논의는 山口角鷹(1958)의 일본 한자음에 보이는 止攝字의 양상, 岡本勳의(1969)의 일본 한자음의 장음표기와 佐々木勇(2004)의 한음에 나타난 止攝합구음의 수용 등이 있으며, 微韻字에 대해서는 秋谷裕幸(1993)의 客家語(Hakka) 순음자에 대한 연구가 있다.

한편 止攝字와 관련이 있는 고대일본어의 연구로는 갑류와 을류에 대한 真武直(1960)·加倉井正(1981)의 연구, イ을류에 대한 森山隆(1959)·佐藤清(1987)·김대성(2003a)의 연구, エ을류에 대하여서는 福永静哉(1956)·東ヶ崎祐一(1993)·金大星(2003)의 연구, 그리고 オ갑을류에 대한 논의로는 柴田武(1980)·浦上準之助(1993)·藤井游惟(2001)·김대성(2003c) 등의 연구를 들 수 있다. 특히 東ヶ崎祐一는 몇몇 齊韻字가 エ을류로 사용된 이유에 대하여 본래 エ을류이었는데 한자음 자체가 변화하여 エ갑류로 쓰이게 된 것으로 보았으며, 藤井游惟는 オ갑을류의 구분표기는 고대 일본어에서 조건이음으로 존재하는 オ갑을류음을 한반도 귀화인의 모음 체계에서 구분이 있었기 때문에 한반도인의 표기에 의하여 구분되어 표기된 결과라고 주장하였다. 또한 止攝 치음자가 /ᄋ/로 반영된 문제에 대해서는 박병채(1986)는 상고음의 반영으로, 이돈주(1990)와 김무림(2006)은 근대음의 반영으로 보고 있다.

3 제2차 자료에 투영된 微韻

본 장에서는 제2차 자료인 베트남 한자음과 티베트 한자음, 중국 현대 방언음에 나타난 微운자에 대하여 살펴보도록 한다.

3.1 베트남 한자음

첫째, 베트남 한자음(三根谷徹 1993:455-456)의 예는 다음과 같다.

非phi 微vi 幾ki 希hi,hy 衣y
歸qui 暉huy 葳uy

개구음은 i[i]와 y[i][4]로 반영된 것이 총 93자 중에서 78자에 달해 약 84%를 차지하고 있다. 나머지 15자는 핵모음인 [ə]가 cơ'[kə](幾臘 8자)·khởi[xəi](豈 1자)·phât[fət](狒 1자)[5], [e]가 kê[ke]와 phê[fe], [ɑ]가 khâi[xɑi]와 khái[xɑi][6]이고 [u]가 mùi[mui]로 나타난다. 특히 핵모음이 [ə]인 경우는 중고음 이전의 어느 시기의 반영음일 가능성이 높다. 狒의 phât 반영음은 物部 3등 합구(物韻)에 속하는 弗의 유추에 의한 것으로

---

4) 이중모음인 경우 음의 길이가 i는 짧고 y는 길다.
5) ơ[ə] â[ə]에는 모음의 길이에 차이가 있다. 전자는 장모음인데 반해 후자는 단모음이다.
6) 모음이 [ɑi]로 같지만 전자는 제3성이고 후자는 제5성으로 성조가 다르다.

추정되며, 추정음의 반영 시기는 王力(1985:511)의 재구음에 의하면 宋 이전 즉 先秦에서 隋唐 사이의 어떤 시기의 음으로 추정된다. 성조는 일반적으로 평성이 제1성(thanh ngang)과 제2성(thanh huyền)으로, 상성이 제3성(thanh hỏi)과 제4성(thanh ngã)으로, 그리고 거성이 제5성(thanh sắc)으로 반영된 것을 볼 수 있다.

합구음은 ui[ui]와 uy[ui]가 46자 중 27자로 약 59%를 차지하여 개구음의 i와 y가 84%에 비하면 상당히 감소한 것처럼 보인다. 여기에는 베트남 음운체계와 관련이 있다. 후음 차청 于母자가 16자로 약 35%를 차지하여 vi[vi]로 반영되었는데 三根谷徹는 于母를 [ɣ]로 추정하였고, 藤堂明保는 [u]로 추정하였다. 현대 베트남어의 음운체계에 의하면 [ɣ]는 g로 표기가 되므로 于母는 vi[vi]가 아니라 gui[ɣui]로 나타났을 가능성이 크기 때문에 전자의 추정음은 재고의 여지가 있다. 후자의 경우 [u]는 순음성이 있기 때문에 순음성이 있는 순치음인 자음 v[v]와 연관성이 있는 것으로 추정되는데, 베트남 음운체계 내에서 차선책으로 선택된 것으로 보인다. 또한 순치음 v는 고유의 순음성으로 합구개음인 [u]를 흡수하여 vui[vui]가 아니라 vi로 반영된 것으로 보이기 때문에 합구개음을 흡수한 v도 합구개음의 반영으로 본다면, 46자 중 43자로 약 94%가 ui와 uy로 반영된 것으로 볼 수가 있다. 그 밖의 3자는 각각 oai[ɔɑi]·vâng[vəŋ]·vựng[vɯɯŋ]으로 나타난다.

이상과 같이 베트남 한자음은 微운 개구음과 합구음이 각각 [i]와 [ui]로 나타난 것을 볼 수 있다.

3.2 티베트 한자음

다음으로 티베트 한자음(羅常培 1933:43-44)을 보기로 하자.

　　微開三 : [ĕi]

　〈平〉 機ki̦ 〈去〉 旣gi （千字文）

　〈上〉 幾gi 依˙i 〈去〉 旣gi （大乘中宗見解）

　　微合口 : [wĕi]

　〈平〉 肥bi 微˙byi 飛p‘e 威˙u‘i 〈上〉 煒˙we 〈去〉 畏˙u‘i （千字文）

　〈平〉 非p‘yi 歸ku 違˙u, wu 〈去〉 味byi 畏˙u 謂˙u （大乘中宗見解）

　〈平〉 非p‘yi, ˙p‘yi （阿弥陀経）

　〈平〉 非p‘yi 圍˙u （金剛経）

　개구음은 4예에 불과하지만 모두 i/i̦[i̯]로 반영되었다. [i̦]의 음에 i̦ 표기가 사용된 것은 원본의 문자 표기를 존중한 것일 뿐 음운론적으로나 음성학적으로는 같은 음이다.[7]

　합구음은 주로 순음은 yi[ji]로, 아음과 후음은 u[u]로 반영되었다. 그런데 여기에는 조금 복잡한 양상을 볼 수 있는데, 그것은 베트남 한자음에서는 볼 수 없는 중고음의 핵모음과 어느 의미에서는 중고음의 개음에 대하여 고려해 볼 만한 흔적도 볼 수 있다는 점이다.

　첫째, 티베트 한자음의 네 가지 자료의 성립 연대에 대한 흔적을 엿볼 수 있다. 千字文 자료 이외의 나머지 두 자료는 아음과 후음이 규칙적으로 u로 반영되었으나, 千字文의 경우 아음자는 없지만 후음자가

---

7) 千字文的 i 音雖然有 ˆ ˙ 兩種記號(其餘三種陶慕士＜私注：T.W.Thomas＞未加分別)可是在音韻上竝沒有一定的條理, 現在分寫作 i̦ i̦ 兩種不過聊存原本的面貌罷了.(羅常培 1933:11-12)

威畏˙u'i[ui]로 나타나 있다. 이 점은 千字文 자료가 나머지 세 자료 보다 더 오래된 음도 간직하고 있다는 것을 말해준다.

둘째, 개구음에서는 개음이 흡수되어 [i]로 나타났지만, 합구음에서는 순음이 肥bi[ᵐbi]와 飛p'e[pʰe]와 같이 단모음으로 나타난 예도 보이지만, 네 가지 자료에 공통적으로 이중모음인 yi[ji]로 반영되었다는 점이다. 이것은 i는 운미음의 전사이므로 y는 합구음과 3등개음의 반영으로 볼 수밖에 없다는 것을 의미한다. 티베트 한자음의 止섭자를 보면, 개구음의 경우 支운 3·4등과 脂운 3·4등, 그리고 之운 3·4등이 모두 i[i]로 반영되고, 합구음의 경우 支운 3·4등과 脂운 3·4등이 u[u]로 나타난 사실8)과 달리, 유독 微운 합구음의 순음만이 u가 아니라 y로 반영된 것을 보면 여기에는 두 가지 점을 유추해 볼 수 있다. 첫째, 微운과 微운 이외의 운의 핵모음에 상당한 차이가 있었을 가능성이다. 둘째, 개구음에서 개음이 순음에 흡수되든지 운미음에 흡수되든지 관계없이 모두 동일하게 개음이 반영이 되지 않은 사실에 비해, 합구음에서는 微운 이외의 운과 微운의 아음과 후음은 강력한 합구개음에 의해 개구개음이나 핵모음 그리고 운미음 마저도 탈락하였으나, 微운의 순음만은 y 즉 [j]로 반영된 것을 보면 베트남 한자음과 달리 3등개음 반영의 흔적의 가능성이 있다.

---

8) 몇 예를 제시하면 다음과 같다. 支운개구:碑pi 離li 馳ji 兒ȵi 綺k'i 紫tsi 義gi 支ci 知ci 施çi; 脂운개구: 祇ci 伊'yi 比bi 寐pi 二ȵi 次ts'i 自dzi 資tsi 視çi利li 致ci; 之운개구: 持ji 茲tsi 其gi 貽yi 士çi 耳ȵi 起k'i 治li 嗣si 喜hi 思si 其gi; 支운합구: 吹c'u 爲'u 髓su; 脂운합구: 誰çwi 惟yu 水çu 軌gu

3.3 현대 중국 방언음

현대 중국 방언음(現代汉语方音)을 살펴보자. 중국 방언음은『汉语
方音字汇』(1989:3)에 의하면 官话·吴语·湘语·赣语·客家语·粤
语·闽语⁹⁾와 같이 크게 7개의 방언 구획으로 나뉘는데 微운 개구음의
몇 예를 제시하면 다음과 같다.¹⁰⁾

- (见母)几(几乎)机讥几(几个)既: ʨi 官吴湘赣; tsʅ 官〈合〉吴〈溫〉; ki
  客闽; kei 粤 단 既는 kei 闽〈福〉
- (群母)祈: ʨʻi 官湘〈长〉赣; ʨʻieʔ 官〈太〉; dzi 吴湘〈双〉; tsʻʅ 官〈合〉;
  kʻi 客闽〈潮〉; ki 闽; kʻei 粤

위와 같은 반영은 溪母의 빌气汽, 晓母의 希稀, 影母의 衣依도 동일하
게 나타난다. 중국 방언음의 개구음의 경우 粤의 [ei]¹¹⁾와 官〈合〉吴
〈溫〉의 설첨모음(舌尖元音)인 [ʅ]¹²⁾, 그리고 부분적으로 나타나는 '官
〈太〉:祈 ʨʻieʔ /闽〈福衣依〉:既kei 气汽kʻei / 闽〈潮〉:kʻa'를 제외하면 모

---

9) 官话：北京, 济南, 西安, 太原, 武汉, 成都, 合肥, 扬州
　吴语：苏州, 溫州
　湘语：长沙, 双峰
　赣语：南昌
　客家语：梅县
　粤语：广州, 阳江
　闽语：厦门, 潮州, 福州, 建瓯
10) 같은 자에 문어음(文读音)과 백화음(白读音)이 있는 경우 백화음은 제외하기로
　하며 성조도 제외하기로 한다. 이상의 방언구획명과 지방명은 약자로 첫 자만을
　제시하기로 한다. 또한 제시된 방언구획 뒤에 '〈 〉' 표시가 없는 것은 같은 방어구
　획 뒤에 '〈 〉' 표시가 있는 경우를 제외한 모든 방언음을 나타낸다.
11) 影母의 衣依는 [i]
12) 影母의 衣依는 [i]

두 [i]로 반영되었다. 官〈合〉와 吳〈溫〉의 [ŋ]는 구개음화를 거쳐 설첨음화가 진행된 결과로 추정된다. 粤의 [ei]는

④ 韵母中主要元音发音有长短的差别: a、ɛ、œ、ɔ、i、u、y 一般总是长的, ɐ、e、ø、o、ɪ、ʊ 一般总是短的。

⑥ 韵母中韵尾与主要元音的长短相应, 有强弱的细微差别。长元音音节的韵尾略弱, 短元音音节的韵尾略强。(『汉语方音字汇』p.30)

와 같이 핵모음이 단모음(短元音 short vowel)인 [e]이고, 상대적으로 강한 운미음(强韵尾 strong ending) [i]로 구성되었으므로 아마도 중고음 이전의 어느 시기의 음이 남아 있을 가능성이 있다.[13]

합구음의 경우에는 상당히 복잡한 양상을 띠고 있다. 개구음의 경우 원래부터 순음자가 존재하지 않지만, 합구음은 순·아·후음이 모두 나타나는데, 『汉语方音字汇』에는 모두 29자가 실려 있다. 그 예는 다음과 같다.

　　순음 : 非母-飞非匪; 敷母-妃费; 奉母-肥; 微母-微尾未味

　　아음 : 見母-归鬼贵; 疑母-魏

　　후음 : 影母-威畏慰; 曉母-挥辉徽讳; 于母[14] - 汇违伟苇纬胃谓猬

微운 합구 방언음의 예를 모두 제시하기에는 지면 관계상 그리고 너무나 다양하게 나타나므로 순·아·후음 각각 한 자씩만 제시하기로 하면,

---

13) [ei]는 필자의 표기방식에 의하면 [ei]로 나타낼 수 있다.

14) 위 책에서는 云母로 제시되었다.

費 : 官吳⟨溫⟩ 湘⟨长⟩ [fei] 官⟨西⟩吳⟨苏⟩ 客[fi] 官⟨合⟩ [fe] 官⟨扬⟩赣
[fəi] 湘⟨双⟩ [xui] 闽⟨厦⟩⟨潮⟩ [hui] 粤[iʒi] 闽⟨福⟩ [xie] 闽⟨建⟩ [xi]

归 : 官湘⟨长⟩闽⟨福⟩ [kuei] 官⟨合⟩ [kue] 官⟨扬⟩ [kuəi] 吳⟨苏⟩ [kuɐ]
湘⟨双⟩赣客[kui] 粤[kuɐi] 吳⟨溫⟩ [tɕy] 闽⟨建⟩ [ky]

伟 : 官湘⟨长⟩闽⟨福⟩ [uei] 官⟨合⟩ [ue] 官⟨扬⟩ [uəi] 吳⟨苏⟩ [ɦuɐ] 湘
⟨双⟩赣闽⟨厦⟩⟨潮⟩ [ui] 客[vi] 粤[wei] 吳⟨溫⟩ [vu] 闽⟨建⟩ [y]

와 같다. 이상 29자의 예를 출현 빈도에 의해 검토해 보면 [uei]⟨[ui/
ii]⟩[uəi]/[uɐi]⟩[ue]/[uɐ] 등과 같이 나타난다.15) 자세히 특징을 살펴보
면, 순음의 경우 첫째, 합구개음 [u]가 순음의 순음성에 의해 흡수된
점이다. 이 점은 대체적으로 한자를 차용한 주변국의 반영음에도 공통
적으로 나타나는 특징이기도 하다. 특히 [i]로 나타나는 경우 원래 후음
인 자가 客에서는

客 : 挥辉徽讳汇[fi] 威违伟苇纬畏慰胃谓猬[vi]

와 같이 순치음으로 반영되었는데 그런 경우에 또한 합구개음이 흡수되
었다. 이와 같은 현상은 湘⟨长⟩에서도 挥辉徽讳汇[fei]와 같이 보인다.
  둘째, 순음 차탁자의 경우, 粤는 성모 [m]이 그대로 남아 있어서 그
영향으로 기본적으로 [ɐi]로 나타나던 것이 微尾未味[mei]와 같이 [ei]로
반영되었다. 특히 闽의 경우에는 두 가지 특징이 보이는데 闽⟨厦⟩微尾
未味[bi]; 闽⟨潮⟩尾未[bue]味[bi]; 闽⟨福⟩微[mi]尾[muei]; 闽⟨建⟩微未味
[mi]尾[myɛ]와 같이 하나는 비비음화(非鼻音化 denasalization)이고, 또
하나는 합구개음의 반영이다.

_____

15) 그밖에 [y, ie, o, ũ, u, yɛ] 등의 예도 소수 보인다.

셋째, 개구음의 [i]의 반영에 대하여 당연히 합구음인 경우에는 [ui]의 반영이 예상되어야 하지만, 湘〈双〉贛闽〈厦〉〈潮〉가 주로 [ui]로 그리고 客에 일부 [ui]의 예가 보일 뿐 [uei][uəi][uɐi]등과 같이 핵모음[e/ə/ɐ]가 나타난 점이 특징이다. 핵모음[e/ə/ɐ]의 반영은 중고음 이전 어느 시기의 핵모음의 잔존으로 보인다. 대부분의 官의 [uei]나 그 밖의 [uəi]와 [uɐi]는 중고음에서 [ui](개구음을 제외하기로 하면)이었던 것이 중고음 이전 어느 시기의 음으로 유사하게 되돌아 간 것으로 추측된다. 또한 [uei/uəi/uɐi]처럼 핵모음 [e/ə/ɐ]가 반영되기는 하였지만 여전히 강한 합구개음 [u]와 운미음 [i] 사이에서 약한 핵모음으로 나타난 것으로 보인다. 즉 官〈北〉의 [e]는

⑤ 韵母 iou、uei、uən 在阴平阳平调时主要元音弱化为过度音。(p.8)

와 같이 핵모음이 약화되며, 粵의 [i]는 앞의 인용에서 제시된 것처럼 짧은 모음이고, 官〈扬〉의 [ə]는 단독 모음으로는 존재하지 않고 항상

əi 杯眉飞; uəi 堆吹灰; ən 本吞针更; uən 昏存问; əʔ 不德汁日; uəʔ 骨出活; yəʔ 橘薛月域 (p.17)

와 같이 개음이나 운미음, 또는 개음과 운미음과 함께 나타나므로 기본적으로 그 음이 짧을 수밖에 없다.

4 제1차 자료에 투영된 微韻

4.1 한국 전승 한자음

한국 전승 한자음(『훈몽자회(1527년)』·『천자문(1575년)』·『신증유합(1576년)』)의 경우에는 과연 어떠한지 살펴보기로 하자. 한국 한자음의 예를 제시하면 다음과 같다.

〈微韻 개구음〉
[見]璣譏饑機旣幾긔 [溪]氣(긔)긔 [羣]幾祈畿蟣긔 [影]衣扆의 [曉]豨希희

〈微韻 합구음〉
[見]鬼貴귀 [影]威蔵위 [曉]暉楎(훤)휘/虺卉諱 [喩]韋幃緯闈葦胃蝟위/彙휘 [非]非扉飛篚榧沸비/緋빅/痱블 [敷]妃비 [奉]肥腓翡비 [微]尾味미

필자는 중고음 시기의 한국어의 모음체계를 전설모음 /이/, 중설모음 /우, 으, 어/, 후설모음 /오, ᄋᆞ, 아/로 추정하고 있는데[16], 이것은 어디까지나 중세국어와의 관계 속에서의 추정이며, 고대 삼국인 백제, 고구려, 신라의 모음체계를 말하는 것은 아니다. 이것을 토대로 분석하면, 微韻의 한국 한자음의 개구음은 /의/로, 합구음은 순음 /이/, 아음·후음 /위/로 반영되었다.

그런데 개구음의 규칙적인 /의/의 반영과는 달리, 합구음에는 규칙적인 /위/의 반영 이외에 虺卉/휘/나 緋/빅/의 반영도 보인다는 것이 큰 특징이라 할 수 있다. 박병채(1986:182-193)는 止攝을 논하면서 개

---
16) /이/=[i], /우/=[ㅂ], /으/=[ɰ~ə], /어/=[ɜ], /오/=[u], /ᄋᆞ/=[ʌ], /아/=[ɑ]

구음의 치두음과 치상음이 /ᄋᆞ/로 반영된 점에 대하여 일본학자들의 근대음설과는 달리 "周代의 詩賦에서 台部의 ㆍ운과 之운이 압운된 사실"을 근거로, 그리고 "頭音의 영향으로 상술한 고층의 體韻을 그대로 반영하여 보수적으로 간직된 것" 때문으로 보고 있다. 그런데 그는 합구음의 緋/빙/는 皆운 俳의 유추음일 가능성을 지적하고 있지만, /훼/의 반영에 대해서는 언급이 없다. 이에 대해서는 최미현(2006)과 김무림(2006)의 근대음설과, 河野六郎의 중고음설 등이 있는데 필자는 /훼/나 /빙/의 반영을 중고음 이전 시기음으로 추정하고 있는데 지면관계상 이에 대하여는 다음 논문에서 자세히 다루기로 한다.

4.2 萬葉假名의 微韻

먼저 일본 고대 자료 중에서 微韻字의 가장 오래된 예에 대하여 간단히 살펴보기로 하자. 微운자의 가장 오래된 예로는 萬葉集의 권2 85번 노래를 들 수가 있다.

> 君之行 気長成奴 山多都祢 迎加将行 待尒可将待(君が行き 日長くなり
> ぬ 山たづね 迎へか行かむ 待ちにか待たむ)

이 가요에서 氣는 『韻鏡』內轉第九開 微韻 去聲 3등 아음 次淸字로서 일수(日數) 즉 '날의 수'를 나타내는 ケ을류의 음차자로 사용되었다. 작자가 仁德天皇(313-399년)의 부인인 磐姫皇后이므로 4세기 전반의 가요로 추정된다. 그러나 이미 밝혀진 바와 같이 이 가요는 磐姫皇后의

이름을 빌려 후세에 전승된 가요이다. 특히 표기의 측면에서 보면, ヤ
マタヅ(造木 ミヤツコギ)의 와전된 제3구 ヤマタヅネ(山尋ね)의 ヅ의
표기에 都가 사용되었는데 都는 遇攝 模韻 平聲 1등자로 성모가 端母
이므로 全淸에 속한다(都 도읍 도 〈訓蒙字會 중권〉, 모들 도 〈光州
千字文〉, 모들 도 〈新增類合 상권〉). 따라서 ヅ가 아니라 ツ의 표기로
쓰여야 하는데, 탁음이 아닌 청음 ツ이어야 하는 또 하나의 이유는 이
가요가 萬葉集의 시기 구분상[17] 제1기에 속하기 때문이다. 제1기는
672년까지로 잡고 있으므로 아직 파열음의 濁音淸化(devoicing)가 일
어나기 이전이어서 당연히 전청음인 都는 ツ로만 반영된 시기인데도
불구하고, 이 가요에서는 탁음 즉 유성음인 ヅ의 표기로 사용되었다.
권2 90번 가요를 보면 山多豆乃(ヤマタヅノ)와 같이 ヅ의 표기로 유성
음인 定母 '豆'가 사용된 것을 보면 都의 표기는 편찬자인 大伴家持(오
오토모노 야카모치)의 개입이 있었을 것으로 추정된다[18]. 그러므로 85
번 가요는 가요 자체는 상당히 오래된 것은 분명하지만 표기상으로는
제4기(734-759)에 속할 가능성이 크기 때문에, 氣의 표기자가 비록 ヶ
을류의 표기로 사용됨으로써 이미 日本書紀 가요 등에 보이는 キ을류
의 반영과는 차이를 보여 북방중고음 이전의 반영례인 것은 분명하지
만, 氣는 日本書紀 가요의 몇 예 만이 キ을류로 사용되었을 뿐 일본
고대 자료 전반에 걸쳐 ヶ을류로만 나타나기 때문에, 즉 이미 보수성을
간직한 표기자이기 때문에 가장 오래된 예로 보기 어렵다. 따라서 시기

---

17) 시기 구분은 沢瀉久孝·森本治吉(1976)에 의한다.
18) 大伴家持는 '…秋都気婆…宇**都**勢美母…伊呂母宇**都**呂比…宇**都**呂布見者…等
騰米可祢**都**母(19-4160); …伊夜目**都**良之久…之努比**都**追…可多〈里〉**都**芸
都流…宇**都**之眞子可母(19-4166); 秋都気婆(19-4161); 可**都**良久麻泥爾
(19-4175)'와 같이 都를 ヅ(밑줄)와 ツ(진하게)로 혼용하고 있음을 볼 수
있다.

가 분명한 일본 금석문 중 微韻字가 사용된 예를 보도록 하자.

開中費直穢人(かふちのあたひ 和歌山県隅田八幡神社蔵人物画像鏡銘)

西宮一民(1988:29)에 의하면 443년경으로 추정되는 이 금석문은 한 반도에서 건너간 사람에 의한 기록으로 보이는데, 여기에 사용된 費는 微韻 去聲 3등 합구 차청자로 直과 더불어 アタヒ의 표기로 사용되었다. 즉 훈독자로 사용되었는데 음의 추정을 위해서는 음차자(音借字, 音仮名)의 예가 필요하므로 다음 예를 보자.

斯熻斯麻宮治天下名阿米久尒意斯波羅岐比里尒波弥己等世…故遣上釈今照律師,恵聡法師,鏤盤師将徳自昩淳,寺師丈羅未大…瓦師麻那父奴,陽貴文,布陵貴文…爾時使作金人等意奴弥首名辰星也,阿沙都麻首名未沙乃也.(奈良県元興寺露盤銘)

이 금석문은 推古天皇 4년 즉 596년으로 추정되는데 여기에는 未2회, 歸1회, 貴2회가 각각 사용되었다. 未는 ミ을류로 백제인명과 일본인명에 각각 1회씩, 歸는 キ을류로 일본지명 シキシマノミヤ에, 그리고 貴는 2예 모두 백제인명에 쓰여 キ을류인지 알 수 없으나 川内国志貴評(金剛場陀羅尼経 天武天皇 14년 686년)의 예에서 보듯이 지명에 쓰인 것으로 보아 キ을류임은 분명하다.[19] 이 금석문의 일본 인명의 未와 일본 지명의 歸의 음차자가 微운자의 가장 오래된 예인데 두 자 모두

---

19) 다만 이와 같이 백제인명에 未貴 등이 사용된 것으로 비추어 백제의 음운체계 내에서는 微韻字가 상당히 보편적이었을 가능성을 보여 주며, 이와 같은 표기법의 영향이 고대 일본어의 ィ을류의 표기에 이식되었을 가능성이 크다.

개구음이 아니라 합구음을 사용한 것이 특징이라 할 수 있다.[20] 본고에
서는 이와 같은 문제에 대하여 지면 관계상 다음 논문으로 미루기로
한다.

그러면 고대 일본 자료에 나타난 微운자의 사용에 대하여 검토해보
기로 한다. 여기에서 검토한 자료는 다음과 같다.

　　•推古遺文・白鳳遺文・奈良遺文・平安遺文
　　•古事記・日本書紀歌謡・日本書紀訓注・万葉集・歌経標式

이상의 자료를 모두 검토한 결과를 표로 제시하면 다음과 같다.

	개구음	希	氣	旣	幾	機
推古遺文	음차자	kë3(인명)	kë3(인명2)			
	훈독・훈차자					
白鳳遺文	음차자					
	훈독・훈차자					
奈良遺文	음차자		kë1			
	훈독・훈차자					
古事記	음차자		kë27			
	훈독・훈차자					
日本書紀歌謠	음차자		kï2・kë4		kï1	kï1
	훈독・훈차자					

---

20) 小倉肇(오구라 하지메 1970)는 이와 같이 微운 합구자가 キ을류로 사용된 점에
　　주목하여 고대일본어의 イ을류를 6・7세기에는 [ɰi](=[ʷi])로 추정하였으며, 차차
　　합구성의 약화로 인하여 8세기에는 [ïi](=[ʷi])로 변하였다고 보았다. 한반도계의
　　귀화인들에 의한 표기법의 전수는 어떤 식으로든 한반도에서 사용되던 표기법이
　　포함될 수밖에 없는데, 일본 금석문의 위와 같은 표기법은 순수하게 일본인에
　　의한 일본 음운 체계 내에서의 표기법이라고 단정할 수 없다는 점을 고려하면
　　小倉肇의 주장은 근거가 약하다고 할 수 있다.

				kë4	kï1		
日本書紀訓注	음차자						
	훈독·훈차자	1		1			
万葉集	음차자			kë250·gë82	kë5·gë2		
	훈독·훈차자	7		26	1	45	4
歌経標式	음차자			13(kë7·gë5·ke1)			
	훈독·훈차자						
平安遺文	음차자			kë1			
	훈독·훈차자						

개구음의 경우, 기본적으로 아음인 氣旣와 후음인 希는 ケ을류로 아음
의 幾機는 キ을류로 나타나는데 ケ을류의 반영은 중고음 이전의 반영
으로 보인다. 그 이유는 주지하다시피 日本書紀 가요나 훈주에서는 다
음과 같이 キ을류로 나타나기 때문이다.

- 日本書紀歌謡:居気辞被恵爾 こきしひゐね/伊智佐介幾 いちさかき/多
  伽機珥 たかきに/居気儀被恵襧 こきだひゐね(3번)
- 日本書紀訓注:斉忌〈此云〉蹴既 ゆき(巻二十九　天武紀下)

물론 위의 예는 α군이 아니라 β군에만 보이기 때문에 森博達의 α군
당대 북방음설과는 직접적인 관계는 없지만, β군에 속한다고 해서 β군
의 표기가 당대 북방음과 관계없는 것이 아니라, 그 이전의 전승음과
당대 북방음이 혼용되어 사용되었기 때문에 キ을류로 쓰인 것은 중고
음과 당대 북방음이 적어도 微운에서는 음의 변화가 없었음을 보여 준
다고 할 수 있다[21].

---

21) 다만 キ을류의 표기에 사용된 微운자는 來目歌로 잘 알려진 것으로 神武천황이
지은 가요인데 전문을 제시하면, '于儺能 多伽機珥 辞芸和奈破蘆 和餓末菟夜 辞
芸破佐夜羅孺 伊殊区波辞 区旎羅佐夜離 固奈瀰餓 那居波佐麽 多智曾麼能 未

한편 日本書紀의 한국관계 기사를 보면 다음과 같은 예가 있다.

- 加羅国王妹既殿至(ケデンチ·キデンチ), 向大倭啓云, 天皇遣沙至比跪, 以討新羅.(권9 神功紀)
- 冬十一月辛亥朔乙卯, 於朝庭, 引列百済姐弥文貴将軍, 斯羅汶得至, 安羅辛已奚及賁巴委佐, 伴跛既殿奚(コデンケイ·キデンケイ)及竹汶至等, 奉宣恩勅.(권17 継体紀)

여기에 쓰인 旣가 주석본에 따라서는 ヶ을류·キ을류·コ을류 등으로 제 각각인데 이 문제에 대해서는 추후 논의할 예정이다.

	합구음	非	肥	飛	微	尾	費	未	味	斐	妃	歸	貴
推古遺文	음차자	φi2 (인명1)						mi1 (백제 인명)				ki7 지명	ki5 (지명2·인명1, 백제 인명2)
推古遺文	훈독·훈차자			飛鳥 1		尾治6	1(姓氏 あたひ)						
白鳳遺文	음차자							mi1 (인명)					
白鳳遺文	훈독·훈차자			飛鳥 5			1(姓氏 あたひ)						
奈良遺文	음차자				mi3								
奈良遺文	훈독·훈차자			飛鳥 1									
古事記	음차자		φi3		mi15				mi1	φi10 (生ひ7)			ki1 神名
古事記	훈독·훈차자					を1							

遮那鶏句塢 居気辞被恵爾 于破奈利餓 那居波佐磨 伊智佐介幾 未遮於朋鶏句塢 居気儻被恵儞와 같다. α군 가요의 표기자로 쓰일 것으로 예측되는 微은 개구 아음자인 氣旣幾機가 왜 β군 가요인 이 가요에만 집중적으로 사용된 이유에 대해서는 추후 논의가 필요하다.

日本書紀 歌謠	음차자				mĭ4 (α군3)		φĭ1 (φo로도 봄)	mĭ6				
	훈독·훈차자											
日本書紀 訓注	음차자				mĭ2			mĭ2		φĭ1		
	훈독·훈차자							2				4
万葉集	음차자	φĭ80·bĭ1	φĭ4 (노래1회)	φĭ5·bĭ2	mĭ1	mĭ12		mĭ96	mĭ6	φĭ11		20 (지명·인명)
	훈독·훈차자	2	3(1회異說)	37	1	70		60	30		19	22
歌経標式	음차자	φĭ2						mĭ3				
	훈독·훈차자											
平安遺文	음차자											
	훈독·훈차자											

합구음의 경우, 아음자인 歸貴가 キ을류로 사용되었는데 여기에는 커다란 특징이 있다. 음차자로써 일반 어휘의 표기에 사용된 예는 하나도 없다는 사실이다. 歸는 지명 シキシマ(ノミヤ·天皇<欽明天皇>)의 표기로 사용되었을 뿐이고, 萬葉集에서조차 음차자의 사용이 없이 오로지 훈독표기로 19예가

- ゆく : 2-167·3-240·3-263·3-280·3-391·3-423·4-571·9-1780
  ·9-1807·9-1809·12-3132·13-3291(2회)·19-4226
- かへる : 5-894·5-895·9-1740·19-4145(2회)

와 같이 동사 ユク와 カヘル에 사용되었다.

貴 또한 推古遺文에서는 지명 2회와 인명 3회(백제 인명 2회 포함)가 보이고 古事記에서는 神名 1회, 그리고 万葉集에서는 志貴皇子(シ

キノミコ 天智천황의 아들 12회)·安貴王(アキノオホキミ 6회)·內侍
佐佐貴山君(ササキノヤマノキミ 1회)와 같이 인명으로 19회 그리고
지명으로 志貴嶋(シキシマ)와 같이 1회가 쓰였는데 일반 어휘로 쓰인
예가 없다. 일반 어휘의 경우 万葉集에서 훈독자로 22회 보이는데 형용
사 タフトシ(19회)·형용사 어간 タフト(6-1050 1회)·동사 タフトブ
(5-904 1회)·동사 タフトム(18-4094 1회)와 같다.

합구 순음의 경우, ヒ을류·ビ을류·ミ을류로만 즉 ヘ·ベ·メ을류
의 예는 나타나지 않는다. 즉 중고음 이전의 예가 보이지 않는 점이
특징이라 할 수 있다.

5 微운의 중고 재구음

본 장에서는 2.2의 선행연구에서 언급한 재구음들을 3장과 4장에 나
타난 자료들과 비교 검토하면서 微운의 중고음을 추정하기로 한다. 또
한 나가는 말을 대신하기로 한다.

먼저 기존 재구음을 분류하면 크게 두 가지로 나눌 수 있다.

하나는 Karlgren으로 그만이 핵모음을 [ɛ](필자의 표기에 의하면 [e]
로 나타낼 수 있다)로 추정하였고, 다른 하나는 기본적으로 핵모음을
[ə]로 추정하였다. 운미음은 모두 [i]로 재구하였고, 개음에 대해서는 세
가지로 나눌 수 있다. Karlgren을 비롯하여 王力, 董同龢, 严学宭은 [j]
즉 [i]로 추정하였고, 陸志韋와 藤堂明保는 [ɪ]로 재구하였는데 음성기
호는 같지만 나타내는 음에는 조금 차이가 있다. 전자의 [ɪ]는 [i]와 [ə]의
중간음을 나타내며[22], 후자는 전설의 [i]와 중설의 [ɯ](필자는 [ㅂ]로 표

기) 사이의 음을 나타낸다.(藤堂明保 1997:1572) 세 번째는 河野六郎로 그는 有坂秀世가 추정한 [ï](=[bï] 필자는 [ɯ]로 표기)음을 그대로 따랐다. 개음을 어떻게 볼 것인가는 매우 중요한 문제이다. 특히 微운과 같이 중뉴운에 속한 운의 경우 개음을 3·4등 단운과 동일시 할 것인가, 아니면 다른 음으로 처리할 것인가에 따라 중국 중고음은 물론이고 이를 차용한 주변 여러 나라의 한자음 자료 해석이 상당히 유동적일 수 있기 때문이다. 이 문제에 대해서는 앞으로 심도 있는 재검토가 필요할 것이다[23].

필자는 微운의 중고음을 [ɨi]와 [ɨui]로 추정한다. 그 근거는 다음과 같다.

첫째, 한국 전승 한자음에 의한다. 한국 전승 한자음은 4.1에서 살펴본 바와 같이 개구음은 모든 성모에 걸쳐서 /의/로 나타나고 합구음은 아음과 후음이 /위/로 그리고 순음은 /이/로 반영되었는데, 개구음이든 합구음이든 /이/의 반영은 핵모음과 운미음이 같은 [i]이므로 해서 /이/로 나타난 것으로 추정된다.

필자의 재구음 [ɨi]와 [ɨui]를 보면 개음이 각각 [ɨ]와 [ɨu]인데 반해, 나머지 [i]는 핵모음인지 운미음인지 알 수가 없을 수 있다. 이것은 마치 현대 중국어에서 卡kǎ[kɑː]·妈mā[mɑː]·及jí[tɕiː]·不bù[buː]·起qǐ[tɕʰiː]와 같이 단모음을 지닌 음은 그 음의 길이가 家jiā[tɕia]·国guó[kuɔ]와 같이 개음과 핵모음으로 이루어진 경우나, 美měi[mei]·更gēng[kəŋ]과 같이 핵모음과 운미음으로 구성된 경우, 그리고 票piào[pʰiaʊ]·强qiáng[tɕʰiaŋ]과 같이 개음, 핵모음 그리고 운미음이 모두 갖추어진 경우라

---

22) 上文假擬作ɪ, 反正比i來得寬而靠後。作ɪ只是爲便利起見，也許是i跟ə中間的音，也許更弘更後。下文凡是遇到ɪ號都得這樣了解他。(陸志韋 1985:24)
23) 개음에 대해서는 キム・デソン(2003:83-93) 참고

하더라도 적어도 성모를 제외한 운모 부분의 음 길이는 단모음의 경우
와 거의 동일하다(等時間的)는 특징에서 알 수 있듯이 필자의 재구음
은 엄밀하게 표기하면 [ɨii] 또는 [ɨii:]로 표기가 가능하다. 다만 필자는
微운의 변화를 중고음 시기 이전에는 [ɨei] 또는 [ɨɐi]와 같이 추정하기
때문에 핵모음 [e] 또는 [ɐ]의 약화가 진행되어 결국 탈락하게 되는데,
그것은 개음 [ɨ]와 운미음[i] 사이에서 탈락이 이루어진 것으로 결국 운
미음이 핵모음까지 대체하게 되기 때문에 실제의 음은 [ɨi:]와 같이 되
었을 것으로 추정한다. 따라서 [i]는 핵모음과 운미음을 공유한 것으로
보는 것이다. 단지 다른 재구음과의 통일을 기하기 위해 [ɨi:]가 아니라
[ɨi]로 표기한 것이다.

개구개음 [ɨ]가 /으/(=[ɯ～ə])로 반영된 사실은 /이/(=[i])와 [ɨ]는 전설
과 중설의 차이가 있었음을 당시에 인식했음을 보여준다고 할 수 있다.
중설에는 /우/·/으/·/어/가 존재하는데 /우/([ʉ])는 원순모음인 관계
로 [ɨ]와 차이가 크고, /어/([ɜ])는 대부분 중모음이나 저모음인 [ə]나 [ɜ]
음의 전사로 사용되었기 때문에 이 또한 [ɨ]와는 음의 차이가 상당히
컸음을 알 수 있다. 따라서 남은 것은 /으/ 뿐인데 /으/가 선택된 것은
최선의 표기가 아니라 차선의 표기로 보인다. 그 이유는 /으/가 중설로
써 고모음이면서 비원순 모음이라는 공통된 특질을 지닌 [ɨ]와 비록 음
색에는 차이가 존재하지만, [ɨ]가 [i]와는 다르다는 인식에 의해 부득이
음색의 차이를 무시하고 차선으로 선택할 수밖에 없었던 것 같다. 이
점은 止섭에서 3·4등 단운인 之운을 제외한 支脂微운이 3·4등 중뉴
운이거나 순3등운이라는 점과도 관계가 있다. 3·4등 단운의 之운은
개음 [i]가 핵모음에 흡수되면서 핵모음에 간접적인 영향을 준 데 반해,
즉 겉으로는 [i]가 명백하게 반영되지 않았지만, 支脂微운은 [ɨ]가 핵모

음에 흡수되지 않고 명백하게 /으/라는 표기로 나타난 것은 3등 중뉴운과 순3등운이라는 특성에 의한 것이다.

둘째, 萬葉仮名의 반영례에 의한다. 이 근거는 한국 전승 한자음이나 제2차 자료보다도 가장 유력하다고 할 수 있다. 그 이유는 고대 일본어의 イ을류의 음가(sound value)가 微운과 거의 유사하다는 점에서 기인한다. 필자는 イ을류의 음가를 [ɨi](단, [ɯi]설도 배제하지 않는다)로 추정하는데 그 근거는 다음과 같다[24].

첫 번째는 イ을류로 사용된 萬葉仮名가 속한 운은 모두 止섭운에 한정된다는 점이다. 이 점은 イ을류가 단모음이 아니라 이중모음이라는 사실을 확인시켜 준다. 왜냐하면 만일 イ을류가 단모음이었다고 한다면, 적어도 운미음이 없거나 양성 운미음 또는 입성 운미음을 가진 운의 예가 존재하여야 하는데 사용된 예가 없기 때문이다.

두 번째는 二合仮名(니고우가나)가 イ을류(ヱ을류도 마찬가지이다)에는 사용되지 않았다는 점이다. ア·イ갑류·ウ·ヱ갑류·オ갑류·オ을류는 모두 二合仮名의 예를 볼 수가 있지만 ヱ을류와 함께 イ을류에는 사용되지 않았다. 이 사실은 イ을류가 이중모음이었기 때문에 음성 운미음을 지닌 운만을 필요로 했기 때문으로 추정된다.

세 번째는 첫 번째 이유와도 관련이 있는데 蟹섭자가 イ을류 표기에 사용되지 않았다는 점이다. 止섭과 마찬가지로 蟹섭도 운미음이 [i]를 지니고 있는데도 불구하고, 또한 순3등운이나 3등 중뉴운의 경우 을류로 사용되는데 廢 순3등운과 祭 3등 중뉴운이 イ을류로 사용되지 못한 것은 蟹섭운의 핵모음이 전설모음이거나 저모음이었기 때문으로 추정

---

24) 김대성(2003b:119-123) 참고

된다. 또한 イ을류 사용자의 특징은 중설인 [ə][ɜ][ɨ]와 전설의 강한 핵모음인 [ɛ][æ]를 지닌 운이 없다는 점을 들 수가 있다.

이상과 같은 근거로 イ을류를 [ɨi]로 추정하였는데, 순3등운이므로 개음이 [ɨ]이고 한국 전승 한자음의 /이/의 반영에 의해 핵모음과 운미음이 [i]로 추정된다. 그리고 万葉仮名에 의해 イ을류가 [ɨi]로 추정되는데 중고 재구음 [ɨi]와 [ɨui] 중에서 微운자는 개구음은 日本書紀 가요와 훈주에서만 氣 2회, 幾 1회, 機 1회와 같이 극히 소수의 예만이 존재하고, 비록 인명과 지명 등에 집중되기는 하지만 합구음자가 주로 사용된 점, 다음 연구에서 다루겠지만 キ와 ギ의 을류 표기에는 주로 之운자가 사용된 점을 고려하면 다음과 같이 추정할 수 있다.

중고음에서는 [i]음을 지닌 운은 止섭과 蟹섭인데 후자는 핵모음이 전설모음이거나 중설 저모음 또는 후설 저모음이므로 イ을류의 중설 고모음과는 차이가 크기 때문에 배제되어 止섭운만이 사용될 수 있었다. 문제는 イ을류의 주모음은 [ɨ]인데 止섭운의 운미음은 [i]이므로 차이가 있어 취하기 어려운 상황이지만 그 이외에는 대안이 없으므로 선택되었고, 그 차이를 상쇄하는 방법으로 개구개음 [ɨ] 보다는 합구개음 [ɨu]를 선택함으로써 주모음 [ɨ]의 차이를 극복한 것으로 보인다. 이 사실은 イ을류가 [ɨi]가 아니라 [ɨui]이었음을 반증한다고 할 수 있다. 왜냐하면 イ을류가 전자이었다고 한다면 イ을류의 표기로 微운자가 가장 적합했을 것이므로 止섭의 支脂之운 3등자가 거의 사용되지 못했을 것인데, 실제로는 세 가지 운의 예가 상당수 존재하기 때문에 고대 일본어의 イ을류는 후자이었을 것으로 추정된다.

셋째, 베트남과 티베트 한자음을 간접적인 근거로 들 수 있다

베트남 한자음의 [i]와 [ui]의 반영은 적어도 중고음에서 [i]음의 존재
를 확인시켜 주는 것인데 개구개음 [ɨ]가 반영되지 못한 것은 베트남어
의 음운 체계에서 u'[ɯː]는 존재하는데 중설이 아니고 후설 모음이고,
더군다나 u'a/u'o'[ɯə] 와 같은 이중모음은 있으나 ui[ɯi]와 같은 이중모
음은 존재하지 않기 때문으로 추정된다. 만일 핵모음이 [i] 이외의 음이
었다면 약 11개의 단모음25)을 가지고 있기 때문에 반드시 어떠한 음으
로든 반영된 예가 상당수 있었을 것이나 그렇지 못한 것을 보면 [i]이었
을 가능성은 타당하다고 하겠다.

티베트 한자음의 경우 개구음이 i/i[i]로 반영된 것을 보면 개구음은
베트남 한자음과 같은 맥락에서 해석이 가능하다. 합구음의 경우 아음
과 후음이 千字文은 u'i[ui], 千字文 이외는 u[u]로 반영되었는데 3.2에
서 언급한 것처럼 중고음의 반영은 전자의 자료로 보아야 한다. 후자는
아마도 강한 합구성을 지닌 합구개음에 의해 [i]가 탈락한 것으로 보이
는데 중고음과 직접적인 관계가 없으므로 논외로 하기로 한다. 순음의
경우 네 가지 자료 모두 yi[ji]로 반영되었는데 순음의 순음성에 의해
합구개음이 흡수되었다. 그런데 3등 개구개음의 경우는 매우 중요한
점을 시사한다고 할 수 있다. 3등개음이 만일 [i]이었다면 핵모음 [i]에
흡수되기 때문에 [i]로 반영되었거나, 같은 순3등운인 支脂운과 같이
핵모음이 약한 경우26)에는 개구개음 [ɨ]와 핵모음이 강한 운미음 [i]에
의해 흡수되었을 것이다. 그런데 微운은 개구개음 [ɨ]와 핵모음과 운미
음이 [i]이기 때문에 즉 핵모음과 운미음이 같기 때문에 개구개음을 인
식하여 표기한 것으로 보인다. 다시 말하면 개구개음의 차이를 인식한

---

25) a[ɑː] ă[a] â[ə] e[ɛː] ê[eː] i/y[iː] o[ɔː] ô[oː] ơ[əː] u[uː] ư[ɯː]
26) 다음 연구에서 이 부분에 대해 다루기로 한다.

것으로 추정되는 것이다. 다만 여기에 한 가지 의문이 생기는데 그것은 비록 순음이기는 해도 합구개음이 존재하기 때문에 개구개음과 합구개음이 합쳐진 어떤 음을 [j]로 인식한 것이 아닌가 하는 것이다. 그러나 [j]는 합구개음과는 무관하다. 그 이유는 티베트 한자음의 경우도 한국이나 일본, 베트남 또는 태국 한자음 등과 같이 순음의 경우 합구개음은 흡수되는 것이 일반적이기 때문이다. 예를 들면 灰운 합구음의 경우에도 '杯pa'i 陪ba'i 背ba'i(罗常培 1933:47)'와 같이 합구개음이 반영되지 않는다. 따라서 [j]의 반영은 개구개음 [ɨ]로 추정된다.

마지막으로 현대 중국 방언음에 대해 간단히 언급하면, 개구음의 경우 3등 개음의 흔적은 보이지 않는 것이 특징이고, 합구음의 경우에도 거의 보이지 않는데, 필자가 보기에 유일하게 闽语의 建瓯에 보이는 '肥py 归ky 尾myɛ 谓y'의 [y]는 핵모음과 운미음이 아니라 개구개음과 합구개음의 반영으로 추정된다. 微운은 개구음에서는 개구개음과 핵모음 그리고 운미음이 모두 [i]로 통합된 형태로 나타나고, 합구음에서는 합구개음은 [u]로 핵모음과 운미음은 같아서 [i]로 즉 [ui]로 나타나거나, 중고음 이전의 어떤 음이 官话를 비롯하여 여러 방언에서 핵모음이 되 살아나거나 혹은 잔존 형태로 나타나는 것으로 추정된다.

한 가지 중요한 사실은 微운이 止섭자의 支脂之운으로 합류한 것이 아니라, 支脂之운이 微운으로 합류되었다는 점을 필자는 분명히 지적해두고 앞으로의 논문에서 그 점을 다루기로 한다.

參考文献

김대성(2003a)「상대 일본어 이(イ) 을류의 소릿값 연구」, 일어일문학연구 45. 한국일어일문학회. pp.219-235

김대성(2003b)『고대 일본어의 음운에 대하여』, 제이앤씨. pp.119-123

김대성(2003c)「상대 일본어의 모음체계 연구: 을류를 중심으로」, 언어학 11-2. 대한언어학회. pp.157-183

김무림(2006)「한국 한자음의 근대성(1) -반영 양상의 종합-」, 한국어학. 한국어학회. pp.89-132

김용옥(1992)『동양학 어떻게 할 것인가』, 통나무. pp.349-361

동양학연구소(1992)『신증유합』, 단국대학교출판부.

동양학연구소(1995)『천자문』, 단국대학교출판부.

동양학연구소(1995)『훈몽자회』, 단국대학교출판부.

박병채(1986)『고대국어의 연구 -음운편-』, 고려대학교출판부. pp.182-193

이돈주(1990)「향가 용자 중의 '賜'자에 대하여」, 국어학 20. 국어학회. pp.72-89

최미현(2006)「『전운옥편(全韻玉篇)』에 반영된 지섭(止攝)의 양상에 대하여」, 새얼어문논집 18. 새얼어문학회. pp.213-231

최영애(1985)『고대한어음운학개요』, 민음사.

秋谷裕幸(1993)「客家語における微韻唇音字」、中国語学 240. 日本中国語学会、pp.11-20

浦上準之助(1993)「奈良朝日本語のオ列甲類乙類音節について - 奄美大島方言祖語に見る痕跡 -」、聖徳学園岐阜教育大学紀要 26. pp.143-161

岡本勲(1969)「日本漢字音に於ける止摂の所謂長音表記に就て-韻鏡の開合・開・合の分類基準との関連に於て」、国語国文 38-8. 中央図書出版社. pp.1-19

沖森卓也外(1993)『歌経標式・注釈と研究』、桜楓社.

小倉肇(1970)「上代イ列母音の音的性格について」、国学院雑誌. 国学院大学出版部. pp.263-274

沢瀉久孝・森本治吉(1976)『作者類別年代順万葉集』、芸林舎.

加倉井正(1981)「上代特殊仮名遣における甲類・乙類仮名について」、現代科学論

叢 15. 現代科学研究会、pp.1-17

キム・デソン(2000)「中古漢字音の再構成 ―韓日資料による韻母音を中心に―」、福岡大学博士学位論文.

金大星(2003)「上代日本語の「エ乙類」の音価推定」，東アジア日本語教育・日本文化研究 6. 東アジア 日本語教育日本文化研究学会. pp.305-317

河野六郎(1993)『河野六郎著作集 第2巻』、平凡社. pp.103-145

小島憲之外(1994-1996)『万葉集(新編日本古典文学全集)』、小学館.

小島憲之外(1994-1998)『日本書紀(新編日本古典文学全集)』、小学館.

佐々木勇(2004)「日本漢音における止摂合口字音の受容に見られる位相差」、国語国文 73-7. 中央図書出版. pp.21-37

佐藤清(1987)「琉球古文献におけるイ列乙類音対応音の表記について」，沖縄文化研究 13. 法政大学. pp.333-371

柴田武(1980)「奄美大島諸方言におけるオ列甲類と乙類の区別（奄美-5-)」、人類科学 33. 九学会連合. pp.41-59

上代文献を読む会(1989)『古京遺文注釈』、桜楓社.

高木市之助外(1957-1962)『万葉集(日本古典文学大系)』、岩波書店.

鶴久・森山隆(1995)『万葉集』、おうふう.

藤堂明保(1980)『中国語音韻論』、光生館. pp.264-265

藤堂明保(1997)、『学研漢和大字典』、学習研究社.

西宮一民(1988)『日本上代の文章と表記』、風間書房. p.29

荻原麻男外(1976)『古事記・上代歌謡(日本古典文学全集)』、小学館.

東ヶ崎祐一(1993)「万葉仮名「閇・米」について - 中古漢字音の音変遷に関連して - 」、東北大学文学部日本語学科論集 3. pp.61-70

福永静哉(1956)「先行音節の母音よりするイ列乙類の性格」、女子大国文 4. 京都女子大学国文学会.

藤井游惟(2001)「上代特殊仮名遣いと朝鮮帰化人 - オ段甲乙音を中心に調音音声学と朝・鮮語音韻論からみた万葉仮名 - 」、国語学 52-3. 日本語学会. pp.91-92

真武直(1960)「中古漢音音韻の源流と上代特殊仮名甲乙類別の背景」、支那学研究24/25. 広島支那学会.

三根谷徹(1993)『中古漢語と越南漢字音』、汲古書院. pp.455-456

森博達(1991)『古代の音韻と日本書紀の成立』、大修館書店.

森山隆(1959)「上代におけるエ列乙類の性格」、語文研究 8. 九州大学国語国文学会. pp.21-29

山口角鷹(1958)「止摂字和音考」、東京学芸大学研究報告 9. 東京学芸大学.

Bernhard Karlgren(1963)『Compendium of Phonetics in Ancient and Archaic Chinese』, Museum of Far Eastern Antiquities. pp.263-266

E.G.Pulleyblank(1984)『Middle Chinese: A Study in Historical Phonology』, University of British Columbia Press.

Geoffrey K. Pullum · William A. Ladusaw(1996)『Phonetic Symbol Guide』, The University of Chicago Press.

北京大学中国语言文学系语言学教研室编(1989)『汉语方音字汇』, 文字改革出版社.

董同龢(1993)『漢語音韻學』, 文史哲出版社. pp.166-168

陸志韋(1985)『陸志韋語言學著作集(一)』, 中華書局. pp.11-12, 24, 44-48

羅常培(1933)『唐五代西北方音』, 國立中央研究院歷史語言研究所. pp.43-44, 47

王力(1985)『汉语语音史』, 中国社会科学出版社. pp.226-227

严学宭(1990)『广韵导读』, 巴蜀书社. pp.73-74

余迺永校註(1993)『新校互註宋本廣韻』, 中文大學出版社.

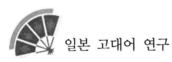 일본 고대어 연구

제15장

萬葉假名와 한국 한자음
- 微韻의 반영음 /웨/ -

1 들어가는 말

止攝 微韻의 한국 전승 한자음을 보면 개구음의 규칙적인 /의/의 반영과는 달리, 합구음에는 규칙적인 /위/의 반영 이외에 '颸(독샤 훼〈훈몽 상 11b〉)·卉(플 훼〈훈몽 하 2a〉)·緋(블글 빗〈훈몽 중 15a〉)'와 같이 /훼/나 /빗/의 반영도 보인다는 점이 큰 특징이다. 이에 대하여 박병채(1971:182-193)는 합구음의 緋/빗/는 皆운 俳의 유추음일 가능성을 지적하였으며, 또한 止攝을 논하면서 개구음의 치두음과 치상음이 /ᄋ/로 반영된 점에 대하여는 일본학자들의 근대음설과는 달리 "周代의 詩賦에서 台部의 咍운과 之운이 압운된 사실"을 근거로, 그리고 "頭音의 영향으로 상술한 고층의 體韻을 그대로 반영하여 보수적으로 간직된 것" 때문으로 보고 있다. 그러나 그는 /훼/의 반영에 대해서는 언급이 없다. 한편, 河野六郎(코우노 로쿠로우 1993:479-484)[1]는 緋/빗/는 非의 유추음으로 보고 있으며, /훼/의 반영은

---

1) 일본어의 우리말 표기법은 필자의 표기법에 의한다.

合口乙では위 -uiを主流とする。しかし上・去二声ではしばしば웨 -wəiが
見られる。これは合口甲の예 -yəi或いは웨 -yuyəiと平行的に考えるべきも
のである。(p.484)

…その中、19)の藥☞の예 'yəiや22)の季☞の계 kyəiが上声若しくは去声に
現れ、20)・21)・25)の훼 c'yuyəi 又は훼 c'yuəiも同じく上・去声に見られ
ることから、これらの形が仄声に現れることは偶然でないことが知られる。即
ち、-iʷəiは平声では [-yi] と実現したが、仄声では [-yei] と実現したの
であろう。(p.483)

와 같이 중고음의 반영으로 보고 있다.
　이에 반해 최미현(2006)은

曉모의 '虺(훼)'는 '웨'로 나타나고 있다. 김무림(2006:100)에서는 '虺'의
근대음이 'hui'이고 현대음은 'huei'이므로 근대 이후의 한어음의 반영
일 것으로 추정하였다.

고 하여 김무림의 주장에 동의하고 있다. 김무림(2006)의 해당부분을
보면,

'卉(훼), 虺(훼)'가 자회에서 '훼'로 된 것은 근대 이후의 한어음의 반영
이다. 「漢字古今音表」에 의하면, 같은 반절(許偉切)인 '卉, 虺'의 근대
음은 'hui'이고 현대음은 'huei'이다.(pp.100-101)

와 같이 『漢字古今音表』를 근거로 근대음 이후의 음으로 추정하고 있다.
　이와 같이 微운 /웨/의 반영음에 대하여 중고음설과 근대음이후설
등이 있는데, 본고에서는 /웨/의 반영이 어느 시기 음인지에 대하여

밝히는 것을 목적으로 한다. 결론을 먼저 말하면 필자는 /훼/나 /ᄫᅵ/로
나타난 것은 중고음 이전 시기음으로 추정하고 있다. 더 정확히 말하면
王力(왕리)[2]의 구분에 따라 위진남북조 제1기음으로 추정하고 있는데
본고에서는 /웨/의 반영에 한하여 논하기로 한다.

▌2 근대음이후설과 네 가지 근거

김무림(2006)은 萃悴가 '취'가 아니라 '췌'로 반영된 것을 근대음 [tsʰ
ui]가 아닌 현대음 [tsʰuei]에 의해 근대 이후의 반영으로 보고 있다. 그
런데 근대음이 [hui]이고 현대음이 [huei]로 운모가 같은 虺卉가 똑같은
논리에 의해 근대 이후의 반영이라고 보고 있는데도 불구하고, 실제의
반영음이 '췌'와 같은 /훼/(또는 /훼/)가 아니라 /휘/로 나타난 것은
무언가 문제가 있는 것은 아닐까 한다. 그의 논리대로 라면 설두 파찰
음인 [tsʰ] 아래의 합구개음 [u]는 /유/로 반영될 수 있고, 연구개 마찰음
인 [h](정확하게는 [x])는 합구개음이 /우/로 반영되어 차이를 보일 수
있지만, 핵모음(vowel)과 운미음(ending)이 [ei]로 똑같은데 전자는 /예
/로 후자는 /에/로 달리 반영된 사실을 간과하고 있는 것은 필자로서는
받아들일 수 없다.

첫째, 『훈민정음해례』의 중성해에 나타난 합용자는 다음과 같다.

二字合用者,ㅗ與ㅏ同出於·,故合而爲ㅘ.ㅛ與ㅑ又同出於ㅣ,故合而爲
ㆇ.ㅜ與ㅓ同出於ㅡ,故合而爲ㅝ.ㅠ與ㅕ又同出於ㅣ,故合而爲ㆊ.以其同出

2) 중국어 우리말 적기는 씨케이시스템(김용옥 1992:349-361)에 의한다.

而爲類,故相合而不悖也.一字中聲之與ㅣ相合者十,ㅓㅗㅜㅐㅕㅛㅠ ㅚ是也.二字中聲之與ㅣ相合者四,ㅙㅖㅙㅖ是也.

이상과 같이 총 18자로[3] /ㅞ/는 있으나 /ㅞ/는 제시되어 있지 않은데 그 이유는 무엇일까?[4] 실제로 /ㅞ/의 예가 없는 것은 아닌데,[5] 이 경우 의 /ㅞ/의 표기는 중세 국어의 음운 체계 내에 존재하는 것이 아니라 외국어의 표기 즉, 중국어음을 원음에 가까이 표기하기 위해서 사용되 었기 때문이다. 예를 들면『중간노걸대언해』(1795년)에는 다음과 같은 예가 보인다.

我〈오〉從〈숭〉朝〈챠〉鮮〈션〉王〈왕〉京〈징〉來〈레〉〇내朝鮮ㅅ王京으 로조차왓노라/如〈슈〉今〈긴〉那〈나〉裏〈리〉去〈취〉〇이제어듸로가는 다/我〈오〉往〈왕〉北〈버〉京〈징〉去〈취〉〇내北京으로향ㅎ여가노라/你 〈니〉幾〈지〉時〈스〉在〈재〉王〈왕〉京〈징〉起〈치〉身〈신〉來〈레〉着〈져〉 〇네언제王京셔쪄나온다/我〈오〉在〈재〉這〈져〉箇〈거〉月〈워〉初〈추〉 一〈이〉日〈쇠〉離〈리〉了〈랴〉王〈왕〉京〈징〉〇내이둘초ㅎ룻날王京셔 쪄낫노라(상권 1a)

이 중에서 '朝챠 去취 月워 了랴' 등은 당시의 중국어 표기를 위해 한 음절 표기로 우리말에 나타나지 않은 음을 표기하고 있는 것이다. 이와 같이 근대음 이후라면 그 당시의 국어의 음운체계에서 벗어나 원음 표

---

3) 강규선(2001:219)의 주)85에 의하면 'ㅙ ㅖ는 한글이나 한자를 莫論하고 사용되지 않았다'고 했는데 /ㅞ/는 '捶 틸 췌 〈훈몽 하 13a〉·揣 눕누지 혤 췌〈유합 하 41b〉·萃 모돌 췌〈유합 하 56b〉·贅 혹 췌 〈훈몽 중 16b〉'와 같은 예가 보이므 로 전혀 사용되지 않은 것은 아니다.
4) 기술의 통일성을 위하여 /ㅔ/ 대신에 /ㅞ/와 같이 표기하기로 한다.
5) 嘴(새 부리 췌 〈훈몽 하 3b/훈몽 고성본 하 6b〉).

기를 하고자 하는 경향이 보이게 된다. 그것이 바로 嘴의 /췌/이다.
따라서 김무림의 주장이 성립하려면 戚卉가 /훼/가 아니라 /훼/이었을
가능성이 크다.

둘째, [e]는 한국 전승한자음에서는 /여/로 나타나는 것은 주지하는
바인데, 이것은 일본어 학습서인 『첩해신어』(1676년)의 표기를 보면
명확해진다.

> 외녕고로나 오주가인뎅고쏘외사례 사데 며뎨다이 군다린뎅고쏘외사
> 례/御ねんころな 御つ加い<u>て</u>こそ御さ<u>れ</u> さ<u>て</u> <u>め</u>てたい くた<u>里て</u>こ
> そ御さ<u>れ</u>/御念比흔 御使ㅣ옵도쇠 어와 아름다이 오옵시도쇠(권1 2b)
> 긴도구니 오모와루루와 숀싀 마옌쟈혼도니 고찌노 고고로모지뗴 소
> <u>예</u>루 도고로와/きとくに おもわるるは そんし ま<u>ゑ</u>ちやほとに こち
> の こころもち<u>て</u> そ<u>ゑ</u>る ところわ/奇特이 너기믄 아는 앎피니 우리
> 의 뜻으로 보탤 바는/아리소무 노우고쏘외사<u>련</u>도모 오도모고쏘 시마
> 루수례/あ<u>里</u>そむ のうこそ御さ<u>れ</u>とも 御ともこそ しまるす<u>れ</u>/이실
> 둧 아니흔건마는 모시기란 흐오리<u>션</u>도노 나가몬도리후<u>녀</u>노 빈니 니
> 반 주구송깅가 도이사기니 피요리오 마주玊/<u>せ</u>んとの な加もと里ふ
> <u>ね</u>の ひんに にはん つくそき加 といさきに ひよ<u>里</u>お まつと/先度
> 中歸船 便의 二番 特送이 豊崎셔 日吉利롤 기두리더라/목시 기다혼도
> 니 교우와 와다리소우나 구모이긴뎨모 아리 가셰모 요우 후이다혼도
> 니/申 きたほとに けうわ わた<u>里</u>そうな くもいき<u>て</u>も あ<u>里</u> 加<u>せ</u>も
> よう ふいたほとに/닐러 와시니 오늘은 건넘즉흔 구름가기도 잇고 브
> 룸도 됴히 부러시니(권1 7a-8b)

위의 예를 순서대로 工단(工段)에 해당하는 음절만 제시하면 '<u>ね녀</u>/で
뎨/れ레/て 데/め며/で뎨/で뎨/れ레/ゑ예/て뎨/ゑ예/れ려/れ레/<u>ぜ</u>셔/

ㅔ녀/ㅔ셰'와 같은데, 『첩해신어』가 출판된 시기의 일본어의 ェ단음은
[e]이며[6], ヱ는 본래 13C이전에는 [we]이나 13C부터 18C중엽까지 [je]
로 바뀌었지만 전통적인 표기법이 그대로 보수성을 유지한 채 남은 것
이다. 따라서 [e]의 표기에 /예/와 /여/(일부 /에/)가 사용되었는데 /예/
가 /여/보다 많이 사용되었다. 그 이유는 /여/에 /이/를 더함으로써 음
색이 [e]에 더 가까워지기 때문이다. 주지하는 바와 같이 한국어에는
/e/계열([e, ε, æ]를 말함)의 음은 18C말경에나 되어야 /에/ · /애/등의
단모음화가 이루어지기 때문에, 고대국어부터 계속해서 /e/계열음을
나타낼 수 있는 음이 존재하지 않았다. 그러므로 가장 가까운 표기방식
내지 음으로써 /여/를 사용해 왔는데, 『첩해신어』에 /예/가 /여/보다
많이 나타난 또 하나의 이유는, 중국어는 음성운미음의 반영이 음소로
서 존재하기 때문에 명확히 구분 표기해야 하지만 일본어의 경우에는
운미음이 존재하지 않기 때문에 /여/보다는 /예/를 더 많이 사용한 것
으로 추정된다. 따라서 卉虺를 /훼/가 아닌 /훼/로 받아들인 것은 근대
이후의 중국음으로 보기 어렵다.

셋째, 중고음 이전 시기의 微운의 음은 후술한 바와 같이 [i̯e(ε)i][i̯ue
(ε)i]로 추정되는데 /웨/로 반영된 이유는 핵모음이 강한 [e(ε)]가 아니라
약한 [ᵉ(ᵋ)]이었기 때문에, '[e(ε)]=/여/'가 아니라 '[ᵉ(ᵋ)]=/어/'로 반영된
것으로 추정된다. 현대 중국어의 표준음(普通话)인 북경음(北京音)에
서 /uei/로 나타나는 경우, 일반적으로 제1성(阴平 high and level
tone)과 제2성(阳平 rising tone)은 약한 핵모음으로, 제3성(上声

---

6) 1603년(慶長8년)에 편찬된 『日葡辞書』(Vocabulário da Língua da Japão)의 번역
   판인 『邦訳日葡辞書』(1980:200, 219)에 의하면 '始めてFajimete · 破滅Famet · 浜
   辺Famabe · 蛇Febi'와 같이 エ단인 'メ · テ · ヘ · ベ'가 'me/te/fe/be'로 e로 표기되
   어 있음에 의해서도 알 수 있다.

falling-rising tone)과 제4성(去声 falling tone)은 강한 핵모음으로 나타
난다. 예를 들면 '灰辉huī/泂佪huí/悔旭huǐ/会卉huì'와 같은 경우 제
1·2성은 [xuᵉi], 제3·4성은 [xuei]로 구별할 수 있을 정도인데, 위진남
북조 제1기의 微운의 핵모음은 제1·2성의 핵모음과 같은 음으로 실현
되었을 것으로 추정된다. 따라서 국어 한자음에서는 약한 [이가 /어/로
실현된 /웨/ 표기가 나타난 것으로 판단된다. 여기에는 또 하나의 해석
이 가능하다. 그것은 국어의 모음체계에 의해 /웨/가 아니라 /웨/로 실
현된 것으로 보는 것이다. 비록 약한 핵모음 [이일지라도 고대 한국인이
[이를 인식했다면 그 음을 받아들일 때 /웨/와 /웨/ 중에서 전자로 인식
했다고 해도, 국어의 모음 체계에는 없는 음이기 때문에 부득이 가장
가까운 음으로는 /웨/밖에 없으므로 그 음이 그대로 전해져 중세 한글
표기로 흔적을 남긴 것으로 보는 것이다.[7] 그러나 후자의 해석이 가능
하더라도 /어/는 [이에 대한 표기임에는 변함이 없다.

넷째, 고대 일본어의 표기인 萬葉假名(만요우가나)의 氣가 /ki/가 아
니라 /kë/ 즉 ㅋ을류로 쓰인 것에 그 근거를 찾을 수 있다. 이 점에
대해서는 다음 장에서 자세히 언급하기로 한다.

그렇다면 어떻게 해서 /웨/로 받아들인 것인가? 그것은 중고음 이전
시기의 음을 수용하였기 때문이다. 王力(2000:1-58)의 「南北朝诗人用
韵考」에 의하면,

在段氏十七部里, 脂微是同部的;南北朝第一期, 脂微也是通用的。
到了第二期, 微韵独立了, 脂之却又混了, 只有沈约谢眺几个人是脂

---

7) /웨/의 예는 다음과 같다.
　 蓋 두웱 개(광주천자문 7a)/偈 궤즉홀 덕 · 懺 궤즉홀 당 (유합 하 5a)/呼 브를
　 호 웱 호 去聲(유합 하 6b).

_之微_三分的。(p.17)

와 같이 段玉裁(뚜안위차이)는 17부 중에서 脂微를 같은 부로 보고 있
는데8), 위진남북조 제1기9)에 脂微운이 여전히 통용되었지만, 제2기에
이르러서 微운이 독립하였고, 脂之운이 오히려 혼용되었으며, 오로지
沈约(선위에 441~513년)과 **谢朓**(시에탸오 464~499년) 등 몇 사람만
이 脂之微운을 분리하였다는 사실을 제시하였다. 따라서 /웨/의 반영
은 脂운과 微운이 통용되던 시기이므로 적어도 위진남북조 제1기, 즉
약 A.D.500년 이전 시기음이 전래된 것으로 추정된다. 그 이유는 脂운
과 微운이 분리된 이후 즉 A.D.500년 이후, 음 자체에는 커다란 차이는
존재하지 않지만 분운이 될 정도의 차이가 유지되었고, 그 음의 차이를
고대 한국인이나 고대 일본인의 귀에도 인식하게 되어 표기에 차이를
남겼으며, 또한 부분적으로 두 운의 표기에 동일한 표기 방식을 남긴
것은 두 운이 통용되던 시기가 있었음을 의미하기 때문이다. 중고음과
중고음 이전 시기의 음의 추정에 대해서는 뒤에서 다루기로 하고, 우선
위진남북조 제1기의 음은 '微운 [ie⁽ᵉ⁾i][iue⁽ᵉ⁾i] :脂운[iei][iuei]'이었을 것
으로 추정된다는 점을 기술해 둔다.

---

8) 段玉裁는 先秦 古韻을 근거로 支脂之를 3부로 나누었다.
9) 王力는 위진남북조 시기를 시인들의 생몰연대를 기준으로 3기로 나누었는데 사
   망 연도를 기준으로 대략 제시하면 '제1기:370~497년·제2기: ~550년·제3기:
   ~618년'과 같다.

3 萬葉假名 '氣希旣'

3.1 일본측 자료인 萬葉假名를 검토해보면 微운자에는 개구음인 경우 '希気旣幾機'와 같이 5자가 쓰였고, 합구음인 경우 '帰貴非肥飛微尾費未味斐妃'와 같이 12자가 쓰였다. 이 중에서 합구음인 경우는 모두 ィ을류로 즉 /kï/·/φï/·/bï/·/mï/로만 사용된 것이 특징이다. 이에 반해 개구음은 幾와 機가 '伊智佐介幾〈イチサカキ〉·多伽機珥〈タカキニ〉(日本書紀 가요 권3 神武紀)10)'와 같이 キ을류로, 希는 뒤에서 제시한 바와 같이 ケ을류로, 氣와 旣11)는 '居気辞被恵爾〈コキシヒエネ〉·居気儀被恵禰〈コキダヒエネ〉(日本書紀 가요 권3 神武紀)·斉忌此云蹂旣〈ユキ〉(日本書紀 훈주 권29 天武紀下)'와 같이 소수의 キ을류로 사용된 것을 제외하면 ケ을류로만 사용되어 개구음과 합구음에 차이를 보인다. 이와 같이 /ï/로 사용된 것은 중고음의 반영이면서 동시에 당대 북방음의 투영으로 볼 수 있는데, /ě/로 쓰인 것은 중고음과는 관계가 없는 것으로 추측된다.

이 사실은 한국 전승 한자음(『훈몽자회(1527년)』·『천자문(1575년)』·『신증유합(1576년)』)의 개구음을 보면 더욱 분명해진다. 개구음은

[見]璣譏饑機旣(幾)긔 [溪]氣(긔)킈 [羣]幾祈畿蟣긔 [影]衣展의 [曉]狶希희

---

10) 萬葉集(만요우슈우)에는 음차자의 예는 없고 훈독자로 幾 45회·機 4회가 보인다.
11) 日本書紀의 한국 관계 기사에는 '加羅国王妹旣殿至(ケデンチ·キデンチ), 向大倭啓云, 天皇遣沙至比跪, 以討新羅.(권9 神功紀)/冬十一月辛亥朔乙卯, 於朝庭, 引列百済姐弥文貴将軍, 斯羅汶得至, 安羅辛已奚及賁巴委佐, 伴跛旣殿奚(コデンケイ·キデンケイ)及竹汶至等, 奉宣恩勅.(권17 継体紀)'와 같이 인명으로 쓰인 旣를 주석서에 따라서는 キ을류·ケ을류·コ을류로 서로 다르게 추정하고 있는 예가 보인다. 이 문제에 대해서는 추후 논의가 필요할 것이다.

와 같이 萬葉假名의 幾機旣氣幾希를 포함하여 모두 /의/로 반영되었다. 즉 개구음의 예 중에서 /ĕ/의 반영으로 볼 수 있는 예가 없다는 사실을 보여준다. 일반적으로 한국 전승 한자음을 모든 섭에 걸쳐 검토해 보면 그 모태는 중고음에 있다[12]는 점은 명백하므로, /ĕ/의 예로 볼 수 있는 자가 없다는 점은 한국 전승 한자음의 微운자는 중고음 시기의 음을 반영하고 있다는 사실을 방증한다고 할 수 있다. 이것은 또한 /ĕ/가 중고음 시기의 반영이 아니라는 점을 말해주며, /ĕ/의 반영 자료가 헤이안(平安)시대 이전 자료에 나타나므로 중고음 이후의 반영도 아니라는 점을 알 수 있기 때문에 중고음 이전 어느 시기음의 투영으로 볼 수밖에 없다.

또한 같은 止섭 내의 개구음 중 支운 3등·脂운 3등·之운 3등의 경우

- 支운: 寄羈긔 綺踦긔 奇錡騎徛긔/妓技芰기 宜儀蟻義의;椅의/歆긔 戲희/碑羆비/陂피 被鞁髮피 糜麋미 彼피 鈹피 皮疲피 糜미; 醨싀
- 脂운: 肌긔/机궤/几(궤)을 器긔 跽긔 劓의;饐에 轡비/秘필/鄙비/圮 븨 眉湄麋薇미;師獅蛳ㅅ
- 之운: 基箕긔/姬희 起긔 旗萁鎮麒긔;憙意의 嬉희;輜緇츼/淄진 厠 (치,칙)ㅊ 士事(쓰)ㅅ/柿시 史ㅅ

와 같이 아음과 후음은 주로 /의/로 반영되었는데, 이에 대하여 萬葉假名에서는

---

12) 박병채(1986:266-301)는 수당초 절운음계의 북방 중원음으로 보고 있는데, 필자 또한 전승 한자음의 모든 섭을 검토해 본 결과 절운음의 중고음으로 보고 있다. キム・デソン(2000) 참고.

- 支운: 奇綺寄/kǐ/·宜義/gǐ/;池知馳智/ti/·児尒/zi/·尒儞迩/ni/·離
  /ri/
- 脂운: 耆祁/ki/·祁/ke/·湄美/mi/·悲秘/fi/·眉備媚/bǐ/;師/si/·弐
  /zi/·致/ti/·遅尼地膩/di/·二弐尼/ni/·尼/ne/·梨利/ri/
- 之운: 基紀己記/kǐ/·疑擬/gǐ/;事/si/·士仕耳珥餌/zi/·笞耻/ti/·治
  /di/·而耳珥/ni/·理里釐/ri/

와 같이 갑을류의 구분이 있을 경우에는 주로 /ǐ/로 반영되었다. 이 점
은 한국 전승 한자음 /의/와 萬葉假名의 /ǐ/가 중고음 시기의 음임을 보
여준다. 바꾸어 말하면 /ě/의 반영은 중고음 시기음이 아니라는 것이다.

3.2 萬葉集는 그 시기가

集の記載する所に従えば、最も古いものは仁德天皇の時代(五世紀前半)
のものであり、最も新しいのは天平宝字三年(七五九)正月一日のものであ
る。仁德時代の歌と言われているのは、歌風から見てそう古いものとは思わ
れないので、記載通りに信じることは出来ないが、年代不明のものや雄略
御製、また軽太子の作などと伝えられる歌を、舒明御製あたりに比べてみる
と、歴然たる古色を見出し得るのであるから、万葉集の歌は前後三世紀に
は亘るものと見るべきであろう。

와 같이 759년이 마지막 노래이므로 仁德천황(313~399년) 시기를 포
함하면 더 길어지지만, 권1의 1번 노래의 雄略천황(456~479년)부터
잡으면 약 300년 전후로 추정된다. 즉 시기로 보면 위진남북조 시기를
포함하여 당나라 중기까지 해당된다고 할 수 있다. 그런데 沼本克明
(누모토 카츠아키 1991:81)에 의하면,

……従来、古事記の仮名は呉音系字音を主たる背景として成立したもので
あるとされて来たのである。恐らくこの考え方は通説として大局的には動かな
いものであろう。尤も厳密に言うならば、先に見た様に推古遺文との共通性
も有る訳で、前代の仮名をそのまま踏襲しているものも含まれていることは勿
論である。ともかく、基本的には、古事記の仮名は切韻を最下限とする魏
晋南北朝期の前切韻音を起源として成立していた日本漢字音を背景にして
成立したものと言えるであろう。そしてこの基本的性格は、ここでは省略して
しまったけれども、「万葉集」に使用された仮名にも共通しているものである。

와 같이 절운음(切韻音)에 해당하는 수와 당에 대하여 그 이전의 위진
남북조 시기를 절운음 이전 시기음으로 보고 있는데, 이와 같은 중고음
이전 시기의 음의 투영이 古事記나 萬葉集에 상당히 보존되어 있다.
그런데 이와 같은 시기의 음을 일반적으로 오음(吳音)이라고 칭하고
있는데 오음이라는 개념이 지방음이라는 의미가 아니라 위진남북조 시
기의 표준음이라는 사실에 주목할 필요가 있다. 이 점은 王力(2000:1
-58)의 「南北朝诗人用韵考」에 의해서도 알 수 있다. 王力는 『汉魏六朝
百三名歌集』에 보이는 위진남북조 시인 중 兹先将(쯔시엔지양)의 『百
三名歌集』에 나타난 49명[13]의 생몰년과 출생지를 토대로 출생지(또는
본적)와 용운(用韻) 간에는 관계가 없는 두 가지 정황을 다음과 같이
설명하고 있다.

不过, 各诗人的方音是否足以代表他的籍贯, 还是一个疑问。有两种
情形可以使他们的籍贯与他们用韵不发生关系:第一, 如果他们以祖
父的籍贯为籍贯, 这种籍贯在方音关系上就会失掉一半或全部的价

---

13) 山西 4명, 河北 7명, 山东 14명, 河南 8명, 南阳 2명 그리고 江南 14명이다.

値。……第二，诸诗人除陶弘景外，都是做官的人(或皇帝)，做官的
人就是喜欢打官腔，也许还喜欢依照官音押韵。虽然有时候在蓝青官
话里可以留些土音的痕迹，但已经很难代表一地的方音了。(p.5)

그럼으로써 王力는 "因此，我们发见时代对于用韵的影响大，而地域
对于用韵的影响小。(pp.5-6)"와 같이 용운에 대하여 시대의 영향은 크
지만 지역의 영향은 작다고 하였다. 즉 오음은 지방음적인 요소를 완전
히 배제할 수는 없겠지만, 큰 틀에서는 당시의 표준음, 즉 위진남북조
시기의 음이며, 이 음이 古事記나 萬葉集에 유입된 것으로 필자는 추
정하고 있다. 즉 일본자료에 나타난 다양한 시기의 음차자(音假名)는
당시의 표준음의 수용으로 중고음과 중고음 이전 시기음의 변천을 보
여준다는 것이다. 이러한 전제 하에 萬葉假名의 /ě/의 반영을 중고음
이전 어느 시기음으로 볼 수 있는지 살펴보도록 하자.

3.3 첫째, 氣자의 사용에 대하여 살펴보도록 하자. 余迺永(위나이용)
校註의 『新校互註宋本廣韻』(1993:361)에 의하면

氣　氣息也去旣切說文本音欱五
氣　說文曰饋客芻米春秋傳曰齊人來氣諸侯

와 같이 氣는 去氣切로 아음 차청인 溪母와 소운자가 欱(許旣切)로 후
음 차청인 曉母에도 보인다. 용례에 의하면 溪모의 氣는 명사로서 '숨
쉬는 기운'인 '기식'으로, 曉모의 氣는 동사로서 '생기를 불어넣다(使人
生氣)'로 쓰였는데, 萬葉集에서 훈독자로서는 명사로만 나타난다는 점
과 『韻鏡』에서 소운자로 거성(未운)의 아음자에 제시되어 있는 점으로

비추어보아 溪모로 보아야 할 것이다.

그런데 氣는 전술한 日本書紀 가요의 /kï/ 3예와 歌經標式의

五有頭無尾　八坂入姬答活目天皇歌云　己能那之乎　宇惠天於保佐馬
可志己氖无　無腰以下故云有頭無尾第三句為腰以上(p.167)

/ke/ 1예와 같이 /ï/와 /e/를 제외하면, '推古遺文 /kë/ 3예・奈良遺文
/kë/ 1예・平安遺文 /kë/ 1예・古事記 /kë/ 27예・日本書紀 가요 /kë/
4예・日本書紀 훈주 /kë/ 4예[14]・歌經標式 /kë/ 7예, /gë/ 5예'와 같이
모두 /ë/로 사용되었다. 推古遺文을 제외하면 이상의 자료는 모두 나라
(奈良)시대의 자료이므로 /ë/로 쓰인 자의 시대 추정에는 직접적으로
사용하기 어렵기 때문에 萬葉集의 자료를 대상으로 살펴보도록 하자.

　음차자인 氣는 萬葉集에 총 332회 보이는데[15] /kë/가 247회 그리고
/gë/가 85회로 단 한 자의 예외도 없이 /ë/의 표기에 사용되었다. 萬葉
集는 시기 구분(澤瀉久孝外 1976)을 제1기부터 제4기까지로 나눌 수
있는데, 氣는 제1기(?~672년)에 5회, 제2기(673~710년)에 9회, 제3기
(711~733년)에 28회, 제4기(734~759년)에 274회, 그리고 작자연대
미상으로 15회가 보인다. 氣가 탁음으로 쓰인 /gë/의 경우 제1기와 제2
기, 즉 710년 이전의 경우 단 1예도 없는 것을 보면, 첫째 당대 북방음
의 탁음청화(devoicing)의 유입을 알 수가 있고, 둘째 萬葉集의 자료의
시기 구분의 신뢰성을 들 수가 있다.

　탁음청화는 7세기 중반에 匣모와 常모의 마찰음에서 시작하여 이후

14) 훈독으로 '吹棄氖噴之狹霧此云浮杼于都屢伊浮岐能佐擬理(권1 神代上)'와 같이
　　1예가 있다.
15) 음차자 이외에 '～け・いき・白氣(きり)' 등과 같이 훈독자로 26예가 보인다.

에 파찰음과 폐쇄음으로 확대되었는데, /gë/는 제3기에

- 武祢宇知奈気吉(胸打ち嘆き 권5 904 山上憶良)
- 汗可伎奈気(汗かき嘆げ 권9 1753 高橋虫麻呂歌集)
- 思気家礼婆可聞(繁ければかも 권17 3929 坂上郎女=大伴坂上郎女)

와 같이 3예가 나타나기 때문에 적어도 710년 이전에 폐쇄음의 탁음청화가 이루어졌음을 알 수 있다. /gë/는 제4기에 집중적으로 81회가 보이며, 작자연대미상(作者年代不明)으로 '大野路者 繁道森俓 之気久登 毛 君志通者 俓者広計武(大野道は 茂道茂路 茂くとも 君し通はば 道は広けむ 권16 3881)'와 같이 1예가 보이는데, 권16에 해당하므로 제4기로 보면 당과의 교류 속에 폐쇄음인 氣가 탁음청화의 영향으로 유성음인 /gë/로 반영된 이유를 알 수 있다.16)

또한 萬葉集의 시기 구분이 상당히 근거가 있음을 알 수 있는데, 특히 氣가 '日(ケ 날 days)'의 의미로 쓰인 점에 주목할 필요가 있다. 그 이유는 氣의 /kë/ 표기 사용이 상당히 오래되었기 때문이다. 氣가 日(ケ)의 의미로 쓰인 예를 표로 제시하면 다음과 같다.

	제1기	제2기	제3기	제4기	작자연대미상
氣/kë/의 전체예	5회	9회	28회	274회	15회
日(ケ)로 쓰인 예	4회	4회	6회	5회	11회
日+長シ로 쓰인 예	3회	3회	6회	5회	8회
日+長シ의 출현률	60%	33.3%	21.4%	1.8%	53.3%

---

16) 견당사의 파견 시기를 살펴보면, 제1차부터 제10차까지가 '630~632년·635~ 654년·654~655년·659~661년·665~667년·667~668년·669~?년·702~ 704년·717~718년·733~735년'과 같다.

이 표를 보면 제1기에는 5예 중 4예(80%), 제2기에는 9예 중 4예
(44.4%), 제3기에는 28예 중 6예(21.4%), 그리고 제4기에는 274예 중
5예(1.8%)로 日(ケ)의 사용 비율이 감소함을 알 수 있다. 이 점은 물론
용례수의 많고 적음과 노래의 다양성 등에 의해 서로 연동된다는 점은
부인할 수 없지만, 제1기와 제2기에 日(ケ)의 사용이 집중된 것은 분명
하다. 작자연대미상의 경우 15예 중 11예(73.3%)가 나타나므로 그 출현
빈도로 보아 제1기에 속할 가능성이 크다고 할 수 있다. 이 점은 또한
日(ケ)가 형용사 長シ와 함께 쓰인 비율에 의해서도 그 근거를 찾을
수 있다. 즉 '日長シ'의 예는 작자연대미상이 53.3%이므로 제1기(60%)
에 속할 가능성이 크다는 점을 다시 한 번 확인할 수 있다.

　이와 같이 日(ケ)의 표기에 주목한 이유는 氣의 日(ケ)의 사용이

　※ 君之行 気長成奴 山多都祢 迎加将行 待爾可将待(권2 85)
　◆ ここの四首は、歌鳳や四首の構成から見て、皇后の作でなく、伝誦歌が
　　皇后に仮託されたものと思われる。(『万葉集(日本古典文学大系)』
　　p.62)
　◆ 以下の四首は本来別々の歌で、しかも作者不明の伝誦歌であったのが、
　　いつの間にか磐姫皇后の伝説に結び付けられ、その作と見なされるよう
　　になったのであろう。編纂者はその所伝を尊重する立場を守った。もし皇
　　后の歌であったら、巻第一の冒頭の雄略天皇の歌より百年以上時代が
　　遡り、万葉集中最古の歌となる。(『万葉集(新編日本古典文学全集)』
　　p.79)

　※ 一日社 人母待吉 長気乎 如此耳待者 有不得勝(권4 484)
　◆ ここでは、巻二の巻頭の歌などとの連想から、編者は仁徳天皇と認めた
　　のであろうか。(『万葉集(日本古典文学大系)』p.242)

◆ 私注には仁德天皇として、…要するにこの題詞には疑問があり、
編者自身にもくはしい事はわからなかつたものと思はれるが、
私注にあるやうに、編者には巻二の巻頭の作に類する伝承歌と
して取扱はれたものと考へる。(『万葉集注釈－巻第四－』p.17)

와 같이 두 노래의 작자가 仁德천황(313~319년)의 부인인 磐姫황후인
지 여부를 떠나 전승가요이기 때문이며, 萬葉集에서 氣의 가장 오래된
사용례이기 때문이다. 제1기이면서 특히 '日長シ'의 사용과 같은 가풍
(歌風)을 지닌 전승가요라는 사실은 적어도 중고음 이전 시기의 노래
로 볼 수 있다. 그렇다고 해서 표기가 중고음 이전에 이루어졌다고까지
는 할 수 없다. 전승되어 오던 중 어느 시기에 표기가 이루어졌겠지만,
분명한 사실은 제1기에 이루어졌을 것이며 그 시기 또한 상당히 연대
를 거슬러 올라갈 수 있을 것이다. 또한 推古遺文에도 氣는 '伊波己里
和氣(上宮記逸文)·止余美氣加志支夜比賣, 阿遲加氣爾(上宮聖德法
王帝説)'와 같이 /kë/로 쓰인 예가 보이는데 자료의 시기로 보아 중고
음 이전음임은 분명하다.

　둘째, 希는 앞에서 간단히 제시하였듯이 上宮記逸文에 다음과 같이
/kë/의 표기자로 쓰인 예가 보인다.

　　上宮記曰、一云、凡牟都和希王娶経俣那加都比古女子名弟比弥麻和
　　加、生児若野毛二俣王、娶母々思己麻和加中比弥生児大郎子、一名
　　意富々等王、妹踐坂大中比弥王、弟田宮中比弥、弟布遲波長己等布
　　斯郎女四人也。此意富々等王娶…伊久牟尼利比古大王生児伊波都久
　　和希児伊波智和希児伊波己里和気…17)

―――――――――――――――

17) (ホムツワケノミコ)는 古事記에 '伊久米伊理毘古伊佐知命、坐師木玉垣宮、治天

이 자료의 성립 연대에 대하여 西宮一民(니시미야 카즈타미 1988:36)
는 "この上宮記逸文は、聖德太子在世中もしくは薨去後の近い時代
になるものといはれてゐるが…"라고 하였는데, 聖德太子는 用明천
황의 둘째 아들로 6세기 후반에 태어나 622년에 사망하였고 推古천황
시에 섭정을 하였으므로 推古천황 재위시(593~628년)의 자료로 추정
된다. 따라서 希의 사용 시기가 중고음 시기와 비슷하지만, 이미 중고
음 이전 시기에 유입되어 정착된 음이 그대로 표기자로 남은, 즉 표기
자의 보수성을 볼 수 있기 때문에 중고음 이전 시기의 음을 사용한 것
은 분명하다.

셋째, 萬葉集에는 氣希 이외에 旣가 /kë/(gë)로 사용된 예가 보인다.
그 예를 제시하면 다음과 같다.

> 宇旣具都遠(권5 800 山上憶良)·可由旣婆(권5 804 山上憶良)·可久
> 由旣婆(권5 804 山上憶良)·可旣麻久波(권5 813 山上憶良)·旣夜須
> 伎我身(권5 885 麻田陽春)·久佐許曾之旣(ケ)吉(권17 4011 大伴家
> 持)·宇奈我旣里為弖(권18 4125 大伴家持)

여기에는 한 가지 중요한 사실을 발견할 수 있다. 旣가 총 7예가 나타나
는데 /kë/의 경우 권5에만 집중되었다는 사실이다. 더군다나 5예 중
4예가 山上憶良(야마노우에노 오쿠라)의 노래에 나타나는 특수용자

下也。此天皇、娶沙本毘古命之妹、佐波遲比売命、生御子、品牟都和気命。/
亦天皇、命詔其后言、凡子名、必母名、何称是子之御名。爾答白、今当火燒
稲城之時而、火中所生。故、其御名宜称本牟智和気御子。(중권)'와 같이 2예가
보이는데 希 대신에 気가 사용되었고, 日本書紀에서는 '是年也、太歳壬辰。二
年春二月辛未朔己卯、立狭穂姫為皇后。々生誉津別命。生而天皇愛之、常在
左右。及壮而不言。(권6 垂仁紀)'와 같이 훈독자인 슁이 사용된 예가 보인다.

(特殊用字)라고 할 수 있다. 山上憶良의 음차자를 분석해 보면 상당히 보수적인 면이 강하여 古事記의 음차자 보다도 더 보수적인데 아마도 고어의식이 강하게 작용한 결과로도 볼 수 있다. 그러나 필자는 이에 더하여 山上憶良는 한문에 정통하여 많은 한문체 문장을 남기고 있는데 반해, 일본어의 표기, 즉 음차자로 일본어를 기록할 때에는 대부분 1음 1자에 가깝게 표기하기도 하면서 음차자는 전통적으로 내려오는 용자를 중심으로 선택한 특징을 보인다는 점에서, 음차자의 선택을 1음 1자가 아니라 1음 다자(多字)를 취한 大伴旅人(오오토모노 타비토)와 달리, 뛰어난 한문 실력과 대비되는 고유어 표기에 대한 배려로 추정한다. 그러한 흔적은 곳곳에서 볼 수가 있다. 그는 견당사의 일원으로 당에 2년 이상 체류한 경험이 있는데도 불구하고, 아주 소수의 예에서만 당시의 당대북방음의 흔적을 남겼을 뿐 오히려 전통적으로 내려오던 용자를 중심으로 한 걸음 더 나아가 기존에 사용되지 않던 자들을 전통적인 음에 따라, 다시 말하면 중고음 이전의 어느 시기의 반영음에 따라 표기를 남긴 것이 커다란 특징인 것이다. 이러한 특징은 그를 많이 모방하였던 萬葉集의 편찬자인 大伴家持(오오토모노 야카모치)에 자주 나타나는데 위의 예와 같이 /kë/는 물론이고 /gë/의 표기에 見母인 旣를 사용한 점은 당대북방음의 탁음청화의 영향과 더불어 바로 山上憶良 표기의 답습이라고 할 수 있다.

이상과 같이 微운 개구 3등음인 氣希旣가 /kë/로 사용된 것은 주지한 바와 같이 중고음 이전 시기음으로 단정 지을 수 있다. 그러면 이와 같이 을류로 반영된 微운은 그 시기가 언제인지에 대하여 다음 장에서 살펴보기로 한다.

▌4 萬葉假名「氣希旣」의 유입시기

王力(1985:56)의 선진음계(先秦音系 B.C.206년 이전)에 의하면 앞에서 논한 希는 微部에 속하지만 氣와 旣는 物部에 속하였다. 漢代음계(B.C.206~A.D.220년)에서는 脂부는 상당수가 微부에 속해 있었고, 이것이 위진남북조음계(220~581년)에서는 일부를 제외하고는 微부와 脂부로 분음된 것이다. 이에 대하여 그는 다음과 같이 설명하고 있다.

> 物质两部的长入声字，到魏晋南北朝变为去声，分别转入微脂灰祭四部。例如"气费"转入微部，"弃醉"转入脂部，"对碎"转入灰部，"计庆"转入祭部。(p.155)

즉 위진남북조시대에 이르러 物부와 質부의 긴 입성자(长入声字)가 거성으로 변하면서 微脂灰祭의 4부로 각각 편입되었는데 그 중에서 氣와 旣는 希가 속한 微부로 편입되었다는 것이다.

그런데 위진남북조시대는 220년부터 581년까지이므로 약 360년에 걸친 시기를 지니고 있는데, 그렇다면 氣希旣가 위진남북조의 어떤 시기에 유입되었는지 특정해야 할 필요가 있고, 그 결과에 따라 /웨/의 반영시기도 결정할 수 있을 것이므로 氣希旣에 대하여 보다 구체적으로 살펴보자.

王力(2000:14-15)에 의해 脂운과 微운의 同用의 예를 부분적으로 제시하면,

> 何承天《君马篇》：姿飞晖旗畿機悲稀师私肥归。
> 颜延之《阳给事诔》：衰威翬畿围悲。

高允《征士颂》：遗迟推饥。

鲍照《梦归乡》：違畿归闱晖薇徽违飞巍衰谁；《秋夕》：機晖稀霏微违帷

(밑줄은 脂운임)

와 같다. 여기에 제시된 시인들의 생몰 연대는 何承天(허츠엉티엔 370
~447년)・颜延之(옌옌즈 384~456년)・高允(까오윈 390~484년)・鲍
照(빠오자오 405~466년)로 모두 제1기에 해당하는데, 이들의 微운과
脂운의 압운관계를 보면 微운의 순음・아음・후음 모두에 걸쳐 있음
을 보게 된다.[18] 그런데 제2기(~550년)가 되면 다음과 같은 특징을
보인다.

> "系联"的结果, 对于其他诸韵仍逃不出《切韵》的系统(只在分合上稍
> 有异同), 但对于脂微两部则有意外的发见。脂韵一部分的字是该归
> 微的;自从第二期脂微分用以后, 这一部分的字就专与微韵同押, 而
> 与另一部分的字绝不相通。这一部分的字是: 追绥推衰谁蕤。(p.18)

즉 脂운 중 합구 설음인 追绥推와 합구 치음인 衰谁蕤만은 제2기 이후
에도 微운과 통운관계에 있고 나머지 성모는 완벽하게 脂운과 微운으
로 분운된 것이다.[19]

   그런데, 王力가 脂운 6자(追绥推衰谁蕤)를 微운으로 분류한 근거는
압운관계에 의한 것인데 압운이 가능했던 이유를 그는 다음과 같이 추

---

18) 脂운의 예를 들면 '순음 悲・아음 陸・후음 遺帷'과 같다.
19) 周祖谟(저우쭈뭐 1996)의 연구 또한 三國・晉・宋・北魏(220~479년) 시대에는
   脂운과 微운을 脂부로 분류하였고, 齊・梁・陳・隋(北齊와 北周 포함 479~618
   년) 시대에는 脂운 합구의 설음과 치음 6자(追绥推衰谁蕤)는 微부로 나머지는
   脂부로 처리하여 王力와 같은 결과를 보이고 있다.

정하였다.

> 对于这种现象，我们可以在现代的北示话里得到一个解释。现代北京
> 对于脂微是没有分别的，然而对于脂微的合口字却有两种韵母:第一
> 种是"龟归逯威违"等喉牙音字，它一们的韵母是"uei";第二种是"追绥
> 推蕤"等舌齿音字，它们的韵母是"ui"。 (pp.18-19)

즉 현대 북경음에서 脂운과 微운이 같은 음이지만, 합구음인 경우 후음
과 아음은 [uei], 설음과 치음은 [ui]와 같이 음의 미묘한 차이가 있다는
점을 근거로[20] 당시에 脂운 6자가 후자와 같은 음이었기 때문에 微운
과 통운이 가능했다는 것이다. 그런데 이와 같은 논의는 설음과 치음에
관한 것으로 순3등인 微운이 나타나는 성모는 순음·아음·후음이므로
이 성모로 한정하면, 우리 논의의 초점인 氣希旣는 이미 脂운과 분운되
었으므로, 결국 王力에 의하면 萬葉假名의 /ĕ/의 사용은 微운과 脂운
이 순음·아음·후음에 걸쳐 모두 압운이 되었던 위진남북조 제1기, 즉
대략 300년대 말부터 500년 전후 사이의 음이 유입된 것으로 추정된다.
　　필자는 王力의 위진남북조시대의 분운과 합운과정에 대한 주장에
동의하지만 그의 추정음에 대하여는 견해를 달리한다. 王力는 微운과
脂운의 3등 중고음을 각각 [iəi/iuəi][21]와 [i/ui]로 재구하였는데, 이에
대하여 위진남북조시대에는 각각 [iəi/iuəi]와 [ei/uei]로 추정하였다.

---

20) 王力는 현대 중국어에서 성모의 차이에 의해 [uei]와 [ui]로 보고 있으나, 이것은
　　첫째, 성모의 차이가 아니라 성조의 차이이며, 둘째, 王力는 핵모음을 가정하지
　　않았으나 제1성과 제2성은 [uei]로 제3성과 제4성은 [uei]이므로 짧은 핵모음
　　(short vowel) [e]의 존재를 인정해야 한다. 후자의 사실은『汉语方音字汇』(1989:
　　163-164)에서 追를 [tʂuei], 誰를 [ʂuei][ʂei]로 인정하고 있는 점에서도 확인할 수
　　있다.
21) 王力(1985:226)에는 3등 개음을 [əi]로 표기하였으나 [iəi]의 잘못으로 보인다.

微운에는 변화가 없고, 다만 脂운 6자는 위진남북조시대 [ịuei], 수당대 [ịui]로 추정하여 微운과 脂운의 통운관계를 보이고 있다. 이러한 그의 재구음에 동의할 수 없는 이유는 그의 재구음에 의하면 萬葉假名에서는 /ĕ/가 아니라 /ŏ/로 유입되었을 것이기 때문이다. 그의 핵모음 [ə]는 /ĕ/나 /o/가 아니라 /ŏ/로 사용될 수밖에 없는데, 예를 들면 之운 3등의 경우 중고음에서는 /i̇/로 나타나지만, 중고음 이전음의 경우

> 大和国天皇、斯帰斯麻宮治天下名阿米久尒意斯波羅岐比里/rö/尒波
> 弥己/kö/等世…(奈良県元興寺露盤銘)
> 刺将焼 小屋之四忌/kö/屋爾 掻将棄 破薦乎敷而 所挌将折 鬼之四忌
> /kö/手乎 指易而　将宿君故…(万葉集 권13 3270)
> 八隅知之 和期/gö/大王 高照 日之皇子 麁妙乃 藤井我原爾 大御門 始
> 賜而…(万葉集 권1 52)
> …許登能 加多理其/gö/登母 許遠婆(古事記 가요 2)
> 夜麻登波 久爾能麻本呂婆 多多那豆久 阿袁加岐 夜麻碁/gö/母礼流
> 夜麻登志宇流波斯(古事記 가요 30)

와 같이 /ŏ/로 나타나는데 그 이유는 핵모음이 [ə]이기 때문이다.[22] 그런데 微운의 경우 중고음에서는 /i̇/로 중고음 이전에는 /ĕ/로 나타나기 때문에 그의 핵모음 [ə]는 받아들일 수 없는 것이다.

　필자는 脂운의 중고음을 3등 [i̇ei/ɨuei]・4등 [iei/iuei]로 추정하는데[23], 또한 脂운과 微운의 변천 과정을 다음과 같이 추정하고 있다.

---

22) 之운 재구음에 대해서는 추후 논하기로 한다.
23) 필자는 微운의 중고음을 [ii/ɨui]로 추정하였는데 그 근거에 대해서는 김대성(2012) 참고.

	위진남북조 제1기 (300년대 말~500년 전후)	위진남북조 제2기 이후	중고음	만당(晚唐)
脂운	[ɪei/ɪuei]	[ɪei/ɪuei]	[ɪei/ɪuei]	[ɪi/ɪui]
微운	[ɪei/ɪuei]	[ɪi/ɪui]	[ɪi/ɪui]	[ɪi/ɪui]

이 변천 과정을 보면, 위진남북조 제1기에 핵모음에 긴 [e]와 짧은 [ᵉ]의 차이가 있기는 하지만 동일한 핵모음이 존재하고 있음을 볼 수 있다. 즉 脂운과 微운은 핵모음의 장단의 차이 이외에는 개음과 운미음이 모두 같으므로 제1기에 통운이 가능하였으며, 萬葉假名 氣希旣의 /kë/의 반영은 [ʒɪ(또는 ʒe)]²⁴⁾로 추정되는 고대 일본어의 /ë/의 경우 순3등 개음(또는 중뉴 3등 개음) [ɪ]는 [ʒ]로, 핵모음 [ᵉ]는 [ɪ(e)]로 수용되었으며 운미음 [i]는 탈락된 것이다. 즉 위진남북조 제1기음인 [ɪᵉi]가 /ë/로 반영될 수 있었던 것이다. 또한 萬葉假名의 脂운에

> 阿加陀麻波 袁佐閇比迦礼杼 斯良多麻能 岐美何余曾比斯 多布斗久
> 阿理<u>祁</u>理(古事記 가요 7)
> 斯帰斯麻宮、治天下天皇、名阿米久尒意斯波留支比里尒波乃弥己
> 等、娶巷奇大臣、名<u>伊奈米足尼</u>女、吉多斯比弥乃弥己等、為大
> 后…(天寿国曼茶羅繍帳銘)

와/과 같이 祁尼가 /i/가 아니라 /e/ 즉, /ke/·/ne/로 쓰인 예가 보인다는 점에 의해 脂운과 微운의 통운이 가능했던 시기가 있었음을 확인할 수 있다.

이와 같은 사실은 한국 한자음의 /웨/의 반영은, 즉 핵모음 /어/의

---

24) 김대성(2003b:129-132).

반영은 위진남북조 제1기음의 약한 핵모음 [ə]의 반영으로 볼 수 있는 것과 궤를 같이 하는 것이다. 특히 핵모음이 /여/가 아니라 /어/인 것은 국어의 모음체계에 의한 것으로, 오히려 근대음이후설을 따른다면 중국의 원음을 충실히 반영하고자 했던 예들이 상당수 존재한다는 사실에 의해 /웨/의 반영이 자연스러운 것이다.

이상과 같이 필자는 卉胐가 /휘/가 아니라 /훼/, 즉 /웨/로 반영된 것은 위진남북조 제1기음의 잔영으로 추정한다. 다만 기존의 근대음이후설을 전면 부정하지는 않는다. 그 이유는 근대음이후설의 전형적인 예로 추정되는 嘴가 /췌/로 반영된 것과 같이 /웨/로 나타날 가능성이 크기는 하지만, 국어의 모음체계만을 전제로 한다면 /웨/보다는 /웨/로 수용할 수밖에 없었을 것이기 때문이다.

5 나오는 말

본고에서는 止섭 微운의 일부 자가 /위/가 아니라 /웨/로 반영된 사실에 대하여 기존의 중고음설과 근대음이후설이 아니라 위진남북조 제1기음의 반영이라는 점을 밝힌 것이다. 그 근거를 요약하면 다음과 같다.

첫째, 『훈민정음해례』 중성해에 /웨/는 있지만 /웨/가 제시되어 있지 않아 중세국어의 음운체계에 후자가 없는 것은 분명하다. 그러나 근대음 이후의 수용이라면 『중간노걸대언해』나 嘴의 /췌/와 같이 원음 표기를 하고자 하는 경향이 상당히 보이기 때문에 후자와 같이 수용되었을 가능성이 크다.

둘째, 근대 국어의 일본어 학습서인『첩해신어』의 ㅗ단 표기는 /어/
가 아니라 /여/(또는 /예/)이기 때문에 근대 중국어 이후의 반영음이었
다면 /웨/가 아니라 /웨/일 가능성이 크다.

셋째, 현대 중국어의 북경음에서 /uei/의 경우 제1성과 제2성은 [ue
i]로 나타나는 것을 근거로 위진남북조 제1기 핵모음 또한 [ə]로 추정
되며 그 [ə]가 /어/로 실현되어 /웨/로 표기된 것으로 판단된다.

넷째, 萬葉假名의 '氣希旣'는 중고음의 /kï/와 같은 ㅓ을류의 반영과
달리 /kë/로 즉 ㅗ을류로 나타난다는 점이다.

다섯째, 王力의「南北朝诗人用韵考」에 의해 氣希旣 등의 微운이 脂
운과 통운 관계에 있었던 시기는 위진남북조 제1기이며, 이와 같은 사
실은 중고음의 경우 /i/로만 나타나는 脂운에 祁尼가 /ke/·/ne/의 /e/
와 같이 사용되던 시기가 중고음 이전 시기의 예에 보인다는 점과 일치
한다는 사실에 의해서 脂운과 微운의 핵모음이 [e/ə]이었음을 알 수
있다.

참고문헌

강규선(2001)『훈민정음 연구』보고사, p.219.

정 광(1990)『첩해신어 4책(영인본)』홍문각.

김문웅(1984)『중간노걸대언해(영인본)』홍문각.

김대성(2003a)「상대 일본어 이(ㅓ) 을류의 소릿값 연구」,『일어일문학연구』45, 한
　　　　국일어일문학회, pp.219-235.

_____(2003b)『고대 일본어의 음운에 대하여』제이앤씨, pp.129-132.

_____(2003c)「상대 일본어의 모음체계 연구: 을류를 중심으로」『언어학』11-2, 대
　　　　한언어학회, pp.157-183.

_____(2012)「止攝 諸韻의 中古音 再構 -한일중 및 베트남·티베트 자료를 중
　　　　심으로-」『일본문화학보』, 한국일본문화학회, pp.5-29.

김무림(2006)「한국 한자음의 근대성(1) -반영 양상의 종합-」『한국어학』, 한국어
　　　　학회, pp.89-132.

김용옥(1992)『동양학 어떻게 할 것인가』통나무, pp.349-361.

동양학연구소(1992)『신증유합』단국대학교출판부.

_____(1995)『천자문』단국대학교출판부.

_____(1995)『훈몽자회』단국대학교출판부.

박병채(1986)『고대국어의 연구 -음운편-』고려대학교출판부, pp.182-193.

최미현(2006)「『전운옥편(全韻玉篇)』에 반영된 지섭(止攝)의 양상에 대하여」『새
　　　　얼어문논집』18, 새얼어문학회, pp.213-231.

沖森卓也外(1993)『歌経標式·注釈と研究』桜楓社., p.167.

沢瀉久孝外(1976)『作者類別年代順万葉集』芸林舎.

沢瀉久孝(1990)『万葉集注釈-巻第四-』中央公論社.

キム·デソン(2000)「中古漢字音の再構成 -韓日資料による韻母音を中心に-」福岡
　　　　大学博士学位論文.

金大星(2003)　「上代日本語の「エ乙類」の音価推定」『東アジア日本語教育·日本
　　　　文化研究』6, 東アジア 日本語教育日本文化研究学会, pp.305-317.

河野六郎(1993)『河野六郎著作集 第2巻』平凡社, pp.103-145.

小島憲之外(1994-1996)『万葉集(新編日本古典文学全集)』小学館.

_____(1994-1998)『日本書紀(新編日本古典文学全集)』小学館.

上代文献を読む会(1989)『古京遺文注釈』桜楓社.

高木市之助外(1957-1962)『万葉集(日本古典文学大系)』岩波書店.

高松正雄(1986)『日本漢字音概論』風間書房.

鶴久外(1995)『万葉集』おうふう.

西宮一民(1988)『日本上代の文章と表記』風間書房, p.36.

沼本克明(1986)『日本漢字音の歴史』東京堂出版, pp.74-83.

荻原麻男外(1976)『古事記·上代歌謡(日本古典文学全集)』小学館.

土井忠生外編訳(1980)『邦訳日葡辞書』岩波書店.

Bernhard Karlgren(1963) 『Compendium of Phonetics in Ancient and Archaic Chinese』Museum of Far Eastern Antiquities, pp.263-266.

_____(1964) 『Grammata Serica Recensa』Museum of Far Eastern Antiquities.

北京大学中国语言文学系语言学教研室编(1989) 『汉语方音字汇』文字改革出版社.

王力(1985) 『汉语语音史』中国社会科学出版社, pp.226-227.

___(2000) 『王力语言学论文集』商务印书馆, pp.1-58.

余迺永校註(1993) 『新校互註宋本廣韻』中文大學出版社, p.361.

周祖謨(1996) 『魏晉南北韻部之演變』東大圖書公司.

제16장

止攝 之韻의 중고음에 대하여

1 들어가는 말

중고음(中古音 Ancient Chinese)의 추정에 대해서는 그동안 많은 학자들에 의해 연구되어 왔고, 그 성과 또한 상당하다는 것은 주지하는 바와 같다. 그런데 선행학자들은 자료를 사용할 때, 일관성 있게 사용하기도 하였지만, 그렇지 못한 부분 즉 자신의 재구음의 타당성을 위해 적당한 자료만을 취사선택하는 경향도 있었고, 또한 자료를 사용하였던 당시의 관점의 한계 때문이기도 하지만, 특히 한국자료에 대한 인식 부족 그리고 일본 자료에 대한 인식 부족 때문에 마치 현대한국어나 현대일본어와 같은 관점에서 연구를 함으로써 그 연구 결과가 성과에 비해서 결과의 타당성이 미흡했던 것 또한 사실이라고 필자는 판단하고 있다. 이에 본고에서는 중고음 재구의 일환으로써 止섭 微운에 이어 그 두 번째로써 止섭 之운의 중고음을 재구 또는 구체적으로 논증하는 것을 목적으로 한다. 앞으로 본고의 결과는 止섭 치음 4등자가 한국전승한자음에서 /ᄋᆞ/로 반영된 사실이 중고음과 어떤 관계를 가지고 있는지에 대하여 활용하게 될 것이다. 그리고 연구방법과 연구범위, 본고에서 언급하지 않은 용어인 간접자료와 직접자료 등에 대해서는 김대성(2012)에 자세히 언급하였으므로 본고에서는 생략하기로 한다.

2 베트남한자음과 티베트한자음

2.1. 베트남한자음

베트남한자음(三根谷徹 미네야 토오루 1993:470-471)[1]의 之운의 예를 보면 다음과 같다.[2]

〈3등〉

[見k]³⁾ki 姬其基朞稘箕諆/co' 姬基箕; kĭ, kỷ 紀己; ký 記

[溪k']khi 欺/khu' 抾/kì, kỳ 魁; khĭ 起屺杞/khởi 起/kĭ 杞/dĩ 芑; khí 亟

[羣g]kì, kỳ 其淇萁期琪祺朞其旗緝騏麒蘄/cờ 棋/co' 朞蟇期/ký 朞/ky 蟇; ×; kị, kỵ 忌

[疑ŋ]nghi 疑; nghĭ 擬儗薿薿; ×

[曉h]hi 熙嘻嬉禧娭; hĭ 喜憙蟢; hí, hý 嬉憙

[于ɣ] ×; hĭ 矣; ×

[影·]y 醫噫; ×; ý 意/ỳ 意

[知t] ×; trĭ 微黐; trí 置

[徹t']si 癡痴飴/xi 癡/xuy 笞; sĭ 耻祉; ×

---

1) 일본어의 우리말 표기법은 필자의 표기법에 의한다.
2) 三根谷徹는 之운을 3등과 4등으로 구분하지 않고 배열하였다. 필자는 3등과 4등으로 구분하고 성모별로 다시 재배열하였다. 또한 ';'는 평성, 상성, 거성의 구분 표시이다.
3) 성모 재구음은 藤堂明保外(토우도우 아키야스 1971:24-25)에 의한다.

[澄ḍ]trì 治持/chì 持; trĩ 峙痔; trị 値治/chị 値
[娘ṇ] ×; nhĩ 你; ×
[來l]li, ly 釐漦犛狸梩貍/ly 莉; lí, lý 里俚娌理裏鯉李; lại 吏
[日ř]nhi 而洏栭胹陑輀/nhì 𦓤; nhĩ 耳;nhị 餌珥衈刵/nhĩ 餌

[莊ṭṣ]tri 菑淄緇輜鶅錙/chi 緇/truy 菑; trỉ 滓笫; ×
[初ṭṣʻ]ty 颸/huy 輜; ×; /xí 廁
[牀ḍẓ] ×; sĩ 士仕/thị 柹/tỉ 柹; sự 事
[疏ṣ] ×; sử 史使; ×
[ẓ] ×; sĩ 俟涘騃; ×

〈4등〉
[精ts]tư 玆滋孳嵫嗞鎡孜/ti 玆滋鎡; tử 子仔秄耔梓/tỉ 梓/tí 子; ×
[淸tsʻ] ×; ×; thứ 截
[從dz]từ 慈磁; ×; tự 字牸孳
[心s]tư 思偲罳𥳑緦司伺絲獬/ti 司偲絲蕬; tử 葸/tỉ 葸諰枲/nhĩ 枲 /bi 葸; tứ 笥伺思/tư 笥
[邪z]từ 詞祠辭; tự 似姒祀禩/tị, tỵ 巳/dĩ 汜/rĩ 汜/tử 耜/tĩ, luỹ 耜; tự 寺嗣/tư 飼

[照ʧ]chi 之芝; chỉ 止址沚芷阯趾厎畤; chí 志痣誌誌織識
[穿ʧʻ]xuy 嗤媸/suy 嗤媸; xỉ 齒; xí 熾幟/si 熾
[審ʃ]thi 詩; thỉ 始/thuỷ 始; thí 試弑僿
[禪ʒ]thì 時蒔鰣榯/thời 時; thị 市恃; thị 侍/trị 侍
[喩j]di 怡飴貽詒台瓯頤异/ri 飴貽頤/gi 頤; dĩ 以苡已/rĩ 苡; dị 異异/rị 異廙/tự 食

之운은 止섭에 속하며 『韻鏡』에서는 내전제8개(內轉第八開)로 개구음만 있으며 순음은 존재하지 않는 3·4등단운(單韻)이다. 위의 예를 전체적으로 보면 3등과 4등 즉 등(division)의 구별없이 i/y[i]로 반영된 것을 볼 수 있다. 총 256자 중에서 189자가 i/y[i]로 나타나 73.8%를 점하고 있다. 그런데 73.8% 이외의 반영에는 커다란 특징이 있다. 뒤에서 논하겠지만 한국전승한자음에는 止섭의 경우 유독 치두음은 /이/가 아니라 /ᄋᆞ/로 반영되었는데, 이와 같은 경향이 베트남한자음에도 보인다는 사실이다. 즉 치두음의 경우 i/y[i]가 아니라 u'[ɯ]로 반영되었는데 총 48자로 18.7%를 차지하고 있다. 따라서 [i]와 [ɯ]가 약 92.6%에 이른다. 그 밖으로는 uy[ui] 9자, o'[ə] 7자, o'i[əi] 2자 그리고 ai[ɑi]가 1자씩 보인다. o'와 o'i의 반영은, 특히 o'i의 반영은 중고음 이전 어느 시기의 음일 가능성이 크다. 3등개음은 전혀 반영이 안 된 것으로 추정되며, 4등 개음은 운미음과 함께 핵모음을 탈락시킨 것으로 보인다. 왜냐하면 nghiên cứu(研究)·tien bo(進步)와 같이 베트남어에는 이중모음이 ia/iê/yê[iə]처럼 존재하므로, 적어도 [iə]의 음을 지닌 예가 잔존해야 하지만 한 예도 없다는 것은 핵모음의 탈락을 방증한다고 할 수 있다.

2.2. 티베트한자음

티베트한자음의 예(羅常培 루어 츠앙페이 1933:43)[4]는 다음과 같다.[5]

---

4) 중국어 우리말 적기는 씨케이시스템(김용옥 1992:349-361)에 의한다.
5) 羅常培는 之운을 3등과 4등으로 구분하지 않고 모두 3등으로 처리하였다. 필자는 3등과 4등으로 구분하고 성모별로 다시 재배열하였다.

〈3등〉

[見k]記gyi 記keʼi [溪kʼ]起kʼi̱ 起kʼi [羣g]其gi 其kʼi 其gi 其gi [疑ŋ]
疑ʼgu 疑ʼgi

[影・]意ʼi 意ʼi 意ʼi [曉h]喜hi 喜hi 希(微운임)ʑi

[牀dẓ]士çi̱ 士çi 事çe 事çi 事çi

[日ȵ]耳ʑi̱ 耳ʑi 而ʑi, ʑu 而ʑe [來l]理li

[徹tʼ]癡cʼi, tsʼa [澄d]治li 治cʼi 持ji 持ji 持ji 値cʼi 値ji

〈4등〉

[喩j(于ɥ)]眙yi 異yi 異yi 以yi, ʼi, yiʼu 以yi 以yi 已yi 已yi 已yi

[精ts]玆tsi 子tsi̱ 子tsi, tse, ci 子tse [從dz]慈tsʼi [心s]思si 思si 思si

[邪z]祀si 嗣si 似si

[照ʧ]之ci,tsi 之ci 之ci [禪ʒ]時çiʼi̱ 時çi 時çi 市çi 侍çi

기본적으로 티베트한자음도 베트남한자음과 같이 3등과 4등의 구별없이 i/i[i]로 반영되었다. 티베트한자음의 자료는 9C경의 한자음을 티베트 문자로 적은 문헌과 티베트어를 한자로 표기한 것으로,『千字文』과『大乘中宗見解』는 漢藏對音 자료이고,『阿彌陀經』과『金剛經』은 藏文譯音 자료이다. 이 네 자료 모두 3등과 4등 구별없이 주로 [i]로 반영되었는데, 베트남한자음의 치두음이 i/y[i]가 아니라 일률적으로 u[ɯ]로 반영된 점과 비교해 보면, 기본적으로 티베트한자음은 성모에 따른 차이 없이 [i]로 나타난 것이 특징이다. 그런데 여기에는 [i] 이외에 事çe[ɕe]・子tse[tse]・而ʑe[ɕe]・記keʼi[kei]와 같이 [e]음을 지닌 예가 눈에 띈다. 이돈주(1990:72-89)는 치두음 4등의 /ㆍ/의 반영을 12C음의 유입으로 보았는데, 티베트한자음의 자료들은 9C경으로 추정되므로 [e]의 반영을 한국한자음의 치두음 4등 /ㆍ/의 반영과 연관 지을 수는 없다.

더군다나 [e]의 반영이 치두음(子)에 머물지 않고 아음 見모의 記, 치상음 牀모의 事, 그리고 반치음 日모의 而와 같이 3등자에도 고루 나타나는 것을 보면, 중고음 이전의 어느 시기음의 잔재로 추정된다.[6]

3 한국전승한자음과 萬葉假名

3.1. 한국전승한자음

之운의 한국전승한자음(『훈몽자회(1527년)』·『천자문(1575년)』·『신증유합(1576년)』)의 예는 다음과 같다.

〈3등〉

[見k]基箕긔/姬희 [溪k']起긔 [羣g]旗萁鎮麒긔

[徹t']癡티/笞틴 [澄d]痔티 [娘ŋ]你니

[莊tʂ]輜緇츼/滓짂 [初tʂ']厠(치,츽)츠 [牀dʐ]士事(쑤)ᄾ/柿시 [疏ʂ]史ᄾ

[影·]蟢意의 [曉h]蟢희

[日ȵ]栭輀耳(이)餌(이)ᄼ/珥(ᄼ)이   [來l]狸里理娌鯉褾裏(니)吏(니)리/李니

〈4등〉

[精ts]滋鎡鶿𥱼子耔ᄌ/梓짂 [從dz]慈鷀孳字牸ᄌ [心s]絲蘇司笥ᄉ [邪z]祀耜寺(시)詞祠飼ᄉ

[照tʃ]芝沚趾志痣지 [穿tʃ']蚩齒치 [審ʃ]詩시 [禪ʒ]時塒蒔市시

[喩j(于ɥ)]頤苡貽飴苢이

3등의 경우 아음과 후음은 /의/로, 치상음은 /ᄋᆞ/·/의/·/이/·/ᄋᆡ/로 나타나며 나머지 음은 주로 /이/로 나타난다. 이에 대하여 4등의 경우는 치두음은 /ᄋᆞ/로 정치음과 후음은 /이/로 반영되었다. 베트남한자음과 비교하면 4등 치두음이 ư[ɯ]로 반영된 점과 유사하게 /ᄋᆞ/로 나타난 점이 큰 특징이라 할 수 있다. 치상음의 경우 베트남한자음의 경우 i[i]가 23예 중 18예로 78%를 차지하고 ư[ɯ]가 史使sử·事sự 3예, uy[ui]가 菑truy·輜huy 2예로 그 예는 적지만 마치 한국한자음의 /ᄋᆞ/(4예)와 /의/(3예)에 대응하는 예가 보인다.

그런데 止섭 치두 4등음이 한국전승한자음에서 일반적으로 /ᄋᆞ/로 반영된 이유에 대하여, 박병채(1986:188-191)는 有坂秀世(아리사카 히데요)가 /ᄋᆞ/의 반영을 근거로 한국한자음이 10세기 개봉음(開封音)에 기초한다는 주장과 달리, Karlgren과 有坂秀世의 상고 추정음을 근거로 /ᄋᆞ/는 상고음의 반영이라고 보았다. 이에 대하여 이돈주(1990:78-79)는 王力(왕리)가 精系字가 tsi〉tsï(ts'i〉ts'ï, si〉sï)로 변한 시기를 12세기 이전으로 추정한 것을 근거로, 치두 4등의 /ᄋᆞ/의 반영은 12세기경의 치두음의 운모가 i〉ï[ɿ]로 변한 것을 /ᄋᆞ/([ʌ])로 받아들인 것으로 보았다. 이와 같이 상고음설과 12C설 등으로 나뉘는데 이에 대해서는 필자는 중고음설의 가능성만을 언급하고 다음으로 미루기로 한다.

따라서 /ᄋᆞ/로 반영된 것을 제외하면, 3등 아음의 /의/ 이외에는 3·4등 모두 /이/로 반영된 것을 볼 수 있다. 아음 /의/의 반영은 다음 장의 萬葉假名(만요우가나)와 밀접한 관계가 있으므로 뒤에서 다시 논하기로 한다.

3.2. 萬葉假名

萬葉假名의 之운을 제시하면 다음과 같다.

3등

[見k]己kö/己kï基kï記kï紀kï [羣g]其gö忌kö期gö碁gö [疑ŋ]疑gï擬gï

[影·]意o

[牀dʐ]事si士zi仕zi

[日r̝]珥zi耳zi餌zi而ni珥ni耳ni [來l]里rö/里ri理ri釐ri

[徹tʻ]笞ti恥ti [澄ɖ]治di

4등

[喩j(于ɥ)]已jö/已i以i異i怡i

[精ts]茲si子si [淸tsʻ]偲si [從dz]慈zi [心s]思sö思si司si伺si偲si [邪z]詞si寺

si嗣si寺zi辭si

[照ʧ]之si志si止tö [審ʃ]詩si始si試si [禪ʒ]時si時zi

3등의 경우 아음은 /ö/와 /i/로 나타나는데, /ö/의 경우는 5.2에서 언급
하겠지만 중고음 이전 어느 시기음의 반영으로 보이며 이것은 來모의
里가 /rö/로 반영된 것과 동일한 것으로 추정된다. 影모의 意가 한국한
자음에서 /의/로 반영되었기 때문에, 또한 같은 아음이 /의/로 나타나
기 때문에 /i/로 투영될 것으로 예상이 되지만 /o/로 반영된 점이 특징
이다. 이 이외에는 설상음·치상음·반설반치음 모두 /i/로 반영되었다.
따라서 중고음은 /ï/와 /i/로 나타난다. 4등의 경우 '喩모 已/jö/·心모
思/sö/·照모 止/tö/'와 같이 /ö/로 반영된 것은 3등과 마찬가지로 중고
음 이전의 반영음이다. 그 이외에는 치두음·정치음·후음 모두 /i/로

나타난다. 따라서 4등은 중고음에서는 모두 /i/의 반영을 보이고 있다.

4 之운 재구음의 검토

4.1 선행학자의 재구음

3·4등단운인 之운에 대한 선행 학자들의 재구음을 제시하면 다음과
같다.

Bernhard Karlgren(1963:263-266): [(j)i]

陸志韋(루 즈웨이 1985:44-48): [i(ě)i(＞i)]

王力(1985:226-227): 脂旨至質①[7] [i, ui, it, uit]

董同龢(똥 퉁후아 1993:166-168): [-i]

严学宭(옌 쉬에췬 1990:73-74): [ji]

藤堂明保(1980:264-265): /r-jej/ ([ɪei] [iei]) (「眞」に並行)　ただし六朝
時代には/r-jəj/([ɪəi] [iəi])

河野六郎(코우노 로쿠로우 1993:103-111): [-ïi][8] (脂/之) [-ɨi] (脂/之)

平山久雄(히라야마 히사오 1966:42-68): /iʌɯ/[iə̌ʔ] (또는 [iʔ])

E.G.Pulleyblank(1984:203-204): [ɨ]

각 학자들의 재구음의 근거를 간단히 살펴보면, Bernhard Karlgren
은 한국과 베트남한자음, 한음과 오음 그리고 현대중국방언음을 근거

---

7) ①《四声等子》在止摄虽只标为脂旨至质, 但是图内兼收支纸置, 之止志, 昔锡等
　　韵的字。
8) 필자의 표기로 바꾸면 [ɨi]가 된다.

로 제시하였는데, 그의 (j) 표기는

> But in our present category U-V we find, contrary to the general rule, yodized initials even before vocalic *i* : 124 a and 125 a Anc. *kji* (here, then, it is necessary to express the *j* : *kji*, as indicated by the yodized series of fan-ts'ie spellers; the typographical simplification is not applicable here). (p.264)

와 같이 성모의 요드화(yodization, a mark of palatalization)를 나타내며 활음(glide)이 아니므로 운모 [i]는 중설모음의 [ï]가 아니라 전설모음임을 보여준다. 陸志韋는 현대중국방언음과 외국의 한자 차용음은 재구에 도움이 안 되어 상고음과의 관계를 근거로 제시하였다. 그의 '()i'는 절운 시대의 방언음 중에 이미 단모음화한 것을 나타내고, (ⵧ)는 [ə]에서 변한 약모음을 나타낸다.[9] 王力는 四声等子를 근거로 之·脂·支운을 같은 음으로 추정하였으며, Karlgren의 支운 추정음과 다른 이유를

> 高本汉把脂韵拟测为[i, ʷi], 之韵拟测为[ï], 都是对的; 他把支韵拟测为[iě, iʷě], 也不算很错, 因为如上文所论, 在隋唐初期, 在某些方言里, 支韵还是独立的。 (p.227)

와 같이 Karlgren의 추정음은 수당 초기의 어느 지방의 방언음에서 나타난 것을 제시한 것으로 보았다. 董同龢는 福州와 厦門 지방음에서 [i]로 나타난 것을 근거로 제시하였는데 그의 재구음 [i]는

---

9) （＞i）表示在《切韻》時代的方言裏已經可以單元音化。(ⵧ)表示從ə變來的弱元音。 (pp.47-48)

關於各韻母的標音, 有一點要說明的, 就是:遇主要元音是-i時三等韻母
必有的介音 -j- 都略去。

와 같이 실제로는 [ji]이다. 이것을 필자의 표기로 바꾸면 [ii]로 추정한
것이다. 严学窘은 재구음과 근거가 董同龢와 같다.

　藤堂明保는 之운이 오음에서 オ단으로 나타나고 萬葉假名에서 オ
단을류로 나타나지만, 한음에서는 欣・眞・侵운이 イ단으로 반영된 것
과 마찬가지로 イ단으로 반영된 것을 근거로 삼고 있다. 그런데 그의
재구음의 근거에서는 /i/의 반영을 문제로 취급하지 않고 있다. 河野六
郎는 之운과 脂운이 이미 합류한 것으로 추정하여 脂운에 之운을 편입
시켰으므로 脂운의 근거를 제시하면, 萬葉假名의 갑류와 을류의 반영,
한국한자음에서 갑류는 /이/로, 을류는 /의/로 나타난다는 점과 베트남
한자음에서 순음이 을류에서는 순음으로 나타나지만 갑류에서는 치음
과 설음으로 반영된 것을 근거로 제시하였다.

　平山久雄는 다른 학자들과는 달리 Pulleyblank처럼 해석을 달리하
고 있는데 이해를 돕기 위해 해당 부분을 인용하면 다음과 같다.

　　……之韻牙喉音がC類であつたと知ることにより、之韻が音韻論的に奥舌主母音を
　　含むものとして、脂韻開口とは異なる音価を有したことが確定されるのである。(p.54)
　　……中古音では之韻だけに/-ɯ/が残されたわけである。やがて八世紀末の慧琳音
　　義の音韻体系で之韻が他の止摂諸韻と合流するに及び、音素/-ɯ/は消滅すること
　　となつた。音声としては、之韻/-iʌɯ/は大略[-iɜ̆ʮ]の如くであつたと考える。或は
　　殆ど[-iʮ]であつたかも知れない。すなわち、/-ɯ/は介育/-i-/の同化を蒙り
　　調音点を大きく前進させて[-ʮ]となつていた。主母音/ʌ/は介音・韻尾の双
　　方から同化と吸収を受け微かな[ə]音としてあらわれるか、或は全く音声面に

あらわれなかつた、と考える。……なお、之韻の韻尾[-ɿ]は微韻の韻尾[-i]
に比べ、舌面のより鈍感な部分で調音されるために、/ʌ/に該当する[ə]音と
の間に調音上の明瞭な区切りをつけにくく、そのため[ə]音を吸収する程度
が[-ɿ]において一層大きかつたのだ、と考える。……われわれの説がこれら
と異なる点は、切韻音推定の根本資料である切韻系韻書の反切そのもの
の内部に、推定の鍵を見出したことにある。(pp.55-56)

즉 그는 Karlgren이 사용한 자료를 인정한 후 핵심은 절운계운서의 반
절(C類上字)에서 그 근거를 찾았다. 특히 운미음을 [i]가 아니라 설면의
위치가 앞으로 이동하여 조음되는 음으로써 약한 [ɦ]([ꜧ])음을 흡수할
정도로 추정하였다. E.G.Pulleyblank는 之운을 중설의 [ɨ]로 재구하였는
데 그는 Karlgren의 재구음을 토대로 하여 다음과 같이 개구음에서 개
음 -j(glide)가 없는 것으로 보았다.

> It is true that a special rule is required, restoring a -j glide, to account
> for the change of EMC -wi to LMC -yj, but to assume -j glides in
> *kaikou* would complicate the rules for the merger of EMC -ɨ with
> -i and for the LMC loss of -i after sibilants, giving -ɹ̩ and -ʐ̩. To
> assume that -ɨ had no final glide in EMC helps to explain the fact
> that it merged first with -ɨ and -iă which were all *tongyong* by the
> end of the seventh century, while 微 -ɨj remained distinct for a longer
> time.(pp.203-204)

이상과 같이 之운의 선행 학자들의 재구음을 검토해 보았는데, 이상
의 음을 간추리면 [i](여기에는 3등의 경우 [iɨ]도 포함)가 가장 많고, 중
설의 [ɨ], [ǐi([ꟾi])/ɨi], [iə ɿ] 그리고 [ɪei/iei]와 [i(ɛ)i]이다. [i(ɛ)i]는 [iei]인지

[iəi]인지 명확하지 않지만, 陸志韋는 微운을 [ɪəi]로 재구하였으므로 [iəi]는 微운과 핵모음이 같으므로 제외된다. 그러면 [iei]가 남는데, [iei] 또한 [iěi]의 표기가 있으므로 아마도 [iei]보다도 더 약한 [ĕ]를 의미하는 것으로 보인다.

4.2 재구음의 검토

그러면 이상의 음을 가지고 2·3장에서 제시한 자료를 검토해 보기로 한다. 먼저 之운 중고음이 [ɪi](3등[ɪi]〈Karlgren은 [i]10)〉, 4등[il])이었다고 한다면, 베트남이나 티베트 자료의 설명과 4등의 한국한자음과 萬葉假名의 음차자 사용에 대한 설명은 가능하겠지만, 특히 3등의 한국한자음의 아음과 후음의 /의/와 萬葉假名의 아음의 다음 예와 같이,

> 式部大輔石上堅魚朝臣歌一首 [左注]右神龜五年戊辰大宰帥大伴卿之
> 妻大伴郎女遇病長逝焉。于時、勅使式部大輔石上朝臣堅魚遣大宰
> 府弔喪并賜物也。其事既畢駅使及府諸卿大夫等共登**記**夷城而望遊
> 之日乃作此歌。(万葉集 권8 1472번)
> 珥比麼利 菟玖波塢須**擬**氏 異玖用伽襴菟流(日本書紀歌謡 25番)
> 耶麼能謎能 故思麼古喩衛爾 比登涅羅賦 宇麼能耶都**擬**播 鳴思稽矩
> 謀那斯(日本書紀歌謡 79番)

---

10) Karlgren은 앞에서 언급한 것처럼 之운을 (j)i로 추정하였는데 이것은 어디까지나 인쇄의 편의상(typographical simplification) j를 생략했던 것을 之운에서는 반절 상자에 3등자를 사용함으로써 생략하지 않은 것이다. 그런데 그의 (j)i는 예를 들어 성모가 k인 경우로 설명한다면, k(j)i는 운모가 [i]이 되는데 만일 성모가 k(j)가 아니라 k라 하더라도 전설모음 [i]에 의해 k는 k(j)가 되어 그 실현음이 똑같이 [k(j)i](=[ki])가 된다.

記擬가 /ǐ/로 쓰인 사실은 설명할 수가 없다. [ɨi]는 [ɨ]와 [i]가 조음점이
같아서 한국한자음의 경우 아음도 /이/로 반영되었을 것이고, 萬葉假
名 또한 갑류인 /i/로 나타났을 것이다. [ɨi]로 추정할 경우, 여기에는 3등
과 4등 구분 없이 [ɨi]로 재구한 것인데, [i]에서의 설명과 같이 3등과 4등
의 차이가 존재한다는 점을 설명할 수 없는 난점이 있다. [ɪei]11)와 [iei]
의 경우 3등과 4등에 개음의 차이가 있는 점은 유용하지만, 핵모음이
[e]인 이상 베트남한자음에 [e]의 반영자를 기대할 수 있고, 그것도 어느
정도 상당수가 존재할 것으로 기대할 수밖에 없는데, 소수의 예가 아니
라 그 예가 하나도 없다는 점은 이 재구음에 무언가 문제가 있음을 시
사한다고 할 수 있다. 또한 티베트한자음에 記ke'i · 事çe · 而ʑe · 子tse
와 같이 [e] 혹은 [ei]의 흔적을 볼 수는 있지만, 이것이 다수를 차지하지
못한다는 점은 이미 앞에서 논한 바대로 중고음 이전 시기음의 잔재로
볼 수밖에 없어 이 또한 설명이 어렵다. 한국한자음의 경우에 [e]는 가4
등운(假4等韻)인 齊운 개구음([ei]로 추정됨)의 예가

　　[見k]計稽鷄계 [溪k']啓契계 [疑ŋ]猊鯢霓예
　　[影 ·]瑿예 [曉h]醯혜 [匣ɦ]蹊系계
　　[端t]堤邸帝뎨/諦蒂톄 [透t']體涕톄/梯뎨 [定d]蹄啼弟第뎨 [來l]藜禮例儷
　　례/戾黎려
　　[精ts]濟霽졔 [淸ts']妻쳐 [從dz]齊薺졔 [心s]細洗셰
　　[幫p]閉嬖폐 [滂p']陛桂폐

와 같이 기본적으로 핵모음 [e]가 /여/로 수용되었는데, 之운4등 [iei]는
개구개음이 강한 [i]이므로 단순히 /예/의 반영이 아니라 [i]를 살릴 수

11) [ɪ]는 [i]의 이완음(lax)이 아니라 [i]와 [ɨ]의 중간음을 나타낸다.

있는 어떤 음으로 받아들였을 가능성이 있지만, 그 점을 무시한다고
하더라도 핵모음 [e]를 나타내기 위해서 /여/의 형태는 있었을 것이며,
더군다나 3등은 [ɪei]로 개음이 약하므로 [ɪ]를 수용하지 않게 될 가능성
이 크므로 /예/와 같이 반영되었을 것이다. 그러나 3등과 4등의 반영음
은 /의/·/으/·/이/로 /예/의 반영이 전혀 없다는 점을 설명할 수 없다.
萬葉假名의 경우에도 3등의 [ɪei]는 齊운의 計와 鷄가

> 暮相而 朝面無美 隱爾加 気長妹之 廬利為里計武 (万葉集 권1 60번)
> 椰勾毛多菟 伊頭毛多**鷄**流餓 波**鷄**流多知 菟頭邏佐波磨枳 佐微那辞
> 珥 阿波礼 (日本書紀歌謡 20番)

와 같이 /ke/ 즉 갑류의 [e]로 사용된 것처럼 주로 ㅡ단으로 쓰였을 것
인데, 실제로는 /ɨ/와 /i/로 나타난 사실로 보아 이 재구음을 받아들일
수 없다.

([ʉi])[12]와 [ɪi]의 경우 전자가 3등, 후자가 4등인데, 4등의 경우는 비
록 4등 개음을 [i]가 아니라 [ɪ]로 추정한다고 해도 앞서 논한 바와 같이
베트남과 티베트한자음에서 주로 [i]로 반영되었고, 한국한자음에서 /
이/와 萬葉假名에서 /i/로 수용되었으므로 중고음 이전 시기음의 고려
를 제외한다면 재구음으로서는 문제가 없는 것 같다. 그러면 3등의 [ʉ
i]의 경우는 어떠한지 검토해 보자. 먼저 베트남한자음의 경우 u'i나 u'y
즉 [ɯi]가 가장 근접한 음으로 추정할 수 있다. 그런데 베트남 모음체계
에서는 [ɯi]와 같은 음이 존재하지 않는다. 따라서 이에 가장 근접한
음으로는 ui/uy[ui]를 고려해 볼 수 있는데 이 예는 笞xuy·藟truy·輴

---

12) [ɪi] 대신에 [ʉi]로 설명하기로 한다.

truy와 같이 3등에 존재한다. 그런데 두 가지 점에서 문제가 있다. 첫째, uy는 4등에도 耜lu · 嗤媸xuy/suy · 始thuỷ와 같이 존재하므로 3등만의 특징이라고 할 수 없고, 둘째, 그 예가 극히 적다는 점에서 중고음과 연관시키는 데 한계가 있다. 예가 적다는 것은 수용 시기가 달랐을 가능성을 내포하기 때문이다. 여기에는 물론 [ui]로 보면 [u]가 합구성을 지닌다는 점에도 문제가 있기는 매한가지이다. 즉 之운은 개구음이기 때문이다. 그렇다고 해서 [ɯi]의 근원을 4등 치두음에 집중적으로 나타나는 u'[ɯ]로 추정할 수도 없다. 그 이유는 [ɯi]는 3등이지 4등이 아니기 때문이다. 따라서 [ɯi]의 해석은 개음을 탈락시킨 [i]의 반영으로 볼 수밖에 없다. 티베트한자음도 티베트어의 모음체계에서 [ɯ]가 존재하지 않고 더군다나 [ɯi] 또는 [ui]등이 존재하지 않는다는 점을 고려한다면, 3등과 4등을 구별하지 않은 이유가 설명이 된다. 그리고 한국전승한자음의 /의/의 반영과 萬葉假名의 /ï/의 반영은 [ɯi]의 3등개음의 중설적 요소를 반영한 것으로 해석이 가능하기 때문에 재구음 [ɯi]는 상당히 설득력이 있다. 다만 중고음 이전 시기의 萬葉假名의 /ö/의 반영과 연관 지었을 경우에 之운의 변천을 설명하는 데 한계가 있다는 맹점이 있다.

마지막으로 [iəɪ](또는 [iɪ])의 경우, 4.1의 인용에 의해 음성기호를 바꾸어 표시하면 [iəɪ](또는 [iɪ])가 되는데, 平山久雄는 운미음 [ɪ]에 의해 핵모음 [ə]가 흡수될 정도이므로 [iɪ]와 같은 음으로도 추정한 것인데, 이와 같은 [iɪ]([iəɪ]를 포함해서)는 베트남과 티베트한자음에서 3·4등이 구별없이 반영된 사실을 설명할 수 있다. 그러나 한국전승한자음의 /의/와 萬葉假名의 /ï/의 반영을 설명하기 어려운데, 만일 [ə]가 [ɪ]에 흡수되지 않았다면 /의/와 /ï/의 반영은 설명이 가능하다. 다만 운미음이 긴장된(tense) 음이 아니라 이완된(lax) 음이기는 하지만, 마치 영어의 sick나 廣東語의 京(ging[1] [kɪŋ])이나 極(gik[6] [kɪk])의 단모음이 음성학적으로 [ɪ]로 표기되지만 음색은 [e]에 가까운 음이 되는 것과 달리 [i]에 가까운 음이어야 할 것이다. 그렇다 하더라도 운미음이 [i]가 아니라 이완된 [ɪ]이기 때문에, 중고음 이전에 강한 중설의 핵모음을 지녔을 것으로 추정되는 之운이 중고음에 이르러 핵모음의 약화 단계를 거쳐 중당(中唐)이후에 탈락하는 단계까지 이르지 못했을 가능성이 크다.

█ 5 之운의 중고 재구음

본 장에서는 之운의 중고음을 재구하기로 한다. 또한 나가는 말을 대신하기로 한다.

필자는 之운의 중고음을 [iᴴ]와 [iᴴ]로 추정한다. 그 근거는 다음과 같다.

첫째, 한국전승한자음에 의한다. 한국전승한자음은 4.1에서 살펴본 바와 같이 之운3등은 성모에 따라 반영음에 차이를 보이고 있는데 반해, 4등의 경우 치두음은 일률적으로 /ᄋᆞ/로 정치음과 후음은 /이/로 반영되었는데, /ᄋᆞ/의 반영은 본고의 연구범위를 넘기 때문에 제외하면, /이/의 반영은 개구개음 [i]와 운미음[i]를 전제로 할 수밖에 없다. 특히 4등 개구개음의 경우 한국전승한자음에서는 개구개음의 반영을 그대로 보여 주는데, 예를 들면,

〈東운4등〉
[喩y(于ц)]育(흑)毓鬻육

[知ţ]中듕/竹듁/忠衷듕/築듁 [澄d]冲狪蟲듕/逐妯舳軸듁 [來l]隆륭/六
(뉵)陸륙

[心s]宿(슈)夙(슈)蓿슉/蓿송 [照ʧ]粥夑/終螽죵 [穿ʧʻ]茺銃츙 [審ʃ]叔菽
슉 [禪ʒ]孰熟塾淑슉 [日ɲ]戎(융)肜/肉(슈)육

〈魚운4등〉
[喩j(于ц)]與餘蜍予鸒輿蕷여/預豫譽예

[知ţ]瀦뎌 [徹ţʻ]㯭樗楮뎌 [澄d]儲苧杼筯뎌/芧셔 [娘ŋ]女녀 [來l]呂盧閭
侶(녀)旅膂鑢려

[精ts]蒩沮져 [淸tsʻ]疽져 [心s]絮셔 [邪z]序嶼셔 [照ʧ]渚져/諸졔/煮蠧쟈
[穿ʧʻ]處쳐/杵져 [神ʤ]抒셔 [審ʃ]書鼠暑黍恕(져)셔 [禪ʒ]署薯曙墅셔
[日ɲ]茹汝(여)洳셔

〈諄운4등합구〉
[見k]橘귤

[喩j(于ц)]鷸(암)繘휼

[徹ţʻ]椿츈/黜(츌)튤/楯슌 [澄d]柒튤 [來l]淪輪륜/葎律

[精ts]儁쥰 [淸tsʻ]皴쥰 [心s]筍슌/鈗슌/隼슌/恤휼 [邪z]旬슌 [照ʧ]準俊稕
쥰/肫둔 [穿ʧʻ]春츈/蠢쥰 [神ʤ]脣盾슌/術슐 [審ʃ]舜슌/瞬(슌)순 [禪ʒ]蕁
(쑨)醇鶉슌 [日ɲ]閏(윤)슌

〈麻운4등개구〉
[喩j(于ц)]也野冶夜야

[精ts]借챠/罝姐져 [從dz]褯(쟈)챠 [心s]寫(샤)싸 [邪z]謝邪斜샤 [照ʧ]者
赭炙(젹)柘쟈 [神ʤ]麝샤/射(샤/셕)싸 [審ʃ]奢賖舍샤 [禪ʒ]社蛇샤

와 같이, 東운4등은 /웅/이 아니라 /융/으로, 魚운4등은 /어/가 아니라 /여/로, 諄운4등 합구음은 /운/이 아니라 /윤/으로, 麻운4등은 /아/가 아니라 /야/로 반영되어 개구개음 [i]의 존재를 확인할 수 있다. 이 사실은 之운4등의 /이/의 반영에는 개구개음 [i]가 /이/로 반영되어 있음을 말해주며, 또한 운미음도 [i]이었음을 보여준다. 즉 /이/의 반영은 개구개음 [i]와 운미음 [i]의 반영으로 볼 수 있다. 문제는 핵모음이 어떤 음가이었는가 인데, 微운이 개구음은 /의/로, 합구음은 /위/로 규칙적인 반영을 보이면서 몇 몇 자에서는 虺卉/훼/[13)와 緋/비/의 반영이 보이며, 특히 전자는 중고음 이전 시기음의 반영으로 추정되므로 중고음 이전 시기음과 중고음간의 관계를 한국전승한자음에서 찾을 수 있는 것과는 달리, 之운의 경우는 중고음 이전 시기음의 예가 존재하지 않아 핵모음의 추정이 쉽지 않다.

　3등의 경우 설두음과 반설반치음이 /이/로 나타나 3등과 4등의 차이도 구별이 안 되는데, 그 이유는 之운이 3·4등단운이라는 점에 있다. 3·4등단운의 개구개음은 3등은 [i]로 4등은 [i]로 추정되기 때문에, 3등의 경우도 4등과 같이 개구개음이 같은 전설모음인 [i]의 반모음이므로 3등의 /이/는 개구개음과 운미음의 반영이라는 점은 분명하다. 그런데 설상음의 /으/의 반영과 달리 아음과 후음의 /의/의 반영에서 핵모음의 실마리를 찾아볼 수 있다. 즉 /의/의 반영에서 운미음의 /이/의 반영을 제거하면 중설모음인 /으/로 반영되었으므로 중고음의 핵모음은 중설모음과 관련이 있음을 유추할 수 있다.[14) 이와 같은 사실은 萬葉假名의 사용에서도 확인할 수 있다. 중뉴3등운이나 순3등운인 경우에 萬葉

---

13) 김대성(2012) 참조.
14) 필자는 고대국어의 모음체계를 '/이/=[i], /우/=[ɯ], /으/=[ɯ～ə], /어/=[ɜ], /오/=[u],
　/ᄋ/=[ʌ], /아/=[ɑ]'와 같이 추정한다.

假名에서는 일반적으로 을류로 나타나는데, 止섭 중에서 支운과 脂운은 3·4등중뉴운이며 微운은 순3등운이므로 중설적인 개음에 의해서 3등이 을류로 쓰일 수 있었지만, 之운은 3·4등단운이므로 3등개음 [ǐ]에 의해서는 을류로 사용되기가 어렵다. 그런데도 불구하고 之운 3등의 아음이 을류로 사용되었다는 것은 핵모음에 중설적인 요소가 존재했음을 시사한다고 할 수 있다. 3·4등단운을 지닌 운에는 東·種·魚·虞·陽·蒸운이 있는데, 이 중에서 을류가 나타나는 것은

安之比奇能 夜麻治古延牟等 須流君乎 **許許呂**爾毛知弖 夜須家久母奈之(万葉集 권15 3723번)

神左振 磐根己**凝敷** 三芳野之 水分山乎 見者悲毛(万葉集 권7 1130번)

와 같이 魚운([ǐɔ]로 추정)과 蒸운([ǐə ŋ][ǐə ŋ]으로 추정)으로 전자의 경우는 핵모음이 중설모음으로 추정된다. 문제는 어떤 이유로 후설모음으로 추정되는 魚운이 /ö/[15]로 즉 중설적으로 사용이 가능했던 것인가이다. 그 이유는 전설 개모음 [ǐ]에 있다. 3등개음은 4등처럼 직접적으로 그 흔적을 남기지는 않지만, 간접적으로 핵모음에 영향을 준다는 점에 그 특징이 있다. 즉 후설 핵모음을 지닌 魚운이 전설 개음인 [ǐ]에 의해 중설적으로 이동함으로써 萬葉假名에서 /ö/로 사용이 가능했던 것이다. 이와 같이 비록 3·4등단운에 속한다고 하더라도 핵모음이 중설적이거나 또는 중설화함으로써 을류로 사용된 것처럼, 3·4등단운인 之운이 한국전승한자음에서 /으/로 반영된 것은 핵모음이 중설적이거나 중설화가 가능한 음이었기 때문으로 추정된다.

---

15) 필자는 고대일본어를 8모음체계로 보며 특히 을류는 '/ǐ/=[ǔi](단, [ǐi]설도 배제하지 않는다)], /ě/=[ʒı(또는 ʒe)], /ö/=[ə]'와 같이 추정한다. 김대성(2003:109-148) 참조.

필자는 이 중에서 중설적인 핵모음으로 판단하여 之운을 [iəɨ]와 [iəɨ]로 추정한다. 그러나 강한 핵모음을 지닌 [iəɨ]와 [iəɨ]로 추정하지 않는 이유는 만일 이와 같은 음이었다면 한국전승한자음에서는 반드시 /에/와 /예/의 예가 상당수 존재하거나, 마치 성모에 따라서는 /의/와 /이/로 일률적으로 나타나듯이 일률적으로 /에/와 /예/의 예가 존재했을 텐데 3·4등 모두 /에/와 /예/의 예는 하나도 존재하지 않기 때문이다. 따라서 3등의 [iəɨ]는 개음과 핵모음으로 이루어진 [iə]가 운미음의 [ɨ]에 의해 [ə]의 탈락이 예상되나, 4등 개음이 모음 [i]인 것과 달리 반모음의 [i̯]이기 때문에 즉 약한 모음이기 때문에 [ə]를 탈락시키지는 못하고 개음과 함께 /이/와는 구별되는 음을 이루게 되어 /으/로 반영된 것으로 추정된다. 고대국어의 중설에는 /우/·/으/·/어/가 존재하는데 /우/([u-])는 원순모음인 관계로 [iəɨ]와 차이가 크고, /어/([ɜ])는 중모음이나 저모음인 [ə]나 [ɜ]음의 전사로 대부분 사용되었으므로 [iəɨ]와는 음의 차이가 있었음을 알 수 있다. 따라서 남은 것은 /으/인데 /으/는 [ɯ~ɨ]로 추정되므로 [iəɨ]에 근사한 음은 아니지만 /이/와의 구별을 위해 차선으로 선택된 것으로 보인다. 4등의 [iəɨ]는 강한 개음과 운미음에 의해 약한 핵모음 [ə]가 잘 들리지 않게 됨으로써 한자음의 전사 과정에서 탈락시켜 /이/로 반영된 것으로 추정된다.

둘째, 일본 고대 자료를 근거로 들 수 있는데 특히 萬葉集(만요우슈우)의 萬葉假名의 반영례를 주요 근거로 들 수 있다. 이 근거는 한국전승한자음보다도 유력하며 기타 다른 자료보다도 중요하다. 그 이유는 자료의 시대가 명확하며, 그 시기가 중고음을 전후로 하여 수백 년에 걸쳐 있어서 자료의 분석에 의해 중국 성운학의 변화(演変)를 유추할 수 있기 때문이다.

之운은 /ŏ/·/ĭ/·/i/로 세 가지 음이 공존하는데 3등 來모의 里와 4
등 心모의 思의 경우,

八隅知之 我大王乃 朝庭 取撫賜 夕庭 伊縁立之 御執乃 梓弓之 奈加
弖乃 音為奈利 朝猟爾 今立須良思 暮猟爾 今他田渚良之 御執能 梓
弓之 奈加弖乃 音為奈里 (万葉集 권1 3번)

와 같이 각각 /ri/와 /si/[16]로 사용됨을 볼 수 있다. 권1 3번 노래는 『万葉
集(日本古典文学大系)』의 두주(頭注)와 『万葉集注釋 卷第一』를 보면,

二:間人皇后。舒明天皇の皇女、天智天皇の妹、天武天皇の姉、孝
徳天皇の皇后。天智四年(六六五)没。万葉初期の有名な歌人。なお
中皇命を斉明天皇とする説もある。三:伝未詳。孝徳紀白雄五年に遣唐
使の判官として見えている中臣間人連老か。四:老が歌を作ったか、歌を
献ずる使であったかが問題になっているが、使であったろう。(p.10)

「中皇命」は諸説があつて決しなかつた。考の別記に春滿の説に從
ひ、舒明天皇の皇女間人皇后(孝徳の后)とし、中皇女命の誤として
よりそれによる者多く、命を女の誤とする者、交字は原文のまゝ
とする者などあるが、間人皇女とする説が有力であつた。それに
對して喜田貞吉博士は……と記した例などをあげて、今の場合は齊
明天皇を申すと結論された。武田博士と次田潤氏がこの説に贊せら
れてゐる以外にはなほ多くの學者は疑問とされてゐる。しかし喜田

---

16) 日本書紀 가요에는 思가 '故思麼古喩衛爾(79번), 鳴思稽矩謀那斯(79번), 思麻我
簸多泥儞(87번), 思麻能和倶吾鳴(95번)'와 같이 4예가 보이는데 모두 알파군에
속한다.

博士の論は動かし難いものと私は信ずる。(pp.55-56)

와 같이 舒明천황(629~641년)이 사냥을 나갔을 때 바친 노래로써, 작자에 대해서는 間人皇女(?~665년)설과 齊明천황(655~661년)설, 그리고 間人連老설 등으로 나뉘지만, 이 노래가 萬葉集 시기 구분[17]에 의하면 舒明천황 때이므로 제1기에 속하며 특히 萬葉集의 초기 작품임이 분명하므로 600년대 전반기임은 분명하다. 또한 己의 경우 萬葉集에 총 10예가 보이는데 다음 노래는

明日香清御原宮御宇天皇代(天渟中原瀛真人天皇諡曰天武天皇 十市
皇女薨時高市皇子尊御作歌三首 : 三諸之 神之神須疑 己具耳矣自得
見監乍共 不寝夜叙多(万葉集 권2 156번)

와 같이 제3구와 4구가 정훈(定訓)이 없기 때문에 음차자(音假名)인지의 여부를 알 수 없지만, 작자가 高市皇子이므로 제2기의 작품인 것은 분명하며 다음의 권10 2011번 노래에 己가

天漢 己向立而 恋等爾 事谷将告 孋言及者

와 같이 접두어 'イ'로 사용되었는데, 권2 156번의 예를 제외하면 이 노래는 柿本人麻呂歌集에 보이기 때문에 萬葉集에서 가장 오래된 예이며 제2기의 작품임을 알 수 있다. 그리고 나머지 8예 또한 /i/로 사용되었다. 이와 같은 사실은 之운인 里 · 思 · 己가 600년대 전반기에 /i/

---

17) 沢瀉久孝 · 森本治吉『作者類別年代順万葉集』에 의하면 '제1기 ~672년, 제2기 673년~710년, 제3기 711년~733년, 제4기 734년~759년'으로 구분하였다.

로 사용되었음을 의미하는데, 이것은 시기적으로 볼 때 중고음의 유입
과 일치하는 것이다. 그런데 주지하는 바와 같이 다음의 예를 보면,

> 大和国天皇、斯帰斯麻宮治天下名<u>阿米久尓意斯波羅岐比里尓波弥</u>
> <u>己等</u>世、奉仕巷宜名伊那米大臣時、百済国正明王上啓云、万法之
> 中、仏法最上也。(奈良県元興寺露盤銘)
> 故、天皇之女、佐久羅韋等由良宮治天下、名<u>等己弥居加斯支夜比</u>
> <u>弥乃弥己等</u>世、及甥、名<u>有麻移刀等己刀弥々乃弥己等</u>時、奉仕、
> 巷宜名有明子大臣、為領、及諸臣等讃云、(奈良県元興寺露盤銘)
> 上宮記曰、一云、凡牟都和希王娶経侯那加都比古女子名弟比弥麻
> 和加、生児若野毛二侯王、娶<u>母々思己麻和加中</u>比弥生児大郎子、
> 一名意富々等王、妹践坂大中比弥王、弟田宮中比弥、弟布遅波長
> 己等布斯郎女四人也。(上宮記逸文)

예의 순서대로 'アメクニオシハラキヒ<u>ロ</u>ニハノミコト', 'ト<u>ヨ</u>ミケカ
シキヤヒメノミコト'・'ウマヤドト<u>ヨ</u>トミミノミコト', 'モモ<u>ソ</u>コ[18]
マワカナカヒメ'와 같이, 里・己・思가 각각 /rö/・/jö/・/sö/로 사용되
었음을 볼 수 있다. 즉 /ö/로 사용되었으며, 그 시기 또한 里와 己는
推古 4년 즉 596년이며, 上宮記逸文 또한 推古시대(593~628년)이므
로 절운(切韻 600년)의 편찬 시기와 비슷하지만, 한자음의 전래가 절운
보다는 훨씬 이전일 수밖에 없기 때문에 중고음 이전 시기임이 분명하
다. 다시 말하면 중고음 이전에는 之운이 /ö/이었다는 사실이다. 물론
萬葉集를 보면 己는 /i/로만, 思는 /si/로만 나타나는데 반해, 里는 약
643예가 존재하는데 훈독자 サト의 표기로 쓰인 64예를 제외하면 나머

---

18) 大野透(오오노 토오루 1962:110)의 설명이 타당하므로 이에 따른다.

지 577예는 음차자로 사용되었는데, 그 중 575에는 /ri/로 그리고 나머
지 두 예에 /rö/의 사용이 보인다. 그 예를 제시하면 다음과 같다.

牟浪他麻乃 久留爾久枳作之 加多米等之 以母加去去里波 阿用久奈
米加母(万葉集 권20 4390번)
久爾具爾乃 夜之里乃加美爾 奴佐麻都理 阿加古比須奈牟 伊母賀加
奈志作(万葉集 권20 4391번)

이 두 노래는 제4기에 속하기 때문에 당연히 /ri/로 즉 /i/로 반영되어야
하지만 /ö/로 사용되었으므로 예외로 보기 쉬운데, 사키모리우타(防人
歌)라는 점에서 다른 각도로 접근해야 한다. 이 두 노래의 작자는 각각
刑部志可麻呂와 忍海部五百麻呂로 전자는 猨島郡 출신이고 후자는
結城郡 출신으로 4394번의 좌주(左注) '二月十六日下総国防人部領使
少目従七位下県犬養宿祢浄人進歌数廿二首　但拙劣歌者不取載之'에
의하면 지금의 千葉県에 속하는데, 편찬자인 大伴家持가 노래의 원문
을 그대로 실었기 때문에 중앙언어와 지방언어간의 표기의 차이를 엿
볼 수 있다. 즉 지방언어의 표기의 보수성을 확인할 수 있는 것으로
이상의 두 노래의 里의 /rö/표기의 사용은 한자음의 변천 즉 중국 성운
학의 변천을 반영하지 않은 것으로써, 오히려 그러한 표기가 한자음의
변천을 중앙언어와 지방언어의 표기를 통해 엿볼 수 있는 좋은 예인
것이다.
　이상과 같이 중고음 이전의 /ö/의 반영과 중고음 시기의 /ï/와 /i/의
반영에 의해 필자는 중고음을 [ie]와 [iɐ]로 추정하는 것이다. 중고음의
3등 [ie]는 고대 일본어의 /ï/ 즉 음성학적으로는 [ɨi](또는 [ɨi])인 イ을류
의 중설적인 요소를 개구개음과 핵모음으로 이루어진 [ie]에 의해 나타

낸 것으로 추정되며, 갑을류의 구분이 없는 경우에는 운미음 [i]에 의해
/i/를 나타낸 것으로 판단된다. 4등의 [iəi]는 강한 개구개음 [i]와 운미음
[i]에 의해 약한 핵모음 [ə]가 거의 들리지 않게 되어 탈락함으로써 /i/의
표기에 매우 적합했던 것으로 보인다. 그리고 중고음 이전의 之운의
/ə̆/의 반영은 중고음 이전 시기에는 [iəi]와 [iəi] 즉 강한 핵모음을 지닌
음이었기 때문으로 추정되는데, 구체적인 그 시기에 대해서는 다음 연
구에서 다시 논하기로 하겠다.[19]

　셋째, 베트남한자음과 티베트한자음을 근거로 들 수 있다. 베트남한
자음은 주로 치두음이 u[ɯ]로 반영된 것을 제외하면 73.8% 해당하는
자는 i/y[i]로 반영되었고, 티베트한자음은 성모에 따른 차이가 없이 대
다수가 i/i[i]로 반영되었는데, 두 한자음 모두 3등과 4등에 따른 차이가
없이 [i]로 반영되었다는 점은 두 가지 근거를 제시해 준다. 첫째, 중고
음의 핵모음이 강한 핵모음이 아니라 약한 핵모음이기 때문에 반영되
지 않았다는 점, 둘째, 운미음이 [i]이었다는 점이다. 이 두 가지 점을
충족시켜 줄 수 있는 중고 재구음이 '3등 [iəi]·4등 [iəi]'로 추정된다. 핵
모음 [ə]는 중고음 이전에는 萬葉假名에서 알 수 있듯이 강한 핵모음
[ə]이었을 것으로 추정되는데, 이러한 반영이 베트남한자음에서는 'cơ
姬基箕; thời 時'와 같이 ơ[ə]와 ơ'i[əi]로 나타난 것으로 보이며, 티베트

---

19) 특히 중고음 이전 시기음의 음차자 표기는 주지하는 바와 같이 한반도의 영향
　　하에 있었고, 한반도의 표기 방식 또한 보다 폭 넓은 다시 말하면 운모의 경우
　　MVE(Medial+Vowel+Ending)도 표기자로 사용하였지만, 후대로 내려갈수록 가능
　　하면 V로 이루어진 - 물론 /i/와 /ə̆/의 표기의 경우 고대 일본어가 이중모음이었
　　으므로 MVE를 취할 수밖에 없었지만- 음(예를 들면 魚운)으로 제한하는 방식에
　　따라 (또한 중국 성운학의 변천도 영향을 받기도 하였지만) 之운의 /ə̆/의 사용은
　　표기의 보수성을 제외하면 자취를 감추게 된 것으로 보인다.

한자음에서는 음운 체계상 [ə]가 존재하지 않기 때문에 [e]로 반영된 것으로 추정된다. 이 [ə]가 중고음에 이르러서는 핵모음의 약화로 반영이 되지 않아 두 한자음 모두 [i]로 나타난 것으로 판단된다. 특히 베트남한자음에서 [i]와 [ɯ] 이외의 반영에서 [ə]를 제외하면 [uij][əij][ɑij]로 반영된 예에서 운미음은 [i]이었다는 것을 알 수 있으며, 티베트한자음에서도 '時 çiʰ][ɕii]'와 같은 예에서 볼 수 있듯이 운미음 [i]의 존재를 확인할 수 있다. 따라서 핵모음의 약화와 더불어 3·4등 개음이 운미음과 같은 [i]이므로 두 한자음에서 [iʰ]·[iʰ]가 중고음에서는 [i]로 반영될 수 있었던 것이다.

그런데 티베트한자음에는 유일한 예이기는 하지만, 記가 gji[ʰgji](=[ʰgji])로 반영된 예가 존재한다. 즉 gi가 아니라 반모음인 [j]를 동반한 예인데, 이 [j]는 [iʰ]의 반영인 유일한 예일 가능성이 크다. 김대성(2012:5-29)에서

> 순음의 경우 네 가지 자료 모두 yi[ji]로 반영되었는데 순음의 순음성에 의해 합구개음이 흡수되었다. 그런데 3등 개구개음의 경우는 매우 중요한 점을 시사한다고 할 수 있다. 3등개음이 만일 [i]이었다면 핵모음 [i]에 흡수되기 때문에 [i]로 반영되었거나, 같은 순3등운인 支脂운과 같이 핵모음이 약한 경우[20]에는 개구개음 [ɨ]와 핵모음이 강한 운미음 [i]에 의해 흡수되었을 것이다. 그런데 微운은 개구개음 [ɨ]와 핵모음과 운미음이 [i]이기 때문에 즉 핵모음과 운미음이 같기 때문에 개구개음을 인식하여 표기한 것으로 보인다. 다시 말하면 개구개음의 차이를 인식한 것으로 추정되는 것이다. …따라서 [j]의 반영은 개구개음 [ɨ]로 추정된다.(pp.25-26)

---

20) 다음 연구에서 이 부분에 대해 다루기로 한다.

와 같이 밝힌 바 있는데, 之운의 개구개음과 핵모음 [i]가 핵모음 [ə]에 의해 개구개음 [i]가 어느 정도 중설로 이동하면서 마치 [ɨ]와 같은 음색을 띰으로서 [j]로 반영된 것으로 보이는데, 본고에서는 그 가능성을 제시해두는 선에서 그치도록 한다.

참고문헌

김대성(2003) 『고대 일본어의 음운에 대하여』, 제이앤씨. pp.109-148

김대성(2012) 「止攝 諸韻의 中古音 再構」, 일본문화학보 52. 한국일본문화학회. pp.5-29

김용옥(1992) 『동양학 어떻게 할 것인가』, 통나무. pp.349-361

박병채(1986) 『고대국어의 연구 -음운편-』, 고려대학교출판부. pp.188-191

이돈주(1990) 「향가 용자 중의 '賜'자에 대하여」, 국어학 20. 국어학회. pp.72-89

大野透(1962) 『万葉仮名の研究』明治書院. p.110

沢瀉久孝(1990) 『万葉集注釈 巻第一』中央公論社. pp.55-56

沢瀉久孝・森本治吉(1976)『作者類別年代順万葉集』, 芸林舎.

河野六郎(1993) 『河野六郎著作集 第2巻』, 平凡社. pp.103-111

小島憲之外(1994-1996) 『万葉集(新編日本古典文学全集)』, 小学館.

小島憲之外(1994-1998) 『日本書紀(新編日本古典文学全集)』, 小学館.

上代文献を読む会(1989) 『古京遺文注釈』, 桜楓社.

高木市之助外(1957-1962) 『万葉集(日本古典文学大系)』, 岩波書店.

藤堂明保(1980) 『中国語音韻論』, 光生館. pp.264-265

藤堂明保外(1971) 『音注韻鏡校本』, 木耳社. pp.24-25

西宮一民(1988) 『日本上代の文章と表記』, 風間書房. p.29-37

荻原麻男外(1976) 『古事記・上代歌謡(日本古典文学全集)』, 小学館.

平山久雄(1966) 「切韻における蒸職韻と之韻の音価」, 東洋学報 49-1. 東洋文庫. pp.42-68

三根谷徹(1993) 『中古漢語と越南漢字音』, 汲古書院. pp.455-456

Bernhard Karlgren(1963) 『Compendium of Phonetics in Ancient and Archaic Chinese』, Museum of Far Eastern Antiquities. pp.263-266

E.G.Pulleyblank(1984) 『Middle Chinese: A Study in Historical Phonology』, University of British Columbia Press. pp.203-204

董同龢(1993) 『漢語音韻學』, 文史哲出版社. pp.166-168

陸志韋(1985) 『陸志韋語言學著作集(一)』, 中華書局. pp.44-48

羅常培(1933) 『唐五代西北方音』, 國立中央研究院歷史語言研究所. p.43

王力(1985) 『汉语语音史』, 中国社会科学出版社. pp.226-227

严学窘(1990) 『广韵导读』, 巴蜀书社. pp.73-74

▌ 초출일람 ▌

▌ 저자 **김대성** ▌

〈약력〉
· 중앙대학교 일어학과 졸업
· 중앙대학교 영어학과 졸업
· 중앙대학교 대학원 일어일문학과 석사
· 중앙대학교 대학원 일어일문학과 박사과정
· 일본 후쿠오카대학 대학원 일본어일본문학 문학박사
· (현) 전남대학교 일어일문학과 교수

〈저서〉
· 韓日資料による中古漢音韵母音の再構(제이앤씨)
· 고대 일본어의 음운에 대하여(역서, 제이앤씨)
· 일본어청취연습(제이앤씨)
· 일본어독해(제이앤씨)
· 실용일본어와 문법(공저, 제이앤씨)

〈논문〉
· 상대 일본어의 모음체계 연구
· 萬葉假名 氣에 대하여
· 萬葉集의 음차자 農(Ⅰ) - 馬渕和夫설을 중심으로 -
· 山上憶良의 音借表記字 연구
· 止攝 諸韻의 中古音 再構 - 한일중 및 베트남·티베트 자료를 중심으로 -
· 萬葉假名와 한국 한자음 - 微韻의 반영음 /웨/ -
   외 다수

일본 고대어 연구

초판인쇄 2014년 2월 20일
초판발행 2014년 2월 27일

저   자 김대성
발 행 인 윤석현
발 행 처 제이앤씨
등록번호 제7-220호
책임편집 김선은

우편주소 132-702 서울시 도봉구 창동 624-1 현대홈시티 102-1106
대표전화 (02) 992-3253(대)
전   송 (02) 991-1285
홈페이지 www.jncbms.co.kr
전자우편 jncbook@hanmail.net

ISBN 978-89-5668-546-5   93730   **정가** 25,000원